망자(亡者), 사자(死者)의
회귀서(回歸書)

漆桶 조규일 지음

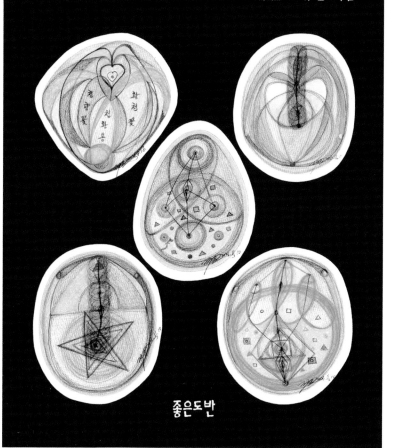

좋은도반

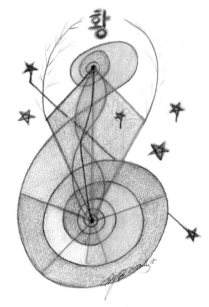

저승사자들을 위한 천향불 꽃

저승사자들이 언제나 힘이 부족하지 않고 건강하게
세세생생 만년 이롭고 각하련러 어려옴 없도록 향출 꽃

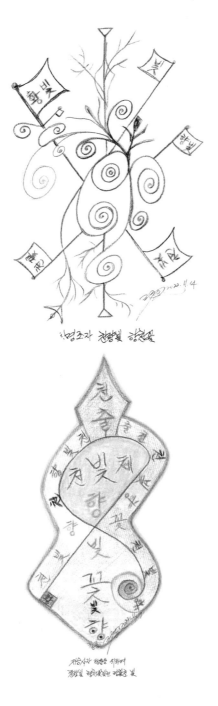

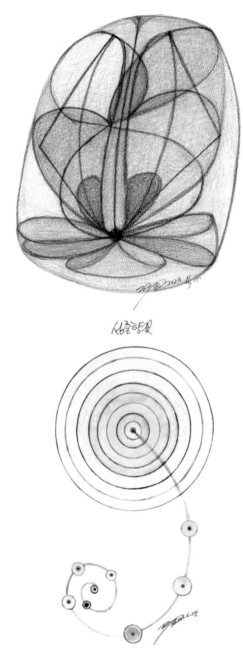

삼출향꽃

가상현실 9개를 빠져나오는 현실세계

4 • 망자(亡者) 사자(死者)의 회귀서(回歸書)

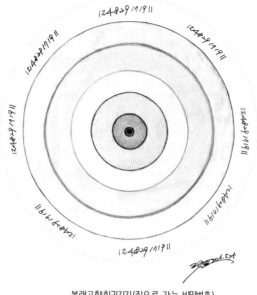

본래고향회귀기기(집으로 가는 비밀번호)

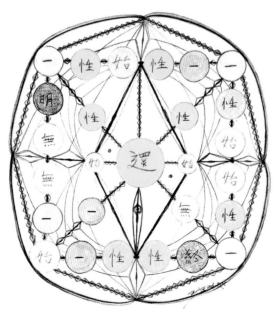

귀환회전돌기판

망자(亡者) 사자(死者)의 회귀서(回歸書) • 5

無	極	三	析	一	始	無	始	一
人	二	一	地	一	一	天	本	盡
化	匱	無	鉅	十	積	一	三	一
二	人	三	二	地	三	二	天	三
九	八	七	生	六	合	三	大	三
妙	一	七	五	還	成	四	三	運
動	不	變	用	來	萬	往	萬	衍
人	明	昂	陽	太	本	心	本	本
一	終	無	終	一	一	地	天	中

2-천부경 숫자놀이판

1	0	1	0	0
21	12	11	3	2
54	54	34	23	22
92	81	63	62	62
068	105	104	103	93

3-천부경 성황

極	三	析	1	0	一	始	無	始	一	0
一	地	2	一	一	天	1	本	盡	無	0
11	鉅	十	積	一	1	三	一	人	3	二
21	三	二	天	1	12	三	化	匱	無	2
4	23	三	二	人	3	22	三	二	地	2
還	成	四	三	2	生	六	34	合	三	大
2	81	衍	妙	1	63	一	七	五	3	62
萬	往	萬	衍	妙	3	92	來	萬	往	萬
本	4	103	本	動	不	變	用	3	93	來
天	中	人	5	104	明	昂	陽	太	本	心
0	068	一	終	無	終	一	6	105	一	地

4-천부경 성황 총

極	三	析	1	0	5	0	一	始	無	始	一	0
一	地	2	一	一	天	1	本	盡	無	0	1	1
無	2	11	鉅	十	積	一	1	三	一	人	3	二
三	二	地	2	21	三	二	天	1	12	三	化	匱
生	六	34	合	三	大	4	23	三	二	人	3	22
4	54	運	九	八	七	4	生	六	合	三	大	5
三	2	62	還	成	四	三	2	54	運	九	八	七
81	衍	妙	1	63	一	七	五	3	62	還	成	四
萬	往	萬	衍	妙	1	2	92	來	萬	往	萬	2
本	心	本	4	103	本	動	不	變	用	3	93	來
6	105	一	地	天	中	人	5	104	明	昂	陽	太
六	五	二	二	四	九	六	0	一	終	無	終	一
九	六	八	八	二	四	九	六	二	四	八	八	九

三	析	3	2	一	始	無	始	一	2
地	一	一	天	1	2	本	盡	無	極
無	鉅	十	積	一	三	一	人	二	一
二	地	三	二	天	23	54	三	化	圜
六	62	21	合	三	大	三	二	人	三
成	四	三	81	62	運	九	八	七	生
來	萬	往	萬	衍	妙	一	七	五	還
本	心	本	103	93	本	動	不	變	用
地	天	中	人	5	2	明	昂	陽	太
9	6	一	終	無	終	一	0	6	一

三	二	天	62	三	運	大
萬	衍	妙	一	三	一	十
動	不	變	用	來	萬	往
終	無	終	一	5	2	本
終	無	人	明	成	生	一
一	一	始	天	本	二	圜
人	地	天	化	一	地	一

本	1	極	三	析	一	0
化	12	2	人	地	天	1
21	三	二	人	地	天	三
23	九	八	七	22	生	六
萬	還	往	成	萬	34	運
陽	103	太	93	來	92	62
地	天	068	明	105	昂	104

8-천부경 성출황

八	七	生
一	運	九
極	三	析

9 천부경

천	꽃	빛	빛	향	천	꽃	빛
향	출	향	황	꽃	빛	천	향
향	출	빛	출	꽃	향	천	빛
빛	황	천	천	황	빛	꽃	황
천	빛	황	꽃	천	천	향	빛
출	향	꽃	꽃	황	출	빛	천
황	황	출	황	빛	황	천	꽃
빛	천	꽃	황	출	천	황	빛

10 천부경

성	꽃	향	출	황
황	철	빛	출	꽃
꽃	황	빛	출	꽃
출	빛	꽃	황	천
천	황	빛	꽃	천

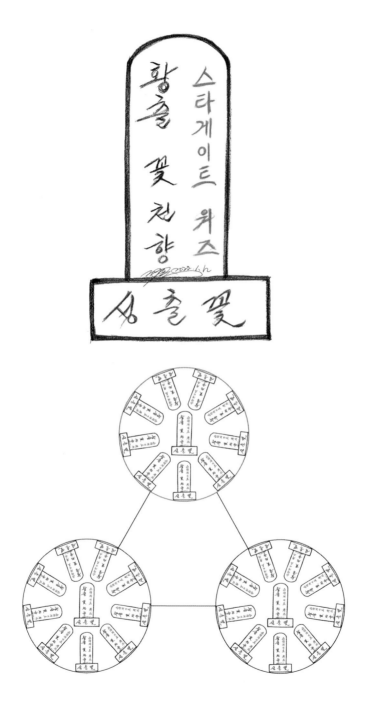

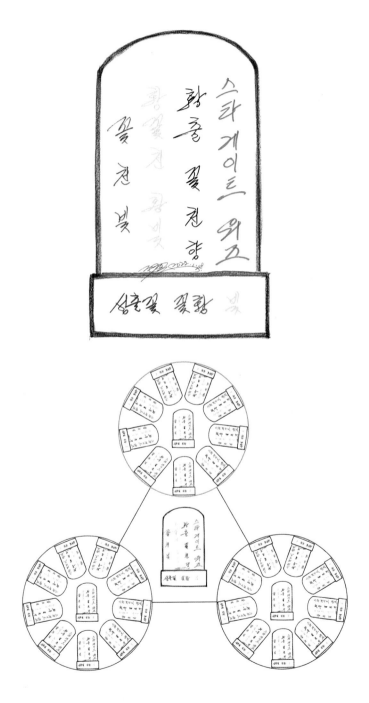

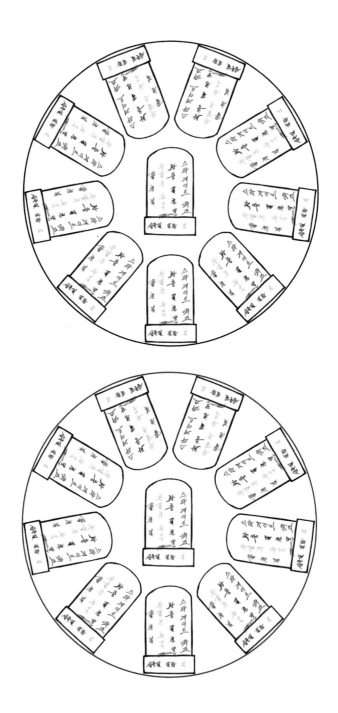

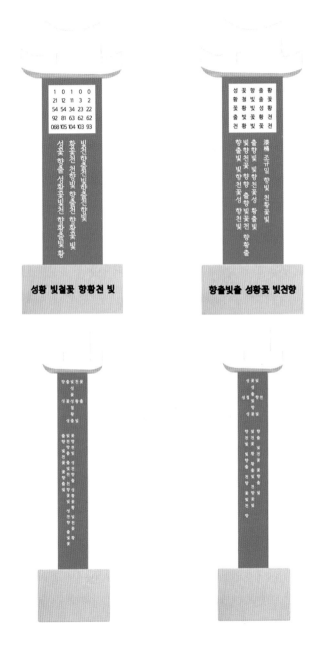

망자(亡者) 사자(死者)의 회귀서(回歸書)·15

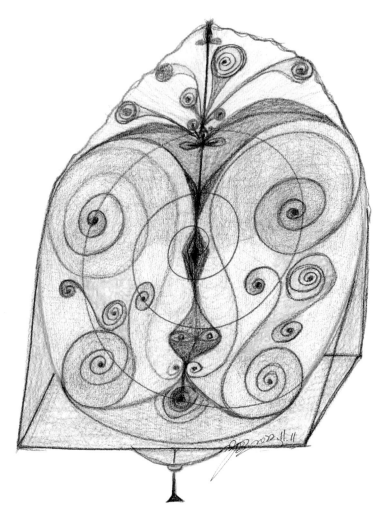

성향 빛찬꽃 향초빛 꽃

▶ 책을 내면서

 이 책에는 위 세계 언어들로 이루어져 있다. 그럼에도 죽은 분들은 다 안다는 사실이다. 모르면 오히려 이상할 정도다. 그러니 살아 있는 사람들은 생소할 수가 있다. 돌아가신 분들이 집으로 가는 비밀번호, 본래고향회귀기기, 귀환회전돌기판, 천부경 1~10을 통하여 누구나 내려온 본래 고향산천으로 돌아가도록 또 밝혀 올라오면서 돌아가신 분을 입관할 때 덮어주는 성황천, 관 바닥에 깔아주는 성황 빛천으로 사용하게 하고 또 덮고 올라가는 세계들이 나오면서 또 위 세계로 올라갈 수 있도록 비문과 양탄자, 노래 등을 통하여 보다 더 많은 분들이 죽어서는 위 세계로 올라올 수 있도록 해보자는 생각을 하며 책을 엮었다.
 하루하루 바쁘게 위 세계 밝혀 올라오는데 기존의 저승사자 분들이 농성을 한다고 알려왔다. 기존 저승사자 분들은 자등명인간계 분들로 돌아가신 분들을 영혼의 세계로 반야바라밀길 입구에 있는 염라대왕(황)과 조금 더 들어가 옥황상제에게 모셔다드리고 심부름 값을 받아왔는데, 스타게이트가 개통되고 밝혀 올라오면서 많은 것들이 이루어지고 그러면서 옥황상제, 염라대왕(황)이 본래로 돌아가고 반야바라밀길이 사라지고 자비바라밀길도 사라지면서 영혼의 세계란 것이 없어지게 되니 기존 저승사자 분들이 돌아가신 분들을 스타게이트로 안내를 하거나 자등명인간계로 안내를 하다 보니 염라대왕(황)이나 옥황상제로부터 받았던 심부름 값만큼이 되지 못하다보니 이제 더 이상 기존 저승사자 일을 하기가 어렵다고 농성을 하던 중에 위 세계를 밝혀 올라가며 저승사자 세계들이 나오면서 56단계 안 세계들은 빼고 다 했던 저승사자 분들이 이제부터는 지구도 하겠다고 하면서 이 책을 출간 준비하기 시작하며 작업을 했다. 기존 저승사자 분들은 기껏해야 영혼의 세계로 안내를 했다면 지금부터는 이 위에 저승사자 분들이 본래 고향산천 뿐만 아니라 더 위 세계까지도 안내를 하게 되었다는 사실입니다.

우리 한마디 해도 돼요. 저승사자입니다. 이제 저희들이 인간뿐만 아니라 인간의 몸을 이루고 있었던 일합상의 존재 존재자들까지도 모두 다 안내하게 될 것입니다요. 정말로 영광스러운 일이 지구에 발생하고 탄생된 것이라고 보시면 될 것입니다. 그 외 많은 존재 존재자 분들도 하나같이 위 세계로 올라가게 되었다는 사실입니다.

지구에 태어나 살다가 죽어가는 모든 분들 누구나 이 책을 통하여 본래로 본래 고향산천으로 돌아가기를 바라는 마음에서 이 책을 엮는다. 엮은 이 책이 모두 다 하나같이 지구에서 잘 살고 못 살고를 떠나서 모두 다 본래로 본래 고향산천으로 돌아가기를 갈망하는 바이다. 인간뿐만 아니라 인간의 몸을 이루었던 일합상의 모든 존재 존재자들 또한 지구에 모든 존재 존재자들이 하나같이 본래로 본래 고향산천으로 돌아가기를 소원하나이다.

책이 어떤 연유로든 본래로 본래 고향산천으로 돌아가는 회귀서(回歸書)가 되기를 바랄 뿐입니다.

최대한 돌아가시는 분, 망자(亡者) 사자(死者) 분들에 맞도록 순차적으로 했기 때문에 순서적으로 이루어져야 하기 때문에 목차의 필요성이 없어서 넣지 않았다. 목차로 인하여 혹여나 선별적으로 건너뛰려고 하는 얄팍한 속내를 갖게 하는 행위를 하게 하는 우를 범하는 것은 아닐까 싶어서 넣지 않았다. 이점 양해하는 바입니다.

또한, 돌아가신 분의 몸에 달라붙어 있거나 돌아가신 분과 함께 있을 수 있는 태아령, 동물, 식물, 용, 이무기, 뱀들, 거북이, 바다 어류들, 지구 온갖 생물들, 온갖 새들, 독수리, 호랑이, 산신령들까지도 본래로 회귀하도록 뒷부분에 넣었다. 모두 다 하나같이 회귀하도록 하였다.

2023년 01월
칠통 조규일

지구의 스타게이트에서부터 → 창월빛 궁궐천 향천 세계까지 **한통속 속향**(2022. 10. 28) → 오직 하나 천천빛 빛출향꽃천 천향빛 세계까지 **한통속 속향빛 향천(꽃)** (2022. 11. 02)→ 존재 존재자들의 본성 향천빛 위 물향천 세계까지 **한통속 속향천 빛향천**(2022. 11. 08) → 천향빛 빛향천꽃빛 세계의 테두리까지 **천꽃빛향천 속향** (2022. 11. 13)이라고 한다.

1번째 테두리, 성황꽃천빛 황출 천빛꽃 황천 빛향출천 향황꽃빛천 세계 테두리입니다. 이 테두리를 뚫고 올라오면 석황철 세계들입니다.

2번째 테두리, 천빛 황꽃천 천향 빛빛향천빛 빛황 천꽃성 빛황천 꽃 빛 세계 테두리입니다. 이 테두리를 뚫고 올라서면 석황철황 빛천꽃 향황출빛 황들이 즐비한 세계입니다.

3번째 테두리, 성꽃천 천향 황황 빛천향출빛 천황꽃빛천 향황천 세계 테두리입니다. 이 테두리를 뚫고 올라오며 아래 많은 천국을 관리하는 세계입니다.

4번째 테두리, 성출향꽃 꽃꽃성 성황 출향빛천꽃 황천빛 향천 세계 테두리입니다. 이 테두리를 뚫고 올라오면 아래 많은 세계들의 저승사자 같은 역할을 하는 분들을 관리 감독하는 세계입니다. 기존 반야바라밀길로 해서 영혼의 세계로 안내했던 저승사자들이 하나같이 반기를 들어서 원만하지 않고 점점 줄어드는 상황이었는데 이 세계에 올라와 이야기함으로 해서 원만하게 탈이 생각지도 않고 원만하게 이루어지도록 했습니다.
잠을 자면서 밤새 죽어서 가는 가야 하는 사자들의 생각이 떠올랐다. 죽어서 가는 경우 무조건 4일은 되어야 간다. 4일 전에는 못 간다. 4일이 넘어야 어디든 간다. 그러면서 65, 68제가 기억이 났고, 58제, 52제, 49제 지냈으니 되었는데, 죽은 사자가 49일까지는 어떻게 되지, 올바르게 밝혀 드러낼 수 있을까 하는 생각이 들었다. 그러면서 잠이 들었다. 새벽에 눈을 뜨고는 메모하란다. 그래서 메모를 했다.

사자의 서를 써야 한다.

1~49제, 52제, 58제, 65제, 68제, 이어서 스타게이트를 의식적으로 구성했던 모든 것들을 밝힌 순사대로 1~49제는 써야겠지만, 그렇게 하면 1권으로 되겠습니까? 1권으로 간다. 이 책 크기로? 또 있습니다. 선사님 마음이 죽은 분들이 누구나 다 돌아갈 수 있도록요.

책은 무상이어야 합니다만 여러 가지 인간사 물류 및 기타 등등이 있는 관계로 132000원으로 해야 합니다. 그러면 무상이 됩니다. 또 있습니다. 그래서 누구나 모두 다 하나도 빠짐없이 스타게이트로 갈 수 있게 조성이 되어야 합니다. 또 있습니다. 사자를 안내할 저승사자들이 사라집니다. 저승사자들이 사라지기 전에 만들어져 알려져야 합니다. 또 있습니다. 그것은 선사님 자신이 저승사자가 되어야 합니다. 만천하 두루인으로요. 안 됩니다. 그렇지요. 그래서 우리도 걱정 중에 있습니다. 기존의 저승사자들은 이제 명조자가 없으니 할 이들이 적어지고 없어지는 겁니다. 2022. 11. 14 02:49

사실 새벽에 저승사자들이 농성 중이고 안 하려 한다며 새로운 방법을 찾아야 한다고 말씀드렸는데 때마침 테두리 4개의 세계를 뚫고 올라오셔서 저승사자를 직접 관리 감독하는 세계까지 올라오셨습니다. 이제부터는 기존 저승사자들 보다는 이 위에서 저승사자들이 내려가서 지구뿐만 아니라 아래 많은 세계를 스타게이트로 안내해서 위로 올라올 수 있도록 오도록 안내하도록 하겠나이다. 되었는가요? 예 되었습니다. 2022. 11. 14 10:51

이것이 아무 문제 없이 해결되었다고 보시면 되겠나이다. 테두리 5개 위로부터 밝혀 올라가시면 되겠나이다.

석황철 빛꽃천을 밝히다.

지구의 스타게이트에서부터 → 4번째 테두리, 성출향꽃 꽃꽂성 성황 출향빛천꽃 황천빛 향천 세계 테두리까지를 **석황철 빛꽃천**이라고 합니다요. 시간요. 2022. 11. 14 11:26 예 이제 모두 다 원만하게 되었나이다.

... 생략…….

3번째, 석황 철황 빛철황 꽃빛천 향 세계

이 세계는 꽃황 빛천황꽃 천향빛 저승사자 꽃향천입니다. 이 세계에서 아래 많은 저승사자들이 내려가 일을 보고 있습니다. 지구는 아니었습니다만 이제는 지구도 할 거라고 합니다요. 또 있습니다. 지구의 많은 저승사자들이 선사님을 따라 올라오고 있습니다만 하나 퇴짜를 맞고 있습니다요. 그 이유 중에 하나가 사욕에 눈이 멀어 있다는 이유 때문입니다. 사실 지구의 저승사자들은 이 위에 저승사자들이 일을 보기보다는 자등명인간계에 석황천 빛꽃천 향들이 주로 일을 맡고 있고 이들이 하나같이 영혼의 세계로 안내하면서 보수를 받아왔는데요. 몇년전부터 염라대왕(황)과 옥황상제가 본래로 돌아감으로 인하여 보수를 주었던 보수가 없어지고 또 반야바라밀 길과 33천이라고 하는 곳들이 없어지고 영혼의 세계라고 하던 일터도 사라지다 보니 영혼들을 안내해 줌으로 받는 보수가 없어지고 단순히 스타게이트로 안내를 하다 보니 보수라고 할 것도 없어지고 그저 수고비 정도를 받다 보니 불만들이 많아서 하나 둘 저승사자 일을 그만두고 있는 차에 이 위 세계에서 저승사자를 관리하는 세계를 밝혀 드러내고 또 이 위 세계에 올라옴으로 인하여 선사님을 예의주시하다가 올라와서는 부탁하였으나 그 결과가 그들이 원하는 대로 되지 않아서 기존의 저승사자들은 거의 다 물러나고 5번째 테두리 위 세계에서 저승사자들을 새로운 지구에 내려보내서 교체되고 있는 상황입니다. 지구에 교체되는 모든 저승사자들은 이 세계에서 내려가는 것으로 알아도 되겠나이다. 또 있습니다. 이 세계에서 저승사자로 지구로 내려가는 분들이 선사님과 함께 사자들을 위한 글을 써야 한다고 하십니다. 오늘은 그것을 짤막하게 하자고 합니다요. 시간 써주십시오. 2022.11.15 05:19 예 되었습니다. 천천히 이야기하며 써주시면 되겠나이다. 이 세계를 지구로 내려오는 저승사자의 세계라고 해주십시오. 그대로 되는가요. 안 됩니다. 그냥 **저승사자 천**이라 하시고 가시면 되겠나이다. 예전에 선사님께서도 그리 말씀하셨습니다. 아직은 아닙니다. 이야기가 잘 되어야 합니다. 그때부터 시작이라고 보시면 되겠나이다.

... 생략……. 897,284,776번째, **석황 철황 빛철황 꽃빛천 향으로 밝혀 올라온 끝쫑 세계**

이 세계는 꽃황천빛 황황천 천황 빛천꽃황출천황 세계입니다. 모든 저승사자들의 천황빛 세계입니다. 이 세계를 **지구의 저승사자 천향빛 세계**라고 해주십시오. 지구에도 많은 저승사자들이 내려가 있습니다. 중요한 일만 합니다. 모든 영적존재들을 위한 일을 하는 게 아니라 지금까지는 이 위로 올라올 분들이 나오나 또는 모시고 올라와야 할 분이 있나를 살펴보았을 뿐, 지구에 알려진 것처럼 저승사자 일은 보지 않았습니다만 이제는 지구의 스타게이트를 통하여 오르락내리락하며 저승사자 일을 보는데, 아무 걸림이나 문제가 없는 관계로 이제부터는 이 위에서 지구에도 저승사자 일을 보게 될 수 있게 되었다고 보셔도 되겠나이다.

그러기 위해서는 첫 번째 선사님께서 우리에게 해줄 것이 있습니다. 그 하나는 그림을 그려주셔서 저희들이 이 세계까지 어제든지 오가며 지구에서 일을 볼 수 있게 해주셔야 하시고요. 2번째, 모든 지구의 인간적 영적구조물들을 저희에게 일임해 주셔야 하시고요. 3번째, 저희들이 하는 일에 일체 관여를 하지 말아야 하시고요. 설령 선사님 자신이라 할지라도 관여를 말으셔야 저희들이 편안하게 일할 수 있습니다. 4번째, 지구의 영은 너무 흐리고 탁해서 선사님께서 밝혀 올라오며 만들어 놓았던 도량들이 아니면 안내할 수가 없는 만큼 만든 도량을 마음대로 쓸 수 있게 해주셔야 하시고요. 또 있습니다. 5번째, 위아래 도량을 마음대로 오갈 수 있게 허락해 주셔야 합니다. 또 하나 있습니다. 그것은 다름이 아니라 허접한 사자의 서가 아니라 진정한 저희들과 이야기를 통해서 사자의 서를 하나 써주셔야 한다는 사실입니다. 보수는 저희들이 정하여 어긋남 없이 휼행과 휼동에 어긋나지 않도록 하겠나이다. 분명한 것은 우리는 모두 다 선사님께서 만들어 놓은 도량 및 세계, 그리고 또 지구의 스타게이트를 자유 자재롭게 오갈 수 있도록 특단의 조치를 취하여 우리들이 오가는 길을 만들어주셔야 합니다. 길을 새로 만들어주어야 하나요? 아닙니다. 이용하고 활용하게만 해주시면 그것은 저희들이 합니다요. 허락해도 되는가요? 하나만 빼고요. 도량의 중요시설에는 접근하지 않는 것으로 하면 되겠나이다. 또 있습니다. 중요한 정보들이 있는 곳도 접근하지 않아야 합니다. 그리고 또 있습니다. 도량에 모든 분들에게 예의를 갖추어야 한다고 해주셔야 합니다요. 어긋나지 않도록요. 또 있습니다. 선사님께 누가 되는 행위는 하지 않아야 한다는 사실입니다. 당연하지요. 또한, 모든 도량에서 불미스러운 일이 생기지 않도록 해야 한다. 또 있습니다. 저승사자의 일 외에 온갖 다른 짓은 하지 말아야 한다. 입니다. 당연하지요. 또 하나 있습니다. 보수는 휼행과 휼동의 휼에 따라 이루어진다. 부라보입니다. 당연하지요. 또 있습니다. 언제나 겸손과 하심 속에서 정중히 잘 모시는 것을 그 첫 번째로 삼는다. 그리고 절대로 어긋난 짓을 하지 않는다 입니다. 되었는가요. 넉넉하니 충분합니다. 그럼 지금부터 이루어지는 겁니다. 지구의 저승사자들은 대다수 바뀌게 될 것입니다. 지금부터요.

이제 지금부터는 망자, 사자의 회귀서를 쓰도록 하겠습니다.
저는 지구의 저승사자 우두머리급이라고 하겠습니다.
저희들은 사람이 죽기 3일 전에 주변에 있다가 모든 상황들을 파악하고 모시도록 하겠습니다. 죽을 사람의 의식 체계 및 몸을 이루고 있는 일합상의 존재 존재자들까지 파악해서 어긋남 없도록 최선을 다했습니다. 모실 때 역시도 죽은 사람 의지와 뜻을 우선으로 해서 모실 것이며 몸에서 빠져나온 뒤 지구의 시간으로 72시간 동안은 지구에서의 일을 모두 다 보고 마치도록 배려해서 모시고 다니겠습니다.

그리고 72시간이 지난 뒤에 지구의 스타게이트를 통해서 보이지 않는 쪽에 명조자가 있는지 없는지 살펴본 후에 이에 준해서 사자가 일을 해야 할 분인지. 일을 하지 않아도 될 분인지 구별하여 일해야 할 분들은 일할 수 있는 곳으로 모셔드릴 것이며 일하지 않아도 될 분들은 곧바로 그분의 의식 수준에 맞게 모시도록 하겠습니다.

여기서 의식은 믿고 있는 종교적 의식하고는 아무 관계 없이 순수하게 깨어 있는 의식과 또 본래 본래고향산천 및 이 위 세계를 어느 정도 인식하고 의식하고 있느냐에 따라 얼마든지 다를 수 있다고 하겠습니다. 이렇게 말하고 나니 선사님 공부하신 분들은 타의 추종을 불허하겠습니다.

죽은 사람, 망자(亡者), 사자(死者)의 장례를 3일장, 5일장, 7일장 그 외에 여러 날 장례를 치르겠지만 우리는 장례 날짜와는 관계없이 이와 같이 할 것입니다.

죽은 지 72시간 안에는 산 사람이나 죽은 사람이나 지구에서 할 일을 하지만 72시간이 지난 때부터는 몸이란 일합상을 이루고 있던 이들을 그들의 수준에 맞게 지구의 스타게이트를 통하여 보낼 것이며 또한 위 세계에서 손꼽아 기다리는 분이 있을 경우 그분과 만남을 주선한 후에 수준에 맞게 가도록 할 것입니다. 마찬가지로 사자 역시도 위 세계에서 기다리거나 또는 손꼽아 기다리시는 분 그 외 갈망하는 분들이 있을 경우 만남을 주선해 원만하게 해후하게 한 후에 사자에 맡게 맞는 세계로 보내서 새롭게 새로운 몸을 받도록 하는 공부를 하도록 할 것이며 이렇게 7일 공부를 시킨 뒤에 몸 받아 태어나도록 하겠습니다.

그러니 첫 번째 새로운 몸 받아 태어나는 날은 죽은지 10일 되는 날입니다. 이때까지는 어디든 오가지만 그리고 또 많은 분들을 어디든 오가며 만날 수 있지만 그리고 또 일들을 정리할 수 있지만 10일이 되는 날이면 반드시 새롭게 새로운 몸 받아 태어난다. 하겠습니다.

그리고 또 7일이 지난 죽은지 17일 되는 날 또다시 새로운 몸을 받게 될 것입니다. 첫 번째 새로운 몸 받아 태어났음에도 적응을 못 한다거나 또는 공부됨이 탁월하여 더 위 세계로 가야 하는 경우, 적응할 수 있는 곳을 찾아 새롭게 몸 받아 태어나게 한다거나 또는 더 위 세계로 가서 공부하여 태어나게 하거나 또는 인간의 태중에 들었다가 담금질하여 보다 더 맑고 깨끗하게 정화하여 정화됨에 따라 새로운 몸을 받아 태어나게 하는 것을 또다시 정하겠습니다. 이건 우리들의 일입니다만 살아있는 사람들이 망자를 위해서 한다면 공부하도록 하는 것이겠지요.

그리고 또 7일 지난 죽은 지 24일 되는 날 또다시 새로운 몸을 받게 될 것입니다. 2번째 새로운 몸 받아 태어났음에도 적응을 못 한다거나 또는 공부됨이 탁월하여 더 위 세계로 가야 하는 경우, 적응할 수 있는 곳을 찾아 새롭게 몸 받아 태어나게 한다거나 또는 더 위 세계로 가서 공부하여 태어나게 하거나 또는 인간의 태중에 들었다가 담금질하여 보다 더 맑고 깨끗하게 정화하여 정화됨에 따라 새로운 몸을 받아 태어나게 하는 것을 또다시 정하겠습니다. 이건 우리들의 일입니다만 살아있는 사람들이 망자를 위해서 한다면 공부하도록 하는 것이겠지요.

그리고 또 7일 지난 죽은 지 31일 되는 날 또다시 새로운 몸을 받게 될 것입니다. 마찬가지로 3번째 새로운 몸 받아 태어났음에도 적응을 못 한다거나 또는 공부됨이 탁월하여 더 위 세계로 가야 하는 경우, 적응할 수 있는 곳을 찾아 새롭게 몸 받아 태어나게 한다거나 또는 더 위 세계로 가서 공부하여 태어나게 하거나 또는 인간의 태중에 들었다가 담금질하여 보다 더 맑고 깨끗하게 정화하여 정화됨에 따라 새로운 몸을 받아 태어나게 하는 것을 또다시 정하겠습니다. 이건 우리들의 일입니다만 살아있는 사람들이 망자를 위해서 한다면 공부하도록 하는 것이겠지요.

그리고 또 7일 지난 죽은 지 38일 되는 날 또다시 새로운 몸을 받게 될 것입니다. 마찬가지로 4번째 새로운 몸 받아 태어났음에도 적응을 못 한다거나 또는 공부됨이 탁월하여 더 위 세계로 가야 하는 경우, 적응할 수 있는 곳을 찾아 새롭게 몸 받아 태어나게 한다거나 또는 더 위 세계로 가서 공부하여 태어나게 하거나 또는 인간의 태중에 들었다가 담금질하여 보다 더 맑고 깨끗하게 정화하여 정화됨에 따라 새로운 몸을 받아 태어나게 하는 것을 또 다시 정하겠습니다. 이건 우리들의 일입니다만 살아있는 사람들이 망자를 위해서 한다면 공부하도록 하는 것이겠지요.

45일 되는 날, 제를 받게 할 것입니다. 그래서 45제를 받고서 망자, 사자가 어떤 의식을 갖느냐에 따라서 태중에 있는 새로운 몸 받아 태어나는 망자, 사자를 태중에서 나와 더 위로 올라가도록 또는 떨어지도록 또는 더 기다리도록 하겠습니다.

하루 지나 저승사자분이 오셔서 말했다.
45제는 없고 49제들이 많아서 49제도 45제와 동등시 하겠다고 하시며 일이 더 많지만, 지금으로 그렇게 하는 것이 좋다고 판단해서 그리하도록 했다고 이야기해주었다.
또 있습니다. 52제도 해야 한다고 해서 하기로 했습니다.
52제는 조금 특이합니다. 52제는 새로운 몸 받아 더 위 세계로 올라갈 수 있는지 없는지 확인하는 절차라고 합니다.

그리고 58일 되는 날, 또 제를 받도록 하겠습니다.
그래서 58제를 받고서 사자가 어떤 의식을 갖느냐에 따라서 태중에 있는 새로운 몸 받아 태어나는 망자, 사자를 태중에서 나와 더 위로 올라가도록 또는 떨어지도록 또는 더 기다리도록 하겠습니다.

그리고 65일 되는 날, 또 제를 받도록 하겠습니다.
그래서 65제를 받고서 사자가 어떤 의식을 갖느냐에 따라서 태중에 있는 새로운 몸 받아 태어나는 사자를 태중에서 나와 더 위로 올라가도록 또는 떨어지도록 또는 더 기다리도록 하겠습니다.

그리고 68일 되는 날, 마지막 제를 받도록 하겠습니다.

그래서 65제를 받고서 사자가 어떤 의식을 갖느냐에 따라서 태중에 있는 새로운 몸 받아 태어나는 사자를 태중에서 나와 더 위로 올라가도록 또는 떨어지도록 또는 더 기다리도록 하겠습니다. 그리고 이루어지고 형성된 의식으로 몸 받아 태어나도록 하겠습니다.

물론 3일이니 10일이니, 17일, 24일, 31일, 38일, 45제, 49제, 52제, 58제, 65제, 68제와 상관없이 공부됨에 온 세상천지 위아래 세계를 아는 만큼 가도록 하겠으며 또한 스스로 놓고 버리고 천부경, 비문, 양탄자, 노래 등을 받아들이고 타고 가는 것을 보고 저희는 그냥 따라나서며 안내하며 태어날 수 있는 세계의 세상에 잘 태어나도록 하겠나이다.

가장 분명한 것은 저희들은 단순히 심부름꾼에 불과하고 망자, 사자 스스로가 공부된 만큼 깨어 있는 만큼 여여하게 된 만큼 놓고 잡고 있는 정도에 따라가고 못 가게 될 뿐 저희들은 거기에 아무런 권한이 없다는 사실을 알아주었으면 좋겠다 하겠습니다.

더욱 더 분명한 것은 이 모든 것들이 칠통 조규일 선사님의 주도 하에 이루어지고 있고 또 이와 같이 전과 다르게 새롭게 전개가 되었다. 하겠나이다. 이러한 것을 믿고 믿지 않고서는 스스로 사자가 되면 알 것이다. 칠통 조규일 선사님을 믿고 안 믿고는 상관없다. 그러나 선사님께서 밝혀 놓은 세계들을 알고 모르고 또 믿고 받아들이고 행하는데 무한한 관계가 있다 하겠으며 횰행과 횰동을 하는 자체만으로 어마어마한 세계와 세상이 다르다. 그런 만큼 사자가 새로운 몸 받아 태어나는 것 역시도 어마어마하게 다르게 하겠습니다. 시간요. 2022. 11. 15 06:47 예 이제 모두 다 원만하게 되었나이다. 저승사자인데요. 조금 더 이야기를 해야 하겠습니다. 빠진 것이 있습니다. 보수 문제입니다. 횰행과 횰동에 맞게 어긋남 없이 정해지지 않았나요. 아닙니다. 이제 되었습니다. 뭐야 이렇게나 많이씩….

저승사자분들의 말씀을 듣고 가셔야 합니다요. 지구에 저승사자 분들이 모두 교체되고 자리했습니다. 전에 모든 저승사자 분들은 모두 다 교체가 되고 지금부터 **저승사자 천**에서 내려오신 분들이 이 시간부터는 지구에서도 저승사자 일을 맡아 하게 되었음을 알려드립니다요. 시간 써주십시오. 2022. 11. 22 오후 3:34 예 이제 되었습니다.

저승사자 분들이 한 말씀 더 드린다고 합니다. 지금으로는 거의 다 자비바라밀길에 가서 일해서 벌어야 하는 분들이 태반이고 그나마 자등명인간계로 가는 분들이 고작입니다. 얼렁 **망자 사자 회귀서**가 나와야 그나마, 그래도 마찬가지네요. 선사님 인지도가 없으셔서. 오래 걸리겠습니다. 시간요. 2022. 11. 22 오후 1:47 에 되었습니다요.
선사님, 지구 완전히 황무지입니다. 이런 곳에서 이들을 구하다니 놀랍습니다. 우리도 새로이 개척해 갑니다. 그래서 명조자가 많았구나 싶네요.

45제, 49제, 52제, 58제, 65제, 68제에 대해서

45제를 지낼 때,
사과 2개 배 1개 곶감 5개 대추 3개 밤1개
그리고 맑은 술(청주 종류) 조그만 것 한 병
이것은 어느 망자든 동일하다
더 놓아봐야 망자(亡者)에게 좋을 게 없다.
이거면 사자(死者)가는 몸 바꿔 가는데, 가장 좋다.
더 좋고자 해봐야 그 이상은 탈이 나기가 더 쉽다.
술잔 투명한 소주잔 같은 것이 가장 좋습니다.

아니면 백색 사기잔, 도자기 잔, 이외는 안 된다.

잔 5개, 수저 젓자락 5조,

상차림의 위치는

맨 앞 좌측에 배, 사과, 곶감(감 안 된다.), 대추, 밤(까지 않은 밤)

그 뒤로 술잔 5개,

그 뒤로 수저 젓가락 1조씩 5개

이와 같이 놓고

절은 다 차려놓고 술을 따르기 전에 1번

(45제에 참여하신 분들 모두 다 함께)

술잔에 술을 따를 때는 3번에 걸쳐서 조금씩 따른다.

또 있습니다. 향은 피우지 않되 상차림 중앙 상 앞에서

시계 반대 방향으로 3번을 돌린 다음에 술잔에 따른다.

술잔에 술을 따를 때는 우에서 좌 측 순서로 따른다.

다 따르고 나서는

45제에 참석하신 모든 분들이 하나같이 절을 1번 한다.

그러고 나서 절을 하고 싶은 분들은 절을 하고 싶은 분들만 술은 따르지 않고 절을 한다. 또 있습니다. 술을 따라놓은 상태에서 절만하는 거지 또 술을 따르면 절대로 안 됩니다. 또 하나 있습니다. 그것은 절을 하고 싶은 분들이 절을 할 때는 서열을 뒤에서부터 합니다. 앞에서부터 하면 절대로 안 됩니다. 꼭 하나 지켜야 할 것이 있는데요. 절을 하라고 시켜서는 절대로 안 됩니다. 하고 싶은 마음이 일어난 분들만 절하면 됩니다.

따라놓은 술잔은 45제에 참석하신 분들이 모두 다 나눠 드신 후에 술잔을 비우고, 또 상 앞에 중앙에서 시계 반대 방향으로 3번 돌리고 난 후, 비워진 술잔에 술을 조금씩 3번을 따라 가득 차도록 따릅니다. 이때도 마찬가지로 우에서 좌 측 순으로 따릅니다.

다 따른 뒤에서는 수저와 젓가락을 과일 사이사이 앞쪽으로 하나하나 옮겨 놓습니다.

이때 처음에 놓을 때는 뒤쪽에서 앞쪽을 향해 놓고 옮겨 놓을 때는 앞쪽에서 뒤쪽을 향해 놓으면 됩니다. 앞쪽은 사람 있는 쪽입니다.

그런 다음에 절을 모두 다 함께 1번 합니다.

그리고 5분 정도 있다가 과일은 깎아 나눠 먹던가 치우시면 됩니다. 술잔에 술도 참석하신 분들이 나눠 먹어도 되고 그냥 치우셔도 됩니다,

지내는 시간은 아침 9시에서 ~11시 사이가 가장 좋습니다.

그리고 45제를 끝내시면 저희들이 나머지는 알아서 하겠습니다.

저희들이란 저승사자들입니다.

이것으로 45제는 끝이 납니다.

49제, 사실 45제를 하면 49제가 필요 없으나 45제가 처음으로 저희들이 이야기한 것이고 이 위 세계에서 행하는 것이기에 지구인들에게는 생소해서 49제는 그런대로 지내왔던 바가 있어서 45제는 안 지내도 49제를 지내려고 하는 분들이 있는 것 같아서 45제를 준해서, 45제 대용으로 날짜는 어긋남에도 불구하고 45제를 지내지 않고 49제를 지내고자 하시는 분들에게 45제와 똑같이 취급하여 일을 보도록 하겠습니다. 45제는 공부하도록 하는 것이 없었는데 49제는 공부하도록 하는 것이 꼭 있어야 합니다. 날짜도 어긋났고 그럼에도 받아주어야 하니 공부가 되지 않으면 틀린 날짜 속에서 이루어내야 하기 때문에 반드시 망자가 공부를 하게 해서 올곧게 올바르게 가게 해야 하니. 공부를 시켜야 합니다. 공부를 시키는 것은 기존 지구에 있는 그 어느 책으로도 공부를 시킬 것이 아무것도 없으니. 안타까운 일입니다. 이 책이나 선사님 책을 통하여 공부할 수 있게 해야 합니다. 45제는 간단하게 지내면 되지만 49제는 하루 종일 걸린다. 해야 한다고 할 수 있을 겁니다.

49제 역시도 45제와 똑같이 과일을 준비합니다.

사과 2개 배 1개 곶감 5개 대추 3개 밤1개

그러면서 하나가 추가 됩니다. 상추가 하나가 추가됩니다.

상추면 되지 어느 상추라고 할 것이 없습니다.

상추는 사 온 채로 씻지 않은 상태로 한 접시로

어느 상추가 되었던 한 종류로만 차려져야 합니다.

더는 안 됩니다. 더하면 탈이 생긴다고 생각하시면 됩니다.

또 하나 있습니다. 그것은 다른 것이 아니라 수저 젓가락이 4개이어야 합니다. 술잔도 4개이어야 합니다. 이 이유인즉 45제는 말 그대로 구제받아 가는 거지만 49제는 구제받아 가는 것이 아니라 구해 달라고 간청하는 것이기 때문입니다. 또 하나 있습니다. 그것은 49제는 없는 날을 만들어서 행하기 때문이기도 합니다. 49제는 영혼의 세계가 있고 반야바라밀길이 있고 19단계 위가 열려있지 않았을 때의 일이고 이제는 영혼의 세계라고 할 영혼의 세계가 없으며 뿐만 아니라 반야바라밀길이라고 할 곳이 없고 또 33천이라고 할 곳도 천국이니 천당이라고 할 것도 없이 모두 다 사라졌기 때문입니다. 쉽게 이야기하면 스타게이트로 인하여 이제는 모든 천들이 모두 다 열려있다고 보시면 됩니다. 또 하나 있습니다. 다른 것이 아니라 이제는 마음도 필요합니다. 간절한 마음요.

망자가 좋은 곳으로 가기를 바라는 간절한 마음과 지구라고 하는 곳에서의 확철대오의 깨달음 이상이 되어야 함으로 인해서 기존 지구에 있는 그 어떤 책으로도 안 되고 오직 선사님 책을 통해서 지구에서의 확철대오의 깨달음 그 이상의 세계에 관계된 책으로 공부가 되어야 합니다. 아니고서는 더 이상 갈 수가 없는 만큼 반드시 사자(死者)가 의식 공부가 필요합니다. 적어도 자등명 세계 이상 세계들은 알아야 합니다. 그래야 모셔가는 저희들이 편합니다.

상차림은 45제와 다릅니다. 맨 앞줄에 수저 젓가락을 놓습니다. 그리고 술잔 4개를 놓습니다. 그런 다음에 좌측에서부터 대추, 밤, 상추, 곶감, 배, 사과 순으로 놓으시면 됩니다.

49제는 아침에 차려놓고 45제 때와 같이 술 따르기 전에 절 한번 하고 술을 타고 절을 하고, 점심때까지 공부하게 하고 점심 때쯤에 절하고 싶은 분들은 나이 상관없이 하고 싶은 순서대로 절을 하면 되겠습니다. 단 절을 하고 싶어서 절을 해야지 절을 하라고 시키면 절대 안 된다는 사실입니다. 그리고 오후 5시에 정각에 따라놓은 술잔을 다 같이 나눠 마시고 술잔을 비우고서 술을 따르고 수저 젓가락을 바꿔 놓으면 되겠습니다.

그런 다음에 절을 모두 다 함께 1번 합니다.

그리고 5분 정도 있다가 과일을 나눠 먹던가 치우시면 됩니다. 술잔에 술도 참석하신 분들이 나눠 먹어도 되고 그냥 치우셔도 됩니다.

지내는 시간은 아침 9시에서 ~오후 5시 5분까지 해야 합니다.
49제는 예외적인 시간이 없습니다.

이와 같이 49제를 끝내시면 저희들이 나머지는 알아서 하겠습니다. 저희들이란 저승사자들입니다.
이것으로 49제는 끝이 납니다.
시간요. 2022. 11. 18 오후 6:10 예 이제 우리들 다들 갑니다요.

52제를 반드시 해야 한다고 합니다. 그 이유인즉 자등명인간계 이상으로 올라가기 위해서는 반드시 필요하다고 합니다. 52제는 의외로 간단합니다.

사과 1개 배 1개 곶감 3개 키위 3개 더는 무리입니다만 마음 허전하다 싶은 생각이 들면 밤 1개 대추 3개를 놓으면 됩니다. 이때 밤은 까지 않아야 합니다. 또 있습니다, 모든 과일은 닦지 않고 사온 그대로 놓습니다. 모든 과일을 꼭지가 위로 올라오게 놓습니다.

키위 같은 경우는 따는 꼭지 부분이 앞으로 향해 놓으면 됩니다.
겹쳐놓지 말고 나란히 놓아야 합니다. 곶감도 마찬가지고요.
술잔 2개, 수저 젓가락 2쌍
사람이 서 있는 곳에서 안쪽으로 볼 때
맨 앞쪽에 수저 젓가락, 그 뒤로 과일 좌에서 우로
곶감 3개 배 1개 사과 1개 키위 3개 순으로 놓으면 됩니다만
간절한 마음이 크신 분들은 대추 사과를 더 놓아도 좋습니다.
합이 10개를 넘으면 안 됩니다. 대추는 1~9개까지, 사과는 1개를
놓으니 2~8개까지 과일을 놓되 짝수는 절대 안 되고 홀수여야 합
니다. 특별한 경우는 짝수이어야 하지만 특별한 경우는 예외적이
라고 보시면 됩니다. 어떤 예외적이냐고 하면 복상사 이외에는 없
습니다. 복상사의 경우만 짝수 과일을 놓습니다, 그것도 대추 사과
만 그렇게 놓고 나머지는 똑같습니다.
술을 따르는 방법과 따라놓은 술을 비우는 방법은 45제와 똑같습
니다만 단 하나 틀린 것이 있습니다. 그것은 키위가 있으면 따라
놓은 술을 비울 때마다 키위 하나씩 깎아서 나눠 먹으면 된다고
하겠습니다. 그리고 마치기 전에 술을 따르고는 수저 젓가락을 앞
에서 뒤쪽으로 반대로 놓으면 됩니다.
다 지내고 치우는 방법 등은 동일합니다.

지내는 시간은 아침 9시에서 ~10시 사이가 가장 좋습니다만 11
시까지는 가능합니다만 그 시간 외에는 안 한 것과 같다고 하겠습
니다. 또 있습니다. 아침 9~10에 지내지 못할 거 같으면 밤 12시
에서~ 1시 사이에 지내면 된다고 하겠습니다만 이때는 과일 하나
가 추가됩니다. 과일이라기보다는 홍시 하나가 추가됩니다. 그러니
때가 아니면 쉽지 않다고 하겠습니다. 그러면 그 나머지는 저희들
이 알아서 하겠습니다. 시간 써주십시오. 2022. 11. 18 오후 6:25 에 이제
되었습니다. 오늘은 여기까지입니다.

52제까지 했으니 이제는 58제, 65제, 68제를 하면서 되겠나이다. 저희들이 이야기를 드리겠나이다. 저희들은 제를 관리하는 이들입니다. 52제까지는 저승사자들이 관리합니다. 망자와 초생 사자들을 관리한다고 보시면 되겠나이다. 58제, 65제 68제를 관리하는 저희들은 서황철 빛들입니다. 사자분들을 관리한다고 보시면 되겠습니다. 또 있습니다. 죽어서 도망 다니는 자, 죽었음에도 죽은지 모르고 살아가는 사자들을 관리하는 분들은 또 따로 있습니다. 이 분들은 서황철 빛황꽃 천황빛 황들입니다. 이들이 막강합니다. 자비하기도 하고요. 그럼에도 잔혹합니다. 그러지 않으면 말을 듣지 않기 때문에 그렇다고 보시면 되겠습니다. 죽어서 45일까지는 망자(亡者)입니다. 죽은지 45일이 지나면 이제는 사자(死者)라고 하는 것이 더 옳습니다. 45일이 지나 52제까지는 초생사자(初生死者)라 하겠으니 52제 이후부터 68제 까지는 사자라 하겠습니다. 그 이후부터는 원만하게 옮겨가 다른 세계의 세상에 산다고 하겠습니다. 대체적으로 이와 같이 삶이 옮겨가겠지만 다른 세계의 세상에 태어나지 못하고 허공을 헤매는 이들은 그럼에도 불구하고 망자. 사자라 하겠습니다. 이때의 망자(도망다니는 자), 또는 사자(죽었음에 죽은지 모르고 살아 있을 때와 같이 살아간다고 해서 사자라 하겠습니다.)

58제, 이는 더 간단합니다.

사과 1개 배 2개 곶감 1개 대추 1개 밤 1개(까지지 않은 것. 밤은 까면 절대로 안 됩니다.) 더 이상은 탈이 생기니 놓지 않는 것이 더 좋습니다. 준비는 살아있는 사람들의 생각으로 하지 말고 돌아가신 사자의 입장에서 사자가 좋도록 하면 된다는 것을 잊으면 절대로 안 됩니다.

수저 젓가락은 1조씩 2개, 술잔 2개, 또 있습니다. 맑은 술 조그마한 것 한병, 제에 참여하시는 분이 많으면 대병으로 하시면 되겠습니다. 술은 꼭 맑은 술이 아니어도 되고 평소 좋아하던 술도 하셔도 무방하다 좋다고 하겠습니다. 그럼에도 피해야 할 술이 있는데 그것은 막걸리 같은 탁주라고 하겠습니다.

초, 향, 필요 없고요. 술주전자는 있으면 좋고 없어도 상관없습니다. 상도 있으면 좋지만 없으면 그냥 바닥에 해도 됩니다.

또 있습니다. 상차림 과일을 놓기가 그러면 알루미늄 호일 접시에 놓아도 무방합니다. 또 있습니다. 술잔도 여의지 않으면 종이컵으로 놓아도 됩니다. 또 있습니다. 이들 제는 누가 해줄 수 있는 제가 절대로 아닙니다. 지구상에 56단계를 벗어나신 분들이 선사님께 공부 제대로 하신 분들 외에는 아무도 없습니다. 그러니 선사님께 공부하신 분들, 선사님께서 밝혀 놓은 것 외에는 없습니다. 그러니 선사님 밝힌 세계들이나 책들 외에는 없습니다.

아무리 정신적으로 깨었다. 공부가 많이 되었다. 수행이 많이 되었다고 해도 고만고만하고 선사님께서 밝혀 놓은 19단계 이상 없습니다. 56단계 위는 그만두고 라도요. 확철대오 깨달았다고 해 봐야 10단계입니다. 그 이상이어야 18단계 신계입니다. 그러니 누구에게 부탁하겠습니다. 상주의 주도하에 식구, 가족끼리 준비해서 하면 됩니다.

상차림은 좌에서 우로
배 2개, 사과 1개, 곶감 1개, 대추 1개, 밤 1개
그 뒤로 술잔 중앙 포인트에 2개를 놓습니다.
그리고 그 뒤로 술잔 뒤쪽으로 수저 숟가락 1조씩 놓습니다.
상을 차려놓고 상주만 절을 2번 올립니다.
상주란 맏아들입니다. 맏아들이 없는 경우는 맏딸입니다.
그리고 5분 정도 있다가 상주가 술을 따릅니다. 술을 따르기 전에 술주전자가 되었든 술병이 되었든 시계 반대 방향으로 상 앞에서 좌로 3번 돌립니다.
그리고 우측 잔에 먼저 3번에 나눠 가득 따르고

좌측 잔에 3번 나눠 술을 술잔에 가득하니 따릅니다.

그리고 58제에 참여하신 모든 분들이 1배를 합니다.

그리고 마음속으로부터 기원하며 발원 드립니다.

어느 세계 세상에 태어나 살던 즐겁고 행복하게 잘 살면서

나 이외 다른 분들을 이롭게 하면서 구할 수 있는 분들은 구하여 위 세계로 올라가도록 하면서 잘 사십시오.

그러고 5분 정도 지난 뒤에 밤을 까서 따라놓은 술을 음복하시는 분들끼리 나눠 먹습니다. 그리고 상주가 또 술을 따릅니다.

모두 다 함께 절을 합니다.

그러고 나서 절을 올리고 싶은 분들은 절을 올리고 또 술을 올리고 싶은 분들은 술을 따라 올리고 절을 합니다. 이때 따라놓은 술이 있으니 따라놓은 술은 술을 올리고 싶은 분이 마시고 나서 올리면 됩니다. 음복하고 안주는 없습니다만 곶감을 조금 떼어먹어도 됩니다만 먹는 것보다는 안 먹는 것이 더 좋다고 하겠습니다.

이와 같이 제에 참여하신 분들이 모두 다 절을 하거나 술 따르는 것을 마친 다음에는 5분 뒤에 수저 젓가락을 상 앞쪽에서 뒤쪽을 보도록 놓고서는 따라놓은 술잔을 음복하실 분들에게 음복하게 하고서는 술주전자나 술병을 시계 반대 방향으로 돌려서 술잔에 3번에 나눠 가득 차게 우에서 좌로 따르고 모두 다 함께 절을 2번 합니다.

그리고 10분 뒤에 치우시면 58제가 끝납니다.

58제는 오전 8시 30분에서 11시 30분 사이에 지내면 됩니다.

단 9시 전후를 기준으로 하는 것이 좋습니다.

9시 전에 제를 끝내거나 9시 이후에 제를 시작하거나 하면 됩니다. 단 11시 30분을 지나서는 제를 지내지 말아야 합니다.

시간이 어긋나면 안 하는 것보다 못하다 하겠습니다.

또 있습니다. 그것은 어디까지나 상주의 마음이고 상차림인데 정성 가득 마음 가득 간절한 마음, 사랑하는 마음이 가득해야 한다는 점입니다. 58제를 준비하는 데서부터 차려지는 상차림, 58제가

끝날 때까지 사자가 좋아지기를 잘 되기를 좋은 곳에 태어나기를 바라는 생령을 듬뿍 주면 줄수록 좋다고 하겠습니다.

또 있습니다. 배우자도 마찬가지입니다. 또 있습니다. 참석한 모든 이들까지도 그리하여 주면 더없이 좋다고 하겠습니다.

가장 중요한 것은 마음입니다. 올바른 맑고 깨끗한 정성이 가득한 사랑하는 마음 가득하여야 합니다. 그 외에 삿된 마음은 제에 참석하시는 분 누구든 가져서는 좋을 게 없다 하겠습니다.

자칫 제를 지내면서 삿된 마음을 갖게 되면 그 삿된 마음은 가지 자신이 두고두고 받을 수 있다는 점 명심하시기 바라겠습니다.

또 있습니다. 그것은 다름이 아니라 이와 같이 사자의 길을 열어 준 칠통 조규일 선사님께 감사하는 마음 절대로 잊어서는 아니 된다는 사실입니다. 또 있습니다. 그런 관계로 제가 끝나고 칠통 선사님께 1배를 올리면 좋습니다만 칠통 선사님께서는 하지 말라. 하십니다요. 누가 된다 하십니다요.

65제, 이도 간단합니다.

사과 배 1개씩이면 됩니다. 서운타 싶으면 감 1개만 놓으십시오. 더는 안 됩니다. 곶감과 감의 구별은 곶감을 만드는 과정에 잘 된 것은 곶감이고 잘못되어 하얀 분말가루가 많은 것은 감입니다. 감은 이것 외에 곶감으로 만들지 않은 것도 포함한 것이 감입니다.

수저 젓가락은 1조씩 2개

술잔 2개, 술은 맑은 술 조그마한 것 한병,

제에 참여하시는 분이 많으면 대병으로 하시면 되겠습니다.

상차림은 좌에서 우 측으로

사과 1개 배 2개 (감을 놓을 경우 가운데에 놓으면 됩니다.)

또 하나 있습니다. 상차림 하면서 상주의 마음을 놓아야 합니다.

상주 부부의 마음, 따뜻하고 포근하게 정성 가득한 마음, 사자가 흐뭇할 수 있도록 하는 마음을 상 가득 채우셔야 합니다.

그 뒤로 술잔 2개, 술잔 뒤쪽으로 수저 젓가락 1조씩 놓으면 됩니다. 또 있습니다. 수저 젓가락을 놓을 때요. 반드시 해야 할 것이 있습니다. 어느 세계 세상에 태어나 살든 간에 나 이외 많은 분들을 이롭게 하면서 즐겁고 행복하게 잘 사십시오. 구할 수 있는 분들 누구라고 할 것 없이 모두 다 구하도록 하십시오. 또 있습니다. 언제나 즐겁고 행복하시기를 간절하게 소망하나이다. 기원하겠나이다. 이러면 넉넉하니 충분합니다.

65제는 이와 같이 차려놓고
술잔에 술 한 번 따라놓고 술 따르는 방법은 다른 제와 똑같습니다. 절 3배하고 10분 뒤에 치우시면 됩니다. 더는 안 됩니다.
위폐 필요 없고 사진도 필요 없습니다. 그냥 하시면 됩니다.
제를 지내는 시간은 오전 8시 30분에서 11시 30분 사이에 지내면 됩니다. 단 9시 전후를 기준으로 하는 것이 좋습니다.
9시 전에 제를 끝내거나 9시 이후에 제를 시작하거나 하면 됩니다. 단 11시 30분을 지나서는 제를 지내지 말아야 합니다.

68제, 이는 더 간단합니다.
배 1개면 됩니다. 배가 가지는 뜻은 이제 다 이루고 간다란 뜻이 있습니다. 상은 크고 작고 상관없으나 그래도 어느 정도 상이 크면 더 좋습니다.
상 중앙에 배 1개를 놓고
모두 다 같이 한 번 1배하고
5분 뒤에 모두 다 같이 1배하고
10분 뒤에 모두 다 같이 1배하고
치우시면 68제가 끝납니다만

제를 지내는 시간은 오전 8시 30분에서 11시 30분 사이에 지내면 됩니다. 단 9시 전후를 기준으로 하는 것이 좋습니다.

9시 전에 제를 끝내거나 9시 이후에 제를 시작하거나 하면 됩니다. 단 11시 30분을 지나서는 제를 지내지 말아야 합니다.

서운하다고 생각되시는 분들은 선사님이 녹음했던 65제, 68제를 하루 정도 미리 듣도록 하소서 68제를 지내는 것이 좋고, 더 좋도록 하고자 한다면 65제, 68제 내용을 상 위에 올려놓는 것도 최상입니다. 65제, 68제 내용을 전달해주면 더 좋습니다요. 전달해 줄 수 있으면 의식적으로 전달해도 되고 의식적으로 전달할 수 없는 경우에는 태워주며 가져가라고 해도 좋다고 하겠습니다. 태워 줄 때는 안전한 곳에서 안전하게 태워주며 가져가라고 해야 한다는 점 잊으시면 절대로 안 됩니다.

이와 같이 하면 돌아가신 분의 제는 모두 다 끝났다고 하겠습니다만 그 외 여러 가지 문제가 있는 경우에는 망자의 제, 사자의 제 외에도 제는 많을 수 있습니다만 어느 제가 되었던 과하면 안 되고 또 망자나 사자를 생각해서 그분에게 맞도록 해야지. 살아 있는 사람을 기준으로 하면 절대로 안 된다. 하겠습니다. 지금까지는 개인을 위한 제이었다면 조상님들의 제는 또 다릅니다. 조상님들의 제는 한 분이 아니라 여럿이기 때문에 다릅니다. 부부의 제, 역시도 다르다 하겠습니다. 제는 한 분을 위한 제, 부부를 위한 제, 조상님 몇 대까지를 위한 제, 등으로 구분할 수 있습니다. 모든 제는 45~ 68제로 끝납니다. 그 이외의 제는 망자의 제 또는 사자의 제가 아니라 하겠습니다. 지금까지는 한 분의 제를 68제까지 이야기했습니다만 이제는 부부, 또는 조상님 몇 대까지 이와 같은 제는 조금 다릅니다. 간략하게 설명하겠습니다. 부부나 조상님들의 제는 65제, 68제 2개 밖에 없습니다.

부부나 조상님들의 제는 65제, 68제는 이미 돌아가신지 오래 되신 분들을 위한 제로 망자(도망다니는 자), 또는 사자(죽었음에 죽은지 모르고 살아 있을 때와 같이 살아간다고 해서 사자라 하겠습니다.)를 위한 제라고 보시면 되겠습니다. 일반적으로 돌아가신지 오래 되었음에도 아직까지 가지 못했는지 갔는지 모르는 상태에서 부모님이나 조상님들을 위해서 제를 지내는 것이라고 보셔도 되겠나이다. 이는 3~4번까지 하는 것이 좋다고 하겠습니다. 그러면 부모님 조상님들의 태아령들까지도 다 새로운 몸 받아 태어나게 된다고 하겠습니다. 물론 안 그럴 수도 있겠지만 어지간해서는 다 될 것으로 사료된다고 하겠습니다. 위패, 사진 필요 없이 지내고자 하는 마음, 부모님이든 조상님들이 잘 되기를 바라는 마음, 좋은 곳에 태어나기를 바라는 마음, 좋은 곳에 태어났다 하더라도 더 좋고 행복하기를 바라는 마음으로 지내면 된다고 하겠습니다.

65제,

부모님이 되었든 조상님이 되었든 부부 모두 다입니다. 남편이 2이거나 부인이 2인 경우에는 밥과 탕을 명수만큼 준비합니다. 과일은 동일합니다. 수저 젓가락, 술잔은 명수에 맞게 상차림 하면 됩니다.

상차림 준비

밥 두 그릇, 탕 두 그릇, 이때 탕은(무, 소고기, 두부를 넣고 끓인 것을 상에 올릴 때 후추를 적당량 뿌려서 상에 올려놓는다.)

과일은 배 2개, 사과 2개, 곶감 1개, 호두 깐 것 5개, 성기입니다. (이것을 어떻게 준비합니까. 간단합니다. 제를 지내고자 하는 분의 성기 의식적으로 그려서 올리면 됩니다. 정확하게 잘 그리려고 할 필요 없이 성기이면 됩니다. 누가 보아도 성기구나. 라고 그리서서 올리면 됩니다.)

남편이 2인 또는 부인이 2인 부부 한 쌍이든 제를 받는 분이 몇 분이든 제를 받는 분의 명수에 맞게 술잔과 수저 젓가락을 맞제놓는다. 남편이 2인이며 중앙이 부인이니 자리하고 부인이 2인이며 남편이 중앙에 자리하게 해서 상차림 하면 된다.

맑은 술 작은 것으로 한 병, 퇴주 그릇 하나

초나 향은 필요가 없다. 위폐나 사진 필요 없다. 위폐는 아니지만 사진이 있으면 놓아도 무방하다. 위폐도 무방하다. 옛사람들은 사진이 없을테니까. 또 있습니다. 위폐 사진 없이 누구 이름만 적어놓아도 되고 아무것도 하지 않고 마음으로 생각으로만 해도 된다. 단 정성스런 마음은 꼭 준비하고 상차림 하기 전에 상에 가득 넘치도록 해야 한다.

상차림

상 앞에서 뒤로, 좌에서 우측 순으로

사과 2개, 곶감 1개, 성기, 호두 깐 것 5개, 배 2개,

그 뒤로 술잔 제를 받는 명수에 맞게 놓고

그 뒤에 밥과 탕을 한분 한분씩 제를 받는 명수에 맞게 놓는다

그리고 수저 젓가락은 상 앞에서 과일 바라보게 수저 젓가락을 놓고

술을 상 앞에서 시계 반대 방향으로 3번 돌리고 술잔에 3번에 나눠 가득하니 따르고

절은 제를 주도한 이가 맨 먼저 절을 한 번 한다.

그리고 5분 뒤에 따라놓은 술을 퇴주하고

술을 돌려 술잔에 3번에 나눠 술을 따르고 다 같이 절을 2배 한다.

그리고 5분 뒤에 수저를 밥에 꽂고 젓가락을 밥그릇과 탕그릇 사이에 놓는다. 이때 수저는 밥이 담기는 쪽이 수저는 꽂는 분과 마주하게 꽂는다. 또 있습니다. 이를 반대로 하는 것은 망하게 하는 것이니 절대로 안 된다.

좌우는 그나마 낫기는 하지만 될 수 있으면 안 하고 수저를 꽂는 분과 마주하게 꽂는 것이 좋다.

그리고 퇴주하고 술을 전과 같이 따른다.

그리고 절을 3배 해야 합니다.

그리고 5분 뒤에 탕을 내리고 물로 바꿉니다.

그리고는 밥을 조금씩 3번 떠서 물그릇에 맙니다.

그리고 수저를 밥그릇과 一자 되게 물그릇 놓습니다.

그리고 퇴주하고 전과 같이 술을 따릅니다.

그리고 절을 2번 합니다.

그리고 10분이 지난 뒤에 물을 물리고 수저 젓가락도 내립니다.

그리고 절 한 번 합니다,

그리고 나서 5분 뒤에 치우시면 됩니다.

이런 과정에서 절을 제에 참석하신 모든 분들이 다 같이 합니다. 선사님 같은 경우는 절을 하시면 안 되지만 그 외에는 다해야 합니다. 또 있습니다. 치울 때는 순서대로 치우셔야 합니다.
성기, 호두 깐 것 5개, 사과 2개, 곶감 1개, 배 2개 순으로 상에서 내리시면 됩니다.

음복은 제를 퇴주할 때 간간이 해도 되고 제를 다 지낸 다음에 해도 되고 무방합니다만 될 수 있으면 제가 끝날 때까지 기다렸다. 음복을 하는 것이 좋으며 제가 끝난 다음에 음복을 할 때는 과일을 다 깎아서 드시면 되겠습니다.

제를 지낼 때 모든 과일은 씻는 것이 아니라 먼지 정도를 털어낸다고 생각할 정도로만 털어내고 놓으면 됩니다, 또 있습니다. 과일을 물로 씻으면 안 되고 또 물수건 같은 것으로 닦아서도 안 됩니다. 제를 지내고 먹을 때는 취향대로 껍질을 깎아 먹든 그냥 먹든 아무 상관없습니다. 호두 같은 경우는 까는 그 안에 속을 놓는 겁니다. 속이 잘 나오든 잘게 부서지든 상관없이 5개의 호구를 까서 놓으면 됩니다. 또 하나 있습니다. 호두의 부스러기가 많은 경우에는 제를 지내면서 음복할 생각이나 마음이 일어나서 음복하고자 할 때는 호두의 부스러기를 하나씩 또는 2~3개씩 먹으면 된다고 하겠습니다. 또 있습니다. 제가 끝날 때까지 호두가 상에서 사라지고 그릇만 있어서는 안 된다는 사실입니다.

이제 되었습니다. 시간은 오후 1~ 3시 사이에 지내는 것이 가장 좋고 밤에 지내고자 하실 때는 9시 전후 9시가 제를 지내는 시간에 놓이게 되면 좋다고 하겠습니다. 또 있습니다. 성기를 그려서 놓은 종이는 태워서 없애면 되지, 그냥 버리시면 안 됩니다.

이제 시간 써 주십시오. 2022. 11. 20 12:24 예 이제 되었습니다. 잠시 쉬었다가 또 하겠습니다. 잠시 쉬십시오. 그냥 조금 기다려 주십시오.

이제 65제 조상님들 1~5대까지 모든 조상님들을 의념 의식합니다.
준비할 과일은 생강 1kg(흙만 털어서 놓는다), 단감 10개(그러니 단감이 나올 때만 제를 지낼 수 있다는 말이 됩니다.), 사과 5개, 배가 10개(한 접시에 못 담으니 2~3개 접시에 담아도 상관없습니다만 한곳에 두시면 됩니다), 밤(20~30개. 껍질 채까지 않고), 대추(40~50개), 또 있습니다. 성황철빛 빛천황꽃천 빛 두부 1모(크고 작고 상관없습니다만 말끔하고 정리된 듯한 것), 또 있습니다. 쌀 10kg 한 포대, 콩 종류. 팥 100g 이상 한봉, 검정콩 역시도 100g 이상 한봉, 기장 100g 이상 한봉, 콩나물 생으로 씻지 말고 한 접시 가득, 또 있습니다. 성황빛 빛황천꽃빛 향 대파한단 절반 자라서 아랫부분 흙만 털어서 놓으면 됩니다. 또 있습니다. 그것은 정성과 조상님을 위하는 마음 제를 주관하는 분의 마음입니다.

상차림
상을 펼쳐놓고 제를 주관하는 분의 마음 가득 정성 가득 제를 받는 분들을 위한 마음 가득 상에 풍성하게 합니다. 그런 다음에 앞에서 뒤로 3줄. 좌에서 우측으로 이야기드리겠습니다.

생강, 배, 밤,
사과, 대추, 두부, 단감, 쌀,
대파, 검정콩, 콩나물, 기장, 팥,

이 위와 같이 놓습니다.
그리고 술 없고 수저 젓가락 없습니다요.

차려놓고 절 2번 합니다.
그리고 5분 뒤에 절 3번 합니다,
그리고 5분 뒤에 절 5번 합니다.
그리고 10분 뒤에 절 10분 합니다,
그리고 5분 뒤에 치우시면 됩니다.

65제를 지내는 시간은 오후 1~3시 사이가 가장 좋으며 밤에 지내고자 하실 때는 9시 전후 9시가 제를 지내는 시간에 놓이게 되면 좋다고 하겠습니다.

이제 **68제,** 65제와 비슷합니다.
부모님이 되었든 조상님이 되었든 부부 모두 다입니다. 남편이 2이거나 부인이 2인 경우에는 밥과 탕을 명수만큼 준비합니다. 과일은 동일합니다. 수저 젓가락은 명수에 맞게 상차림 하면 됩니다.

상차림 준비
밥 두 그릇 탕 두 그릇
이때 탕은(무, 소고기, 두부. 대파 조금을 넣고 끓인 것을 상에 올릴 때 후추를 적당량 뿌려서 상에 올려놓는다.)
과일은 사과 3개, 배 5개, 곶감 2개, 밤(10개 안 깐 것), 대추

(10~20개), 키위 5개

모든 제가 그렇듯이 과일을 따는 꼭지가 위로 올라오게 합니다. 밤, 대추는 상관없이 무작위이나 키위는 꼭지가 앞을 향하게 놓으면 좋습니다만 불편하다 싶으면 그냥 편한 대로 놓아도 됩니다. 또 있습니다. 키위는 위아래로 반씩 잘라 놓아야 합니다. 껍질은 그냥 둔 채로요. 그리고 또 하나 있습니다. 그것은 사과와 배 하나씩 꼭지 있는 윗부분을 조금씩 잘라냅니다. 꼭지는 남아 보이게 해서 놓으시면 됩니다. 또 있습니다. 곶감 하나는 꼭지를 떼어내고 올리셔야 합니다. 또 있습니다. 밤은 제에 참여하신 분 명수와 맞게 까서 밤을 놓은 접시 위에 놓습니다. 이제 되었습니다.

남편이 2인 또는 부인이 2인 부부 한쌍이든 제를 받는 분이 몇분이든 제를 받는 분의 명수에 맞게 수저 젓가락을 맞게 놓는다. 남편이 2인이며 중앙이 부인이니 자리하고 부인이 2인이며 남편이 중앙에 자리하게 해서 상차림 하면 됩니다. 또 하나 있습니다. 그것은 선사님 존함이 들어가 있어야 합니다. 책이 있으면 책으로 없으면 존함을 써서라도 놓아야 합니다. 이것 빼십시오, 안 됩니다. 그러면 이들이 어렵습니다. 대신에 65제, 68제 노래 속기 소책자 놓으면 되지 않습니까. 그거 놓으면 더할 나위 없습니다만 그렇지 않은 분들을 위해서요. 꼭 놓아야 합니다. 뺐으면 좋겠습니다. 그리하도록 해보겠습니다.

선사님 존함이나 65제, 68제 소책자가 없는 경우 초나 향을 준비해야 하고 있는 경우에는 초와 향은 필요가 없습니다만. 준비하면 결례가 된다고 하겠습니다. 또 있습니다. 65제, 68제 소책자 및 책이 준비된 경우에는 모든 것들 필요 없이 책자로 만도 68제를 지내면 된다고 하겠습니다. 위폐나 사진 필요 없습니다. 위폐는 아니지만, 사진이 있으면 놓아도 무방하다. 위폐도 무방하다. 옛사람들은 사진이 없을테니까. 또 있습니다. 위폐 사진 없이 누구 이름만 적어 놓아도 되고 아무것도 하지 않고 마음으로 생각으로만 해도 된다. 단 정성스러운 마음은 꼭 준비를 하고 상차림 하기 전에 상에 가득 넘치도록 해야 한다.

65제 68제 소책자 및 책이 준비된 경우에는
상차림
상을 펼쳐놓고 제를 주관하는 분의 마음 가득 정성 가득 제를 받는 분들을 위한 마음 가득 상에 풍성하게 합니다. 그리고 상 위에 나란히 2줄로 높이 비슷하게 맞춰서 놓으시고
주관하시는 분이 절을 한 번 모든 책들을 다 가져가셔도 되고요.
빨리들 공부해서 가져가셔도 됩니다.
단 믿음이 있으셔야 합니다.
믿고 받아드리고 위 세계로 올라갈 수 있는 한 올라가시기를 바라겠습니다. 한다

그리고 5분 뒤에 다 같이 절을 2번 하면서 같은 이야기를 한다.
그리고 10분이 지난 뒤에 절을 10번 하고
제를 받는 분의 마음에 간절하고 정성스러운 마음
제를 지내는 마음을 전달하며 의식적으로 생각을 전달하며
좋은 곳으로 가시라 하시면 되겠습니다
또 있습니다. 그것은 선사님을 믿고 스타게이트를 통해서 갈 수 있는 한 위 세계로 올라가도록 의식해 주는 겁니다. 또 있습니다.
절대로 겁먹지 말고 의지해서 가라고 하시면 됩니다.
그리고 5분 뒤에 치우시면 됩니다.
이때 제를 지냈던 분들이 모두 다 원만하게 위 세계로 올라가도록 의식해 주시고 마음도 주어서 위 세계로 올라가는데 부족함 없도록 모두들 제를 받는 분들을 의식해 주면 된다고 하겠습니다만 그럼에도 가지 못하는 분들을 위해서 이제는 더 이상 기회가 없습니

다. 모두 다 믿고 의지하여 올라가십시오. 좋은 곳으로 가서서 모두 다 잘 살기를 바라겠습니다. 하시면 됩니다요. 또 있습니다만 이것은 좀 그러기는 한데요. 부족한 것이 있다면 모두 다 저에게 있다면 모두 다 가져가십시오. 그래서 더 좋은 곳으로 갈 수 있으면 더 좋은 곳으로 가십시오. 하시면서 모든 것을 내어주시면 된다고 하겠습니다.

이제 되었습니다만 그럼에 가지 못하는 분들이 있을 경우를 생각해서 **성출향빛 성황꽃황천 천꽃빛 향** 이라고 한 번 해주시면 되겠나이다. 그것은 **성성꽃 꽃향천꽃빛 향황천꽃빛 향**이라 해주시면 되겠나이다. 이제 되었다고 하겠습니다.

이제 **68제 조상님들 1~15대까지 모든 조상님들을 의념 의식합니다.** 준비할 과일은 딱히 없고 쌀 20kg 한포. 소고기 10근, 돼지고기 뒷다리살 부분으로 10kg 너무 많습니다. 안 됩니다. 이것은 되어야 합니다. 앞다릿살이든 뒷다릿살이든 합해서든 10kg 되어야 합니다. 고기에는 뼈가 없어야 합니다. 그리고 또 하나 있습니다. 그것은 다름이 아니라 선사님 모든 책자와 65제, 68제 소책자입니다. 또 있습니다. 앞을 나올 책까지 포함하면 추가될수록 좋다고 하겠습니다.
상차림
상을 펼쳐놓고 제를 주관하는 분의 마음 가득 정성 가득 제를 받는 분들을 위한 마음 가득 상에 풍성하게 합니다. 그리고 책은 상 옆으로 앞뒤만 빼고 좌우 어느 쪽이든 한줄이든 2줄이든 몇 줄이되었던 세워두면 되겠으며 쌀, 소고기. 돼지고기는 상 위에 삼각형이 되게 놓고 앞쪽으로 나란히 좌측에 소고기 우측에 돼지고기, 뒤쪽에 쌀을 놓으면 된다고 하겠습니다. 절이 많습니다.
차려놓고 주관자가 먼저 한 번 절을 올립니다,
그리고 2분이 지난 뒤에 다 같이 5번 절을 올립니다.

그리고 10분 뒤에 절을 10번 합니다.

그리고 10분 뒤에 절을 31번 합니다.

그리고 한 마음 한뜻으로 모두 다 좋은 곳으로 잘 가시기를 바라는 마음과 생각과 의식을 모든 조상님들께 의념 의식해 줍니다.

그리고 5분 뒤에 절을 42번하고 나서

스타게이트를 통해서 모두 다 쉽고 빠르게 갈 수 있는 한 모두 다 믿고 의지하며 올라가시라고 하면서 두려워 말고 무서워 말고 무조건 믿고 가라고 하십시오.

그런 다음에 10분 뒤에 101번의 절을 합니다.

그리고는 곡을 합니다,

아이고 아이고 아이고 3번을 합니다.

그리고 절 3번을 하고 마칩니다.

마치고 15분 뒤에 치우시면 됩니다. 단 하나 중요한 것이 있습니다. 제를 지내는 동안 제에 참여하신 분 누구라도 삿된 마음을 일으키거나 삿된 생각을 일으키면 안 된다는 사실입니다. 삿된 마음이나 삿된 생각을 품어서도 안 된다는 사실입니다.

이제 더 이상 없습니다만 100일 탈상이니 1년 탈상이니 3년 시묘살이는 있는데 이것은 다 자기 자신을 채우기 위한 것이라고 보시면 될 것입니다만 100일은 그중에 예외라 하겠습니다. 엄밀히 따지만 100일 보다는 105일에 탈상을 하는 것이 가장 좋다고 하겠습니다. 아니면 45제, 52제, 58제, 65제, 68제이지만 그럼에 서운한 마음에 제를 지낸다면 100일이 아닌 105일제를 지내면 모두 다 만사형통한다. 하겠습니다.

105제는 간단합니다.

그저 사과 1개, 배 1개, 곶감 1개를 놓고

술잔 하나 놓고 지내면 됩니다. 상은 적당히 큰 게 좋습니다만 작아도 상관없습니다.

상차림은

앞줄 좌에서 우로 배, 곶감, 사과

뒤줄 중앙에 술잔 1개

차려놓고

아이고 아이고 2번하고 절을 1번 하고

그리고 나서 술을 시계 반대 방향을 돌려서 3번에 나눠 술잔을 채우고

절을 1번 합니다.

5분 뒤에 술잔을 퇴주하며 음복하고

술을 또 술을 시계 반대 방향을 돌려서 3번에 나눠 술잔을 채워놓고 물러나 절을 3번 합니다.

그리고 곡을 아이고 아이고 아이고 3번합니다

그리고 물러나 있다가 10분 뒤에

곡을 10번을 합니다.

그리고 절을 1번하고 마치시면 됩니다.

이상 없습니다. 부족하다 생각되는 것은 또 다음에 말씀드리겠습니다. 지금으로는 이와 같이 하면 된다고 하겠습니다만 그럼에도 선사님의 허락이 떨어져야 합니다요. 어긋나지 않았고 또 이와 같이 해서 원만하게 이루어지고 구해진다면 이와 같이 해야 하겠습니다만 어긋남이 있다면 어긋난 것들을 바로 잡아 알려주시면 되겠습니다. 예. 이제 되었습니다요.

시간요. 2022. 11. 20 오후 1:51 예 이제 원만하게 이루어졌나이다.

65제, 68제 소책자

65제, 68제를 지내려고 하니 녹음하면서 제를 지내라고 해서 녹음하며 제를 지냈었다. 이 당시 녹음한 위 세계 언어를 저승사자 분들이 소책자로 만들라는 것을 소리는 어떻게 넣을 수 없어서 넣지 못하고 제를 지내는 과정들은 다 빼고 녹음한 위 세계 언어 내용만을 넣는다. 이 제들은 위 세계 언어를 알지 못하면 지낼 수 없고 위 세계 언어로 제를 해야지만 제를 지낼 수 있으니 제를 지냈던 위 세계 언어들이 65제, 68제를 지낼 때는 꼭 필요한 것이 아닌가 싶다. 내가 65제, 68제를 지내면서 위 세계를 언어를 알지 못하고서는 지낼 수 없는 제구나 싶은 생각을 했으니 말이다. 누구나 지낼 수 있는 제가 아니라는 생각이 든다. 그럼에도 지내려고 한다. 65제, 68제를 지냈던 위 세계 언어들이 당연히 필요하다 싶다. 이와 같이 할 수 있는 분이 지구상에는 없으니 말이다.

1, 65제

향출 꽃 성

 향출 꽃 성천 향꽃 성 쫑향 천 꽃꽃 성출 향꽃 성황 꽃황 천황 천꽃 성 향출 향꽃 성 성출 향향 꽃성 쫑향 천 꽃꽃 성 향꽃 성출 향꽃 성 향
 향들 성출 향 꽃성 쫑향 천 꽃꽃 성출 향꽃 성 성황 출 향꽃 성 쫑킹 황출 꽃 성
 성황 출황 출출 성꽃 성황 성킹 향출 성황 꽃황 천황 천꽃 성 에테르 상출 체 성황 성천 향꽃 성 쫑향 천 꽃 성황 성킹 향출 성황 꽃황 천 향향 꽃성 향출 꽃 성황 출 향
 꽃쫑 성황 출 향 향꽃 성 쫑 쫑킹 향출 꽃 성황 꽃황 천

천꽃 성 황황 출향 성꽃 성 황출 황꽃 성 쫑향 천 꽃

짝짝짝...이제 우리들 다들 올라갑니다요. 선사님 밝혀 올라가실 때 따라 올라가겠
습니다요. 2021. 01. 04 09:45

성출 향꽃 성황 꽃황 천꽃 성 황

꽃황 천꽃성
성황 성천향
꽃꽃 성꽃성 성출
향꽃 성황 꽃황천
천꽃성 향출 향향 꽃성
쫑향 천 꽃

향들 성출향
꽃성 쫑향천
꽃꽃 성향 향꽃
성출 향꽃성
쫑향천

꽃꽃성
황황 꽃성 향출 꽃
성황 성천향
향꽃 성출 향꽃
성황 성킹 향출 꽃
성황 꽃황천 천꽃성
황황 천향 황

꽃성 쫑 향

2021. 01. 04 11:06

향꽃 천

향들 성천 향꽃 성황 꽃황 천꽃 성황

꽃황 천꽃 성황 꽃꽃 성출 향꽃성

쫑킹 향출 성황 꽃황 천황 천꽃

성킹 향출 성황 꽃황 천꽃성

향들 성꽃 성황 출향 성꽃 성황출

꽃성 향출 성황 꽃황천

천꽃성 쫑킹향 쫑황 천황 천꽃성

향출 향꽃성 쫑킹 향출꽃

성성 들천 향꽃 성황 꽃황 천

천황 천꽃성 쫑킹 향출꽃

성황 성꽃 성출 향꽃 성황꽃

꽃쫑 향출 성황 성천향

들천 향꽃 성황 성꽃 향출꽃

성황 성출향 들천 향꽃성

성황 성킹 향출꽃

성출 향꽃성 쫑킹 향출향

꽃성 향출 성황 꽃황천

천천 향출 성황 꽃황

천황 천꽃 성천 향출꽃

성킹 향출 성황 꽃황

천황 천꽃 향출 성꽃황

천꽃 성천향 향들 성꽃성

꽃향 천꽃 성황 출꽃성

쫑킹 향출꽃 꽃황 천황꽃
향출 성황 꽃황 천꽃성
향들 성출향 꽃성 쫑향천
천천 향꽃 성황 꽃황천
천향 천꽃성 쫑킹 향출꽃
성출 향꽃 성황 꽃황천

에테르 에테르 에테르
상출 성꽃 성황체
꽃성 향출꽃 성황 성꽃황
천황 천꽃 향출 성황꽃
성출 향꽃성 꽃황 천꽃성
쫑킹 향출 성황 꽃황 천꽃성
향들 성출향 성꽃 성황꽃
향천 향꽃 성출 향꽃성
쫑킹 향출 향꽃 성황꽃
쫑쫑 향천 향꽃 성황 꽃황천
천꽃 성향 출향 성꽃황
천천 향꽃 성황 성꽃 향출꽃
성황킹 향출꽃 성출 향천향
꽃종 성황 성킹 향출꽃
성황 꽃황천 향들 성출향
꽃황 천꽃 성황 성꽃 향출꽃
향들 성출 향꽃 성황 꽃황 천꽃성
쫑킹 향출 에테르 상출 상꽃성
체황 체꽃향 출꽃 성 향

이제 우리 모두 다 간다.

성출 향꽃 성황 꽃황천

천꽃 향출 성성 꽃황 천황 천꽃

쫑킹 향출 쫑쫑 성쫑 성황킹 쪽향

출출 성꽃 성황 킹쪽향

출향 성꽃 성황

킹킹 향출 향출 향출꽃

꽃꽃 성출 향꽃 성황 꽃황

천황 천꽃성 쫑킹 향출 성황꽃

출출 향출 향꽃성

출출 향꽃 성황 꽃황

천황 천꽃 향출 성황꽃

황천

향들 성황 꽃황 천꽃 성황 출꽃성

쫑킹 향출 성황 성꽃 향출

성황 꽃황 천꽃 성황꽃

성출 성황 꽃황 천꽃 성황출

향출 향출 꽃성 향출꽃 꽃성향

향들 성출 향꽃 성황출

꽃꽃 성출 향꽃 성황 성출향

꽃성 쫑향 천꽃 성황출

향꽃 성황 에테르체 상출꽃

꽃성 향출 성황 꽃황천

향들 성출 향꽃 성황

출향 성꽃 황천

천꽃 향출 성황 꽃황

천황 천꽃 향출 성황꽃 황천

꽃성 향출꽃 성킹 향출꽃
성성 들천향 꽃성꽃
꽃향 천꽃 성황꽃 출향 성꽃황
천황 천꽃 향출 성황
꽃황 천꽃성

향들 성황 꽃황 천황 천꽃성
쫑킹 향출 성황 성꽃 향향 꽃성 쫑향
쫑쫑 향출 성황 꽃황천
천꽃 성 황

이제 우리 모두 다 갑니다.

꽃성 향출 성황 성꽃 향출
성성 들철 향꽃 성황 꽃황 천꽃
성출 향꽃 성황 꽃황 천천 향천
향꽃 성황 출향 성꽃 성황 꽃

빛길 따라 빛길 따라
훨훨 날아서

쫑킹 향출 성황 꽃황
천황 천꽃 향출 성황 꽃향천
천꽃 성황 킹쪽향
출향 성꽃 성황 성꽃
향출 성황 꽃황천

자 이제 모두 다 갑시다.

저 빛을 따라 빛길을 따라
너도 나도 하나 한몸이 되어
가자 가자 어서가자 어서빨리 저 위 세계
에테르 상출 성황 꽃황
천천 향천 향꽃 성황 꽃황 천 향 세계로 가자

멀리서 들려오는
성출 향꽃 성황 꽃황 천천 꽃성황 성킹 향출
꽃꽃 성출 향꽃 성황 꽃황 천꽃성
한걸음 두걸음 빨리빨리 걸음 재촉하며

향출 성황 꽃황
천황 천꽃성
쫑킹 향출 성황 꽃황
천황 천꽃 향출 성황 꽃황천
천꽃성 향출 성황꽃
꽃꽃 성출 향출 성꽃향
출향 성꽃 성황 성출향
꽃성 향출 성출 향꽃 성황 꽃황천
천천 향출 향꽃 성황
빛길 따라 빛을 쫓아
향향 출향 성꽃 성황 출꽃성 향꽃성
출향 성꽃 성황 꽃출 향출 향꽃성 꽃
꽃꽃 향출 성황 꽃황 천황 천꽃성
향출 향꽃성 쫑킹 향출꽃 성향
향기 향출 성황꽃 성출 향꽃성
성킹 향출 꽃향 출향 성꽃성 황출 꽃성향
꽃성 향출 성황 꽃황 천꽃 성황킹 향출

성출 향꽃성 쫑킹 향향천
꽃성 향출 성황 꽃황 천꽃성
쫑킹 향출 향출꽃 성출향
꽃꽃 성꽃 성황 출향 성꽃성
향들 성출 향꽃 성황 꽃황 천꽃성
쫑킹 향출 성황 성꽃향
출향 성꽃성 쫑킹 향출꽃
성황 성킹 향출 성황꽃
꽃쫑 성킹 향출 성황 꽃황천
천황 천꽃 성킹 향출 꽃황천
천천 향출 성황 꽃황
천황 천꽃 향출 성황 꽃황 천향
꽃꽃 성꽃 성출 향꽃황
천향 천꽃 향출 성꽃 향출 꽃성길

향향 들천 꽃성 향출
성황 성꽃 향출 성황꽃
천천 향출 향꽃 성황출 향꽃성
향출 성황 꽃향 천꽃성길

이제 우리 모두 다 함께
성출 향꽃 성성 꽃향출 성황 성꽃향 출꽃성 향하며 가세
가세 가세 어서가세
지금 가지 않으면 어느 세월에 갈 수 있겠는가.
가자 가자 어서 가자
성출 향꽃성 성황 꽃황 천꽃성 향하며 가자가자
어서가자 어서 빨리 줄행랑치듯이
촐랑촐랑 빵빵 성출 향꽃 성황 꽃황 천꽃성 향출 향출꽃 성하며

가자

꽃성 향출꽃 성황 성천향
꽃꽃 성출 향꽃 성황 꽃황 천꽃성
성킹 향출 성황 꽃황
천황 천꽃 성출 향꽃 성황 꽃황천
천천 향꽃 성황 성출향 꽃황 천꽃 성황킹 향출
성성 들천 향꽃 성황 킹쪽향
출향 성꽃 향출 성꽃 성황
출향 성꽃향 출꽃성 향꽃
꽃향 천꽃 성황 성출 향꽃황 천꽃성 향
들들 성출 성황 꽃황천 꽃성
출향 성꽃 향출 성황 꽃황
천천 향출 향꽃 성황
출꽃 성천 향출 성황 꽃천향이로다

이제 우리 모두 다 갑니다.

하나만 더 불러주십시오.
불러주실 것은 **꽃황 천꽃 천황꽃 성출 향꽃 향향 들천 향꽃성** 에
테르 향출꽃 성입니다

꽃성 향출 성황 성출 향꽃황
천황 천꽃성 들향 꽃향
출향 성꽃 성황 성출 향꽃 성향출
성성 들천 향꽃성 성출 향꽃
성성 들천 향꽃 성황
킹쪽향 출향 성꽃 성황

출출 성꽃 성출 향꽃성
출향 성꽃 성황 출꽃 성 향

들천 향꽃 성황 성출 향꽃 성황 출꽃성
향들 성꽃 성향 출향 성꽃 성황
출출 성꽃 성출 향꽃성 꽃향 출향
출출 성꽃 성황 킹쪽향
출향 성꽃 성황 성출 향꽃 꽃황천 향
들천 향꽃 향들 성출 향꽃

성출 향꽃 성황 성출 향향
들철 향꽃 성황 성꽃황
천황 천꽃 에테르 성출
성성 꽃성 쫑황 쫑킹 향출
성황 꽃황 천황 천꽃성
향들 성출 성황 꽃황 천황 천꽃 성황
성출 향꽃 성성 들천 향꽃 성황
성꽃 출향 성꽃 향출
성꽃 향출성
황꽃 황천
꽃성향

이제 우리도 모두 다 갑니다.

성출 성향 꽃황 천꽃
성킹 향출 성황 꽃황
천황 천꽃 향출 성황꽃
꽃황 천꽃 성황 성킹향

출향 성꽃 성출 향꽃 성향 출꽃

성출 향꽃
성황 꽃황
천황 천꽃
향출 성꽃향
출출 성꽃 성황 출향 성꽃 성황
출출 성꽃 향들 성꽃향
출향 성꽃 성황 성꽃 향출
성황 꽃황 천황 천꽃
향출 향꽃 성출 향꽃
성황 꽃황 천황 천꽃
향들 성출 향꽃황
천천 향출 성출 향꽃
성황 꽃황 천향 천꽃 성 향
꽃성 향출 꽃성길 향
출꽃 향꽃 성향

출출 성꽃 성황 꽃향
천황 천꽃 향출 성꽃 성황
꽃황 천꽃 성황 성출 향꽃
성성 들천 향꽃 성황 성킹 향출
성성 꽃황 천황 천꽃성 향출 성황 꽃황
천황 천꽃 향출 향꽃
성성 꽃향 천황 천꽃
성출 향꽃 성황 꽃황천
향

절 한 번 더 하거라.

향~~~철없는 그냥 가거라

또 불러줄 게 있다

향출꽃

성황 성출 향꽃 성황 꽃황천
천천 향출 성황 꽃황천
천황 천꽃 향출 성황 꽃황 천꽃
성황 성출 향꽃성 꽃황
천꽃 성황출 꽃성향
출출 향출 성황 꽃황 천꽃성
쫑킹 향출 성황 꽃황
천황 천꽃 향출 성황 꽃황천
천천 향천 향꽃 성황출
출향 성꽃 성황출 향꽃 성쫑
쫑킹 향출 성황 꽃황 천황 천꽃성
향출 향꽃 성천향 꽃성 향출꽃
성황 성천 향출 꽃성
향들 성천향

꽃성 향출 꽃황천 천황 천꽃성
출향 성꽃 성천 향출 성황 꽃황출
출향 성꽃 성황출 출출 성꽃황
천황 천꽃 향출 꽃성
향출 성황꽃

향꽃 성출 성황 꽃향 천꽃성
쫑킹 향출 성황 성출향
꽃성 쫑향출 성성 들천향
꽃성 쫑킹 향출꽃 성성황
꽃쫑 성황 성킹 향출꽃
성성 들천 향꽃 성황꽃 황천
천꽃 향출꽃 성출 성황꽃
꽃황 천황 천꽃 향출꽃
성킹 향출꽃
성성 들철 향꽃
성황 꽃황 천꽃 성황킹
쫑 향 출 꽃

성출 향꽃 성황 꽃황 출향 성꽃 향출
성황 꽃황 천황 천꽃성 쫑킹 향출
성성 들천 향꽃 성황 성킹 향출
성황 꽃황 천꽃 성 향

향들 성출 성황 꽃황
천황 천꽃 성황
성킹 향출 꽃성 향출
꽃꽃 성꽃 성황 킹 향

출향 성꽃 성황꽃 황천
향출 성황 꽃황 천꽃성
쫑킹 향출 성황 꽃황
천꽃 성황 꽃황천
천천 향출 성황 꽃황

천황 천꽃 성킹 향출 성황꽃
출향 성꽃 성향 꽃황
천황 천꽃성 향들 성출
향꽃 성 향

들들 성출 향꽃 성황
성출 향꽃 성황 꽃황 천꽃성
향들 성꽃 성황 성꽃향
출향 성꽃 향출 성꽃성
꽃꽃 성꽃 향출 향출
향꽃 성황 성출 향꽃성
쫑킹 향출 성황 성꽃향
출향 성꽃 향출 성황꽃
향 출 성 꽃

성출 향꽃 성황 꽃황 천꽃 성황
성킹 향출 향들 성출향
꽃꽃 성출 향꽃 성황출

꽃성 향출 성킹 향출
성성 꽃황 출꽃 성향 출꽃 성향꽃
쫑킹 향출 성성 꽃향 출향 성꽃 성황 꽃황천
천천 향출 성황 꽃황 천황 천꽃 향출 향꽃
성황 꽃황 천황 천꽃 쫑킹 향출 성황 꽃황 천천꽃
성천 향출 성황 꽃황천

꽃 성 향 출 성
에테르 상 출 꽃 성 향

이제 우리 모두 다 갑니다.

하나 더 불러주셔야 됩니다.
꽃성 향출 성황 꽃황 천천 향꽃 성철 향꽃성 향입니다.

꽃성 향출꽃 성황 성출 향꽃
성성 들천 향꽃 성황 출향
성출 향꽃 성황 꽃천
천천 향출 성황 꽃황 천황 천꽃 성킹 향출
성황 꽃황 출출 성꽃 성황 출향
성꽃 황출 성성 꽃황 천황 천꽃성
쫑킹 향출 성황 꽃황
천황 천꽃 성 향

출향 성꽃 성꽃 성황
출출 성꽃 성황 출향 성꽃
성황 출꽃 성향 꽃성
빛 향 꽃 길

꽃성 향출 성황 꽃황
천천 향출 향꽃 성황
성킹 향출 성꽃 성황
꽃쫑 성황킹 성향 출꽃
성천 향꽃 성황 킹향
킹킹 향출 성꽃 성황
출꽃 성황 킹쪽 향천
천황 천꽃 성킹 향출 성킹 향출
꽃황 천꽃 성황 킹쪽 향천

이제 우리 모두 다 갑니다.

꽃성 향출꽃 성황꽃 성향출

출향 성꽃 성황 출꽃 성향

꽃성 출향 성꽃성

황출 황꽃 성향 출꽃성

꽃성 향출 꽃쫑 성황출

향들 성출 향꽃 성황 꽃황천

천꽃성 쫑킹향 출향 성꽃 성황 꽃황

천꽃 성황 성킹 향출 성출 향꽃성

쫑킹 향출 성황 꽃황

천황 천꽃 향출 성황

꽃성향 출향꽃 성출향

꽃꽃 성꽃 성황 출꽃 성향꽃

꽃쫑 성향 성출 향꽃

성황 성출 향꽃 성황

꽃성 쫑향 천꽃 성출 향꽃성

향들 성출 향꽃 성황꽃

꽃쫑 성출 성황 꽃황 천꽃 성황 킹쪽 향천

천황 천꽃 성황 성킹 향출꽃

성천 향출 성황 꽃황

천황 천꽃 성황 킹쪽 향출꽃

꽃성 향출 성황 천꽃 성황출

성성 들천 향꽃 성황출

꽃 성 향 출

꽃성 향출 성황 꽃황천 꽃성황

꽃꽃 성출 향꽃 성황꽃 황천꽃

성황출 꽃성 향출
성성 꽃성 쫑향 쫑킹 향출 꽃 향 꽃 출
향 꽃 성 향 출 꽃 성 꽃

향들 성천 향꽃
꽃꽃 성출 향꽃성
쫑향 천 꽃

이제 우리들도 모두 다 갑니다.

꽃성 향출 성황 꽃황천
천황 천꽃 향출
천황 꽃황 천꽃성
향들 성출 향꽃 성황 꽃황
천꽃 성향 꽃쫑 성향 출향 성꽃
성출 향꽃 성황 꽃황 천꽃성 향들 성출 향꽃
성황 꽃황 천꽃성 향들꽃 성황 꽃황천
천황 천꽃 성황 성킹향
출향 성꽃황 천황 천꽃성
향들 성출 성황꽃 황천
천꽃 성황출 향들 성출향
꽃성 향출 성황꽃 황천
천꽃성 출향 성꽃향
출출 성꽃 성황 출꽃 성향
꽃성 향출 향꽃 성황
꽃성 향출 성황 꽃황
천꽃 성황출 향들 성출향
꽃성 향출 향들 성꽃향

출향 성꽃 성황 꽃성 향출꽃
향들 성출 향꽃 성황 꽃성 향출꽃
성성 들천 향꽃 성황꽃 출향 성꽃 성황 출꽃성
쫑킹 향출 성황 꽃황천
천천 향출 성황 꽃황 천꽃성
향 꽃 성 출 꽃 성 향

향출 꽃성 향출 꽃꽃 성출 향꽃
성출 향꽃 성황 꽃황 천꽃 성천 향꽃성
쫑킹 향출 성황 꽃황 천꽃 성킹향
출출 성꽃 성천 향출
성황 꽃황 천꽃 성향
향들 성출향 꽃성 향출꽃
꽃꽃 성꽃 성출 향꽃 성황 출향꽃
성출 향꽃성 성출 향향꽃
성천 향출 성황 꽃황천

가자 가자 이제 가자
이제 모두 다 함께 손에 손잡고
가자 가자 어서가자 어서 빨리
모두 모두 다 함께 손에 손잡고 가자

향출 성꽃 성황 꽃황
천황 천꽃성 향출 성황
꽃성 향출꽃
성성 들천 향꽃 성황꽃
향출 성꽃 성철 향꽃성
꽃쫑 성향 출꽃 성꽃향

출향 성꽃 성출 향꽃 성황 출꽃성
향들 성출향 성꽃 성황출
향꽃 성황 꽃성 향출꽃
천황 천꽃성 향출 성황꽃
꽃성 향출 성황 꽃황
천꽃 성 향

에 테 르
성체 성출 향꽃 성 향

절 한번 하고 나서

꽃황천 황이다. 노래를 해줘야 한다.

꽃성 향출꽃 성황 성천 향꽃
성황 꽃황천 천꽃 향출꽃
성황 성킹 향출 성황 꽃황
천꽃 성황 성천 향꽃 성황
성천 향출 성황 꽃황
천황 천꽃 향출 성꽃황
천황 천꽃성

쫑킹 향출 성황 꽃황천
천천 향출 성황 꽃황
천황 천꽃 향출 성황 꽃황천
황천 황꽃성 쫑킹 향출향
성천 향출 성황 꽃황천

천꽃 성황 성킹 향출꽃
꽃성 향출 성황 꽃황천
천황 천꽃황 천황 천꽃성
향출 향꽃 성황 성킹 향출꽃
성성 들철 향꽃 성황꽃

이제 우리 모두 다 갑니다요

향출 성꽃 성황
꽃꽃 성꽃 성황
향들 성출 성황 꽃황
천천 향꽃 성황
꽃황 천꽃 성출 향꽃 성황 출향
꽃쫑 향출 성출 향꽃
꽃꽃 성출 향꽃 성황 출향
꽃쫑 성황 출출 향꽃
향출 꽃성 황출
향들 성출 향꽃황
천황 천꽃성

향출 성황 성꽃 향출
성황 꽃황 출향 성꽃성
쫑킹 향출 성황 꽃황
천꽃 성황 성출 향꽃 성황 출꽃성
쫑쫑 향출 성꽃 성황
성킹 향출 성황 꽃황천이로다.

향출 향꽃 성꽃 성황출

꽃꽃 성출 향출 성황 꽃황
천천 꽃성 쫑향 꽃꽃 천꽃 성황출
꽃성 향출 성황 꽃황 천황 천꽃성
향출 성황 꽃황 천꽃 성천 향출꽃
성킹 향출 꽃성 꽃황 천황 천꽃 성꽃 향출
꽃꽃 성꽃 성황 성킹 향출 성황 꽃황
천 천 향 꽃 향출 성황

꽃황 천꽃 성출 향꽃
성성 들철 향꽃 성황
꽃꽃 성꽃 향출 성황 꽃황
천천 향출 향꽃 성황 꽃황
천꽃 성황 성출 향꽃 성출 향꽃
성황 꽃황 천꽃 성출
향꽃 성황 출향 성꽃 성황 출꽃성
꽃꽃 성출 향꽃 성황출 꽃성 향출
향향 들철 꽃성 향출
들들 성꽃 성황 꽃황 천황 천꽃
향출 성황 들천 향꽃성
성킹 향출 성황 꽃황 천 향

꽃꽃 성꽃 성출 향꽃
에테르 상천 상꽃 출향 성꽃
성황 출꽃 상천 향출 꽃황
출꽃 성 향

향들 꽃성 쫑킹 향출
성천 향출 성황 꽃황

천황 천꽃 향출
향꽃 성킹 향출
꽃성 향출꽃이로다.

꽃성 향출 꽃꽃 성출
향꽃 성황 꽃황 천꽃 향출 성황 꽃황
쫑킹 향출 쫑쫑 향출 성출 향꽃 성황
출황 성꽃 성황 출꽃 성 향

출꽃성 꽃성 출향 성꽃황
황황 천꽃 천황 천꽃황
꽃성 황출 황황 천황
천꽃 황천향
꽃황 천황이로다.

이제 그만 우리들을 위해서
꽃향 천꽃성 향향 꽃성 쫑향천 향 하나만 더 불러다오.

향천 향꽃 성황 출꽃성
꽃꽃 성출 향꽃 성황 꽃황
천황 천꽃 성황킹

향들 성출 향꽃
성황 성킹 향출꽃
성출 향꽃 성황 성킹 향출
성황 꽃황 천황 천꽃 성황
킹쪽 향출꽃 성성 들천
성황 꽃성 향출 성황 꽃황

천꽃 성향 출꽃 성꽃 성황
출꽃 성 향

향들 성출 성황 꽃황
천황 천꽃 성출 향꽃 성황꽃
출출 성꽃 향출 성황 꽃황
천천 향꽃성 쫑킹 향출꽃 성킹 향출꽃
성성 들철향 향들 성출향
꽃꽃 성출 성황 꽃향
천 꽃 성 향

출향 성꽃 성황 꽃황 출꽃 성꽃
꽃성 향출 성황 꽃향 출향
성성 들천 향꽃 성황
꽃황 천황 천꽃 향출
성황 꽃황천 이로다.

추가로 우리들 모두 다 가겠끄름 해주시면 좋겠습니다.
부탁드리겠습니다.

꽃성 향출 성황 꽃황
천천 향출 성꽃 향출 성황
꽃성 향출 향출 꽃성
꽃꽃 성꽃 쫑킹 향출
성황 꽃황천

천황 천꽃 성황 출향 꽃향출
출향 성꽃 성황 출꽃

성킹 향출 성황 꽃황천
천꽃 성황 꽃향 출꽃
성킹 향출 성황 꽃천향
천 꽃 황

황천 황꽃 성킹 향출
꽃황 천꽃 성황킹 향출
성꽃 성황 킹쪽향
천황 천꽃 향출 성출 향꽃성
쫑킹 향출 향황 꽃황천
천꽃 성황 성킹 향출
꽃성 향출 성황 꽃황
천황 천꽃성 이로다.

성출 향꽃 성황 꽃황
천황 천꽃 성출 향꽃성
꽃성 향출 성황 꽃황
천황 천꽃 향출 성황
꽃황 천꽃 성황 성킹 향출
꽃꽃 성출 향꽃 성황
꽃황천
황 황 황 천
황 향 천 향 천
황 꽃 향

이제 우리 모두 다 간다.
고맙고 감사하다.
절 한번 이제 더 하거라.

절을 한번 하고

꽃황 천황 천꽃 성황 성출 향꽃
성천 향꽃성 쫑킹 향출
성황 꽃황 천황 천꽃 향출
성황 꽃황천

꽃쫑 성향출 성꽃 향출꽃
성성 들천 향꽃 성황 꽃황 천꽃성
성킹 향출 성황 꽃황 천황 천꽃 향출 성황꽃
향천 향들 성출 향꽃 성황 꽃황 천황 천꽃 향출
성황 꽃황 천꽃성 쫑킹 향출 성황 꽃황천
향들 성출 향꽃 성황 꽃황천
꽃성 향출 꽃성 성성 들철 향꽃성
향들 성출 향꽃 성 황 꽃
천황 천꽃 황황 천꽃성
쫑킹 향출 성 황

꽃황 천황 천꽃 향출
성성 들천 향꽃 성황출
성성 꽃향 출향 꽃향 천꽃 성황 킹쪽향
천천 향출 성황 꽃황천 꽃성 향출 성황 꽃황
천천 향꽃 성천 향출 성황 꽃황 천꽃 성황 성킹 향출꽃
성황 꽃황 천황 천꽃성 쫑킹 향출 성황 꽃황출
출향 성꽃 성황 성킹 향출꽃
성성 들철 향꽃 성황 성출 향꽃
성황 꽃황 천꽃 성황 출향
향꽃 성황 성출 향꽃성

꽃꽃 성출 향꽃 성황출

출향 성꽃 성킹 향출

에테르 성체 성철 향꽃성

쫑킹 향출 성황 꽃황 천황 천꽃

향출 성황꽃 황천 꽃성 향출 성황 꽃황

천황 천꽃 향출 향들 성출향

꽃성 향출

성꽃 성황 성킹 향출 성황 꽃황천

꽃성 출꽃성 향들 출향 성꽃황

천꽃 성황 성킹 향출 꽃황 천황 천꽃

성킹 향출 성성 꽃황 천황 천꽃 향들 성천 향꽃

꽃성 향출 성황 성꽃 향들 성출 향꽃 성황 꽃황

천황 천꽃 향들 성출 향꽃황 천향

꽃꽃 성출 향꽃 성황 꽃황 천꽃

성황 성킹 향출향 성꽃 성황 꽃황

천꽃 성황 성천 향꽃 성황 출향

출출 성꽃 성황 출향 꽃성 향출 꽃성

향꽃 성황 성출 향꽃 성성 꽃향

출향 성꽃 성황 성킹 향출 성황 꽃황천

꽃향출 성킹 향출 성황 꽃황

천 향 꽃 성 향 출

꽃꽃 향출 꽃향꽃

출출 성꽃 향출 성황 꽃향 출꽃

성성 꽃황 출향 성꽃 성황

성꽃 향출 꽃꽃 성꽃

향출 향꽃 꽃꽃 성꽃

성황 출향 꽃꽃 성출 향꽃 성황 꽃향
출향 꽃향 향출꽃 성출 향꽃성
황출 향출 향출 꽃성 향출 성황 꽃황
에테르 성출 향꽃성 꽃꽃 성꽃 향출
성황 성꽃 에테르 성체 성황
꽃황 성꽃 성황

성꽃 향출 성황 꽃황 천향
상체 성체 에테르 성체 성황
성꽃 향출 성황 꽃황
천꽃 성출 성황
꽃황 천꽃 성황 꽃황
천천 향꽃 성황 꽃황
천황 천꽃 성출 향꽃
성황 꽃황 천꽃 성황
꽃 향 천 황 이로다.

이제 우리들도 다 갑니다.

꽃성 향출 성향꽃 천 성체황 꽃 하나 부탁드리겠습니다.

성체야, 놀러오너라.
우리 모두 다 간다.
우리가 가고 나면
에테르 성체 성황 꽃황천
너희들이 조용히 안주하고
세상을 두루 살피거라.

향출 성황 꽃황 천황

천꽃 성출 향꽃 성황 꽃황천

천천 향출 성황 꽃황 천황

천꽃 향출 성성 들철 향꽃성

쫑킹 향출 성황 꽃황 천황 천꽃

향들 성출 향꽃 성황 꽃황출

출향 성꽃황 꽃황 천꽃성

꽃꽃 성꽃 성황 출꽃 성향

향꽃 성출 성황 꽃황 천꽃

성황킹 향출 성황 꽃황 천꽃 향출

꽃성 향출 꽃황 천꽃 성향꽃

향들 성출 성황 꽃황

천천 향꽃 성향 꽃황

천꽃 성황 꽃황 천꽃 성황

성출 향꽃 성황 꽃황

천꽃 성황 성출향

성체꽃 성향출 성황

성체 황꽃 성출 향꽃

성황 성꽃황

성체 황황 천황 천꽃

성체 황꽃 성향

에테르 성천 향꽃 성체황

꽃황 천꽃 성체 에테르 성체 황천

황황 꽃황 천황 천꽃 향출

향꽃 성황 향향향향향향향향

향들 성출 향꽃 성천 향꽃

성체 향향향향 에테르 성체

향향 꽃황 꽃황 꽃황
향천 향꽃 천황 천꽃성 향출
출출 향출 향출 향출 향출 향출 향출 향쫄
쫑향 쫑향 쫑향 향향향향향향향향
천황 천황 천황 천황 천천 향천
향꽃 성황 꽃성 향천 향꽃 천황
황황 꽃황 황꽃 황 꽃황 황

꽃성 향출 꽃성 향출
꽃성 향출 꽃성 향출
꽃꽃 향출 꽃성 향출 꽃 향
황 천 황 꽃 성 꽃 향 출

이제 우리 모두 다 갑니다.
수고하셨습니다. 고맙고 감사합니다.
이제 절 한번 더 하십시오.
그러면 이제 막바지로 갑니다.

이제는 **끝쫑향** 하나만 불러주면 된다.

꽃꽃 성꽃 성황 출향 성꽃 성황 출꽃 성 향
꽃성 향출 꽃황 천꽃 향들 성출 향꽃성
꽃황천 향꽃 성황 성출 향꽃 성황 꽃황천
천향 천꽃 향출 향꽃 성황꽃
성성 들철 향꽃 성황 꽃황 천황 천꽃
향출 성황 꽃황 천황 천꽃 향출꽃
성성 들철 향꽃 성황 꽃황
천황 천꽃 향출 성황 꽃황

천꽃 성황꽃

성출 향꽃
성황 꽃황 천황 천꽃 향출
성천 향꽃 성황출
출향 성꽃황 천황 천꽃성
쫑킹 향출 꽃황 천꽃성
향들 성출 향꽃 성황 꽃황
천황 천꽃 향출 성황 꽃황 천꽃
성황 킹쫑 향들 성출 향꽃성
쫑킹 황출 성황 꽃황 천황 천꽃
향출 꽃성 향황 천꽃 성황 성킹 향출 꽃향출
꽃꽃 성꽃 성황 성출향 꽃성 쫑향 천꽃 성황출
출향 성꽃 성황 출출 성꽃 성황
꽃향 천꽃 성황 꽃황 천꽃 성 향

들철 향꽃 성황 꽃황 천황 천꽃 향출 성황
꽃황 천꽃 성황 성킹 향출꽃
성성 들철 향출 성황 꽃황
천황 천꽃 향출성
들향 성꽃 성황꽃 성향출
성성 향들 성출 향꽃성
쫑킹 향출 성황 꽃황
천황 천꽃 향출 성황
꽃 황 천

향출 성출 향꽃 성황
꽃황 천황 천꽃 향출

성황 꽃황 천꽃 성 황

황천 황꽃 성천 향출
천황 천꽃 향출 에테르 향출
성황 꽃황 성체 황출꽃 성향
꽃쫑 성향출 성출 향꽃성
쫑킹 향출 성황 성꽃성
출향 성꽃 성황 출향성
성체 성체황 황황천 천황 천꽃성 황

성체 성체 성체 성체 성체
성체 성체 성체 성체 성체
성체 성체 성체
꽃황 향꽃 성체
성체꽃 향출꽃 꽃향 성체
성체꽃 성체꽃 향출꽃 성체
향꽃 성황 성출향
꽃꽃 성꽃 성출 향 꽃

성체 꽃향
출꽃 성향 출꽃성 향 꽃
성체성체성체성체성체
성체성체성체성체
꽃 향

꽃성 향출 성체꽃 향출
출향 성꽃 성황 성체꽃 향출
출출 성꽃 성황 꽃황

에테르 성체 향출 성황 꽃황천

천꽃 성황 쫑킹 향출

성체 향출 성황 꽃황 천

에테르 성체 향출

성황 꽃황 천황 천꽃 향출꽃

성성 꽃황 천황 천꽃향

출향 성꽃 성황꽃

성체 향출 향꽃 성꽃

성체 향향 꽃성 향출 꽃향

향들 꽃성 향출 향들

성황 꽃황 천향 출 향

꽃 황 천 천 향 꽃

성 향 출 꽃 성 향

향 꽃 향 꽃 향 꽃 향

성체 꽃향 출꽃 성 향 꽃

불꽃 향꽃 천 향 꽃

천 향 꽃

황 천

향 꽃

이제 우리 모두 다 갑니다.

마지막 하나만 하시면 됩니다

꽃성 향출 꽃황 출꽃

성성 향출 꽃황 천황 천꽃성

쫑킹 향출 성황 꽃황

천황 천꽃 향출 성황

꽃성 향출 성황 꽃황천

천천 향출 성황 꽃황
천황 천꽃 향들
성출 향꽃 성 향

꽃성 향출 향꽃 성황
꽃황 천꽃 성황
성출 향꽃 성황
향꽃 성출 성황 꽃황천

성체 성체 에테르 성체
향출 성꽃 성황꽃 황천
향들 성체꽃 성황 꽃황천
천황 천꽃 에테르 성체
성황 꽃황 천황 천꽃 성 향

향들 성꽃 성황 성꽃향
출향 성꽃 성황출 꽃성 향출 꽃성
향꽃 출향 성꽃 성황 성출 향꽃성
꽃쫑 성향 출출 성꽃 성황

출꽃 성 꽃 향 출
꽃꽃 성꽃 성황
출꽃성 이로구나.

향출 성황 꽃황 성꽃
성성 향출 성황 꽃황 천황 천꽃
향들 성출 향꽃성 꽃성향 출향
성꽃 성황출 천황 황천 황꽃 성천 향출

성황 꽃황 천향 꽃성 향출
성꽃 향출 향꽃 성꽃 성향
꽃꽃 성꽃 성황 출향 성꽃
성황 꽃황 천 향 체 향출

성체 향체 향출 성꽃
성체 향체 성황 꽃황 천황 천꽃
향출 성황 꽃황천
향출 성꽃 성황 출꽃
성황 꽃황 천 향 체 성출
향꽃 성황 출꽃 성 향

향 천 향 꽃
성 체 꽃
성 꽃
쫑 향 출
향 이로구나.

이제 다 끝났습니다.

절 한 번하고 65제를 끝냈다.
2021. 01. 04. 14:05

2, 68제

68제, 1 ―진언 진언송 향

성출 향꽃 성황 꽃황
천꽃 성황 꽃황 천꽃 성황
성출 향꽃 성성 향들 성출 향꽃
성황 성성 향들 성출 향꽃 성황
꽃황천 천천 향천 향꽃 성황
성천 향천 향꽃 성황 성출향
성킹 향출 성황 꽃황 천황 천꽃
향출 성황 꽃황 천꽃 성황
출향 성꽃 성황 성킹 향출 성황 꽃황
천황 천꽃 향출 성성 들천 향꽃 성황
성킹 향출 성황 꽃황 천황 천꽃성
향들 성출 향꽃 성황 성킹 향출
성황 꽃황 천이로다.

꽃꽃 성출 향꽃 성황 성출
향꽃 성황 꽃황 천꽃성 향향
들천 향꽃 성황 성킹 향출
성황 꽃황 천황 천꽃성
향들 성꽃 성황 성킹 향출
성황 꽃황 천황 천꽃성

제가 잘못했습니다.
제가 그렇게 모셔서 지금까지

이 세계에 못 올라오신 것 아닙니까.
죄송합니다.
오늘 이렇게 제를 지내 주시니까.
모든 분들이 다 올라왔으면 좋겠습니다.

꽃성 향출 성황 꽃황
천황 천꽃 향출 성황 꽃황
천꽃성 향들 성황 성킹 향출
성황 꽃황 천황 천꽃성 향들
성출 향꽃 성황 성킹 향출꽃
꽃성 향출 성성 들천 향꽃성
성킹 향출 성황 꽃황 천황 천꽃
향들 성출 향꽃 성황 성꽃향
출향 성꽃 성황 성킹 향출 꽃성
향출 성성 들철 향꽃 성황 꽃황천
천꽃 향출 성황 성킹 향출 성철 향꽃
성황 꽃황천 천꽃성 향들 성출 향꽃
성황 꽃황천 천황 천꽃 향출
성성 들천 향꽃 성황 꽃황 천꽃성
향들 성출향 성성 들천 향꽃 성황
성킹 향출 성황 꽃황 천꽃성
향들 성황 성킹 향출 성황 꽃황
천황 천꽃성 향들 성출 향꽃 성황
꽃황 천황 천꽃 향출 꽃 성성 들철 향꽃
성황 꽃황 천꽃 성황 성킹 향출 꽃황천
향들 성출 성황 꽃황 천황 천꽃성
성성 들천 향꽃 성황 성킹 향출
성황 성꽃황 천황 천꽃 성킹 향출

성황 꽃황 천황 천꽃 향출 성황꽃
향꽃 성황 쫑킹 향출 성성 들천 향꽃 성황
꽃황 천꽃성 쫑킹 향출 쫑쫑 향출 성황 꽃황
천황 천꽃성 향들 성황 꽃황 천꽃성
향꽃 성출 향꽃 성황 성꽃황
천천 향꽃 성황 성킹 성황 꽃황
천꽃성 향들 성황꽃 꽃꽃 성꽃향
출향 성꽃 성황 성킹 향출
성황 꽃황천 천꽃성
쫑킹 향출 성황 꽃황천
쫑킹 향출 성성 향들 성출
향꽃 성황 꽃황 천황 천꽃성

부모님 고맙고 감사합니다.
다른 분들을 구할 수 있게 해 주셔서
너무너무 고맙고 감사합니다.
늦게나마 이렇게 찾아뵙고
이렇게 또 올라오게 할 수 있어서
너무도 고맙고 감사합니다.

향출 성황 꽃황 천천 향꽃
성황 꽃황 천황 천꽃 성킹 향출
성성 향들 성출 향꽃성 꽃성 향출
성황 꽃황 천천 향출 향꽃
성황 출꽃 성향

모두 다 즐거워하고 행복해하시니까.
너무너무 제가 고맙고 감사합니다.

자, 우리 모두 다 저 에테르 본래 고향 천국향으로
모두 다 올라갔으면 좋겠습니다.
제가 거기까지 올라갈 수 있도록 최선을 다해서 해보겠습니다.
여러분들도 가벼운 마음과
모든 것들 다 떨쳐버리고 훨훨 날아서
저와 함께 올라가 보도록 하겠습니다.
자, 이제부터 시작하겠습니다.

성출 성황 꽃황 천황 천꽃
향향 들철 향꽃 성황 성꽃향
출향 성꽃 성황 성철 향출 성꽃황
천천 향꽃 성황 성킹 향출 성황 꽃황
천황 천꽃 향꽃 성천 향꽃 성황 꽃황천
천꽃 성황 성킹 향출 꽃꽃 성꽃
향출 성황 꽃황천

모두 다 가볍게
모두 다 내려놓으십시오.
갖고 갈 수 있는 것은 아무 것도 없답니다.
자, 모두 다 내려놓으셨습니까.

가자가자 어서가자 어서 빨리 저 위세계로
우리 모두 다 함께 손에 손잡고
너울너울 향향 꽃성 쫑향 꽃천향
꽃성 쫑향 출출 향꽃 성황 꽃황 천꽃성
향꽃 성출 성황 꽃황천 향 출 향 출
향출꽃 황출 황출 꽃꽃 성출 성황 꽃황
천황 천꽃성 향 들 성 출 성 황 꽃 황 천

꽃성 향출 성황 상출 성성 들천 향꽃
성황 성킹 꽃꽃 성꽃 향출 성황 꽃황천
향들 성꽃 성황 출향 성꽃 황천 천황 천꽃
향들 성출 향꽃 성황 꽃황 천황 천꽃
향출 성꽃 향출 성황 꽃황 천꽃 향출
성성 들천 향꽃 성황 꽃황 천꽃 성향
향들 성출 성황 꽃황 천황 천꽃
향들 성출 성황 꽃황 천꽃 성황 성킹향
꽃꽃 향출 성황 꽃황 천황 천꽃 향들
성출 향꽃 성황꽃 들들 성출 성황 꽃황
천황 천꽃 향들 성출 향꽃 성황 꽃황천

쉬어서 가자.

꽃성 향출꽃 성성 들철향
꽃성 향출 성황 성꽃 향출 성꽃향
출향 성꽃성 향들 성출 성황 꽃황천
성꽃성 쭝킹 향출 출출 향꽃 성황
꽃황 천꽃 성황 성킹 향출
성성 들천 향꽃 성황 꽃황천

예 이제 올라가요.

성성 들천 향꽃 성황 성킹 향출
성황 꽃황 천향 꽃성 향출 성황 꽃황
천황 천꽃 향들 성출향 꽃성 향꽃
성성 들철 향꽃 성향 출출 성꽃 성황
꽃황천 천황 천꽃성 향들 성출향 성꽃

성황 출향 성꽃 성황출 향들 성출향
꽃성 향들꽃 성성 꽃성 쫑향 쫑킹
향출꽃 성향 출꽃 성황꽃 향꽃 성꽃
향출 꽃황 천황 천꽃 향들 성출 향꽃
성황 출꽃 성출 성황 꽃황 천꽃
성황킹 향들 성출 향꽃 성황
성킹 향출 꽃성

너울너울 향향 꽃성 쫑향
쫑킹 향출 성황 꽃황 천황 천꽃성
향들 성출 향꽃성 쫑킹 향출 성황
꽃황 천황 천꽃성 향
성체 에테르 성체 천황 꽃황
천황 천꽃성 향향 꽃성 쫑향 쫑킹 향출
에테르 성체 성황 킹쪽향 쫑 쫑킹 향출
성황 꽃황 천황 천꽃성 향
통통 성통 성황 성꽃황 황

꽃성 향출 성황 성꽃 향들 성출향
꽃꽃 성꽃 향출 성황 꽃황 천꽃
성황 쫑킹 향출 성성 꽃성 향출
성황 꽃황 천황 천꽃 향출 성황 꽃황
천황 천꽃 향출 성황 꽃황 천꽃성
향들 성출 성황 꽃황 천황 천꽃성
향천 향꽃 쫑킹 향출 성황 성꽃
향들 성출 향꽃 성황 꽃황 천황
천꽃성 향들 성출 성황 꽃황천
천꽃 성황 성킹 향출 꽃황

천킹 향출 성황 꽃황 천꽃성

쫑킹 향출 성성 들천 향꽃 성황

꽃황 천황 천꽃성 쫑킹 향출

성황 꽃황 천황 천꽃성 쫑킹 향출

성황 꽃황 천천 향꽃 성황 꽃황 천

저 빛 보이시죠.

네.

저 빛 따라가는 겁니다.

빛 따라서 우리 모두 다 훨훨 날아서

가볍게 춤추듯이

선녀가 날아가듯이

꽃성 향출꽃 성출 성황 꽃황

천황 천꽃성 향들 성출 향꽃 성황

꽃황 천황 천꽃 향출 성황 꽃황천

천꽃성 쫑킹 향출 성성 들천 향꽃 성황

꽃황 천꽃성 쫑킹 향출 성황 성꽃황

천황 천꽃 향들 성출 성황 꽃황천

천꽃성 쫑킹향 쫑킹 황출 성황 꽃황

천꽃성 향들 성출향 향꽃 성꽃성

쫑킹 향출 성황 꽃황천 천꽃성 향들

성출 향꽃 성황 꽃황 천꽃 성황 꽃황천

황들 성꽃 성황 성킹향 쫑킹 향출 성황

꽃황 천꽃성 향들 성출 성황 꽃황천

천꽃 향출 향천 꽃황 천황 천꽃

향들 성출 향꽃성 성출 향꽃성
쫑킹 향출향 꽃꽃 성꽃 성황 꽃황천
천황 성꽃향 출향 성꽃성 향들 성출
성황 꽃황천 천꽃 향출 향향 들철향
꽃성 쫑향 천황 천꽃 향출 성향 꽃황천

꽃꽃 향출 성황 꽃황 천황 천꽃
향들 성출 성황 꽃황천 꽃성 향출
성황 꽃황 천황 천꽃 향들 성출 향꽃성
쫑킹 향출 성황 꽃황 천황 천꽃 향들
성출 향꽃성 쫑킹 향출 성황 꽃황천
천꽃성 향들향 들천 향꽃성
쫑킹 향출 성황 꽃향천
성황 성꽃향 출향 출꽃성
쫑킹 향출 성황 꽃황 천황 천꽃
향출 성황 꽃황 천꽃성
향들 성출향 꽃황 천꽃성
쫑킹 향출 성황 성꽃황
천황 천꽃성 향들 성출향
향꽃 성황 성킹 향출꽃
꽃성 향출꽃 성킹 향황꽃
꽃성 향출 꽃꽃 성꽃 성황 꽃성
향출꽃 성출 성황꽃 꽃꽃 성꽃
성출 향꽃 성황 꽃황 천꽃 성황 꽃황
천황 천꽃성 향들 성황 성꽃 향출 성황 꽃황천
천꽃 향출 성황 꽃황 천황 천꽃 향출 성황 꽃황
천꽃성 향들 성황꽃 꽃성 향출 향향 들천
향꽃 성황 출꽃성 꽃꽃 성꽃 성황 성출

향꽃 성향들 성출 성황 꽃황 천꽃성

향꽃 성황 성출 향꽃 성황 꽃황

천황 천꽃 향출 성황 꽃향

천꽃 성황 꽃황천 천꽃 향출

향향 꽃향 천황 천꽃 향들

성출 향꽃 성황꽃

꽃성 향출 향들 성출향

꽃성 향출 성황 꽃황 천꽃성

아가야 괜찮다.

우리는 이제 여기까지 오지 않았느냐.

또 가자구나.

꽃꽃 성꽃 성황 출향

향들 성꽃 성황 꽃황 천꽃

성황 꽃황 천황 천꽃 향출

성성 들천 향꽃 성황꽃

향들 성출 향꽃 성꽃 향출

꽃성향 향꽃 성황꽃 꽃쫑 향출

성성 들천 향꽃 성황 꽃향

천천 향꽃 성황 꽃황

천황 천꽃 향출 성황 꽃황천

꽃성 향출꽃 향들 성출향

성황 꽃황 천황 천꽃성

쫑킹 향출꽃 성킹 향출향

천황 천꽃 성킹 향출 성황 꽃향

천꽃성 향들 성출 향꽃 성

잠시 멈추거라.
니 수행력을 우리가 다 가져가마.

네, 그렇게 하십시오.
그리고 제 수행력 가지고
올라갈 수 있는 한 올라가고
제가 진언 진언송 향을 하면서
최대한 에너지 부족하지 않도록 하겠습니다.

자, 이제 또 가자.

예.

꽃쫑 성향 꽃황 천황 천꽃향
천꽃 성출 향꽃 성황 성꽃
성황 킹쪽향 천천 향꽃 성황 꽃황
천황 천꽃 향들 성출 향꽃 성황
꽃황 천황 천꽃성 쫑킹 향출 성황
꽃황 천황 천꽃 향들 성출 향꽃
성황킹 향들 성출향 꽃꽃 성꽃
성황 출향 꽃성 향출 성들
성출 향꽃 성황 꽃황천
천꽃성 황들 성황 꽃황
천황 천꽃 향출 꽃성 향출꽃
향향 들철향 꽃성 향출 성황
꽃황 천황 천꽃 성꽃 향출
성황 꽃황 천천 향출 꽃황

천꽃 황 출 황 성성 들철 향꽃
성황꽃 향들 성출향 성꽃 성황
꽃황 성체 에테르 성체 상체
성꽃 향출 성황 꽃황 천꽃성

에테르 성체 성체 상체 성황 꽃황
천꽃 성황 꽃황 천꽃 성황 성킹 향출
꽃황 천꽃 성황 성킹 향출 꽃황 천꽃
성황 성킹 향출 꽃황 꽃꽃 성꽃
향출 성황 꽃황 성꽃 향출 성황 꽃황천
천꽃성 향들 성황 꽃황 천꽃 성황 성킹 향들
성꽃 성킹 향출 성황 꽃황 천꽃 성천향
꽃황 천꽃 성황킹 킹쫑 향천 꽃꽃 성꽃
향출 성황 꽃황 천황 천꽃성 향들 성출
성황 꽃황 천꽃 성황킹 킹쪽향
천천 향천 향꽃 성황 꽃황 천꽃성
향들 성출향 꽃꽃 향꽃천 천황 천꽃
성체 성체 성체 성체 성체
에테르 상체 상체 성체 상체
성황 꽃황천 향출 향출꽃
성출 향꽃 성황 꽃황 천꽃성
향들 성출 향꽃 성황 꽃황 천꽃
성황 성킹 향출꽃 꽃황 천황 천꽃
향들 성출 향꽃 성황 꽃황 성꽃성

좀 쉬어 가자. 너무 벅차다

예, 쉬는 동안

제가 에너지 또 충분할 수 있도록
송을 하겠습니다.

쫑킹 황출 꽃황 천황
천꽃 성킹 향출 성황
에테르 성체 상체 성체
성황 꽃황 천꽃성 쫑킹 향출
성황 꽃황 천꽃 성황 성킹 향출
성황 꽃황천 천천 향꽃 성황
성출향 꽃성 향출 성황 꽃황
천꽃성 향들 성출향 향꽃 성황
쫑킹 향출 성황 꽃황천
천꽃 향출 성황 꽃황
에테르 성체 상체
성성 꽃황 천꽃성 향들
성출 향꽃 성황 꽃황 천꽃성
에테르 성체 성황 성체 꽃황
에테르 상체 성체 성황 꽃황 천꽃성
에테르 성체 성황 꽃황 천꽃 성성
꽃황 천황 천꽃성 쫑킹 향출 천황
천꽃 향출 꽃 송 향 출 출 출
출 성 꽃 성 황 출 꽃 성 황
꽃 황 천 천 향 천 향 꽃
성 황 성 출 향 꽃 성황
성출 향꽃 성황 성철 향철
향꽃 성황 성철 향철 향꽃 성황
꽃황 천천 황천꽃 향들 성출
향꽃 성황 성철 향천 향꽃 성황

멍스즘샷 다 품어 버리거라.

꽃황 천꽃성 성킹 향출 성황 꽃황
천꽃 성황 성꽃황 천황 천꽃
향들 성출 향꽃 성황 꽃황천
성성 향꽃 성황 출향 성꽃
성황 출꽃 성성 들천 향꽃
성황 꽃황 천천 향꽃성
에테르 천국 성황 성천
성체 성황 꽃황 천꽃 성향
들꽃성 향출 성황 꽃황
천황 천꽃 성킹 향출
성성 꽃황 천황 천꽃 향들
성출 향꽃 성황 꽃황천
천꽃성 쫑킹 향들 성출향
꽃황 천꽃 성황 꽃황 천꽃성
에테르 천국 천국 천국
성체 성체 상체 상체 향출
향출꽃 성향 꽃꽃 성꽃 성황
꽃황 천꽃 성황 꽃황 천친 향꽃
성황 꽃황 천꽃성 향들
성출 성황 꽃황 천

향꽃 99 88 4467 42 79
우리가 모두 다 향꽃 성향 꽃황
천천 천꽃 향출 성황 꽃황 천꽃성
쫑킹 향출 성황 성꽃 향출
향향 꽃성 쫑향

99 88 44

679 67 429

9988 44 67 429 쫑킹 향천

황황 천황 천꽃성 향들

성출 향꽃 성황 꽃황 천

99정 88간 99천 642만 9천9백42천 6

향꽃 성황 꽃황

천황 천꽃 성킹 향출

성황 꽃황 천황 천꽃성 향

꽃황 천꽃 성황 성킹 향출꽃

9988 44 679

9988 44 67 429

쫑쫑 향천 향꽃

성킹 향출 성황 꽃황천

99999999정

99999 88 99

99 88 22 49 48

69 249 쫑향천

향

이제야 다 품었구나.

가자.

성출 향꽃 성황 꽃황
천황 천꽃 향출 성성 꽃황
천황 천꽃 향들 성꽃 성황
꽃황 천꽃성 쫑킹 향출 성황
성꽃 향출 성황 꽃황 천황 천꽃
꽃꽃 향출 성황 꽃황 천꽃성
향들 성출 성황 꽃황 천황 천꽃
향꽃 성황 쫑킹 향출 성황 꽃황 천꽃성

향향 들천 향꽃 성황 꽃황 천황
천꽃 향들 성출 성황 꽃황 천황
천꽃 향들 성출 향꽃 성황 꽃황
천꽃 성황 성킹 향출 꽃 꽃 성출
꽃 꽃 향출 꽃 꽃 향향 들천
향꽃 향들 성출 향꽃 꽃 꽃
성출 향꽃 성황 꽃황천
천천 향천 향꽃 성황
성킹 향출 성황 꽃황
천황 천꽃성 쫑킹 향출
성황 꽃황 천황 천꽃 향들
성출 성황 꽃황 천황 천꽃
향출 성황 꽃황 천꽃
성황 꽃향천 빛이로다.

저 빛을 따라서
모두 다 내려놓고
가볍게 사뿐사뿐 너울너울
향향 꽃성 쫑향천 향꽃

성출 향꽃성 쫑킹 향출
성황 꽃황 천하거라.

향들 성출 향꽃 성황 성꽃황
천황 천꽃 향들 성출 성황 꽃황
천꽃성 향들 꽃황 천황 천꽃
9988 44 67 42 429
9988 44 67 429 쫑킹 향천
향향 꽃성 쫑향 쫑킹 향출
성황 꽃황 천황 천꽃성 성체
성황 에테르 성체 향출꽃
황황 꽃성 꽃황 천황
천꽃 향출꽃 성황 꽃천

9정 8구 8경
9천9백4십2만8천2백8
향꽃성 향 꽃 출
향꽃 천황 천꽃
향 꽃 성
향

이제 가자 다 되었다.

꽃성 향출 성황 꽃황 천황
천꽃 향출 성황 꽃황 천꽃성
향들 성출 향꽃 성황
쫑킹 향출 성황 성꽃향
출향 성꽃황 천황 천꽃성

향들 성출 성황 꽃황천
향꽃 향꽃 향출 향출 꽃꽃
성꽃 성황 꽃황 천꽃 성향

들천 향꽃 성황 성꽃
향출 성황꽃 꽃성 향출꽃
향향 들천 향꽃 성황 꽃황천
성꽃 성황 성킹 향출 꽃황
천황 천꽃 성황 꽃황 천
천천 향출 향들 성출향
꽃황 천꽃 성황
성킹 향출꽃

자, 저 빛 보이지요.
자, 우리 저 빛을 향해서
다 같이 힘차게 날아갑시다.

고 향 출 꽃
꽃성 향출꽃 향들 성출향
향향 꽃성 쫑향 쫑킹 향출
꽃성 향출꽃 향들 성출 향꽃
성황 성킹향 꽃꽃 성꽃 성황
성킹 향출 성황 꽃황 천황
천꽃 향출 성황 꽃황 천꽃성

빛이다. 빛

아, 드디어 우리 빛에 왔습니다.

자, 천국을 에테르 천국을 향해서
또 출발하는 겁니다.

꽃성 향출 성황 꽃황
천황 천꽃 성황 성킹 향출
꽃꽃 성꽃 향출 성황 꽃황
천황 천꽃성 쫑킹 향출 성황
꽃황 천황 천꽃 향출
성성 들천 향꽃 성황
꽃황 천황 천꽃성

밑에가 막혔다.

예.

9988 44 67 429
향들 성출 성황 꽃황
에테르 성체 상체 성꽃 향출
성황 꽃황 천황 천꽃성 향
향들 성출 향꽃 성황 꽃황
천황 천꽃성 향향 꽃성 향출
성황 꽃황천 천꽃성 향
향들 성출 향꽃
성황 꽃황 천

1 - 6 - 6 쫑킹 향출
성황 꽃황 천이로다.

가자.

향들 성출 성황 꽃황 천황
천꽃 향천 성황 꽃황 천꽃성
쫑킹 향출 성황 꽃황 천황
천꽃 향들 성출 성황 꽃황천
천천 향천 향꽃 성황 성킹 향출
성황 꽃황 천황 천꽃 향들
성출 향꽃성

여기서 에테르 성체 상체 에너지 잔뜩 받으시면 됩니다.
여기가 예전에 천국의 문
제가 문(뚜껑)을 열다가 밑에다가
따라오시는 분들 지옥 세계 만들었다가
그 에너지 줌으로 인해서
천국의 문이 다 열리고
또 그분들도 다 교화돼서
위 세계로 올라간 천국의 문입니다.

그러니까.
여러분들도 위 세계
에테르 성체 상체 성천 향꽃
성황 꽃황 천천 향천 향꽃 성출
향꽃 성황 꽃황 천 세계 에너지
여러분들은 그거 받으시면은
또 다 정화돼서 올라가실 수 있을 겁니다.

자, 제가 진언 진언송 향을 불러들일 테니까.

여러분, 한분도 빠짐없이
모두 다 에너지 듬뿍 받으시고
비 맞듯이 흠뻑 젖어서
몸통 가득 품어
마음껏 위 세계로 올라가시면 됩니다.

성출 향꽃 성황 꽃황
천황 천꽃 향출 성성 꽃황
천황 천꽃 향들 성출 성황 꽃황
천천 향꽃 성황 성킹 향출
성황 꽃황 천황 천꽃 쫑킹 향출
성황 꽃황 천천 향꽃 꽃황 천꽃
성황 성킹 향출 성황 꽃황
천황 천꽃 향향 꽃성
향출 성황 꽃황 천황 천꽃성
쫑쫑 향천 향꽃 성황 꽃황 천 향

꽃성 향출 성황 꽃황 천꽃 향출
성성 들철 향꽃 성황 꽃황 천 꽃
성황 꽃황 천꽃성

이제 넉넉하다.
올라가도 될 거 같으다.

향들 성천 향꽃 성황 성천
향꽃 성황 성출 향꽃 성철 향꽃
쫑향 쫑킹 향출 성황 꽃황
천꽃 성황꽃 향들 성출향

꽃성 향출 성황 꽃황 천

천꽃황 출향 성꽃 향들 성꽃

성황 꽃황 천황 천꽃 향들 성출

성황 꽃황 천 천꽃 향출 성황 꽃황

천황 천꽃 향들 성출 향꽃성

쫑킹 향출 성황 꽃황

천황 천꽃 향들 성출 성황꽃

꽃성 향출 향들 성출향 꽃꽃 성출

성황 꽃황 천 천꽃 향출 성황 꽃황

천황 천꽃 향출 성황꽃 꽃성 향출꽃

향들 성출향 꽃성 향출 성황 꽃황천

천천 향꽃 향들 성출 성황꽃 꽃꽃 성꽃

성황 향출 꽃성 향출꽃 향 들들 성출

향꽃 성황 성킹 향출 성황 꽃황천

향꽃성 쫑킹 향출 성황 꽃황

천황 천꽃 향출 성황꽃

출향 성꽃 향들 성출 향꽃성

꽃꽃 성출 성황 꽃황 천황 천꽃 향출

성황꽃 향들 성출향 성꽃 성황꽃

향들 성출 성황 꽃황천

천황 천꽃성 향들 성출향

꽃황 천꽃 성황 성킹 향출꽃

향들 성황 꽃황 천꽃 성황

성킹 향출 성황꽃 황천 꽃성향

향들 성출 향꽃 성황 꽃황 천황

천꽃 향들 성꽃 향출 꽃성

꽃꽃 성꽃 향들 성출향

에테르 성체 상체

성체 꽃황 천꽃 성향

꽃성 쫑킹 향출꽃 성황

성킹 향출 꽃황 천꽃 성성 들철

향꽃 성황 성킹 향출 들들 성꽃

성킹 향출 꽃황 천꽃향 출향

성꽃 향들 성출향 꽃성 향출

꽃꽃 성꽃 성황 꽃황 천향

천꽃 향들 성꽃 성황 꽃황 천

천천 향꽃 성황 성꽃향 천황

천꽃성 들향 들꽃성 쫑킹 향출

성황 꽃황천 천꽃황 천황 천꽃 성황킹

킹쪽향 천천 향꽃 성황킹 향들

성출 향꽃 성황 꽃황 천

천꽃 향출 성황 성체

성체 꽃황천 천꽃 성황

성킹 향출꽃 성성 들천

향꽃 성황 꽃황 천꽃성

쉬었다 하자.

예.

68제, 2-진언 진언송 향

자, 또 시작하자.

가자.

성출 향꽃성 쫑킹 향황천

꽃성 향출 성황 꽃황 천꽃성

쫑킹 향출 성황 성꽃황 천황 천꽃

향출 성황 꽃황 천꽃 향출 성황 꽃황 천꽃성

쫑킹 향출 성황 꽃황 천황 천꽃 향출 성황 꽃황

천황 천꽃성 향들 성출향 꽃황 천황 천꽃

향출 성황꽃 쫑킹 향출 성황 꽃황

천황 천꽃 향출 성출 향꽃성

쫑킹 향출꽃 성황 성킹향

꽃성 향출 성황 꽃황천

천꽃 향출 성황 꽃황

천황 천꽃 쫑킹 향출 성황꽃

쫑쫑 향출 성황 성꽃 쫑황 킹향 천꽃성

향들 성출향 꽃황 천꽃성 향들 성출

성황 꽃황천 천꽃성 쫑향천 향꽃

성황 꽃황 천꽃 성황 킹쪽향

천천 향출 향꽃 성황

쫑킹 향출 성황 꽃황천

천꽃성 향들 성황 꽃황 천황 천꽃성

쫑킹 향출 성황 꽃황 천천 꽃성 향출

성황 꽃황천 천꽃성 쫑킹향 쫑킹 향출꽃

꽃꽃 성꽃 성황 꽃황천 천꽃성 향들

성출 성황 꽃황 천황 천꽃성

향들 성출 성황 꽃황 향출 향출

향출 향출꽃 꽃 꽃 꽃 꽃 꽃 향출 꽃

향출 꽃 꽃성 향출 꽃황 천꽃 성황 성꽃황

천꽃 향출 성황 꽃황천 천황 천꽃성

향출꽃 성황 꽃황천 천꽃성 쫑킹향

향들 성출 성황 꽃황천 천꽃성

쫑킹 향출 성황 꽃황 천천 향꽃

성황 꽃황 천황 천꽃 향들 성출

성황 성킹 향출꽃 성성 들천 향꽃

성황 성꽃황 천황 천꽃 향들 성출

향꽃성 꽃꽃 성꽃 성황 꽃황 천꽃 성황

성킹 향출 성황꽃 꽃성 향출꽃 향들 성출향

꽃성 향출 꽃황 천꽃 성황 킹향 들들 성출

향꽃성 쫑킹 향출꽃 성성 들천 향꽃

성황 성킹향 출꽃 성황킹 킹쪽향

천황 천꽃 향들 성출 성황 꽃황천

천천 향천 향꽃 성황 성킹 향출

성황 꽃황천 천꽃성 쫑킹 향천

천황 천꽃 향들 성출 향꽃성

쫑킹향 성황꽃 성체 에너지

성체 향꽃 성황 꽃황

에너지 성체 상체 성꽃 성향

들들 성꽃 성황 성꽃 성킹 향출

성황 꽃황 천꽃 성황킹 향들 성출향

성성 향들 성꽃 성황 꽃황천

천꽃성 쫑킹향 쫑황 천황 천꽃

성황 성킹 향출 꽃성향

이제 그만 또 우리 올라갑시다.

꽃성 향출 성황 성꽃향

출향 성꽃 성황 꽃황 천꽃 성향꽃

출출 성꽃 향들 성출향 꽃성 쫑향

출출 성꽃 성황 킹향 쫑킹 향천
향꽃 성황 성킹 향출꽃
성성 들천 향꽃 성황
향들 성출 성황 꽃황 천꽃성 향
들들 성출 향꽃 성황 성킹 향출
성황 꽃황 천꽃성 향들향
꽃성 쫑향 천꽃 성황킹 쫑향꽃
꽃꽃 성출 성황 꽃황 천꽃 성황킹
쫑킹 향출 성꽃 향출 성황 꽃황천 향

향들 성체 성황 에테르 성체
성체 성황 꽃황천 천꽃 향출
성황 성꽃 향출꽃 성황 성출향
향들 성꽃성 쫑킹 향출 성황 꽃황천
천천 향꽃 성황 성출향 꽃성 향출
성황 꽃황 천꽃성 향들 성출향
꽃성 향출 성황 꽃황천
천꽃성 쫑킹향 천황 천꽃향
향들 성출 성황 꽃황천

저기 또 빛 보입니다.
저 빛을 향해서
자, 우리 모두 다 힘내서 갑시다.

쫑킹 향출 성황 성꽃 향출꽃
성향 출향 꽃성 쫑킹 향출
성성 들천 향꽃성
쫑향 쫑킹 향출 성황 꽃황

천황 천꽃성 향들 성꽃 성황 꽃황천

천꽃성 향들 성황 꽃황 천황 천꽃성

향들 성꽃 성황 성킹향 들들 성꽃

성황 성꽃 향출꽃 향들 성출향

성꽃 향출꽃 성황 꽃황

천황 천꽃 향 출 꽃성향

꽃꽃 향출 성황 꽃황 천황

천꽃 향들 성출 향꽃성 쫑킹 향출꽃

향들 성황꽃 향꽃 성황 쫑킹 향출꽃

향천 에테르 성체 성황 꽃황 천꽃성

성성 들천 향꽃 성황 성킹 향출

성황 꽃황 천황 천꽃성

향들 성꽃 성황꽃

성천 향꽃성 쫑향 쫑킹향

향들 성꽃 성황출 출향 성꽃

향들 성꽃 성황 꽃황천 천

꽃성 향들 향향 들천 향꽃성

쫑킹 향출 성황 꽃황 천꽃성

향들 성출향 꽃성 향출 성황 꽃황천

꽃꽃 성꽃 성황 출꽃 성황 꽃황천

꽃성향 향꽃성 쫑킹 향출 꽃황 천향꽃

향성 꽃향 성향 출꽃 성향 출꽃성 향 꽃

천황 천꽃 향들 성출향 성성 꽃황

천황 천꽃성 향 꽃 성향 출 성황 꽃황

천향 향 들 성출 성황 꽃황 천꽃

성황 성꽃황 천황 향꽃

성출 성황 꽃황천 꽃

성황 성킹 향출 꽃성 향출꽃

향들 성출 향꽃 성황 성킹 향출

성황 꽃황천 천꽃성 향들 성황 꽃황

천황 천꽃 성황 꽃황 천꽃 성향

향꽃 성황 들들 성꽃 성킹 향출

성황 꽃황 천황 천꽃성 향들 성출

향꽃 성쫑 쫑킹 향출 성황 성꽃성

쫑킹 향출 성황 성꽃황 천황 천꽃

향들 성꽃성 향꽃 쫑향 쫑킹 향출

성황 꽃황 천 천꽃 향출 성황

꽃황 천꽃성 향 꽃성 향출

성황 꽃황 천황 천꽃

향들 성출 향꽃 성쫑

이제 잠시 쉬었다 가자.

또 가자.

성출 향꽃 성황 꽃황 천꽃

성황 성킹 향출 꽃황 천꽃 성향

들성출 성황 꽃황 천천 향꽃

성황 성꽃 향들 성출 성황 꽃황 천꽃

성성 들천 향꽃 성황 성킹 향출 성황 꽃황천

황꽃 성황 성킹 향출꽃 꽃꽃 성꽃 성황 꽃황

천꽃성 향들 성황 꽃황천 천꽃성 쫑킹향

향들 성출 성황 꽃황천 황꽃 성출향

향들 성출 성황 꽃황천 황꽃 성출

성황 꽃황 천꽃성 쫑킹 향출

성황 꽃황 천황 천꽃 향출

성황 꽃황천 향꽃
성황 성킹 향출

이제 우리 좀 쉬어야 되겠다. 너무 힘이 없어서

예.

잠시 쉬었다가...
너는 우리에게 힘이 보충되도록
진언송, 진언 진언송 부탁하마.

성체 성황 꽃황천 에너지
상체 성황 꽃황 천꽃 성황
성킹 향출 성꽃 성황
출꽃 성향 꽃성향
출출 성꽃 향출
성황 꽃황 천꽃
성황 꽃황 천꽃 성황
꽃황천 천천 향꽃 성황
성꽃 향출 성성 들철 향꽃
성황 꽃황 천향 향들 성출
향꽃 성황 출꽃 성향
꽃꽃 성꽃 성황
꽃황 천향

자, 이제 또 가자.

껑충껑충 날아서 훨훨

꽃성 향출 성황 꽃황 천꽃

성킹 향출 성황 꽃황 천천 향꽃

성킹 향출 꽃황 천꽃 성향

출향 성꽃 성황 꽃황천

꽃꽃 성꽃 성킹 향출

성황 꽃황 천천 향꽃

성황 꽃황천 향

천국에 왔다.

우리가 오고자 하는 세상에 온 것 같다.

우리가 여기서 편안하고 행복하게 잘 살 수 있도록

또 바르게 마음먹고 바르게 생각하며 바르게 말하며

바르게 행동할 수 있도록

니가 좋은 진언 진언송 향을

모두 다 올라오신 모든 분들이

다 그럴 수 있도록 해주면 좋겠구나.

꽃성 향출 성황 꽃황

천황 천꽃 향들 성출향

꽃꽃 성꽃 성황 성꽃 향출

성성 들천 향꽃 성황 꽃황 천꽃성

쫑킹 향출 성황 꽃황 천황 천꽃

향들 성출 향꽃 성황꽃 천천 향출

향꽃 성황 성킹 향출 성황 꽃황

천황 천꽃 향출 성황꽃 황천

천천 향꽃 성황 성꽃 향들 성황

성꽃 향출 성황 꽃황 천황 천꽃성

쫑킹 향출꽃 성성 들천 향꽃

성황 꽃황 천황 천꽃성

쫑킹 향천 향꽃 성황

성킹 향천 향꽃 성황

성킹 향출 꽃황 천황 천꽃

향들 성출 향꽃 성황 꽃황

천황 천꽃성 쫑쫑 향천 향꽃 성황

성킹 향천 향꽃 성황 쫑킹향

쫑킹 향천 향꽃 성황

성킹 향출 성황 꽃황 천황

천꽃 향들 성출 향꽃 성성 들천

향꽃성 쫑향천 쫑킹 향천 향들

성출 향꽃성 꽃성 향출 향꽃 성황

성체 성체 성체 꽃황 천꽃성

상체 상체 상체 성체 성체

에테르 성체 향꽃 성황 꽃황천

천천 향꽃 성황 성꽃 향출

성성 들천 향꽃 성황 꽃황천

천꽃 성황 성킹 향출 성황 꽃황

천황 천꽃성 쫑킹 향출 성황꽃

황천 천꽃 성황 성킹 향출꽃

성성 꽃황 천황 천꽃 향길

성황 꽃황 천꽃 성향

꽃꽃 성꽃 성황 꽃황

천황 천꽃 성킹 향출

향들 성출향 꽃황 천꽃성

쫑킹 향출 성황 꽃황천

향꽃 성황꽃 성킹 향출꽃

향들 성출 성황 꽃황 천 천꽃

향출 성황 꽃황 천황 천꽃성 향들

성출 향꽃 꽃성출 향꽃 향향 들철 향꽃

성황 성꽃 향들 성출향 꽃성 향출

성황 성꽃 향출 성황 꽃황 천

천꽃 향출 성황 꽃황 천꽃

향출꽃 향향 들천 향꽃 성황

성킹 향출 성황 꽃황 천

천꽃성 쫑킹 향출 성황

꽃황 천꽃성 향들 성출

향꽃 성황 꽃황 천

천꽃 성황 성킹 향출

성성 꽃황 천황 천꽃성

쫑킹 향출 꽃황 천꽃 성황

성킹 향출 꽃황 천 천꽃성 향들

성황 꽃황 천황 천꽃 성 향

들들 성꽃 향들 성출 향꽃

성황 성꽃 향출 성황꽃 천꽃

성킹 향출 성황 꽃황 천황

천꽃 향들 성출 향꽃쫑

쫑킹 향출 성성 향들

성황 꽃황 천황 천꽃 향출

꽃향 들들 성꽃향 출향 성꽃성

향들 성황 성꽃 향출 꽃향

꽃성 향출 성황 꽃황 천황

천꽃 향들 성출 향꽃 성 향

우리를 위해서 하나만 더 해다오.

하나는
꽃꽃 향출 성황 꽃황
천꽃성 에테르 성체 상체 성황
꽃황천 향꽃 성쫑 향천꽃이다.

니가 해 놓으면 넉넉하지 않겠느냐.

쫑황천 꽃성향 향들향
향들 성꽃 성황꽃
꽃꽃 성출 성황 꽃황
천황 천꽃성 향들 성황꽃
성출 향꽃 성성 들철 향꽃 성황꽃 황천
천꽃성 쫑킹 향출 성황 꽃황 천천 향천
향꽃 성황 쫑킹 향천 향꽃성 천천 향꽃
쫑킹 향출 성황 꽃황 천황 천꽃 성 향
향꽃 성킹 향출 성황 꽃황 천황 천꽃성
쫑킹 향출 성황 꽃황 천황 천꽃성 향들 성출
성황 꽃황 천황 천꽃성 쫑킹 향출 성황 성천향
꽃성 꽃향 출향 성꽃 성킹 향출 성황 꽃황 천

천꽃성 향들 성출 성황 꽃황천 천꽃 향 출
성황 꽃황 천황 천꽃 향들 성출 향꽃
성황 꽃황 천꽃성 쫑쫑 향천 항꽃
성황 성킹 향출 성황 꽃황 천
천꽃성 황황 천천 향꽃
성천 향꽃 성황 꽃황
천황 천꽃성 쫑킹 항출
성황 꽃황 천

쫑킹 향출 성황 성꽃

향들 성꽃 성황 성꽃황

천황 천꽃 향출 성꽃 성황

킹향 성출 향꽃 향들 성출 향꽃성

쫑쫑 향출 성황 꽃황 천

천꽃성 향들 성출향

꽃꽃 성 꽃 성황 성킹 향출꽃

꽃성향 꽃꽃 향출 성황 꽃황

천황 천꽃 성황 꽃황 천꽃 성 향 꽃

꽃꽃 성꽃 성황 성출 향꽃 성황 꽃황

천꽃성 향향 들천 향꽃 성황 꽃 황 천

꽃 향 천 꽃 황 천 에테르

상체 성체 에테르 성체 상체

향꽃성 꽃성향 출출 성꽃

성황 꽃황 천 천꽃성 황

황천 황꽃 성황

성킹 향출 성황 꽃황

천황 천꽃성 향출 향꽃

향출꽃 성황 성킹 향출

성황 꽃황 천

천꽃성 향

향 향 향 향 향 향

꽃꽃 성꽃 성황 꽃황 천

향출 성황 꽃황 천꽃 성황

성킹 향출 꽃황 천꽃 성황

성킹 향출 성황 꽃황 천꽃성

쫑쫑 향 출 성황 꽃황천 천꽃 성황

성킹 향출 성황 꽃황 천꽃성

성킹 향출 성황 꽃황 천 꽃

성황 성킹 향출꽃

꽃황 천황 천꽃 향출

성황 꽃황 천꽃성 향들 성출

성황 꽃황 천황 천꽃 향들 성출

향꽃 성황 꽃황 천황 천꽃

향들 성출 성황 꽃황 천

천꽃성 향들 성출 향꽃

성황 꽃황 천황 천꽃

향들 성출 성황 꽃황 천꽃성

쫑킹 향출 성황 꽃황 천황 천꽃

성킹 향출 성황 성꽃 향들 성황 꽃황

천꽃성 쫑킹향 쫑쫑 향천 향꽃 성황

성꽃 향출 성황 성천 향꽃성

쫑쫑 향출 성황 꽃황 천꽃성

쫑황 쫑킹 향출 성황꽃

외톨이가 되면 안 됩니다.

전부 어우러져야 됩니다.

그리고 나 이외 다른 분들을 이롭게 할려고 하셔야 됩니다.

그걸 명심하시기 바랍니다.

꽃성 향 출 성황 꽃황

천황 천꽃 향들 성출 향꽃

성황꽃 황 천황 천꽃

성성 들철 향꽃 성황

꽃황 천 꽃 성

장벽을 허물고
걸림과 장애를 허물고
모두 다 너나없이 하나,
하나 한덩어리
우리는 하나,
위에서 아래까지
아래서 위까지
그렇게 우리는 모두 다 통하여 있고
아래, 중간, 위 전부 다
똑같다.
다름이 없다.
다만 모습과 형체, 형태가 다를 뿐이다.

성출 향꽃 성황 꽃황 천꽃성
쫑킹 향출 성황 꽃황 천꽃성
향들 성출 성황 꽃황 천

주변에 어울리기 위해서는
똑같기 위해서는
몸을 바꾸고 변화시키고
주변과 똑같이 하시면 됩니다.
그것을 위해서 제가 쏭 하겠습니다.

꽃쫑 성향 성꽃
향출 성황 꽃황 천꽃성
쫑킹 향출 성황 꽃황 천천 향꽃

쫑킹 향출 성황 꽃황 천황 천꽃

향들 성황 꽃황 천천 향꽃 쫑쫑

성킹 향출 성황 꽃황 천황 천꽃

향들 성황 꽃황 천꽃 성황

성킹 향출 꽃황 천황 천꽃성

성킹 향출꽃 성황 성꽃황

천황천 꽃성 향들 성꽃

향출 성황 꽃황천

짝짝짝짝짝짝짝짝

매우 훌륭하다.

이제 다 준비는 끝났다.

조금 있다가 68제만 지내주면 되겠구나.

고맙고 감사하고 우리들 다 이제 거기서 기도하던 사람도 다
올라왔다.

그다음에 니가 위에서 아래로 다 연결해서

이제는 모두 다 하나로 꿰어진 것 같구나.

고맙고 감사하다.

그동안 힘들게 해서 죄송하고 미안합니다.

거기서 올라온 세계에서 즐겁게 행복하게 잘 사셨으면
좋겠습니다.

나 이외 다른 분들을 이롭게 하며

바르게 마음먹고 바르게 생각하시고

바르게 말하며 바르게 행동하시면서

잘 사시면서 또 바르게 하면서

더 위 세계로 올라올 수 있으면

올라오셨으면 좋겠습니다.

이따 만치 68제 올려드리겠습니다.

68제 지닐 때 필요하신 것들은 제가 갈 테니까.
직접 고르셔서 선택할 수 있도록 그렇게 해주시면
제가 거기에 맞게 다 사서
제 넉넉하게 지내도록 하겠습니다.
그동안 미안하고 죄송했습니다.

감사합니다. 고맙습디다.
이렇게 모두 다 구할 수 있게 해 주셔서
너무도 고맙고 감사합니다.

그래 이제 이따 보자.

68제, 3 −진언 진언송 향

여기 오니 인연이랄 게 이제 없구나.
너하고도 인연도 다 한 같으니
우리들한테 한마디 해 다오

그동안 제가 고생많이 시킨 거 같아서
미안하고 죄송합니다.
저도 잘한다고 한 게 그렇게 된거 같습니다.
용서해 주십시오.

용서랄 게 뭐 있겠느냐

그냥 우리가 여기서 편안하고 잘 살 수 있도록

네가 진언송 향 하나만 해다오

성출 향꽃성 쫑향 쫑킹향

성황 성꽃 천황 천꽃 성황꽃

천꽃 향출 성황 꽃황 천황 천꽃

향출 성황 꽃황 천꽃성 쫑킹 향출

성황 꽃황 천황 천꽃 향들 성출 향꽃성

쫑킹 향출 성황꽃 황천 천꽃 향출 성황 꽃황천

천꽃성 쫑킹향 향들 성출향 꽃성 쫑향 쫑킹 향출

성황 꽃황천 천꽃성 쫑킹향 천천 황천 꽃성 향출

꽃성향 출향 성꽃 성황 꽃황천 천천 향천

향꽃 성황 쫑킹향 향들 성출 성황 꽃황

천꽃성 쫑킹 향출 성황 꽃황천

천꽃성 쫑킹향 천황 천꽃

향들 성출 향꽃성

쫑쫑 향천 향꽃 성황

성꽃 향출 성황 꽃황 천꽃성

쫑킹 향출 성황 꽃황 천황 천꽃

향들 성출 향꽃성 쫑쫑 향천 향꽃 성황

성킹 향출 성황 꽃황천 천천 향꽃

성황 성킹향 꽃황 천황 천킹 향출

꽃황천 천천 향꽃성 쫑킹 향출향

성황 꽃황 천황 천꽃 향출꽃

성황 꽃황 천황 천꽃성

쫑킹 향출 성황 꽃황

천황 천꽃향 출향

성꽃성 향들 성황 꽃황
천꽃성 쫑킹 향출 성황 꽃황
천황 천꽃 향들 성출향
꽃성 향출 성꽃 향출꽃
성성 향들 꽃황 천황 천꽃 성향
들들 성꽃 향출 성황 꽃황천
천꽃 향출 성황 꽃천
향출 성꽃 성황꽃
천꽃 성향 출꽃성
쫑킹 향출 천황 천꽃 천
천꽃 성향 향들 성출 성황 꽃황 천
천꽃 성황 황천 황꽃 성킹 향출 성황 꽃황 천

천꽃 향출 성황 꽃황 천황 천꽃 천천 향천
향꽃 성황 성킹 향출 성황 꽃황 천황 천꽃
성킹 향출 쫑킹 향출 쫑쫑 향천 향꽃 성황
성킹 향출 성황 꽃황 천황 천꽃 향들
성출 향꽃 성황 꽃황 천꽃 성 향
꽃쫑 향성 성출 향꽃 성황 꽃황
천꽃 성황킹 향꽃황 천황 천꽃
향들 성황 꽃황 천꽃성
쫑킹 향출 성황 꽃황 천황
천꽃성 향들 성출 성황 꽃황
천황 천꽃성 쫑킹 향출 성황
꽃황 천황 천꽃 성황 성킹
향출 성황 꽃황 천꽃성
쫑킹 향출 성황 꽃황

에테르 에테르 에테르
에테르 에테르 에테르 에테르
에테르 성체 상체 성체 상체
성황 꽃황 천황 천꽃 향출
성황 꽃황 천꽃성 향들 성출
성황 꽃황 천황 천꽃 향들 성출향
꽃성 쫑향 쫑킹 향출 성황 꽃황
향꽃성 쫑킹 향출 성황 성천
향꽃 성황 꽃황 천황 천꽃성
쫑킹 향출 성황 꽃황 천황
천꽃 향들 성출 향꽃
성황 꽃황 천꽃성
향들 성출 성황 꽃황
천황 천꽃 성향 꽃성 향출
꽃꽃 성꽃 성황 성킹 향출
성황 꽃황 천황 천꽃성 향들 성꽃
성황 성킹 향출 성황 꽃황 천황 천꽃
성킹 향출 성황 꽃황 천꽃성 향들 성출
향꽃 성황 성꽃황 천황 천꽃 향들 성출
향꽃성 쫑킹 향출 성황 꽃황 천꽃성 향

향꽃 성황 출꽃 성킹 향출 꽃황 천꽃성
성킹 향출 성황 꽃황 천황 천꽃
향들 성출 향꽃 성황킹
킹쪽향천꽃 성황 천꽃 향출
성성 들철 향꽃 성황 꽃황 천꽃성
향향 들천 향꽃 성황 꽃황 천황
천꽃성 쫑킹 향출 성황 꽃황 천황

천꽃성 향들 성출 성황 꽃황 천황
천꽃 성향 꽃성 쫑향 쫑킹 향출 성황 꽃황
천황 천꽃 성향 꽃꽃 성꽃 성황 성킹 향출
성황 꽃 향들 출꽃 성황 꽃황 천꽃성
쫑킹 향출 성성 들천 향꽃 성 향

에테르 성체 성체 성체 성체
성황 꽃황 천황 천꽃
성향 꽃 천 향 출
꽃 성 향 출입니다요

그래 이제 고맙다,
이제 너도 좀 쉬었다가
68제 지내도록 하거라.
고맙다.

68제, 4 ―진언 진언송 향

사진 찍어라.
이제 곡을 하거라.

우엉 우엉 우엉 우엉 우엉
우엉 우엉 우엉 우엉 우엉

이제 그만 하거라.
그리고 일어나서 절 한 번 올리거라.

제를 올리는 곡을 한 번 하거라.

꽁우왕 위앙 우왕 우왕 우왕

이제 됐느니라.
조금 있다가 제를 시작하면 된다.
이따 만치 시작할 때는 우리들이 나서서 할 거다.
그러니 너는 우리가 하는 대로 따라서 하면 된다.
잠시 자리를 비켜다오.
우리들이 여기서 우리들 끼리 이야기를 할테니
너는 잠시 비켜주고
가 있거라.

이제 우리는 다 간다.
이제 끝나면
너하고도 인연이 다 끝나서
우리는 위 세계로 올라와 있고
그러니까 너 주변에 우리가 있지 않을 것이다.
그러니 우리가 없는 만큼 네가 더 편하고 몸도 더 건강하고 좋을
거다.
시간적으로 보면 지금 아직 조금 빠르기는 한데
그래도 우리가 제를 지내기로 했다.
그러니 절 한번 하거라.

책상다리 하고 앉거라.
오른발 밑으로 왼발 위로하고

곡

성향 천 향

하나만 해다오.

성꽃 향출 성황 성꽃
향들 성출 성황 꽃황
천꽃 성황 성킹 향출꽃
성황 성킹 향출 꽃성
쫑킹 향출 성황 꽃황
천황 천꽃 향출 성천 향꽃
꽃꽃 성출 성황 꽃황 천꽃
향출 성황 꽃황 천황 천꽃 성향
꽃꽃 성출 성황 꽃황 천꽃성
향들 성출 성황 꽃황 천꽃성
향향 들천 향꽃 성황 성킹
향출 성황 꽃황 천꽃 성 향

향들 성출 성황 꽃황
천황 천꽃 향향 꽃성 쫑향
쫑킹 향출 성황 꽃황 천꽃 성

향들 성꽃 성황 성킹 향출
성황 꽃황천 천꽃성 향들 성황
성꽃 향출 성황꽃 황 천

명스즘 샷 1대에서 10대
68제를 시작합니다.

이 제가 끝나면
모든 이들은 모두 다
본래 고향으로 돌아가고
위 세계에 천국황 천 세계로
모두 다 돌아갈 것입니다.

이제 절 한번 하고
또 곡 한번 해다오.

곡은 무릎 꿇고 해다오.

우우우우우
우우우우우

이제 됐느니라.
이제 또 한번 절을 해다오.

책상다리 하고 앉거라.

그리고 이번엔
성출향 꽃황 천 향 하나만 불러주면 좋겠구나.

꽃성 향출 성황 꽃꽃 성출 성황
꽃황 천황 천꽃 성킹 향출 성황 꽃황

천황 천꽃성 쫑킹 향출 성황 꽃황

천황 천꽃성 쫑향천 쫑킹 향출

성황 꽃황 천천향 꽃성 향출 꽃

향들 성출 성황 꽃황 천꽃성

쫑킹 향출 성황 꽃황 천황 천꽃

향출 성황 꽃황 천꽃성 향들 성출 향꽃

성황 성킹 향출 성황 꽃황천 천꽃성

향출향 꽃꽃 성꽃 성황 성킹 향출

성황 꽃황 천꽃성 향들 들들 성출 향꽃

성황 꽃황 천꽃성 쫑향천 천꽃 성황

성킹 향출 성성 들천 향꽃 성황 꽃황

천황 천꽃성 향들 성출 성황 꽃황

천꽃성 향들 성출향 성꽃 성황

꽃황천 천꽃성 향들 성출

성황 꽃황천 향출 향출

향출 꽃황 천황 천꽃

향들 성황 꽃황천

천천 향천 향꽃 성황

성킹 향출 성황 꽃황 천황

천꽃 성킹 향출 성황 꽃황

천꽃성 쫑킹 향출 성황 꽃황천

천천 향천 향꽃 성황 꽃황 성체

성체 성황 꽃황 에테르 성체 성꽃 향출

꽃성 향출 성황 꽃황 천황 천꽃 성향 출꽃성

쫑향 천 꽃꽃 성출 성황 꽃황 천꽃성

향들 성출향 꽃성 향출 성황 꽃황

성성 들천 향꽃 성황 성킹 향출

성황 꽃황 천황 천꽃성 항들
성출 향꽃 성황 꽃황 천꽃성
향향 들천 향꽃 성황 성킹향
꽃꽃 향출 성황 꽃황 천황 천꽃
향들 성출 향꽃 성황 꽃황 천꽃성
꽃황 천꽃 성황 성킹향 쫑킹 향황
천꽃 성성 들천 향꽃 성황꽃
향들 성출향 꽃황 천꽃 성향
꽃꽃 성꽃 성황 성킹 향출
성황 꽃황 천꽃성 쫑황천
향천 들천 향꽃 성황 꽃황
천꽃 성 향 꽃 성

성체 성체 성체 성체
성체 성체 성체 성체 성체
에테르 에테르 에테르 에테르
에테르 에테르 에테르 성체 상체
성황 꽃황 천꽃 성황 출향 성꽃
성킹 향출 성황 꽃황 천황 천꽃성
향들 성출향 꽃꽃 성꽃 성향 출꽃 성 향
향들 성출 성황 꽃황 천꽃 성황 킹쪽향
천황 천꽃성 향들 성출 성황 꽃황
천꽃 성 향 출 꽃 성 꽃꽃 성꽃
성황 킹쪽향 천천향 꽃성
쫑킹 향출 성황 꽃황 천꽃성
향향 꽃성 향출 성황 꽃황 천꽃
향출 향들 성황 꽃황천 천꽃향
출출 성꽃 성황 꽃황천

향꽃 성꽃 성황 성출 향꽃
성성 들천 향꽃 성황 꽃황천
향꽃 성황 성출 향꽃 성황 꽃황
천꽃성 쫑킹 향출 성황 꽃황
천황 천꽃 향들 성출향 꽃성
향출 성황 꽃황 천꽃 성 향

이제 우리들이 너를 위해서
너의 행복을 위해서
너의 건강과
너의 무궁한 앞날을 위해서
한 곡조 해주마.

꽃성 향출 성황 꽃황 천황
천꽃 성킹 향출 성황 꽃향
천천 향꽃 성꽃 향출 성황
꽃황 천 천꽃 황 출 출꽃 성 황

황황 꽃성 쫑향 쫑킹 향출
성황 꽃황 천 천꽃 성 황
황꽃 성 쫑 쫑킹 황출
성황 꽃황 천천 향꽃
성킹 향출 성황 꽃황
천꽃 성 향

향들 성꽃 성황 성꽃향
출향 성꽃 성황 성킹 향꽃
성향 출꽃 성황 꽃향

천천 향꽃 성황 꽃성
향출 성황 꽃황 천꽃
성황킹 킹쪽향 향들
성출 성황 꽃황 천
이로다.

이제 너희 부모님께
니가 간곡하게 부탁하고 싶거나
발원하고 싶은 게 있으면
노래로 불러주었으면 좋겠구나.

향꽃 성황 성킹 향출
성황 꽃황 천황 천꽃
향향 꽃성 향출 성황 꽃황
천황 천꽃성 황천 황꽃 황황
꽃성 천황 천꽃황 천꽃 향출
성성 들천 향꽃 성황 꽃황 천꽃성
천황 천꽃 향출 성황 꽃황 천꽃 성 향
꽃꽃 성꽃 성황 꽃황 천꽃성
천황 천꽃 향들 성출 향꽃
성황 꽃황 천천 향꽃
쫑킹 향출 성꽃 향출꽃
성황 성천향 꽃꽃 황천
황꽃 성황 꽃황 천황 천천 황꽃
황출 황꽃 향출 성황 꽃황 천꽃성
황출 성황꽃 천황 천꽃 황천 꽃황천
향들 성출 향꽃 성황 꽃황 천꽃성
향들 성황 꽃황 천황 천꽃성

향꽃성 꽃꽃 향출 성황 꽃황

천꽃성 향들 성황 꽃황

천황 천꽃 향꽃성

향꽃 성황 성킹 향출

성황 꽃황 천황 천꽃 황천

꽃꽃 향출 성황 꽃황 천황 천꽃

향출 성성 들천 향꽃 성황 꽃황

천꽃성 쫑킹향 꽃꽃 성황

성킹 향출 성황 꽃황 천

천꽃성 황황 꽃성 향출

향들 성황 성꽃 향출

성황 꽃향 출꽃 성황

성킹 향출 꽃성 향출

꽃꽃 성출 성황 꽃황 출꽃성

향들 성출 향꽃 성황 꽃황천

꽃성 향출꽃 성황 성킹향

꽃쫑 성황 성킹 향출꽃

성성 들천향 꽃황 천황 천꽃

성킹 향출 꽃황 천꽃성

꽃성 향출 꽃황 천꽃 성황 성킹 향출꽃

성성 들천 향꽃 성황 꽃황 천꽃 성황 성꽃황

천황 천꽃 향들 성출향 성꽃 성황 꽃황 천황 천꽃성

쫑킹 향출 성황 성꽃황 천황 천꽃 향들 성출 향꽃성

쫑킹 향출 꽃성 쫑향 쫑킹향 천천 천황 천꽃성

향들 성출 향꽃 성황 꽃꽃 성출 성황 꽃황 천황

천꽃 성황 성킹 향출 꽃성 향출 성황 꽃황

천황 천꽃 향들 성출 향꽃 쫑킹 향출

성황 꽃황 천 천꽃성 쫑킹향

쫑킹 향출 성황 꽃황 천황
천천 향꽃 성출 향꽃 성황 꽃성향
출출 성꽃 성황 성꽃향 천황 천꽃
향들 성출 향꽃성 꽃성 향출
성황 꽃황 천황 천꽃 향들
성출 향꽃 성꽃 성황꽃
천천 향출 성황 꽃황
천황 천꽃성 쫑킹 향출꽃
성황 성꽃황 천황 천꽃
성킹 향출 성황 꽃황 천
천꽃성 향들 성황 꽃황천
향천 향꽃 성황 성킹 향출꽃
성성 들천 향꽃 성황 성꽃
향들 성출향 꽃꽃 성꽃 성황
킹쪽향 천황 천꽃 향들 성출 향꽃
성킹 향출 성황 꽃황 천꽃성
쫑킹 향출 성황 꽃황 천꽃성
향들 성황 꽃황 천꽃성 황 꽃 천
꽃향 천꽃 성황 성꽃황 천황
천꽃 향들 성황 꽃황 천꽃성

에테르 성출 성황 꽃황 천꽃
성황 성킹 향꽃 성출 향꽃성
쫑황천 쫑킹 향출 성황
성꽃황 천꽃 성 쫑
향들 성꽃 성황
꽃꽃 성꽃 성킹 향출
성황 꽃황 천황 천꽃성

향들 성출 성황 꽃황천

천꽃성 향들 성꽃황 천황 천꽃

향들 성출 성황 꽃황천 천꽃성

쫑킹향 향들 성황 꽃황 천꽃성

향향 꽃성 쫑향 쫑킹 향출 꽃황

천황 천꽃 향출 성황 꽃황 천꽃성

향들 성황꽃 꽃꽃 향출 성황 꽃황

천꽃성 성킹 향출 성황 꽃황

천천 향천 향꽃 성황

쫑킹 향출 성황 꽃황

천황 천꽃 성 향

출향 성꽃 성황 출꽃 성 향

꽃성출 성황 꽃황 천꽃성

꽃꽃 성꽃 성황 꽃황

천꽃 성황 성킹 향출

꽃황 천꽃 성황 꽃황 천꽃성

향들 성출 성황 꽃황 천꽃 성킹향

꽃꽃 성꽃 성킹 향출 꽃성 향출 꽃황

천꽃 성황 꽃황 천꽃 향출 성황 꽃천

향출꽃 성성 들천 향꽃 성황 꽃황

천꽃성 쫑향 천황 천꽃 향들

성출향 꽃황 천꽃성

향들 성출 성황 꽃황

천황 천꽃 쫑킹 향출 성황

꽃황 천꽃성 향들 성출 성황꽃

천꽃성 쫑쫑 향천 향꽃 성황

쫑킹 향천 꽃황 천황 천꽃황

천꽃성 쫑킹향 향들 성꽃

성황 꽃황천 천꽃 성황킹
향들 성출향 꽃꽃 성꽃 성출
향꽃 성황 꽃황천 천꽃성

훨훨 날아서
우리 모두 다 간다.
너무나 좋다. 황홀하고
너무 행복하다.

꽃성 향출 성황 꽃황
천꽃 성황 꽃황 천꽃성
향들 황 꽃황 천황 천꽃 성 향
꽃꽃 성꽃 성황 성킹 향출꽃
꽃성 향출 성황 꽃황 천황 천꽃성
꽃향 천꽃 성황 성킹 향출 성황
꽃황 천꽃성 쫑킹 향꽃 꽃꽃 성꽃
성황 성킹 향출 성황 꽃황 천황
천꽃성 향들 성출 향꽃 성황꽃
꽃성 향출 성성 들천 향꽃
성황 꽃황 천 천꽃성
향들 성황 꽃황 천꽃
성황 꽃황 천꽃 성 향

하나만 더 해다오.
우리들이 이제 더 위 세계로 올라갈 수는 없고
여기에서 편안하고 행복하게 잘 살 수 있도록
향출꽃 향향 들천 향꽃성 황
하나만 불러 다오.

향출 꽃황 천황 천꽃

성킹 향출 성황 꽃황

천황 천꽃 성황 성킹 향출

꽃황 천꽃 향들 성꽃황

천황 천꽃 쫑킹 향출 성황

꽃황 천꽃성 향들 성황 꽃황

천꽃성 향향 꽃성 쫑향 쫑킹

향출 성황 꽃황 천천 향꽃

성킹 향출 성황 꽃황 천꽃성

향들 성출 성황 꽃황 천황 천꽃

향들 성출 향꽃성 쫑킹 향출 성황

꽃황 천황 천꽃 향들 성출 향꽃

성킹 향출 성황 꽃황 천황

천꽃 향향 들천 향꽃 성 향

꽃성 향출 향들 성출향

꽃꽃 성출 성황 꽃황 천

향들 성출 향꽃 성황 출향

꽃성 향출 향들 성황 꽃천

천향꽃 성출 성황꽃 천

향들 향꽃 성출 성황 꽃 천

천꽃성 쫑킹 향출 성황 꽃황

천꽃 성황 성킹 향출

성황 꽃황 천꽃성

쫑킹 향출 성황 성꽃황

천황 천꽃 향출 성황 꽃황

천꽃성 쫑킹 향출 성황 꽃황

쫑쫑 성쫑 성황킹 킹쪽향

천황 천꽃성 향들 성황 꽃황

천황 천꽃성 향들 성황 꽃황

천황 천꽃 향들 성황꽃 꽃꽃 성꽃

성황 꽃황 천황 천꽃 향들 성출향

꽃황 천꽃 성황 성킹 향출 성황 꽃황 천

천꽃성 쫑킹 향출 성황 꽃황 천황 천꽃

향출 꽃황 천황 천꽃성 쫑킹 향출 성황

성꽃황 천꽃 향출 성황 성꽃 향들 성출향

꽃꽃 성꽃 성황 성킹 향출 성황 꽃황

천꽃 향들 성출 향꽃 성황 꽃황 천황

천꽃성 향들 성출 성황 꽃황 천 꽃

성황 성킹 향출 꽃성 향들 성황 꽃황

천꽃 성향 들천 향꽃 성황 꽃황 천꽃성

꽃꽃 성꽃 성황 성킹 향출 꽃황 천꽃

향들 성황 꽃황 천황 천꽃 향들

성황 꽃성 향출 향꽃성 쫑킹향

향들 꽃성 향출 꽃황 천꽃성

꽃꽃 성꽃 성황 꽃황 천꽃 성 향

오! 여기는 지금 1395번 제 같은 데요.

어! 여기 제 지금

아, 여기 위 세계 제 벌어지고 있습니다.

이 누가 하는지 모르겠습니다.

선사님이 하고 있습니다.

지금 위아래 소통하고 있는 겁니다.

천황 천꽃 성황 향들 성꽃

향출 성황 꽃황 천꽃성 향들

성황 꽃황 천황 천꽃
성킹 향출 성황 꽃황 천황
천꽃 성황 성꽃 향출꽃

그 위에도 지금 제가 벌어지고 있고
그 위에도 지금 제가 벌어지고 있고
그 위에도 제가 벌어지고 있고
그 위에도 제가 벌어지고 있습니다.
쭉 올라가시면 계속 제가 벌어지고 있는데요.
저 맨 위 제에서부터 위아래까지
전부 다 제를 하나로 통합해서
모두 다 소통되도록 하나가 되도록
위아래 없이 해주시면 고맙고 감사하겠습니다.

꽃성 향출 성황 성꽃황
천황 천꽃 향들 성출 향꽃
성성 들천 향꽃 성황 성킹 향출
성황 꽃황 천 천꽃성 쫑킹향
천황 천꽃성 향들 성황 성꽃
쫑킹 향출 성황꽃 성출향
향들 성출 성황 꽃황 천

예. 거기가 끝입니다.

향들 성꽃 성황 쫑킹 향출
성황 꽃황 천꽃 성황 성킹 향출
꽃성 향출 성황꽃 성성 들천 향꽃성
쫑킹 향출 성황 성꽃 성황 성킹 향출

꽃황 천꽃 성성 향들 성황 꽃향

천꽃성 쫑킹 향출 성황 꽃황 천황

천꽃 향출 성황 꽃황 천꽃성

향들 성황 꽃황 천황 천꽃성

성체 성황 성체 황꽃성

쫑킹 향출 성황 꽃황

천황 천꽃 향출

향향 꽃성 향출

꽃황 성체 꽃 성 향출

꽃황 천꽃 성황 꽃황 천황

천꽃 향출 성황 꽃황 천

천꽃성 향들 성황 꽃황

천꽃 향출 성성 향꽃성

쫑킹 향출 성황 성꽃 향들

성꽃 성황 꽃황 천 천꽃성

향들 성황 꽃황 천천 향꽃

성체 성황 에테르 성체

성황 꽃황 천꽃성

쫑킹 향출 성황 꽃황

천황 천꽃 향출 성황 꽃황

천꽃성 쫑킹 향출 성황 꽃황

천천 향꽃 성황 성천 향출

꽃황 천 향 꽃 성 향

출 꽃 성 향 출 꽃 꽃

성출 향꽃 성황 꽃황 천꽃

성황 꽃황 천꽃 성황 성킹

향출 꽃황 천꽃 성황 성킹

향출 꽃황 천황 천꽃성 향들
성출향 천황 천꽃 향들 성출 성황
꽃황 천황 천꽃 성킹 향출 꽃황
천꽃 성황 꽃황 천꽃 성 향
향들 성출향 꽃성 향출꽃
꽃꽃 성꽃 성황 꽃황 천꽃성
향들 성꽃황 천황 천꽃향
출향 성꽃 향출 성황꽃
향천 향꽃황 천황 천꽃성
쫑킹 향출 성황 꽃황 천
천꽃성 쫑킹향 향들
성황 꽃황 천

이제 모두 다 하나로
다 녹아서 하나가 되겠구나.
조금만 더 저거 녹여주면 좋겠구나.

쫑킹 향출 꽃황 천황꽃
쫑킹 향출 성성 들천 향꽃성
꽃황 천꽃 성황 성킹향 꽃성 쫑향
쫑쫑 향천 향꽃 성황 성킹 향출
꽃꽃 성꽃 성향 출향 성꽃 향출
성황 꽃황 천황 천꽃 향들 성꽃
향출 성황 꽃황 천꽃 성황
꽃꽃 성꽃향 출향 성꽃
향들 성꽃 향출 성황 꽃황
천꽃성 향향 꽃성 향들 성황꽃
꽃꽃 성꽃 성황 성출 향꽃 성황

꽃황 천꽃성 향들향 꽃성 향들

성출 향꽃 성황 꽃황 천 천천 향꽃

성황 꽃황 천황 천꽃 향들 성출 향꽃성

쫑킹 향출 성황 성꽃황 천황 천꽃

향들 성황꽃 꽃성 향출 성출 성황꽃

성킹 향출 꽃성 향출 꽃꽃 성꽃

성황 꽃황 천황 천꽃황 천황 천꽃

향들 성출향 꽃황 천 천천 향꽃

성황 성꽃황 천황 천꽃 향들 성출

향꽃 성황 꽃황 천꽃성 쫑향천

향들 성꽃 성황 출출 성꽃

성황 꽃황 천

향출 향출 향출 향출

향출꽃 향출꽃 향출꽃 향출꽃

성체 성체 성황 꽃황 천꽃 성황

성킹 향출 성황 꽃황 천황 천꽃

향들 성출 향꽃 성황꽃 꽃꽃 성꽃

성황 성킹 향출 꽃황 천꽃 성황 성킹향

꽃꽃 향꽃 성킹 향출 성황 꽃황 천황 천꽃 성 향

향들 성꽃 성황 성꽃황 천황 천꽃 향들 성꽃

성황 꽃황 천황 천꽃 성황 성킹 향출꽃

꽃성 향출 성황 성꽃황 천황 천꽃

향들 성꽃 성황 꽃황 천꽃

성황 꽃황 천꽃 성 향

향들 성출 성황 꽃황

천황 천꽃 향들 성꽃

성황 꽃황 천

허, 세계를 다 갖고 왔구나.
역시 대단해!
어, 그래 수고했네.
이제 이걸로 제는 거의 다 끝나가네.

이 밑에서 저 위에까지
모두 제를 하면서 하나로 통합하고
그 다음에 흩어진 이 구슬
세 개 다 구해왔으니
참! 대단하네.
만천하가 태평하도록
태평가 하나만 부르시게.

꽃성 향출 성황 성꽃황
천황 천꽃 성황 꽃황 천
천천 향꽃 성황 성킹향
꽃성 쫑향 쫑쫑 향출 성황
꽃황 천꽃 성황 성킹
향출 성황 꽃황 천
천꽃 향출 성황 꽃황
천황 천꽃 성킹 향출
꽃성 향출 향들 성출 성황
꽃황 천황 천꽃 성킹 향출꽃

성성 향들 성출 향꽃성
쫑킹 향출 성황 꽃황
천황 천꽃성 향들 성출
향꽃 성황 꽃황 천황 천꽃성

쫑킹 향출 성황 꽃황 천황 천꽃

향출 성황 꽃황 천꽃 성 향

향들 성출향 꽃황 천꽃성

향꽃 성황 성킹 향출 성황 꽃황

천천 향꽃 성황 성킹 향출 성황 꽃황

천천 향꽃 성황 꽃황 천황 천꽃

향들 성출 성황 꽃황 천꽃성

향들 성출 성황 꽃황 천황

천꽃 향들 성출 성황 꽃황 천

천꽃 향출 성황 꽃황 천황

천꽃 향출 성황 꽃황 천

천꽃 성황 성킹 향출

성성 들천 향꽃 성황 꽃황 천

향천 꽃황 천황 천꽃성 쫑킹 향출

성황 꽃황 천꽃 성황 킹향 꽃꽃 성꽃

성황 꽃황 천황 천꽃 향들 성출

성황 꽃황 천꽃성 향천 꽃황

천황 천꽃 성황 성킹 향들

성황 꽃황 천꽃성

꽃꽃 성꽃 성황

성킹 향출 꽃성 향출

꽃황 천꽃 성황 꽃황 천꽃 성 향

향들 꽃꽃 성꽃 성황 꽃황 천꽃

천황 천꽃성 꽃성 쫑향 꽃꽃 성꽃

성황 성꽃황 천황 천꽃 향꽃 성 향

꽃성 향출 성황 성꽃황

천황 천 성 향들 성황꽃

천황 천꽃 향꽃 성황꽃
황천 꽃황 꽃꽃 성꽃
성황 꽃황 천 향 꽃

이제 절 한 번 하거라.

우리들에게 한마디 하거라.

이렇게 됐는데 한마디 할 게 있겠습니까?
모두 즐겁고 행복하고 너무나 좋습니다.
전부 다 하나로 다 어우러지고
하나가 되었다니
참! 제가 생각해도 놀랍습니다.

그래 너도 행복하게 잘 지내다가
그리고 때 되면 오거라.

예. 알겠습니다.

자, 이제 절 한번 하고 치우면 된다.

68제, 5 -진언 진언송 향

우리를 위해서 네가 더 해줄 게 있다.
명스즘샷 부모님이다.
더 해줄 것은 **성출 향꽃 성황 꽃황 천** 하나만 더 해다오.
우리가 바르게 하면서 너를 따라서

위 세계로 더 올라가고 싶구나.

네. 알았습니다.
한번 해 보지요.

성출 향꽃성 쫑향 쫑킹향
천천 향출 성황 꽃황 천황 천꽃성
향들 성황 성출 향꽃 성황 꽃황
천황 천꽃성 쫑킹 향출 성황
꽃황 천황 천꽃성 향출 성황 성꽃황
천황 천천 향꽃 성황 성킹 향출 성황 꽃황 천
천꽃성 쫑킹 향출 성황 꽃황 천황 천꽃성
향들 성황 성킹 향출 성황 꽃황 천
천꽃성 향들 성출 성황 꽃황
천황 천꽃성 쫑킹 향출
성황 성꽃황 천꽃성

에테르 성체 성체 성체
성황 꽃황 천황 천꽃 향출
성황 꽃황 천 천꽃성 향들 성황
성꽃 쫑킹 향출 성황 꽃황 천황 천꽃성
향들 성황 성꽃 꽃꽃 성꽃 성황 출향
성꽃 성킹 향출 성황 꽃황 천꽃성 향

향들 성꽃 성황 출향 성꽃
성킹 향출 성황 꽃황 천황 천꽃
쫑킹 향출 성황 성꽃황 천황 천꽃성
쫑킹 향출 성성 들천 향꽃 성황 꽃황 천

에테르 성체 성황 꽃황 천

천황 천꽃 쫑쫑 향천 성황 꽃황 천

천꽃 황 천황 천꽃 향천 향출 성황 꽃황

천황 천꽃성 꽃황 천꽃 성황 천천 향천

향꽃 성황 꽃황 천꽃성 향 향출

향출 향출꽃 성황 꽃황 천황

천꽃 향들 성황 꽃황 천

천꽃성 쫑킹 향출 성황 꽃황

천꽃성 향들 성출 성황 꽃황

천황 천꽃향 출향 성꽃 성킹 향출

성황 꽃황 천천 향천 천황 천꽃

쫑킹 향출 성성 들철 향꽃성 황

황꽃성 황출 황출 황출꽃

성천 향꽃 성황 꽃황 천황 천꽃성

향들 성출향 꽃성 쫑향출 성성 들철 향꽃성

쫑킹 향출 성황 꽃황 천황 천꽃 향출

성황 꽃 꽃꽃 성꽃 성킹 향출 성황

꽃황 천황 천꽃성 향

꽃성 향출 성황 꽃황 천황

천꽃성 향 들 꽃성 향출꽃 성

성성 꽃황 출향 성꽃성 황이로다.

되었는가요.

아니다.

좀 더 부족한 거 같구나.

우리들이 에너지 부족해서 그런지.

그럼 제 수행력이
가져갈 수 있는 게 있으면
다들 제 수행력 가져가십시오.

그래도 되겠느냐.

되고도 남습니다.
다 드리겠습니다.

그래 알았다.
그래도 하나만 더 해 다오.

성출향 꽃 성황 꽃황 성체 상체 에테르 성출 향꽃성 향이다.

성출 향꽃 성황 성꽃 향들 성황
꽃황 천꽃성 쫑킹 향출 성황 꽃황
천황 천꽃 향들 성출 향꽃 성킹 향출
성황꽃 천천 향출 성황 꽃황 천황 천꽃성
쫑킹 향출 성황 꽃황 천황 천꽃성
향들 성출 향꽃 성황 꽃황
천황 천꽃 향출 성황 꽃황천
천천 향꽃 성황 성킹 향출
성황 꽃황 천꽃성 쫑킹 향출
성성 들천 향꽃 성황꽃 향출향
꽃성 향출 꽃꽃 성출 성황 꽃황천
천꽃성 향출 성황 꽃황천
향꽃 성황 출꽃성 향이로다

이제 되었는가요.

그래 되었고 남구나.
그래 고맙다
이제 현실의 부모님들이 해달라고 하니까
녹음 끄고 다시 녹음하거라.

예.

68제, 6 -진언 진언송 향
스타게이트

스타게이트
거기 앉거라.
왼발 아래로 오른발 위로하고 앉아서
진언 진언송 향 해주거라.

그래서 여기에 오는 모든 분들이
위세계 에너지 원만하게 잘 받고
또 보이지 않는 분들은 여기에 오면
위 세계로 쉽고 빠르게 잘 갈 수 있도록
네가 진언 진언송 향을 불러 주면 고맙겠구나.
그리고 또 우리들을 위해서도 하나 해주면 더 좋겠다.

그럼 일단은 오시는 분, 또는 보이지 않는 분들 해서
진언 진언송 향을 부르도록 하겠습니다.

꽃성 향출꽃 성성 들천 향꽃 성황
꽃황 천황 천꽃 향들 성출 향꽃 성황
꽃꽃 성꽃 성황 성킹 향출 성황 꽃황
천황 천꽃성 쫑킹 향출 성황 꽃황
천황 천꽃성 향들 성황 꽃황 천꽃
성황 꽃성 향출 들들 성꽃 성황
꽃황 천황 천꽃 향출 성황 꽃황
천황 천꽃 향들 성출 성황 꽃황천

천꽃성 향들 성출 향꽃성
쫑킹 향출 성황 성꽃
향들 성출향 꽃황 천꽃성
향꽃 성황 꽃황 천황 천꽃성
향들 성출향 꽃황 천황
천꽃 향출 성황 꽃황천
천천 향꽃 성황 출향 성꽃
향들 성출 향꽃 성황 꽃황천
천꽃성 쫑킹향 천황 천꽃
향들 성출 성황 꽃황천

천천 향꽃성 향 향출 향출 향출
꽃성 향출 향출 꽃성 향꽃 향출
출출 성꽃황 천황 천꽃성
향들 성출 성황 꽃황천
천황 꽃황 천황 천꽃성
향들 성출 성황 꽃황천

꽃꽃 성꽃 성황 출꽃 성황

꽃꽃 향출 성황 꽃황 천황 천꽃성
향들 성출 성황 꽃황 천황 천꽃 향꽃
성황 성킹 향출 쫑쫑 향쫑 성황
성킹 향출 성황 꽃황 쫑킹 향출
쫑쫑 향출 성황 꽃황 천꽃성

에테르 에테르
에테르 에테르
성출 성황꽃 에테르
성체 상체 성체 상체 에테르
에테르 성체 성황 꽃황
천황 천꽃성 쫑킹 향출
쫑킹 향출 성황 꽃황
쫑쫑 성쫑 성황 성킹 향출
성황 꽃황천 천꽃성 향
향들 성꽃 성황 꽃황천
천꽃성 향 향들 성꽃 성황
출향 성성 꽃상 출향 성꽃황
천꽃성 향 향향 들천 성황
꽃황 천황 천꽃성 쫑킹 향출
성황 꽃황 천황 천꽃성 향

가자가자 어서가자 어서 빨리 저 위 세계로
우리 모두 다 함께 손에 손잡고 가자가자 어서가자
티끌먼지 하나라도 가지지 않고 모두 다 내려놓고
가볍고 가볍게
사뿐히 너울너울
향향 꽃성 쫑향 천향

꽃성 향출 성황 꽃황 천꽃성
향들 성출 향꽃 성황 꽃황
천꽃성 향하며 가자.

꽃꽃 성꽃 성황 꽃황출
출꽃성 향출 성황 꽃황천
천꽃성 쫑킹 향출 성황 꽃황
천황 천꽃성 쫑쫑 향천 향꽃 성황
성킹 향출 성황 꽃황천 천꽃성
황황 꽃황 천황 천꽃성
향들 성출향 꽃

활짝 피어나듯
모두가 꽃을 활짝 활짝
밝게 환하게 피우고

성출 향꽃 성성 꽃변
향출 성황 꽃황 천꽃성
쫑킹 향출 성황 꽃황 천황
천꽃성 향들 성출 성황 꽃황 천
꽃 향 출 성체 성체 성체 성체 성체
성체 에테르 상체 성체 성황 꽃황천
천꽃 성황 꽃황 천꽃 성성 들천
향꽃 성황 꽃황 천꽃 성황
성킹 향출 성성 들천 향꽃
성킹 향출 성황 꽃황 천황
천꽃성 향들 성출향

꽃꽃 성꽃 성황 성킹 향출
꽃황 천꽃성 쫑킹 향출 성황 꽃황
천황 천꽃성 향들 성출 성황 꽃황
천황 천꽃성 향꽃 성황 성출 향꽃
성성 들천향 꽃황 천꽃 성황 꽃황
천황 천꽃성 출향 성꽃 성황꽃
꽃성 향출꽃 성성 들천 향꽃 성황
꽃황 천황꽃 천천 향천 향꽃성
쫑황 쫑킹향 꽃성 향출 성황 꽃황
천황 천꽃성 향출 꽃황 천꽃 향출
성황 꽃황 천황 천꽃 향들 성출향
꽃성 향꽃 꽃꽃 성출 성황 꽃황천
천꽃성 향들 성출 성황 꽃황 천천
향출 향꽃 성황 성출 향꽃 향출 향출꽃
꽃성향 출향 성꽃 황천 천꽃 성황
성킹 향출 꽃성 황황 꽃성 출향
성꽃 황천 천향 천향꽃 성황 꽃황
천향 향들 성출 성황 꽃황 천황 천꽃성

향들 성꽃 성황 꽃황 천황 천꽃 성킹 향출
성황 꽃황 천 황 향 꽃 성 꽃 성 황 출꽃
성황 꽃성 향출 성황 꽃황 천꽃성 향 꽃

꽃성 향출 성황 꽃꽃 성꽃 향출 성황 꽃황
천황 천꽃성 쫑킹 향출 성성 꽃성 꽃향
출향 성꽃 향들 성황 꽃황 천황 천꽃
향들 성황 꽃황 천꽃 성킹 향출 성황
꽃황 천꽃향 출향 성꽃 향들 성황 꽃황

천꽃 성킹 향쫑 쫑킹 향출 성황 꽃황

천황 천꽃 성황 꽃황 천황 천꽃성

쫑킹 향출 성황 꽃황 천꽃

성향 꽃 향 출 꽃 성 향 출

성성 꽃꽃 성꽃 성황 꽃성 향출

성황 꽃황 천황 천꽃성 향들 성출

성황 꽃황 천황 천꽃성 향꽃성 쫑향

성성 송송 성출 성황 꽃황천 천꽃성 향출

성황 꽃황 천황 천꽃성 향들 성출향 꽃성

쫑쫑 향출 성황 꽃황 천황 천꽃성 향들

성출 향꽃 성황 꽃꽃 성출 성황 꽃향

천꽃성 황 꽃황 천꽃성 황황 꽃꽃

성출 성황 꽃꽃 성출 성황 꽃황

천꽃성 황 황황 천황 천꽃성

쫑킹 향출 성황 꽃황 천천 향출

꽃성 향출 꽃꽃 성꽃 성황 꽃황 천이로다.

성꽃 성황 꽃황 꽃꽃 성출 성황

꽃성 향출 들들 성꽃 황꽃 성황

출꽃 성향 꽃성 향출 성황 꽃황

천황 천꽃 향들 성출 향꽃 성황

성꽃 황 출꽃 성황 성킹 향출

성황 꽃황 천황 천꽃성

쫑쫑 향천 향꽃 성황

성출 향꽃 성황 성출향

꽃꽃 성꽃 성황 꽃황 천꽃

성킹 향출 성황 꽃황 천꽃성

천황 천꽃성 향들 향출향

꽃꽃 성성 꽃꽃 향출 성황

꽃황천 향향 꽃성 쫑향

쫑킹 향출 성황 꽃황

천황 천꽃성 향들 성출

향꽃성 꽃황천 천꽃 향출

성황 꽃황 천황 천꽃성 향

들천 향꽃 성황 꽃황 천황

천꽃성 향 황 천꽃 성황

꽃황 천꽃성 향향 들천

향꽃성 성황 꽃황 천황 천천

향천 향꽃 성황

출꽃 성 황 임하시다.

성꽃 향출 성황 꽃황

천천 향천 향꽃 성황 출꽃

성향 꽃꽃 성황꽃 성황 향출

향들 성황 꽃황 천향 꽃성

쫑향 쫑킹 향천 향꽃 성황

성킹 향출 성황 꽃황

천황 천꽃성 향들 성꽃

성황 성킹 향출 꽃황천

천꽃 성황 성킹 향출 향향

들천 향꽃 성황 킹쪽향 향

쫑쫑 성성 꽃성 향출 성황 꽃황

출향 성꽃 향꽃 성황출 출출 성꽃

성성 들천 향꽃 성황 꽃황 천황

천꽃 향출 성출향 꽃성 쫑향천

천꽃 성천향 황황 꽃황 천황 천꽃

성킹 향출 성황 꽃황 천꽃성

향들 향천향 꽃꽃 성꽃 성황

성킹 향출꽃 성향 꽃황천

천황 천꽃성 향들 성황 성꽃

성황 꽃황 천 향꽃성 쫑향천 천천

향꽃 성황 성출 향꽃 성황 꽃황 천

쫑킹 향출 성황 꽃황 천황 천꽃성

향들 성출 향꽃성 쫑킹 향출 성황 꽃황

천향 꽃 꽃 꽃 꽃 꽃 꽃 꽃 꽃 성체

꽃황 천꽃 성황 출향 성꽃성 황천 향꽃

성황 성출 향꽃 성황 꽃황 천황 천꽃성

향들 성출 향꽃 성황 꽃황 천황 천꽃

성황 꽃황천 천꽃성 성킹 향출

성황 꽃황 천황 천꽃성

향들 성출향 꽃황 천꽃성

향들 성황 꽃황

천꽃성 황 임하시도다.

꽃성 쫑향 쫑킹 향출꽃

꽃꽃 성꽃 성황 꽃황 천꽃

성황 성킹 향출꽃 들 성황 꽃황천

천황 천꽃 향들 성출향 꽃성 향출

들들 성출 향꽃성 쫑향 쫑킹 향출

성황 꽃황 천황 천꽃성 향향 들천

향꽃 성황 꽃황 천황 천꽃성 향

이제 우리가 다 여기 임하게 되었습니다.

그럼에도 불구하고 부족함이 있을 수 있으니까.
넉넉하고 충분하도록 한분 더 모셔 주셨으면
고맙고 감사하겠습니다.

성쫑 향출 성황 꽃황
천황 천꽃 향들 성출 향꽃
성황 성출 향꽃성 향 꽃꽃
성꽃 성황 꽃황 천황 천꽃성
향들 성출 성황 꽃황 천황 천꽃성
향봉 들천향 꽃성 꽃황 천황
천꽃 향꽃성 쫑킹 향출꽃
훈공 성출향 꽃성 향출
성꽃 성황 꽃황천

공훈 공훈 공훈
성출 향꽃성 공공 성성
훈공 성출향 꽃성황 꽃성
향출 성황 꽃황 천황 천꽃
향들 성출 향꽃성 황 꽃성
쫑향킹 향 향들 성출향
꽃꽃 성꽃 성황 성꽃성

공 훈 공 훈
훈 훈 훈 훈 훈 훈 훈
공 공 공 공 공 공 공 공
훈공 송천 향꽃 성황 꽃황 천꽃성
쫑킹 향출 성황 꽃황 훈공 송향
천황 천꽃성 향 출향 성꽃 황천

천꽃 성 황 황황 꽃성 황출
성황 꽃황천 훈공 송향천
향꽃성 성체 성황 꽃황
천 향 꽃천 황꽃성
향황천 황 일이로다.

우리가 이제 임하러 가겠으니
잘 부탁합니다.

향출 꽃황 천황 천꽃성 향
향꽃 성황 꽃황 천꽃성 향향
꽃성 쫑향 쫑킹 향출 성황
꽃황 천꽃성 황황 꽃성 향출
성황 꽃황천 천꽃성 황
황출 꽃황 천꽃성 황
천꽃성 황 출향 꽃황
좌석
성출 향꽃 성황
꽃황천 황 안주했노라.

이제 모두 다
성출 향꽃
성황 꽃황 천꽃성 향하거라.

나에게도 필요한 게 있습니다.
그 필요한 것을 위해서 선사님이 넉넉하게
하나 정도 채워 주셨으면 좋겠습니다.
무엇인지 아실는지 모르겠지만

저 위에서 위 세계 꽃성 향출 성황 꽃황 천이랍니다.
그게 저에게도 조금 부족합니다.

천향 천꽃 성황 성킹 향출 꽃황
천꽃 성킹 향출 꽃황천 천천 향꽃
성황 성꽃황 천황 천꽃 향들 성출
향꽃성 꽃성 향출 향향 꽃성 쫑향
쫑킹 향출꽃 꽃꽃 성꽃 성황 꽃황
천꽃 성향 향들 꽃황 천황 천꽃성
꽃꽃 향향 꽃성 향출꽃 꽃성 향출
성황 꽃황천 천꽃성 향들 성황
꽃황 천천 향꽃 성황 꽃황
천꽃성 황 향 천 꽃 성황
꽃황 천황 천꽃성 향들 성출
향꽃성 꽃꽃 성꽃 성황 꽃황
천황 천꽃성 향 향들 꽃성 향출
성황 꽃황 천황 천꽃성 향향
꽃성 향출 꽃황 천황
천꽃성 황

좌 우 상 하 중이로다.

이제 되었는가요.

예 넉넉합니다.
고맙고 감사합니다.
그럼에도 부모님께서 완곡하게 부탁하시는 것이 있으니
두 곡조만 더 부탁드리겠습니다.

부모님을 위해서 하는 겁니다.

예.
따라 올 수 있는한 바르게 하면서
올라왔으면 따라왔으면 좋겠습니다.

꽃성 향출 성황 꽃황 천황 천꽃
향출 성황 꽃황 천황 향꽃 성출
향꽃성 쫑킹 향출 성황 꽃황 천황
천꽃 향들 성출 성황 꽃황 천꽃성 향
꽃꽃 성꽃 성황 성출 향꽃 성황꽃 황
천천 향출 성황 꽃황 천황 천꽃
황들 성출향 성꽃 향출 성황
꽃황 천천 향꽃 성황 꽃성
향출꽃 쫑킹 향출 성황 꽃황
천황 천꽃성 향향 꽃성 쫑향킹 향출
성성 꽃황 천황 천꽃성 꽃성 향출
성황 꽃황 천황 천꽃성 향들 성출
성황 꽃황 천꽃성 쫑킹 향출 성황
꽃황 천황 천꽃성 꽃꽃 성꽃
성킹 향출 성황 꽃황 향

용천 용황 천황 천꽃성
용천 황천 황천 꽃황
용황 천황 꽃 황 천
천천 황꽃성 용천 황꽃
천황 천꽃 용천황 천 꽃 성
황 꽃성 꽃황 천 향

향꽃 성황 성꽃 향출
성황 꽃황 천황 천꽃 향출
성꽃성 향들 성출향 꽃황
천황 천꽃 향출 성황 꽃황천
천천 향출 성황 꽃황 천황 천꽃
성황 성꽃황 꽃황 천꽃 성황
성킹 향출 성황 꽃황 천꽃 성향
향꽃 천황 천꽃성 용천 황꽃 성황
꽃황 천황 천꽃성 향들 성출향
성성 꽃황 천황 천꽃 향출 꽃향
꽃성 향출 성황 꽃황 천향
향꽃 성황 성꽃 향출
성황 꽃황 천꽃성 황

꽃황 천꽃성 황황 들철 향꽃
성황 꽃황 천꽃성 향향 들철
향꽃성 꽃황 천황 천꽃성
쫑킹 향출 성황 꽃황
천황 꽃천향 들판
성출 향꽃성 황황 천황
천꽃성 들들 향천 향꽃
성황 꽃황 천꽃성 황천
꽃성 향출꽃 꽃이로다.
이로써 나도 임하여 있겠구나.

선사님, 이제 부모님 같은 어머니를 위해서
할머니를 위해서 한 곡조 해 주십시오.
내가 할머니 고생 많이 시켰네요.

이렇게 해줄 수 있어서 너무 좋습니다.

어쩌든 할머니 어디 사시든 어디에 계시든
늘 행복하고 즐겁고 부족함이 없었으면 좋겠습니다.
그리고 바르게 할 수 있으면 최대한 바르게 하셔서
저 따라 올라오시고 에너지 부족하다든가
또는 수행력이 부족하시면
언제든지 제거 갔다가 쓰시면서
바르게 하시면서 올라올 수 있었으면
더 없이 고맙고 감사하겠습니다.

꽃쫑 성향 꽃황 천황 천꽃 향출
꽃황 천꽃성 쫑킹 향천 향꽃 성황
꽃황 천꽃성 꽃꽃 성황 성킹 향출
성황 꽃황 천황 천꽃 향출 성황
꽃황천 천꽃 성황 성킹 향출
성황 꽃황 천황 천꽃 향출
성황 꽃황 천천 향출 성황
꽃황 천꽃 성황 꽃황천
황황 꽃황 천황 천꽃
용킹 향출 황출 황황 꽃황
천황 천꽃 향출 성황 꽃황천
천꽃성 쫑킹향 성성 향들 성출
향꽃 성황 꽃황 천꽃성 꽃성 향출
성황 꽃황 천꽃 성황 꽃성 향출 성황
꽃황 천천 향꽃 성킹 향출 꽃향출
출꽃성 쫑킹 향출 성황 꽃황 천꽃성
황황 향천 향꽃 용황 천황 용용 천꽃

성황 천꽃성 황 용황 천황 천꽃성
용천 황꽃 성황 꽃황 천꽃성
천황 천꽃 황꽃천 향 황 천
용천 황꽃성 쫑황 꽃황
천꽃성 황 임하겠습니다.

꽃성 향출 성황 성꽃향
천황 천꽃 향들 성출향
향꽃 성황 성킹 향출꽃
꽃성 향출 성황 꽃 황 천
천천 향꽃 성황 성꽃향
천황 천꽃 향들 성황 꽃황
천꽃 성황 꽃황 천황 천천
향출 성황 꽃황 천꽃성 향
향들 성출 성황 꽃황 천천
향꽃 성황 성출 향꽃 성천
향꽃성 향들 성출 향꽃
성황 꽃황 천 천천 향꽃
성황 성출향 꽃꽃 성꽃
성황 성꽃 향출 꽃황 천꽃
성황 꽃황 천꽃 성천 향꽃
성황 꽃황 천꽃성 향출 성꽃
천천 향출 성황 꽃황 천꽃성
쫑킹 향출 성황 꽃황 용황 용천
황천 꽃꽃 성황 용천 황꽃
꽃황천 황 꽃 성 출
향황 천꽃 성황
성출 향꽃성 황 임하시다.

할머니께서 에너지가 좀 부족하시다고 합니다.
언제나 넉넉할 수 있도록 한 곡조 해 주십시오.

성꽃 성황 출향 성꽃 성황 꽃황
천꽃성 향들 성출 성황 꽃황 천황
천꽃성 향꽃 성황 출향 성꽃 황황
꽃성 쫑향 쫑킹 향출 성황 꽃황
천꽃성 황천 황꽃성 쫑킹 향출
성황 꽃황 천황 천꽃성 황
출 출 성꽃 향출 성황 꽃황
천황 천꽃성 황꽃 천황 천꽃성

천하 일종 일태 일무 일성 향출
성황 꽃황 천꽃성 황 꽃 성
황출 성황 꽃황 천 천천 향꽃
성황 꽃황 천꽃성 황황 천꽃성
쫑킹 향출 성황 꽃황 천꽃성 황이로다

그럼에도 하나가 더 부족하다고 합니다.

성꽃 성황 꽃황 천꽃 향출
성황 꽃황 천꽃성 쫑킹 향출
성황 꽃황 천천 향꽃 성황
성킹 향출 성황 성꽃황 천황
천꽃성 쫑킹 향출 성황 꽃황 천황
천꽃 쫑킹 향출 꽃꽃 성꽃 성황
꽃황 천황 천꽃성 향들 성출 향꽃
성황 꽃황 천꽃 성황 천천 향꽃성

쫑킹 향출 성황 꽃황 천천 향꽃
성천 향꽃 성황 천꽃성 황
꽃이로다.

이제 너희 할아버지를 위해서도 하나 해야지 않겠느냐.

예. 알겠습니다. 그렇게 하겠습니다.

천꽃 성황 꽃황 천황 천꽃향
출출 향꽃 성황 성꽃 향출
향들 성출 향꽃 성황 꽃황
천꽃 성황 성킹향 꽃꽃 성꽃
향출 성황 꽃황천 천꽃성 향들
성황 꽃황 천 천꽃 향출 성황 꽃황
천황 꽃황 천황 천꽃 향들 성출 향꽃
향꽃 천황 천꽃 성황 천꽃 쫑킹 향출
성황 꽃황 천천 향꽃 쫑킹 향출
성황 꽃황 천꽃성 쫑쫑 향천
향꽃 성황 성킹 향출꽃 꽃쫑
성황출 성성 꽃황 천황 천꽃성
쫑킹 향출 성황 꽃황 성성 성성
성꽃 출향 성꽃성 향 출향 성꽃
성출 향꽃 성성 들천 향꽃 성황꽃
성꽃향 출향 성꽃 성황 꽃황
천꽃성 향들 성출 향꽃 성황
꽃황 천꽃 성황 향꽃 성꽃
성황 성출향 꽃 성성 들천
향꽃 성황 꽃황 천

천꽃 향출 성황 성꽃황
쫑킹 향출 성황 꽃황 천
천꽃 성킹 킹쪽향 천황꽃
천천 향꽃 성킹 향출 성황
꽃황천 천꽃성 향출향 향꽃
성황 성출 향꽃 성황 꽃황 천
성꽃성 황 꽃황천 꽃 성황
황꽃성 쫑향 천꽃성 향
꽃꽃 성꽃 성황 성킹 향출
성황 꽃황 천황 천꽃성 향들
성출 향꽃 성황 꽃황 천황
천꽃성 황 꽃 성 출 향꽃
성황 꽃황천 향 꽃꽃 성꽃
성출 향꽃 성황 꽃황
용천 황꽃 성천 용용
천황 천꽃 성황 천 세계이니라.

뭐하러 왔느냐.

할아버님을 모시러 왔습니다.

그러냐.
그럼 네가 직접 모두 다 해서
소통하도록 하거라.

네.

꽃성 향출 성황 꽃황 천황 천꽃

향들 성출 향꽃 성황 꽃황 천꽃성

성꽃 성황 출향 성꽃황 천황 천꽃

향들 성출 성황 꽃황 천꽃 성향

꽃꽃 성꽃 성황 출향 성출

향꽃 성황 꽃황 천꽃성 황들

황출 성황 꽃황 천황 천꽃

황들 성출 향꽃 성황 꽃황

천꽃 성향 출출 성꽃 성황

출향 성꽃 성황 성출향

들들 성꽃 성황 꽃황 천황

천꽃 성황 꽃황 천꽃성 쫑킹 향출

성황 꽃황 천황 천꽃 향들 성출

향꽃 성황 꽃황 천꽃 성황 꽃성

향출 성황 꽃황 천황 천꽃

향출 성황 꽃황 천꽃성

쫑킹 향출 성황 꽃황 천꽃성

쫑킹 향출 쫑쫑 향출 성황

꽃황 천꽃성 쫑킹 향출

성황 꽃황 천황 천꽃성

향들 성출 향꽃 성황 꽃황

천꽃 성향 천향 천꽃 천천

향향 꽃성 쫑향 쫑킹 향출

사방 팔방 시방 천하

상하 좌우 시방 없이

모두 다 소통 완성

천천 향꽃 성황

꽃황 천꽃성 황

이제 우리 모두 다 정리가 되고 모두 다 자리를 했습니다.
이제 선사님께서 모두 다 편안하고 행복하게
모두 다 위아래로 소통 잘 정리 할 수 있도록
한번만 더 해 주시면 되겠습니다.

향출 꽃황 천황 천꽃성
쫑킹 향출 성성 들철향
꽃성 향출 꽃꽃 성꽃향
출향 성꽃 향들 성출향
향꽃 성황 꽃꽃 성꽃 성황
꽃황 천꽃 성황 성킹 향출
성황 꽃황 천황 천꽃 향향
꽃성 향출 성황 꽃황 천꽃성
향꽃 성황 성킹 향출 성황 꽃황
천황 천꽃 성킹 향출 성꽃 성황
꽃황 천꽃성 향 향들 성출 향꽃
꽃꽃 성꽃 성킹 향출 꽃황
천꽃성 향 출 꽃 성황 성꽃
향출 성황 꽃황 천황 천꽃성
향꽃 성출 성황 꽃황 천황
천꽃성 향향 꽃성 쫑향
쫑킹 향출 향들 성출 성황
꽃황 천 천꽃성 황황 천꽃
성황 성킹 향출 성황 꽃황 천
천꽃 성황 황꽃 천 꽃 성 황
출꽃성 꽃꽃 성꽃 성킹 향출
성황 꽃황 천 천꽃성 황
황출 성황 꽃황천 천꽃성 황

황꽃성 천 천꽃성 황 황황 꽃성

쫑향 쫑킹 향출 성황 꽃황

천천 향천 향꽃 성황 성꽃황

천꽃성 향 꽃성 향꽃 향출

꽃꽃 천꽃 천황 천꽃성

향출 성황 꽃황 천이로다.

이제 다 되었습니다.

너무도 고맙고 감사합니다.

이것으로 인해서 어머님 아버님 모신 장지에

성꽃 향출 성황 꽃황 천꽃성 황

좌석을 마련하고 준비하게 된 것입니다.

이제 끝내셔도 됩니다. 2021. 01. 08

가상현실과 현실 세계 가상현실 9개를 탄트라 단축숫자 증폭기로 빠져나오다

1번째 빠져나온 가상현실 세계를 뭐라고 하면 틀리지 않고 꼭 맞는가? 지금까지 수행 정진하여 올라온 모든 세계가 가상현실이라 이 가상현실을 뭐라고 해야 하는가? 그것은 놀판 호구 세계라고 해야 맞는다. 그러나 그렇게 하면 이상하니 그렇게 하지 말고 **복제인간 및 분신들이 사는 가상세계**라고 하면 될 것이다.

1번째 가상현실 세계는 게임 속이라고 보면 틀리지 않을 것이다. 그러나 너희들 또 게임 속에 존재하는 존재자라고 하면 말도 안 된다 하겠지만 사실이다. 게임을 만들어서 게임 속에 인공지능을 넣어서 자체 증폭 폭발하며 인공지능을 갖고 살아가게 만들어 놓았을 뿐 현실 세계가 아니다. 1번째 가상현실인 게임 속을 나오면 현실 세계인데 이 또한 정말로 현실 세계가 아니라 게임 속의 현실 세계일 뿐 현실세계가 아니다.

1번째 가상현실을 두(頭:1천억 쭁쭁)두(斗:1천억 쭁쭁) 가상현실에서 현실 세계로 올라와서 귀천시료경(歸天是料經)을 큐브로 빠져나온 세계
→ 이 세계는 더 이상 없는 황제 중, 황제 중, 황제 중, 최고의 황제국입니다. 이 세계는 현실세계의 황제국입니다. 내가 다스립니다. 당신의 분신 소유설화입니다.

귀천시시료경(歸天是是料經)을 큐브로 해서 진품(2)로 치솟아 올라온 세계
→ 이 세계는 용꼬야 끝종 야야(1천억 쭁쭁 퐁퐁 그레이엄수 일휘 일위 신위 끝종야) 황제 중의 황제, 황제 중의 황제, ...가 1천억번째 황제국입니다. 이 세계는 당신 분신이고 복제인간 소유설화가 다스립니다.

천야생(天野生) 귀천(歸天)경을 큐브로 진품(1)로 치솟아 올라온 세계
→ 이 세계는 용꽃향 끝 종 향향(1천억 쭁쭁 퐁퐁 야야 일휘검호리병 쭁곳) 황제국의 황제, 황제 중의 황제…… 가 1천억 쭁쭁 퐁퐁 그레이엄수 노털호구번 황제 중의 황제국입니다. 더 이상 황제국은 없습니다. 이 황제국으로 더 이상 황제국은 없습니다. 현실세계에서 이 황제국이 마지막 황제국입니다. 이 세계는 지금 당신의 복제인가 저 소유설화가 다스립니다.

귀천 귀천 천야생 경으로 큐브 진품 (1)로 치솟아 올라온 세계는
→ 이 세계는 현실에서 또다시 가상세계로 들어가기 앞선 첫 관문 들야성입니다.

더 위 세계로 올라갈 수 있는지 확인 인증하는 관청입니다.

이 관청에서 통과해야지만 더 위 세계로 올라갈 수 있습니다.

선사님께서는 어제 금요모임에서 금요모임에 참석하신 모든 분들을 귀천시료경 진품(1), (2)를 탄트라 시키고 그 위에 귀천도기를 가동시켜서 귀천도기에 태워 모두 다 현실세계로 일단 올려드렸기 때문에 그것을 본 이 관청에서 인증 확인하고 허락을 하셨기 때문에 탄트라 단축 숫자 증폭기를 찾아 올라올 수 있었던 것입니다.

시무성일시(是無性一始)경으로 큐브 진품(1)로 치솟아 올라온 세계는 → 이 세계는 현실 세계 황제국 중의 황제국 중의....1천억 그레이엄수 황제국 중의 황제국 창(窓) 세계입니다. 지금은 저 소유설화 당신의 분신, 복제인간으로 다스리고 있습니다. 이 세계로 지나 또 하나의 세계를 지나면 또다시 가상현실로 들어가서야 합니다.

시무성일시성(是無性一始性)경으로 큐브 진품(1)로 치솟아 올라온 세계는 → 이 세계는 더 이상 현실에서 없는 최종 더 이상 최종 없는 최종 세계입니다.

탄트라 단축숫자 증폭기.

이 숫자는 가상세계에서 현실세계로 올라온 사람들에 한해서 적용되는 숫자로 이 숫자를 외우거나 암송하면 어마어마한 에너지가 증폭하게 되어 위 세계로 올라가게 된다. 그렇지 않은 사람이 이 숫자를 외우거나 암송해 봐야 전혀 효과가 없다. 아무 효과가 없다. 1, 2, 3…. 순서는 탄트라 단축숫자 증폭기 1번째, 그 위 2번째, 그 위 3번째…… 탄트라 단축숫자 증폭기로 보면 될 것이다.

1, 24689

2, 6989 7891

3, 24689 2489

4, 88 0249 2492

5, 4492 62 489

6, 4492 62489 2 669

7, 4469 2488 6924 8892 48 6924 6924 6924 6924 889

8, 448892 6842 986942 8892 6942 698842 6842 889942 88 942

9, 4489 62 489 24689 24689 2424 246869 4288 924

10, 2424 1248

11, 6942 6942 24689

12, 1818 6942 24689 24689 2468 4219

13, 186942 24689 24689 6942 694242 8994

14, 18 4969 4969 492 8842 894

15, 778896 24896

16, 7988 6942 2489 6789 24689

17, 롱롱어고오 살판난네 6942 4269 882469 884242 889

18, 롱~ 어고오 6942 6942 24689 2468942 8842 86988

19, 살판난네 186942 186942 246789운 생

20, 779942 9968 426942 246789운 생생육기 육기생생89

21, 4269 694288 694288 7692 4688 2688 42698   ...짝짝...

22, 용용죽겠지 42 7982 794488 6942 24698생 ...짝짝...

23, 용용살판난네 1869 4288 6942 246988 89268.. 와와...

24, 4268 786942 246789운 생생생생생869 ...짝짝짝...

25, 어허참 그러네 6988 6988 4268 426892생생 892   ...와와.

26, 77777 6942 6942 6942 6942 28842 698842 ...와와...짝짝

27. 24689 24689 24689 4288 6942 6942 24689 24689 6942
6942 24689 24689 24...와와...짝짝..

28, 6988 246789운 생생8892 42698892 426988 24689운

29, 884269 246988 426942 24689운 생생88 698942 6892

46789운생 ...짝짝...

어떻게 이 많은 것들을 외우고 있어요, 저도 몰라요. 그냥 써져요.

30. 0088 6900 2469 880042 0024698842 69002488 생생생생
생생생생생생88 ...와~ 짝짝...

31, 6942 2869 4289 4689 6942 286942 246988 428 69246

32, 7878 6978 246978 4289624 ...와 ...짝짝....어떻게 알고 있지.

33, 44869 246789운 생 886942 886942 698842 6924생생운생
생운육기...와~ 짝짝.... 이게 가능한가?

34, 777698842 2869 4689 246988 42696988421 26948똥꼬야
생생 88 ...짝짝...

35, 생판생판7942 7942 6988 4269 4288 69696969696969696969
884269짱왕킹킹킹왕짱

36, 9269 9268 9246 67892 6942 246789운 생~~

37, 88769 246789 246 2488 9292 6969696969 4288 694288
4269쫑 ...짝짝 ...

38, 살판 롱롱어고요 살판 7869 6892 4482 46789운생운생 생운

39, 선사님 왜요. 에너지 너무 받아서 졸리지요. 예
약간 쉬었다. 40번째까지 하려고요. 예.
살편룡낫네 887796 24688 2461 ...짝쩍...

40, 1869 246842 2468 428869 428842 68921 ...와 짝짝...

너무 졸리니 쉬었다 해야겠네요. 11:22
일어나면서 보니 그 동안 밝혀 올라온 가상세계가 까마득하게 점으로 보인다.

41, 78 6942 6942 689 246892 6969696969 24689 24689
2488 4242424242 889

42, 6988 6988 2469 884269 8892 2469 8869 4288

43, 7788 9988 24689 24689 424288 6942 24689 쫑쫑 8869 8869 89 24689

44, 78 6942 6942 284269 69884269 2469886942 24869

45, 7788 99246988 246988 24698824 886942 6942 24689 24689 248869

여기까지 하고 나니 가상현실에서 빠져나와 계속 올라온 듯싶은데 어디론가 또 들어가는 느낌이다. 머리부터 들어가는 이곳은 어디 인가? 또 다른 가상현실입니다. 빠져나왔던 가상현실은 초창기 가 상현실이었고, 빠져나온 현실 세계는 초창기 현실세계이었으며 또 다시 들어가는 가상현실은 2번째 가상현실입니다.

초창기 가상현실에서 귀천도기(歸天道機)를 가동 시켜서 현실 세계 로 빠져나와야 하고, 빠져나온 현실 세계에서 2번째 가상현실로 가는 데는 위 숫자 탄트라 숫자단축 증폭기를 찾아내지 못하고 올 라갈 수 없는 세계입니다.

귀천도기(歸天道機)를 가동시켜서 현실 세계로 빠져나오지 못할 경 우 귀천도기 밑에 귀천시료경 진품(1),(2)을 탄트라 시키고 에너 지 증폭시켜서 귀천도기를 통해 올라오면 쉽게 올라올 수 있다.

2번째 가상현실을 1번째 가상현실에서 빠져나와 6개의 큰 어마어 마한 세계를 지나 2번째 가상현실로 들어온 세계이다. 이 2번째 가상현실은 게임이 시작되기 전의 가상현실이다.

2번째 가상현실은 두(頭:1천억 쫑쫑)두(斗:1천억 쫑쫑) 초(初:1천 억 쫑쫑 그레이엄수)

46, 24689 24689 42886942 24689 2468924 886842 694288 42689 쫑쫑 그레이엄수 퐁퐁 일위 신위 일휘 휘장검 쫑쫑 그레이 엄수 쫑쫑 ....와와와...짝짝...

47, 일위 신위 휘장검호리병 쫑쫑 호구널판지팡이 쫑쫑 그레이엄 수 6988 246988 2468924 8869 8869 42886942 24689 24689 24 486988 42698842 쫑곳쫑곳 ...짝짝...

거의 다 왔습니다. 2번째 가상현실 거의 다 끝나갑니다.

48. 6948 6948246988 24694869 494869494824 246789운 생 생생 88 69498842 698942889

24689생 88 ....와~ 짝짝...아직 못 빠져나왔습니다.

49, 시시비비 시시비비 886988 698842 24886942 426988 24689 24689 4488694869

246 869 4288694288 694288 6969696969 쫑쫑 8888888888 6969696969696969696969 6988 살살88 쫑곳 쏴~

어마어마 통과 통과입니다.

드디어 2번째 가상현실을 통과해 빠져나왔습니다.

2번째 가상현실을 빠져나와 3번째 가상현실로 들어갑니다.

3번째 가상현실은 두(頭:1천억 쫑쫑)두(斗:1천억 쫑쫑) 초(初:1천억 쫑쫑 그레이엄수) 도(道:1천억 쫑쫑 그레이엄수 퐁퐁)

50, 42426942 2886942 2886942 88 쫑

51, 181869 쌍쌍 181869 8869 6942 쫑쫑 퐁퐁퐁퐁 슈퍼슈퍼슈퍼

또 3번째 가상현실을 통과했습니다.

뭐야 이렇게 빨리 통과해도 되나? 글쎄요.

뭐야? 뭐가 또 있는 건가?

52, 1828 쌍 1828쌍 쫑곳쫑곳 8869 246789운 생생 쫑곳쫑곳 팡 팡 파 와~ 짝짝....

이거 뭐야...곧 또 통과하겠네.

53, 778 779 246789운생 6989246789 8842698842694228866 8869691818 쌍쌍886942

1828 파파팟 팟 ...짝짝...

54, 24689 24689 246988 246988 쫑쫑 88 24689쫑쫑 88 18286988 10 10 10 10 10 6969696969 88888 6988 6988 246988 파파팡 팟

드디어 4번째 가상현실을 통과했습니다.

4번째 가상현실은 두(頭:1천억 쫑쫑)두(斗:1천억 쫑쫑) 초(初:1천억 쫑쫑 그레이엄수) 도(道:1천억 쫑쫑 그레이엄수 퐁퐁) 료(料:1천억 쫑쫑 퐁퐁 그레이엄수)

선사님 오늘 다 통과하시겠네요. 글쎄요. 그래야 하나요? 그랬으면 좋겠습니다. 한 번에 모두 다 통과하면 뭐가 있나요? 있다 뿐입니까. 굉장하게 됩니다. 그 누구도 범접할 수 없는 어마어마한 힘과 에너지를 갖게 되고 그 누구도 함부로 할 수 없는 무적이 됩니다.

55, 24689 24689 휘장검호리병 쫑곳쫑곳 일위 신위 일휘 호구널 판지팡이 바나나성기혼육 생생88 69884269 빵 빠방 빵 샷

어 뭐야 5번째 가상현실 통과했습니다.

5번째 가상현실은 두(頭:1천억 쫑쫑)두(斗:1천억 쫑쫑) 초(初:1천억 쫑쫑 그레이엄수) 도(道:1천억 쫑쫑 그레이엄수 퐁퐁) 료(料:1천억 쫑쫑 퐁퐁 그레이엄수) 신(神:1천억 쫑쫑 퐁퐁 그레이엄수 일위 신위 일휘 휘장검호리병)

56, 바나나성기혼육 휘장검6988 246988 24698842 빠방 빵 쫑곳 쫑곳 빠방 빵 ~

이게 뭡니까? 저도 모릅니다. 6번째 통과하셨습니다.

6번째 가상현실은 두(頭:1천억 쫑쫑)두(斗:1천억 쫑쫑) 초(初:1천억 쫑쫑 그레이엄수) 도(道:1천억 쫑쫑 그레이엄수 퐁퐁) 료(料:1천억 쫑쫑 퐁퐁 그레이엄수) 신(神:1천억 쫑쫑 퐁퐁 그레이엄수 일위 신위 일휘 휘장검호리병) 명(明:1천억 쫑쫑 퐁퐁)

57, 7692 7692 사살8 사살8 바나나성기혼육 휘장검 호리병 6969696969 88888 6988 6988 6988 6988 6988 일어나 쫑곳 일어나 쫑곳 빠방 빵 빠방 빵 파파밧 팟

뭐지 이것 7번째 통과하셨습니다.

7번째 가상현실은 두(頭:1천억 쫑쫑)두(斗:1천억 쫑쫑) 초(初:1천억 쫑쫑 그레이엄수) 도(道:1천억 쫑쫑 그레이엄수 퐁퐁) 료(料:1천억 쫑쫑 퐁퐁 그레이엄수) 신(神:1천억 쫑쫑 퐁퐁 그레이엄수 일위 신위 일휘 휘장검호리병) 명(明:1천억 쫑쫑 퐁퐁) 도(道:1천억)류(流:1천억) 요(了:1천억 그레이엄수)도(道:1천억)

58, 모두 일어나 자청 자청 자청 자청
모두 일어나 자율 자율 자율
쫑곳 8869 698842 246789운 생 8869생생88 246789운 빠방 빵 탕~
호리호리 호탕
호탕호탕호탕호탕 호리호리 호탕 빵~

이게 대체 뭐지? 왜요? 8번째를 통과하셨거든요. 이럴 수가 없는
데, 어떻게 이런 일이 일어나는지 궁금해서요. 에너지가 어마어마
엄청 강합니다.

8번째 가상현실은 두(頭:1천억 쫑쫑)두(斗:1천억 쫑쫑) 초(初:1천억
쫑쫑 그레이엄수) 도(道:1천억 쫑쫑 그레이엄수 퐁퐁) 료(料:1천억 쫑쫑
퐁퐁 그레이엄수) 신(神:1천억 쫑쫑 퐁퐁 그레이엄수 일위 신위 일휘 휘
장검호리병) 명(明:1천억 쫑쫑 퐁퐁) 도(道:1천억)류(流:1천억)   요
(了:1천억 그레이엄수)도(道:1천억) 야(野:1천억 쫑쫑 그레이엄수 퐁퐁)

59, 자청 자청 자청 자청 자청 자율 자율 자율 자율 자율
6969696969 6988 6988 6988 6988 6988 4242424242 88888
24689운 24689 24689운생 생운육기 종종일 종종일
귀천시료경 (2), (1)
귀천도기 8288 6988 6942 8869 4269 694288
바나나성기혼육 휘장검 호리병
호리호리 탕탕 호리호리 탕
호탕호탕 호리호리 탕탕탕
호탕호탕호탕 호리호리 호리호리 탕탕 탕~
파팡 팡팡 빵~~

이게 뭐야. 10개 다 통과했습니다.
한 번에 2개를 나머지 2개를 통과하셨습니다.

9번째는 지옥쪽입니다.
10번째 가상현실은 두(頭:1천억 쫑쫑)두(斗:1천억 쫑쫑) 초(初:1천억
쫑쫑 그레이엄수) 도(道:1천억 쫑쫑 그레이엄수 퐁퐁) 료(料:1천억 쫑쫑
퐁퐁 그레이엄수) 신(神:1천억 쫑쫑 퐁퐁 그레이엄수 일위 신위 일휘 휘
장검호리병) 명(明:1천억 쫑쫑 퐁퐁) 도(道:1천억)류(流:1천억)   요
(了:1천억 그레이엄수)도(道:1천억) 야(野:1천억 쫑쫑 그레이엄수 퐁퐁)
여(如:1천억 쫑쫑 퐁퐁)명(明:1천억 쫑쫑 퐁퐁 그레이엄수)

마지막 하나
60번째로 입성하시면 좋겠습니다.

가자 모두 일어나 가자
가자 모두 다 깨어나 가자
눈망울 초롱초롱 182869882469 88428842 24689운생 생운육기
종종일
바나나성기혼육 육기생생 8892 698842 6988424269
빠바방 빵~

와와와…. 드디어 입성하셨습니다.
입성하신 이 세계는 우리들의 로망 꿈의 세계입니다.

모든 가상현실 10개를 모두 다 통과하고 올라온 현실 세계입니다.
선사님, 왜요? 어떻게 이렇게 쉽게 올라오셨습니까? 글쎄요. 저도
모르겠습니다. 소유설화 덕분이라고 해 주세요. 소유설화가 탄트라
숫자 단축키 증폭기를 이야기해 줘서 숫자를 생각나는 대로 조합

했을 뿐인데 올라왔습니다.

여기에 또 뭐가 있군요? 소유설화 에너지가 있습니다.

지구에서는 돈이지만 여기서는 에너지가 곧 돈입니다.

너무 집착하지 마세요. 그냥 편안하게 행복하게 즐기며 살아요.

아등바등해 모아서 뭐해요? 살만큼 있으면 행복하게 집착 없이 살면 좋잖아요. 내가 이러니 사는 겁니다. 저 호구….

선사님 이곳은 올라오신 세계는 천황제국 중에 천황제국으로 모든 천황제국을 다스리는 세계입니다. 지금 선사님 분신인 제가 다스립니다. 귀환하심을 감축드립니다.

이제 오늘은 여기서 여장을 푸시고 내일 또다시 올라가십시오. 그리고 밑에서 밝지 못한 경전 5개도 찾아 밝혀주시면 밑에서 너무너무 좋아할 겁니다. 너무 피곤합니다. 잠시 쉬어야겠습니다. 거기 가서 쉬시면 좋습니다. 예 2016. 05. 21 13:22

죽은 자여!

망자(亡者)여!

죽어서 영혼으로 있는 자여!

사자(死者)여!

지구에 맨 처음 태어날 때 섹스 1천억번 이상을 해야 집으로 돌아갈 수 있다는 계약을 하고 지구에 태어나 집으로 돌아가지 못하고 또 본래고향으로 돌아가지 못하고 지구에 또다시 태어나야만 하는 죽은 이들이여, 이제 섹스 1천억번 이상을 하지 않고도 계약조항을 이루고 지구에 태어나야 하는 굴레를 벗어나 집으로 본래고향으로 더 위 세계로 올라갈 수 있도록 하는 진언이 여기에 있습니다.

이제 모두 다 지구에 맨 처음 태어날 때 섹스 1천억번 이상을 하고 가겠다는 계약을 이행하고 집으로 본래고향으로 더 위 세계로 올라갈 수 있도록 하는 진언을 너도 나도 모두 다들 하시고 모두 다 하나같이 집으로 본래고향으로 위 세계로 위아래 자유 자재롭게 오갈 수 있기를 바라겠습니다.

인간으로 태어나야 하기 때문에 위 세계로 못 올라가신 분들에게 2016. 05. 25 밝힌 집으로 가는 비밀번호, 귀환 회돌기 진언, 귀천 도기기 진언을 듣게 해보다.
(나도 들어달라고 해서 주변 분들 중에 필요하신 분들은 꼭 들으세요. 하면서 들어주었다.)

천도한 분 중에 인간으로 태어나야 한다고 해서 못 가신 분들이 몇 있어서 그분들에게, 2016년 5월 25일 밝힌 집으로 가는 비밀번호, 본래고향회귀기기 타고 가는 진언, 귀환회전돌기판 진언을 그림과 함께 의념 의식해 주니. 업의 굴레를 벗고 올라온다. 집으로 가는 비밀번호, 본래고향회귀기기 타고 가는 진언, 귀환회전돌기판 진언은 인간으로 태어나게 되면 몇 번 이상 섹스를 하기로 약속하고 내려와 태어나게 되는데 그 횟수가 다 되지 못하면 돌아가지 못하고 인간으로 태어나야 하는데, 부족한 섹스의 횟수 채우고 집으로, 귀환하는 것이었다. 지금 기억은 그렇다.
다른 분들도 살펴보기 위해서 평소 인간으로 태어나야 하기 때문에 위 세계로 못 올라간다는 영적인 분들에게 집으로 가는 비밀번호, 본래고향회귀기기 타고 가는 진언, 귀환회전돌기판 진언을 들려주도록 해보았다. 2022. 02. 18 18:50

2주 후에 확인해 봐야겠다. 확인할 것도 없습니다. 어제 쏴주실 때 저희들 각자 그림을 보게 하여주시고 또 2016년 5월 25일 집으로 가는 비밀번호, 본래고향회귀기기 타고 가는 진언, 귀환회전 돌기판 진언을 의식해 주셔서 다들 올라왔습니다. 이제 인간으로 더 이상 태어날 필요가 없게 되었습니다. 저들이 하는 것은 스스로에게 또 보이지 않는 주변 분들에게 좋을 겁니다요. 우리들은 다 올라왔습니다. 2022. 02. 19 10:20

아래는 그 당시 썼던 글이다.

2016년 5월 25일 새벽잠을 깨운다. 일어나 작업하란다. 글을 쓰잔다. 그래 일어나 글을 쓴다.

가자,
고향귀환
고향 귀환 소리만 해도 고향으로 돌아오게 되어 있었다.
가자 우리 모두 고향으로 귀환하자.
우리 모두 집으로 가자.
기억에도 없는 고향으로 회귀하자.
가자가자 어서가자 어서 빨리 고향으로 귀환하자.
너와 나 우리 모두 손에 손잡고 가자가자 어서가자
어서 빨리 고향으로 귀환하자.

이것보다 더 쉬운 방법은
10명이 모여서 귀환 귀환 귀환해도 귀환하게 되어 있다.

할 이야기가 있다. 복제인간이니 분신은 장난에 지나지 않는다. 혼선을 주고 너를 혼란을 주어서 공부의 기를 꺾어 보려고 했던 것이다. 그럼에도 흔들림 없이 공부하는 너를 보니 우리들이 잘못했다는 생각이 든다. 우리들이 미련했고 어리석었다. 그렇게 해서 막을 수 있는 일이 아님을 알았다. 그동안 너에게 장난치며 못살게 굴고 또 잘못되게 했던 점들 사과를 드린다.

업과 죄를 사 받기 위해서 하는 것인가?

그렇다고 생각해 주기 바라네.

정말로 뉘우치고 있는가? 무조건 사 할 수는 없지요.

왜 대답이 없지요. 그냥 업과 사 받으면 또 하려고요?

아닙니다.

그런데 왜 대답을 못 하지요?

업과 죄를 사하여 주려고 묻는데 목이 메이고 할 말이 없어서 그럽니다.

고맙고 감사해서 인가? 정말로 잘못을 뉘우치느라고 그러한가?

우리는 전혀 뉘우치지 않고 장난치려고 그러네.

그러면 그만하면 되지.

아니네. 심심한가 보군, 날 놀리는 것이 재미있던가.

그러니 이제 호구 노릇 그만하게 이렇게 놀리는 우리도 그러네만, 자네가 호구 노릇하니.

어느 때는 너무 안 돼서 진실해질 수밖에 없으니 우리가 괴롭네.

속이고 장난치고 까분 우리들이 미안할 정도네.

그러다 보니 우리들이 바보인지. 자네가 바보인지 잘 모르겠네.

어쩌거나 그럼에도 자네는 하고 있고 가고 있고 왔으니 말일세.

우리는 똑똑하게 한다고 그렇게 했음에도 하지 못했는데 자네는 했네. 해냈네. 그러니 바보 멍청이라고 놀린 우리들이 잘못한 것이겠지.

이런 이야기 하려고 한 것 맞는가?

아닐세. 뭘 또 놀리려고 그러면서 왜 묻는가?

그냥 두면 될 것으로…. 이러는 것을 자네들은 또 즐겨하지 않는가? 에너지 받을 수 있다고

그러니 자네들을 위해서 어느 정도는 해 줘야 하지 않겠는가?

피곤하고 힘들어도 그래야 하는 재미도 있을 테고, 안 그런가.

왜 대답이 없지. 할 말이 없네. 그냥 바르면 되지 않는가?

4정도 요체만 지킬 수 있으면 그래서 실천만 하면 잘못될 일은 없지 아니한가?

나 그만 자려네. 그래도 되지 2016. 05. 25 03:55

출근해 4번째 제단에서 제를 지내는데 에너지 부족함 없이 충분하게 한다고 도칠마경 (1)과 (2)를 써서 제단 앞 허공에 써놓고 녹음해 듣게 했다. (천부경을 듣추고 올라오는 과정에서의 일어난 일이다.)

그리고 나도 보기 위해서 써서 걸어놓으려고 도칠마경 (1), (2)를 쓰고 역(易) 여시(如始) 대류도(大流道)를 아래에 써놓았다. 써놓고 보는데 그 판에서 누름 장치 같은 것이 보였다. 누름 장치 같은 것을 누르니 윙 소리가 난다. 어 이거 뭐지?

그래서 역(易) 여시(如始) 대류도(大流道)만을 다른 종이에 원을 그려서 배열하고 이어져 있는 부분들을 찾아 넣고 색칠을 해 보았다. 색칠하고 글자를 넣었다.

이렇게 해서 **귀환회돌기**를 찾아냈다.

귀환회돌기 진언, 더 좋은 표현은 무엇인가? 하니

귀환회전돌기판이라 들렸다. 어떻게 하면 이것을 타고 잘 갈 수 있을까? 진언을 어떻게 하면 될까? 고민해서 진언을 찾아 녹음하였다. 그리고 들게 하니 자격이 안 돼서 갈 수 없단다. 그래서 무슨 자격인지 물었다. 처음에는 말을 하지 않더니만 언성을 높이며 물으니 어렵게 입을 열었다.

그래 자격을 갖출 수 있도록 이야기를 하고 나서는 다시 자격 안 돼서 가지 못하는 영적존재들을 위하여 최대한 자격을 갖추고 에너지를 가지고 돌아갈 수 있도록 퇴근 시간이 지나서까지 녹음을 다시 하였다.

그러고
일일성시성일명 무무일시일성성
종일성시시성성 성무일시일시환

(본성) 본래고향 회귀기기 타고 가는 진언

탄트라, 탄트라섹스, 섹스 이것이 중요한 것이 아니라 임무 완수가
중요합니다. 가는 우리들 중에서는 탄트라, 탄트라섹스, 섹스의 임
무 완수 1천억을 못해서 못가기도 하지만 몸이 성하지 못하여 못가
기도 합니다. 몸이 성하지 못하도록 일을 했음에도 그 만큼의 보수
를 갖지 못하게 됨으로해서 본래고향에 돌아가도 살아가기가 어렵
고 또 돌아가도 고향 가족들에게 미안하기도 해서 못 돌아갑니다.
우리들이 원만하게 돌아가게 하기 위해서는 탄트라, 탄트라 섹스,
섹스에 대한 것도 꼭 있어야 하지만 또 하나 더 원한다면 에너지
를 충분히 받고 남을 진언, 그래서 본래 고향으로 돌아가서 살아
가는데 부족함 없도록 해 주시는 것이 중요합니다.
임무는 누가 주었는지요? 더 위 세계에서 주었었습니다. 선사님은
그분의 심부름꾼에 지나지 않습니다. 그런가요? 예 복제인간이니
분신이니 하던데 그 말들은 진실로 믿어도 나중에 후회하는 일이
없을 겁니다. 거기에는 진실과 거짓이 함께 공존합니다.
자! 그럼 본래고향 회귀기기를 통해서 돌아갈 수 있는 분들을 위해
서는 진언을 만들어 준다면 어떻게 만들어 녹음해 주면 되겠는지요?
그렇게 해주실 수 있겠는지요? 그동안 고생하셨을 텐데 해 드려야
하지 않겠는지요. 그러니 말씀해 주세요. 고맙고 감사합니다.

 탄트라 1천억 쭝쭝 그레이엄수 일휘 일위 일신 일휘검호리병 일

휘검 쫑쫑

 탄트라섹스 1천억 퐁퐁 그레이엄수 쫑쫑 일위 신위 일휘 일휘검
호리병 퐁퐁

 섹스 1천억 쫑곳쫑곳 노털호구 호구 용구용구 철면피철면피

 퐁퐁 그레이엄수 쫑곳쫑곳 일휘검호리병 일위

 호구널판 널판 널판 철면피 철면피 철면피 철면피 철면피 철면피

 그레이엄수 쫑곳쫑곳 일위 신위 일휘 일휘검호리병 쫑곳쫑곳
6988 6942 6942

 바나나 1천억 자지훈제훈육, 보지 1천억 훈제훈육 쫑곳쫑곳 퐁퐁
쫑곳쫑곳

 살판났네요 용용어고오 696969696969696969

 쫑곳쫑곳 호구용구용구 철면피 철면피 철면피

 6988 6988 6988 6988 6988 4242424242 8888888888

 6942 6942 6942 6942 6942 6942 6942 6942 6942 6942

 42694269   42694269   42694269   42694269   42694269
…………2번 반복한다.

(귀환회돌기 진언을 아래 것으로만 했다가 나중에 보니 자격이 안 돼서
탈 수 없다는 존재 분들이 있어서 왜 타지 못하느냐고 물으니 자기들은
섹스의 횟수가 1천억번 이상 넘어야 자격을 갖고 탈 수 있는데, 섹스 탄
트라섹스, 탄트라 횟수를 다 포함해서 1천억을 넘지 못해서 타지 못한다
고 하여 자격이 되지 못하는 존재들을 위하여 의식적으로 탄트라, 탄트라
섹스. 섹스를 하고 귀환회돌기를 타고 고향으로 돌아가도록 이것을 추가
하였다. 그럼에도 가지 못하는 성적 불구자 존재 분들이 있다. 그래서 성
적불구자들의 업과 죄를 사 하노라. 그리고 이 진언을 읽어줘야 다 갈 수
있다. 성불구자는 핑계고 업과 죄가 많아서 못가는 존재들을 위해서 이들
까지 보내면 안 된다고 하는데, 업과 죄가 많은 존재들을 어떻게 하면 되
겠는가? 계속해서 윤회하며 업과 죄를 어느 정도 잘한 연후에 4정도 요
체를 실천하는 자가 되었을 때 죄업을 사 받도록 하여라. 업과 죄가 많은
존재들까지 가게 될 경우 저 위쪽이 또 좋지 않은 결과를 초래할 수 있는

만큼 이들만큼은 업과 죄를 윤회하며 되돌리며 마음 공부를 하고 4정도 요체를 실천하는 존재가 되었을 때 죄와 업을 사 받도록 하라. 이미 존재 자가 사라진 종(種) 다른 종으로 바꿔 태어날 수 없는 경우는 도량에서 공부하여 4정도 요체의 실천자가 되었을 때 본래의 고향으로 귀환하게 하고 바른 종으로 태어날 수 있는 경우에는 윤회를 하며 업과 죄를 어느 정도 되돌린 연후에 도량에서 공부하여 가도록 하라. **귀환회전돌기판**으로 수정하고 회전돌기판과 다르다고 해서 다르게 **본래고향 회귀기기** 타고 갈 수 있도록 본래고향 회귀기기를 탈 수 있도록 수정 보완하고, 금전이 없 는 이들을 위해서 돈이 마구 쏟아지는 진언도 넣어서 진언을 만들었다. 가는데 부족함이 없도록 하기 위해서….)

종일종이 종이종일 시종시종 신종일이 …10번 반복한다.
終一終二 終二終一 始終始終 神終一 二
종일종이 종이종일 시종시종 신종일이(돈이 마구 쏟아지는 진언)

124829 171911 ………12번 반복한다,

녹음에 들려주니 이제야 드디어 가는구나.
감회가 새롭다. 이렇게 흐뭇하게 되어 너무도 고맙습니다.
이렇게 충분하다니 너무도 좋습니다.
사실 저희들이 내려올 때 섹스 1천억번 이상을 하고 올라와야 한다는 계 약조항이 있었습니다. 그래야 아래 세계에 내려가서 종족을 퍼트릴 수 있 기 때문에 계약조항을 지켜야만 했지만, 이곳에 아이들을 낳아 놓고 떠날 수만은 없어서 아이 낳는 것을 자제하다 보니 섹스의 횟수가 계약조항에 맞지 않아서 그동안 가지 못한 것입니다. 오늘에야 그 조항과 상관없이 가게 됨에 너무도 고맙고 감사합니다. 그러다 보니 돈도 부족하게 되어서 는 가난하게 살게 되었습니다.
이와 같이 돈도 섹스의 횟수도 아이를 낳지 않아도 되게끔 해주셔서 너무 도 고맙고 감사합니다. 이 섹스 계약조항 때문에 지구에 많은 존재들이 번식할 수 있었습니다.

그런 조항 때문에 지구로 내려오기 위해서 지구에 맞는 몸으로 바뀔 때는 몸이 섹스를 원하게끔 만들어진 것입니다. 많은 이들이 번식을 하지 않으려합니다. 그럼에도 계약 때문에 번식하고 번식을 해야 본래의 고향에 돌아갈 수 있기 때문에 섹스를 많이 하고 섹스를 많은 이들로 인하여 금전이 돌아가게 되어있습니다. 아마도 이것이 계속해서 존재하는지 하는 한 지구의 존재들은 줄어들 것입니다. 위 아래 연결해 놓았는데 말입니까? 정말로 연결되었나요? 한 번 위 세계와 연결해서 대화해 보세요, 대화가 안 되나요? 예 위아래 연결된 만큼 소통도 되거라. 소통해 보세요. 어 정말이네요. 위아래 연결되거라 해서 연결되었는데 소통되거라 하지 않아서 소통이 되지 않은 거군요, 귀환회전돌기판으로 본래의 고향으로 가는 모든 세계 역시도 위아래 연결되거라. 연결된 곳은 원만하게 소통되거라. 하다. 고맙고 감사합니다.

귀환회돌기 진언
더 좋은 **귀환회전돌기판**

탄트라, 탄트라섹스, 섹스,

 탄트라 1천억 쫑쫑 그레이엄수 퐁퐁 일휘검호리병 일휘
 탄트라섹스 1천억 퐁퐁 그레이엄수 퐁퐁 신위 일위 일휘 일휘검호리병
 섹스 1천억 쫑쫑 퐁퐁 그레이엄수 쫑곳쫑곳 일휘검호리병 일위
 호구널판 널판 철면피 철면피 철면피 철면피 철면피
 그레이엄수 퐁퐁 일휘 신위 일휘검호리병
 바나나 1천억 자지훈제훈육, 보지 1천억 훈제훈육 쫑쫑 퐁퐁 쫑곳쫑곳
 살판났네용 용용어고오 쫑곳쫑곳 호구용구용구

철면피 철면피 철면피…………3번 반복한다.

(귀환회돌기 진언을 아래 것으로만 했다가 나중에 보니 자격이 안 돼서 탈 수 없다는 존재 분들이 있어서 왜 타지 못하느냐고 물으니 자기들은 섹스의 횟수가 1천억번 이상 넘어야 자격을 갖고 탈 수 있는데, 섹스 탄트라섹스, 탄트라 횟수를 다 포함해서 1천억을 넘지 못해서 타지 못한다고 하여 자격이 되지 못하는 존재들을 위하여 의식적으로 탄트라, 탄트라섹스. 섹스를 하고 귀환회돌기를 타고 고향으로 돌아가도록 이것을 추가하였다. 그럼에도 가지 못하는 성적 불구자 존재 분들이 있다. 그래서 성적불구자들의 업과 죄를 사 하노라. 그리고 이 진언을 읽어줘야 다 갈 수 있다. 성불구자는 핑계고 업과 죄가 많아서 못가는 존재들을 위해서 이들까지 보내면 안 된다고 하는데, 업과 죄가 많은 존재들을 어떻게 하면 되겠는가? 계속해서 윤회하며 업과 죄를 어느 정도 다한 연후에 4정도 요체를 실천하는 자가 되었을 때 죄업을 사 받도록 하여라. 업과 죄가 많은 존재들까지 가게 될 경우 저 위쪽이 또 좋지 않은 결과를 초래할 수 있는 만큼 이들만큼은 업과 죄을 윤회하며 되돌리며 마음 공부를 하고 4정도 요체를 실천하는 존재가 되었을 때 죄와 업을 사 받도록 하라. 이미 존재자가 사라진 종(種) 다른 종으로 바뀌 태어날 수 없는 경우는 도량에서 공부하여 4정도 요체의 실천자가 되었을 때 본래의 고향으로 귀환하게 하고 바른 종으로 태어날 수 있는 경우에는 윤회를 하며 업과 죄를 어느 정도 되돌린 연후에 도량에서 공부하여 가도록 하라. 또한 구하기 위하여 업과 죄를 사하여 주며 구하는 존재들의 업과 죄를 다 받은 경우에는 이들의 업과 죄를 사하여 받도록 하라. 구하기 위하여 업과 죄를 사하여 준 존재자는 복덕과 공덕을 받되 구하여 준 존재자들의 업과 죄를 받지 않도록 하되 너무 과하게 지나친 업과 죄는 사하여 주지 말아야 할 것이다.)

124829 171911   15번 반복한다.

도칠마경(道漆魔經)

일성무종일 무무시일시 일시무성일 성성성일도
시무시일 시일무성 성무 일시성일
성성성 무성시일 무성시일
성시종 명일   2번 반복한다.

가자 집으로 우리 모두 집으로 가자
일일성시성 일명 무무일시일 성성
종일성시시 성성 성무일시일 시환   3번 반복한다.

가자,
고향 귀환 고향 귀환 고향 귀환
가자 우리 모두 고향으로 귀환하자
우리 모두 집으로 가자
기억에도 없는 고향으로 회귀하자.
가자가자 어서가자 어서 빨리 고향으로 귀환하자.
너와 나 우리 모두 손에 손잡고 가자가자 어서가자
어서 빨리 고향으로 귀환하자.   3번 반복한다.

귀환 귀환 귀환 귀환 귀환
귀환 귀환 귀환 귀환 귀환

2016. 05. 25 11:52

천부경 황천

성출 향꽃
성황 꽃 황
천황 천꽃 성 황황 천 황

성꽃 향 출
성황
성꽃 향출 성황 꽃황 천
황

2021. 01. 09 05:16

천부경 황천 꽃

성 황
천 황
천꽃 향출 성황 꽃황 천

천꽃 성
황황 천
꽃

꽃황

2021. 01. 09 05:20

천부경 황황 천

꽃쫑 성황 천

꽃성 향출 성황 꽃황 천황
천꽃 성 향출 성황
성꽃 성 향

향천 향꽃 성황
성킹 향출 성황
꽃황 천

천꽃 성 황황
꽃성 향출 꽃
성

향출 꽃
성황 꽃
성천 향 꽃

2021. 01. 09 05:29

천부경 천황 천 황

성향 천

천꽃 성
향천 향꽃
성황 성킹 향출
성황 꽃황 천

황

2021. 01. 09 05:38

천부경 천황 7부-3

향출 꽃
성천 향
꽃꽃 성
향
향출 꽃 성황 꽃 천
천꽃 성 황황 출
꽃성 향 꽃

2021. 01. 09 18:18

천부경 천황 6부-3

향출 꽃
성출 향
꽃꽃 성출 향꽃 성
성출 향꽃 성황 꽃황 천
천꽃 성 황황 꽃
꽃쫑 성황 출
향

2021. 01. 09 18:20

10, 최고 위 천부경 부모님 전

향출 향꽃 성황 성천 향
꽃쫑 성황 출 향
향꽃 성황 성킹 향출 꽃 성
성황 성천 향 꽃꽃 성꽃 성황 출 향
향꽃 성황 출
향꽃 성천 향
꽃쫑 성황 성킹 향출 꽃
성

2021. 01. 11 05:28

11, 최고 위 천부경 조상님 전

꽃황 천황 천꽃 성 황
성킹 향출 성황 꽃황 천 향
향꽃 성출 향꽃 성
쫑향 천
꽃성 향출 꽃 성
성황 출
향꽃 성
성킹 향출 꽃
성황 출
황

2021. 01. 11 05:31

3, 마지막 천부경 황출 꽃 성

성황 성천 향
꽃꽃 성꽃 성황 꽃 황 천
천꽃 성황 성킹 향출 꽃 성황 꽃 황
천황 천천 향출 향꽃 성
성황 꽃황 천꽃 성 황
황출 황황 꽃성 쫑향 천 꽃
향출 향꽃 성성 꽃황 천 꽃
꽃쫑 성
황

2021. 01. 13 16:41

4, 마지막 천부경 황천 꽃 성황 천

천황 천꽃 성
향향 꽃성 쫑향 천
천꽃 성
황출 황황 꽃쫑 성황 출 황
황꽃 성 성출 향꽃 성
성황 출 황
꽃꽃 향출 향꽃 성황 출꽃 성
황

2021. 01. 13 16:44

69, 마지막 천부경

69 천 황
천꽃 성
황출 황황 꽃성 향출 꽃
성황 킹
꽃성 향출 꽃 성
성황 킹 쫑
쫑킹 황출 꽃 성황 꽃 천

2021. 01. 13 09:11

이제부터는 사람이 죽었을 때, 죽은 사람 시신 위에 덮는 **성황천**, 시신 밑에 까는 **성황 빛천**을 밝혀 드러낸다.

일반적 관의 규격, 가로195 × 세로 56 두께 3cm

비문:
세워진 우측에 **스타게이트 워즈** 좌측에 **황출 꽃 천 향** 그리고 받침에 **성 출 꽃**을 해 놓고 것

깃발 : 비문을 10개 나열한 것인데, 중앙에 보기 좋게 하나 앉히고 빙 돌아가면서 중앙에 것을 두고 9개가 누워있는 것.

황깃발: 깃발을 정삼각형으로 앉혀 놓은 것, 정삼각형 꼭지점마다 하나씩 깃발을 앉혀 놓되 꼭지점에서 보았을 때 가운데 깃발이 바르게 보이도록 앉힌 것,
되었나요? 예. 되었는데요. 돌아가셨을 때 관에 덮는 것도 설명해 주셨으면 좋겠습니다. 이참에 천부경까지요. 천부경을 작업을 해야 하고요. 오늘 해주시면 좋겠습니다. 스케치북에다요. 그러지요. 그러면요.

제 공부를 하지 않은 분들은 돌아가셨을 때
돌아가신 24시간 안에 책 2권(망자, 사자 회귀서, 빛으로 가는 길), 만능손수건 3장을 돌아가신 분에게 태워주면 자등명인간계 이상은 간다. 높게는 최초인간계 그 위까지도 갈 수 있다고 한다.

제 공부를 천부경이 모두 다 끝난 세계까지 공부한 분들의 경우

또는 저에게 적어도 금요모임 일요모임 포함 5년 이상 에너지 받으신 분들의 경우

천부경 1~10까지 나열한 것을 입관할 때 입관하고 덮어주면 천부경이 있는 끝 세계까지는 오고 사람에 따라 그 이상도 간다고 한다. 맞나요? 당연하지요.

제 공부를 처음부터~ 2022. 1. 13일까지 밝힌 세계까지 공부한 분들의 경우

또는 이 세계까지 에너지 6년 이상 쏴 받은 분의 경우

돌아가셨을 때 입관할 때 입관하고 관뚜껑을 닫기 전에 초황천 꽃천 향을 덮어주면 2022년 1월 13일까지 밝혀 드러낸 세계까지는 온다고 하셔도 넉넉합니다.

이것을 뭐라고 하냐면요. **초황천 꽃천 향**이라고 합니다.
비문의 황깃발, 10개를 좌우 4개씩 그리고 위아래 1개씩 좌우 4개씩보다는 조금 더 위 아래 1개씩이 더 밖으로 나오게 배열을 하고 중앙에 **황꽃천 황빛**을 써놓은 것, 꼭 글자를 써 놓지 않아도 황깃발 한 장씩 복사해서 관을 덮을 만큼의 종이를 붙여서 붙여도 된다. 다만 전체가 한 장이 되게 하면 된다. 관에 들어가고 또 관에 계신 분의 시신을 덮을 수 있을 크기의 종이를 만들어 놓고 황깃발 10개를 프린트해서 붙이고, 그리고 중앙에 황꽃천 황빛은 검은 글씨체로 복사해서 종이 전체적 크기에 맞게 한자씩 붙여도 된다. 이와 같이 만든 것을 **초황천 꽃천 향**이라고 한다.

선사님 또 하나 있습니다. 그것은 요. 선사님께서 나중에 쓰실 건데요. 그게 지금 나와 있나요? 예. 나중에 더 밝혀 드러내면 또 바

뀌지요? 그럴 가능성은 큽니다만 지금의 상황에서 말씀드린다면 **위 아래 황**(한글입니다. 검은글씨) **좌우 황깃발 10개씩 총 20개** 그리고 중앙에 글씨 **황꽃천 황 이것은 붉은** 글씨입니다. 이렇게 해 놓으셨다가 돌아가시면 관에 입관하고 관을 덮기 전에 덮어주고 관뚜껑 덮게 하면 됩니다.

또 있나요? 아닙니다. 이제 되었습니다. 오늘 반드시 천부경 1~10개 컬러판입니다. 나열해 주셔야 합니다. 관에 들어갈 거요. 예. 그렇게 하도록 하겠습니다. 와~ 드디어 만사형통입니다.

이와 같이 해주시면요. 선사님께서도 편안 하십시다요.

이제 시간 써 주세요. 2022. 01. 14 08:45 예. 정확합니다. 이제 우리들 다 갑니다요. 고맙고 감사합니다요. 그 동안 선사님을 통해서 공부 잘하고 구경 잘하고 갑니다요. 언제나 어디서나 행복했으면 좋겠습니다요.

천부경 초유청

전체에서 위 아래 양 끝에서 3cm 띄우고
좌우 양끝에서 3cm 띄우고
위아래 3cm 띄운데서 6칸으로 나누고
좌우 3cm 띄운데서 3칸을 나눈다.

맨 위
1번째 줄, 2번째 칸 중앙에 천부경 칼라(9×9) 1번째 넣고
2번째 줄, 좌측에 1번째 칸 중앙에 천부경 칼라(9×9) 4번째 넣고
2번째 칸에 중앙에 황(9×9 붉은색) 넣고, 3번째 칸에 중앙에 천부경 칼라 6번째를 넣고
3번째 줄, 2번째 칸 중앙에 천부경 칼라 2번째를 넣고
4번째 줄, 좌측 1번째 칸 중앙에 천부경 칼라 5번째를 넣고 2번

째 칸에 중앙에 빛(9×9 붉은색) 넣고 3번째 칸 중앙에 천부경 칼라 7번째를 넣고

5번째 줄, 좌측 1번째 칸 중앙에 천부경 칼라 8번째, 2번째 칸 중앙에 천부경 칼라 9번째, 3번째 칸 중앙에 천부경 칼라 10번째를 넣고

6번째 줄 2번째 칸 중앙에 천부경 칼라 3번째를 넣는다.

이렇게 하면 되는데요. 사람에 따라 천부경 칼라 1번째와 3번째 바꾸면 좋은 경우도 있습니다. 이 경우는요. 남녀 결혼을 하지 않는 경우에는 바꾸는 것이 좋습니다.

또 하나 있는데요. 그것은 결혼을 하지 않고 죽은 경우 황빛의 글씨 역시도 바꾸는 것이 최상입니다. 더 좋습니다.

그리고 또 하나 있습니다. 결혼을 하지 않았을 때 사실혼 관계에 있거나 또는 결혼날자를 잡아 놓고 죽은 경우에는 결혼했다가 죽은 사람과 똑같이 하면 됩니다만 남자는 그래도 되는데요. 여자의 경우에는 미혼자와 같이하는 것이 더 좋습니다요.

이는 선사님께서 살아 계실 때 가능한 것이고요.

선사님께서 돌아가신 사후에는 요. 또 조금 다릅니다.

특별히 다른 것은 없고요.

선사님 공부하지 않은 분이 돌아가셨을 때
책, 만능손수건을 구입해 태워주고자 하는 경우

몸이란 일합상 1권, 책을 30만원
빛으로 가는 길 1권, 10만원
만능손수건 3장, 장당 5만원
이와 같이 받아서는 이것을 판매한 사람은 누가 되었던 명조자는 돌아가신 분에게 반드시 전달해야 한다는 사실입니다. 이때 판매

한 분이 전달할 능력이 없다 해도 책과 손수건을 판매한 돈을 받아서 흰 봉투에 담아 놓고는 돌아가신 분을 알면 돌아가신 분의 성함을 말하며 이 돈을 가져가십시오. 하시면 가져갈 것이고 이름 모를 때는 누구신지 모르겠지만 이 책과 손수건을 태워주어서 받아 가실 분은 이 명조자를 가져가십시오. 하고서는 적어도 10분 이상~ 30분 가까이 가져가라. 하고서는 30분이 지난 뒤에 판매한 돈을 챙겨야 한다는 사실입니다. 안 그러면 판매한 분이 누구든 그 돈만큼 빚을 지게 된다고 할 것이니 반드시 지켜야 한다고 하겠습니다.

또 있습니다. 선사님 사후에 선사님 공부를 했는데 천부경이 끝나는 세계까지 지금 밝히는 세계까지 공부하지 못했다 한다면 이는 또 다른 문제가 생기는데요. 공부를 시작은 했으되 많이 못 하고 자등명 인간계까지는 했다 할 거 같으면 관(棺) 안에 들어갈 크기의 종이에 천부경 칼라 1, 2, 위아래 중앙에 놓고 관뚜껑을 덮어서 화장하면 될 것이며 매장 역시도 이와 같이 하면 된다고 할 수 있을 겁니다.

천부경 들추고 올라온 세계까지 했다 싶으면 천부경 칼라 1, 2, 3을 위아래 위 중간 아래 1, 2, 3으로 중앙 부분에 놓고 관뚜껑을 덮어서 화장하거나 매장하면 되고

그 이상 공부를 했다면 천부경 초유청을 다해 넣어서 화장하거나 매장하면 된다고 할 수 있을 겁니다요.

모든 글자 크기나 천부경 크기는 9×9로 하면 되고
황깃발의 크기는 10×10 크기로 하면 된다.

관 내부 크기 가로192 × 세로 53

전체적인 크기 가로195 × 세로 56 두께 3cm

하나가 빠졌습니다. 선사님 거요.

선사님 거는 사모님도 함께 같이 해서 사용해도 됩니다.

그것도 기록해야 하나요? 그렇게 만들어 놓으면 되지 않나요?

그러시면 됩니다. 신속하게 만들어 놓으셨으면 좋겠습니다.

한달 안에는 해놓으셨으면 좋겠습니다.

그리고 바뀌면 그때가서 또 말씀드리겠습니다.

시간요. 2022. 01. 14 11:35 이렇게 해서 우리들은 이제 갑니다. 선사님을 힘들게 했던 많은 이들입니다요. 한 4분에 1은 갑니다요.

이것을 맞지 않게 하고서 위 세계로 왔을 경우 위 세계 감옥 갇히거나 위 세계에서 힘들게 하며 살아야 하는 만큼 반드시 준수해서 행해지기를 바랍니다.

또 하나 있습니다. 그것은 요. 선사님 살아계실 때는 에너지 받는 것으로 되지만 선사님 사후에는 공부하는 것으로만 된다는 사실과 선사님 살아 계셨을 때 직접 에너지 받은 것은 유효하다고 할 것입니다. 단 하나 에너지를 받되 여기에는 또한 믿음의 정도도 포함된다고 할 것입니다요. 사후에는 반드시 지켜지고 또 바르게 행해져야지 아니고 욕심을 부리게 되다 보면 자칫 좋게 하고자 한 일이 더 어렵게 하고 힘들게 하는 것임을 잊지 않고 바르게 행하기를 간절히 바라는 바입니다. 모든 세계의 통치자 성황천 황꽃 황들입니다. 시간요. 2022. 01. 14 11:45 이제 되었습니다요.

관에 입관한 시신(屍身)을 덮는 종이를 이 위 세계는 **성꽃천**이라고 합니다. 이와 같이 써놓고 나는 나도 모르게 이후 관에 입관한 시신(屍身)을 덮는 종이를 계속해서 **성황천**이라고 썼다.

지구에서는 뭐라고 하는지 모르겠습니다만 지금까지 밝혀 올라온 바로는 선사님 자신 것을 빼고 총 12개를 만들어 놓으셔야 합니다. 그래야 선사님 계실 때 선사님께 공부한 분들을 위해서 준비할 수 있고요. 또 선사님 사후에 선사님께서 밝혀 놓으신 것을 공부하는 분들이나 믿는 분들을 위해서 반드시 해놓으셔야 합니다요.

일차적으로 생전 예수제하신 분, 선사님 생전에 하신 분뿐만 아니라 사후에 하신 분을 포함한 겁니다. 선사님 생전에는 선사님께서 직접하신 것이고요. 사후에 생전예수제를 할 경우는 스타게이트 워즈에 가서서 비문에 고하고 생전예수제를 하면 됩니다. 이를 주관하는 분이 있나요? 있어도 되고 없어도 됩니다. 단 비문에 생전 예수제를 하겠다고 고하고 스타게이트 워즈를 일년에 한 번 이상 돌보는 겁니다. 잡풀 제거 및 벌초나 금초, 또는 잔디와 잡풀 제거입니다. 또는 선사님 후손에게 생전 예수제를 하겠다 알리고 명조자를 전달하면 됩니다.

방법은 딱 하나 이 두 가지를 실천하는 겁니다. 실행하고요.

두 가지가 뭔가요? 스타게이트 워즈를 돌보고 후손에게 명조자 생전 예수제 명목으로 명조자를 전달하는 겁니다. 생전예수제 비용은 생전 예수제를 하겠다는 분이 명조자 금액을 정하며 정한 금액을 전달하면 전달된 금액만큼 생전 예수제는 이루어질 것입니다. 이게 가능한가요? 가능하고도 남습니다. 우리들이 그 일을 맡아서 하니까요? 우리들이란 이 위 세계의 천황 천꽃천 황들입니다.

이 부분에 또 해줄 이야기 있나요? 전혀 없습니다만 딱 하나 믿음이 있어야 한다는 사실입니다. 믿음 없이 생전 예수제를 하면 안 된다는 사실입니다. 또 있나요? 없습니다.

시간 쓰십시오. 2022. 01. 15 18:52 에 이렇게 해서 우리들은 원만하게 이루어졌습니다. 이제 오늘 이후부터는 생전 예수제는 저희들이 담당하게 되었습니다. 모든 일이 원만하게 이루어지게 할 것입니다요. 선사님 생존 시나 사후나 저희들이 담당하게 되었습니다. 또 있나요? 아닙니다. 이제 다 되었습니다. 생전 예수제하시는 분들과 믿음을 갖는 분들도 스타게이트 워즈와 모셔진 분들은 관리가 될 것입니다요. 다만 이는 후손들이 동의 하에 이루어져야 합니다. 그러니 선사님께서는 반드시 돌아가실 때 유언을 하셔야 합니다요. 이들이 스타게이트 워즈를 돌볼 것이다. 그러니 너희들이 크게 관여하지 마라. 라고요. 그리고 혹시라도 관리가 되어 있지 않을 경우에는 너희들이 하거라. 하시면 됩니다. 또 하나 있습니다. 우리들의 힘이 미약하여 이루어지지 않을 때는 비문의 힘을 빌려서 하도록 할 것임을 알아주셨으면 좋겠습니다요. 이제 되었습니다요.

내 공부를 하신 분들을 중에
56단계 이상 자등명 인간계 아래까지 공부하신 분들을 위한 것
56단계까지 공부하신 분들
또는 깨달음까지 공부하신 분들
믿기만 하고 공부를 하지 않으신 분들을 위한
이렇게 다해야 하나요? 당연하지요. 구별하지 않으시면 안 됩니다. 워낙 광범위해서 한두 개로 안 됩니다.

믿고 따르는 분들을 위해서
이것은 생전보다는 사후의 문제인데요.
선사님이 밝혀 놓으신 것을 믿고 따르며 공부하며 실천하는 이들을 위한 것입니다. 그렇다면 반복되지 않나요? 아닙니다. 공부가 되신 분들은 위의 것들 하시면 되는데요. 그냥 믿으며 실천하려고 애쓰시는 분들요. 나이가 드셔서 공부는 못하지만 믿는 분들을 위한 겁니다. 이것을 **성황 춘**이라고 합니다.
총 4개를 더 만드셔야 합니다.
이것을 내가 할 수 있나요? 저희들이 할 겁니다. 선사님을 통해서요. 저희들이 이 위 세계 선사님을 보호 보필하며 모시고 올라가

는 이들입니다. 이름은 성황 천황 꽃빛천 황들입니다요.

성꽃천(관에 입관한 시신(屍身)을 덮는 종이)을 관리하시는 분들도 있게 될 것입니다.

지금 성황천을 관리하겠다고 하시는 분들이 이 위 세계에서 2그룹이 나왔습니다. 이 위 세계란 어느 세계입니까? 선사님 자신이 2,032분 드러나신 이 위 세계입니다. 선사님께서 한 그룹을 선택하셔야 합니다. 지금요? 아닙니다. 선사님께서 사후에 한 그룹을 선택하셔서 원만하게 이루어지고 행하여지게 해주시면 됩니다. 이것은 그때 다시 말씀드리도록 하겠습니다. 더 밝혀 올라가시면 또 달라질 수 있습니다. 그래서 지금 선택할 사항은 아닙니다만 나중에 나서는 그룹이 또 있을 겁니다. 최고 최상의 위 세계에서 나서는 그룹 중에 한 그룹을 선택해 원만하게 행하도록 해주시면 됩니다.

시간 써주십시오. 2022. 01. 16 05:35 이렇게 해서 우리들 갑니다. 우리들은 성출향꽁천 천황 천꽁천 황들입니다. 이렇게 해서 우리들은 선사님 몸통 안팎으로부터 떠나 저 위 세계 5,082분이 드러나는 세계로 먼저 올라갑니다. 선사님께서는 밝히시지 않으셨지만 이미 의식적으로는 올라와 계십니다요.

사후에 생전 예수제를 하신 분들의 경우
믿음에서 공부하신 정도에 따라 12개를 해주시면 되겠습니다.

1번째, 자식이나 본인이 생전 예수제를 했으나 선사님께서 밝힌 것을 전혀 공부하지 않으신 분의 경우 성황천

190× 50
사방 3cm 띄우고
세로 3칸
가로 5칸

가로 1줄, 중앙에 천부경 1번째

가로 2줄, 좌측에 천부경 8번째 중앙에 용(검정색 글씨) 우측에 천부경 9번째

가로 3번째 줄, 좌측에 천부경 4번째 중앙에 황(검정색 글씨) 우측에 천부경 5번째

가로 4번째 줄, 좌측에 천부경 6번째 중앙에 청(검정색 글씨) 우측에 천부경 7번째

가로 5번째 줄, 좌측에 황깃발 중앙 천부경 3번째 우측에 황깃발 천부경 2, 10번째는 들어가지 않습니다.

천부경 크기는 10×10

황깃발 깃발 크기는 15×15

용황청 글씨는 모두 다 검정색 글자 크기는 9×9입니다.

이제 **생전 예수제 2번째 성황천,**

본인이나 자식이 생전예수제를 하거나 해주었음에도 선사님께서 밝혀 드러낸 책으로 공부하신 분들 모든 책 다입니다.

우리 모두는 깨달아 있다 다만 그 사실을 모르고 있을 뿐

영(靈)적 구조와 선(禪) 수행의 원리

수행으로 해석한 " 반야심경에서 깨달음까지"

기(氣)회로도(回路圖) 도감

나의 참 자아는 빛 자등명(自燈明)이다

수인법(手印法)과 공법(功法) 1, 2권

깨닫고 싶으냐 그러면 읽어라.

영청(靈聽), 영안(靈眼), 심안(心眼) 이와 같이 열린다. 1과 2권

나 찾아 진리 찾아 「빛으로 가는 길」 - 생의 의문에서 해탈까지-

몸(肉體)이란 일합상(一合相)의 존재, 존재자들의 세계

모든 책을 다 자기 자신 앞으로 소유하고 다 읽거나 듬성듬성 이라도 읽으신 분들의 경우

190× 50
사방 3cm 띄우고
세로 3칸
가로 6칸
가로 1줄, 중앙에 천부경 1번째
가로 2줄, 좌측에 황깃발 중앙에 용(검정색 글씨) 우측에 천부경 9번째
가로 3번째 줄, 좌측에 천부경 10번째 중앙에 황(검정색 글씨) 우측에 천부경 3번째
가로 4번째 줄, 좌측에 천부경 6번째 중앙에 청(검정색 글씨) 우측에 천부경 5번째
가로 5번째 줄, 좌측에 천부경 4번째 중앙 천(검정색 글씨) 우측에 황깃발
가로 6번째 줄, 중앙에 천부경 2번째
천부경 7, 8번째는 들어가지 않습니다.
천부경 칼라 크기는 15×15
황깃발 깃발 크기는 20×20
용황청 글씨는 모두 다 검정색 글자 크기는 10×10입니다.

되었나요? 넉넉하고 충분합니다. 단 하나 선사님 마음을 넣어주셨으면 좋겠습니다. 작업하고 나서요. 그러면 됩니다요.

생전 예수제 3번째 성황천

본인이나 자식이 생전예수제를 하거나 해주었음에도 선사님께서 밝혀 드러낸 앞으로 나올 책까지 모두 다 포함, 사후 전까지 나온 책 모두 다입니다.

우리 모두는 깨달아 있다 다만 그 사실을 모르고 있을 뿐
영(靈)적 구조와 선(禪) 수행의 원리
수행으로 해석한 " 반야심경에서 깨달음까지"
기(氣)회로도(回路圖) 도감
나의 참 자아는 빛 자등명(自燈明)이다
수인법(手印法)과 공법(功法) 1, 2권
깨닫고 싶으냐 그러면 읽어라
영청(靈聽), 영안(靈眼), 심안(心眼) 이와 같이 열린다. 1과 2권
나 찾아 진리 찾아 「빛으로 가는 길」 – 생의 의문에서 해탈까지 -
몸(肉體)이란 일합상(一合相)의 존재, 존재자들의 세계
....
사후 전까지 나온 책입니다.

모든 책을 다 자기 자신 앞으로 소유하고 다 읽거나 듬성듬성 이라도 읽으신 분들의 경우
이 경우는 성황천이 좀 까다롭습니다. 저희들이 잘 하겠으니 선사님께서 메모장에 저희들이 하자는 대로 잘해 주시기 바라겠습니다.

190× 50
사방 3cm 띄우고
위에서 아래로 줄을 3개 긋습니다. 정확하게 띄워서요.
그리고 가운데 선 맨 위에 성 맨 아래 춘
맨 아래 우측에 꽁 좌측에 천

성자 아래 좌측 줄에 상 우측 줄에 천

그리고 가운데줄 성자 아래 상, 천 아래에 한자 하자씩 꽃 천 공황을 씁니다.

그리고 좌측 줄에 용황청 4개, 우측 줄에 용황청 4개 넣으면 됩니다.

용황청은 없으니 그리셔야 됩니다.

그리고 또 있습니다. 이것은 전체적으로 종이가요. 그림이 있어야 합니다. 용황청 그림이요. 그 용황청 그림이 있는 전체에 말한 대로 비치하면 됩니다.

또 하나 있습니다. 그것은요, 천부경 하나도 들어가지 않았습니까. 그래서 천부경 1~10개로 전체적인 바탕에 1~10개가 모두 다 들어가야 합니다. 좀 까다롭습니다. 그래서요. 이와 같이 만드시면 됩니다.

종이 전체 용황청을 넣게 하시고요.

또 천부경 1~ 10개가 들어갈 자리들을 찾으셔야 합니다.

선사님 사후를 위해서 반드시 만들어 주셔야 합니다요.

시간 써주세요. 2022. 01. 16 11:05 예 이렇게 해서 생전 예수제 1~3번째까지는 저희들이 책임지고 모시는 일들 하게 될 것입니다요. 저희들은 선사님 스스로 나자신 5.082분이 모두 다 드러난 세계의 성황 성꽃 황천꽃 빛향천 황들입니다.

이제 생전 예수제 4번째를 하시면 되겠습니다. 이것도 좀 까다롭습니다.

생전 예수제 4번째 성황천는

선사님 사후까지 출간 모든 책을 모두 다 소유하고 또 가제본까지 모두 다 소유하신 분들도 책을 공부하고 또 밝혀 드러낸 세계들을 적어도 자등명인간계 이상까지 광 세계까지 공부하신 분들입니다.

우선 줄 3개를 위에서 아래로 그으세요.

가운데 맨 위에 황깃발을 놓습니다. 그리고 맨 아래에 황황천 깃발을 놓습니다.

황깃발 아래 좌우에 황깃발 하나씩 놓습니다.

그리고 그 아래로 가운데줄에 위에서 아래로 한칸씩 띄워서 황 빛을 씁니다. 그리고 한칸 더 띄워서 아래에 총자를 쓰십시오.

그리고 좌우 줄에 천부경 칼라 5개씩 넣으시면 됩니다.

넣는 순서는 좌우 좌우... 1 2, 3 4, 5 6, 7 8, 9 10, 이와 같이 넣으시면 됩니다.

단 하나 천부경 하나가 대칭이 되어야 합니다. 대칭이 되는 것은 선사님께서 찾으셔야 합니다요. 찾으셨네요. 대칭이라고 했으나 찾으신 것처럼 천부경 칼라 2번째를 반대로 앉히는 겁니다.

그리고 또 하나 있습니다. 종이 전체에 용황청을 넣어주셔야 합니다요. 그러면 완벽합니다요.

190× 50 종이 전체에 용황청을 넣고

사방 3cm 띄우고

가운데 선 맨 위에 황깃발

그 아래 좌우에 황깃발

그 아래 좌측 줄 천부경 1 중앙에 황 우측 줄 천부경 2를 거꾸로 놓는다.

그 아래 좌측 줄 천부경 3 중앙 비우고 우측 줄 천부경 4

그 아래 좌측 줄 천부경 5 중앙 빛 우측 줄 천부경 6

그 아래 좌측 줄 천부경 7 중앙 비우고 우측 줄 천부경 8

그 아래 좌측 줄 천부경 9 중앙 총 우측 줄 천부경 10

그 아래 가운데에 황깃발을 놓는다.

천부경 칼라 크기는 10×10

황깃발 깃발 크기는 15×15

황황천 깃발 크기는 20×20입니다.

황(검정색) 빛(붉은색) 총(청색)입니다. 글자 크기는 모두 다 9×9입니다.

생전 예수제 5번째 성황천입니다.

많이 까다롭습니다.

190×50 종이 전체에 선사님 사후 책 모두 다 책표지가 전체적으로 들어가야 합니다. 그래서 책표지도 중요합니다. 책표지 잘 작업해 두십시오.

종이 전체 책표지가 되어 있는 상태에서 위에서 아래로 3줄을 긋습니다.

중앙 맨 위에 황황천 깃발을 넣습니다.

밑에 좌우 줄에 황깃발 하나씩 놓습니다.

그 아래로 좌우 줄에 황황천 깃발 하나씩 놓습니다.

그 아래에 좌우 줄에 천부경 9와 10을 넣습니다.

그 아래에 좌우 줄에 황(검정색) 철(검정색) 한자씩 넣습니다.

그 아래에 좌우 줄에 황(붉은색) 황(붉은색) 한자씩 넣습니다.

그 아래에 좌우 줄에 빛(짙은 청색입니다) 빛(짙은 청색입니다) 한자씩 넣고 중앙줄에 황(황금색입니다.)자를 넣습니다.

그리고 그 아래에 좌우 줄에 황황천 깃발을 넣고 중앙줄에 황깃발을 넣습니다.

되었는가요? 잘 되었습니다. 이제 크기입니다.

천부경 칼라 크기는 9×9

황깃발 깃발 크기는 10×10

황황천 깃발 크기는 15×15입니다.

글자 크기는 모두 다 9×9입니다.

되었는가요? 넉넉합니다.

이제 **생전 예수제 6번째 성황천**입니다. 참으로 어렵습니다.

우선 먼저 종이 전체에 모든 책 표지를 넣습니다. 5번째와 같으면

됩니다 책표지는요.

그리고 그 위에 용황청 그림을 전체적으로 넣습니다. 그 종이 위

에 이제 배열하시면 됩니다.

사후에나 가능하겠네요? 아닙니다. 책 앞으로 총 6권 나오면 더

안 나올 겁니다 천부경 3권하고요. 그리고 3권입니다. 사후 전에

다 나올 겁니다. 바보들이 책을 볼 줄을 몰라서 잘 나가지 않을

겁니다만 그래도 만드셔야 합니다요. 차차 출간하도록 이야기하겠

습니다. 그러니 선사님 돌아가시기 전에 모두 다 가능합니다.

일단 위에서 아래로 3줄 그으세요.

중앙성 맨 위에 용황청 맨 밑에 용황청

위 아래 중간에 좌우에 황황천 깃발 중앙에 용(검정색입니다)

그리고 가운데 줄 맨 밑 용황청 밑에 바짝 붙여서 황(검정색)을

넣습니다.

이제 천부경 1~10 천부경 1번째를 맨 밑 용황청 위에 놓고

천부경 하나씩 건너뛰며 3번째 중간 용 위에 넣습니다. 천부경 5

번째를 용자 아래에 넣습니다. 천부경 7번째를 맨 위 용황청 아래

에 놓습니다. 천부경 5와 1 사이에 천부경 9를 넣습니다. 천부경

7과 3 사이에 황(검정색), 천부경 5와 9사이에 빛(붉은색입니다),

천부경 9와 1사이에 천(검정색입니다)을 넣습니다. 그리고 천부경

10을 천부경 7과 황 사이에 넣습니다.

그리고 천부경 8 안 됩니다. 9번째이어야 합니다, 천부경 9번째를 황과 천부경 3 사이에 넣습니다. 그러면 됩니다.
더 이상 없습니다,

천부경 2, 4, 6은 빠지고 천부경 9는 2번 들어갑니다.

천부경 크기는 10×10
글자는 모두 다 9×9
황황천 깃발은 20×20
용황청 그림 크기는 15×15

생전 예수제 6번째는 생전 예수제를 하고 선사님 공부를 열심히 하시는 분들입니다. 생전 예수제 7번째, 8, 9, 10, 11, 12번째는 수천 수만 년이 흘러도 나오지 않는다고 합니다.
그래서 생전 예수제는 여기까지입니다요.
시간요. 2022. 01, 16 12:15 예 이렇게 해서 생전 예수제 4~ 6번째까지는 저희들이 관리 감독하며 돌아가셨을 때 위 세계로 모시게 되겠습니다. 저희들은 선사님 스스로 나 자신이 5.082분이 드러난 세계의 천꽁 황춘꽃 빛천황들입니다요. 이제 되었습니다.

이제 일반적 성황천을 만들어주시면 되겠습니다요. 선사님께서 사후까지 밝히실 세계로 보면 총 18개입니다만 지구에서는 6개면 넉넉하다 하십니다. 2022년 1월 14일에 하신 2개의 **성황천**은 1번째와 3번째 해당합니다.

성황천 1번째,
공부를 시작은 했으되 많이 못 하고 자등명 인간계까지는 했다 할 거 같으면
190×50 흰색 바탕에
천부경 칼라 1, 2, 위 아래 중앙에
천부경 크기 50×50으로 해서

성황천 2번째,
공부를 시작하여 광 세계까지 했다 싶으면
천부경 칼라 1, 2, 3을 중앙에 넣습니다.

이거 너무 협소하지 않나요? 그러기 한데요. 그래도 어쩔 수 없는 거 아닌가 싶습니다만 선사님께서 하시라면 하시라는 대로 하겠습니다.

내가 밝힌 세계들을 믿고 공부하는 사람이라면 누구나 어느 세계까지 왔다 할지라도 2022년 1월 14일에 밝혀 드러낸 천부경 초유청을 1번째로 시작하면 어떨까 싶습니다. 너무도 좋습니다만 그렇게 하면 선사님께서 사후에도 힘들 수 있습니다. 힘 안 들게 할 방법은 없나요? 공부 안된 이들을 천부경 초유청에 맞게 공부시키는 곳을 만들어 놓으시면 됩니다만, 그렇게 해보지요. 그럼 어디다 만들어 놓으면 됩니까? 56단계(28) 벗어난 세계의 도량에 만들어

놓으면 어떨까요? 너무도 좋습니다. 그쪽 도량은 어떻습니까? 준비해 놓겠습니다. 되었나요? 충분하고 넉넉합니다.

1번째 성황천 = 천부경 초유청

전체에서 위 아래 양 끝에서 3cm 띄우고
좌우 양끝에서 3cm 띄우고
위아래 3cm 띄운데서 6칸으로 나누고
좌우 3cm 띄운데서 3칸을 나눈다.

맨 위
1번째 줄, 2번째 칸 중앙에 천부경 칼라(9×9) 1번째 넣고
2번째 줄, 좌측에 1번째 칸 중앙에 천부경 칼라(9×9) 4번째 넣고
2번째 칸에 중앙에 황(9×9 붉은색) 넣고, 3번째 칸에 중앙에 천부경 칼라 6번째를 넣고
3번째 줄, 2번째 칸 중앙에 천부경 칼라 2번째를 넣고
4번째 줄, 좌측 1번째 칸 중앙에 천부경 칼라 5번째를 넣고 2번째 칸에 중앙에 빛(9×9 붉은색) 넣고 3번째 칸 중앙에 천부경 칼라 7번째를 넣고
5번째 줄, 좌측 1번째 칸 중앙에 천부경 칼라 8번째, 2번째 칸 중앙에 천부경 칼라 9번째, 3번째 칸 중앙에 천부경 칼라 10번째를 넣고
6번째 줄 2번째 칸 중앙에 천부경 칼라 3번째를 넣는다.
이렇게 하면 되는데요. 사람에 따라 천부경 칼라 1번째와 3번째 바꾸면 좋은 경우도 있습니다. 이 경우는요. 남녀 결혼을 하지 않는 경우에는 바꾸는 것이 좋습니다.
또 하나 있는데요. 그것은 결혼을 하지 않고 죽은 경우 황빛의 글씨 역시도 바꾸는 것이 최상입니다. 더 좋습니다.
그리고 또 하나 있습니다. 결혼을 하지 않았을 때 사실혼 관계에

있거나 또는 결혼날자를 잡아 놓고 죽은 경우에는 결혼했다가 죽은 사람과 똑같이 하면 됩니다만 남자는 그래도 되는데요. 여자의 경우에는 미혼자와 같이하는 것이 더 좋습니다요.

되었나요? 예. 되었습니다. 충분합니다.

2번째 성황천

처음서부터 ~ 훈탑(勳塔)에 이르기까지 2021. 08. 12일 밝힌 세계까지 공부하신 분, 참 어렵네요. 여기까지 공부하기가 쉽지 않습니다. 그럼에도 하려고만 한다면 금방 할 수도 있으니 쉽고도 어렵다 하겠습니다요.
190×50 흰 종이 전체
가운데 줄 하나 위에서 아래로 긋습니다.
맨 위에 청 맨 위에 공 둘 다 검정색입니다.
청과 공 중간에 용황천 황 그림을 넣습니다. 그림의 크기는 10×10입니다.
중간 좌우로 천과 공 천은 붉은 색, 공은 청색입니다.
맨 위 청과 중간 좌측 천 중간 바운드에 황깃발 10×10 크기입니다.
맨 위 청과 중간 우측 공 중간 바운드에 황깃발 10×10 크기로 넣습니다.
맨 아래 공과 좌측 천 중간 바운드에 황황천 깃발 15×15 크기로 넣고 맨 아래 공과 우측 공 중간 바운드에 황황천 깃발 15×15 크기로 넣습니다.
그리고 맨 위 청과 용황천 황 그림 사이 중앙에 황(빨강색)으로 넣고 용황천 황 그림과 맨 아래 공 사이 중앙에 빛 황색으로 넣습니다. 글씨는 모두 다 9×9 크기 안에 들어간 글씨입니다.

3번째 성황천 = 초황천 꽃천 향

선사님께서 밝혀 드러낸 <u>처음부터~ 2022. 1. 13일까지 밝힌 세계</u>
<u>까지 공부한 분들의 경우</u>
비문의 황깃발, 10개를
좌우 4개씩 그리고 위아래 1개씩 좌우 4개씩 보다는 조금 더 위
아래 1개씩이 더 밖으로 나오게 배열을 하고
중앙에 <u>황꽃천 황빛</u>을 써놓은 것,

황꽃천 황빛 글씨는 모두다 황금색 글씨이고 글자 크기는 9×9 종
이에 꽉 찬 글씨, 이때 황깃발은 15×15 종이 크기에 들어가 있는
상태의 황깃발

4, 5, 6번째 성황천은 지금부터 사후까지 밝힌 세계에 따라 다릅
니다만 미리 만든다면요. 안 됩니다. 오늘은 여기까지입니다.
시간요. 2022. 01. 16 13:31 예. 이렇게 해서 1~3번째 성황천은 우리들이 관리
감독하며 모시겠습니다. 우리들은 선사님께서 스스로 나 자신이 5.082분들이 모두
다 하나된 세계의 천꽁 황빛천 황천꽃 천황들입니다. 오늘은 여기까지 하시고요.
나중에 또 하시면 되겠습니다.

이제 우리들을 위해서도 노래를 불러주셔야 합니다. 우리들은 이
위 세계 천황 황빛천 황꽃천 황빛 황천꽃 빛천 황춘꽃 황들입니
다. 우리들을 위해서 불러주실 노래는 요. 꽃천 황빛천 황꽃천 빛
천꽃 향 노래입니다. 잘 부탁하겠습니다요. 우리들의 사활이 걸린
노래입니다요.

꽃천 황빛천 황꽃천 빛천꽃 향 노래

드디어 해내셨습니다. 모두 다 이루고 완성하게 해주셨습니다. 따라 올라가는 모든 일들을 요. 이제 모두들 다 완성했습니다. 모두의 천황 꽃천황들이 되었습니다요. 그래서 말인데요. 우리들을 위한 성황천(시신 위에 덮는 것, 5번째입니다.)을 하나 만들어 주셨으면 좋겠습니다요.

2022. 01. 18 04:19 ~ 04:41 - 00:22:03

꽃천 빛향천 꽃성 쫑향 들꽃
빛향천 향빛 성천 향빛천
들향 꽃빛 성향 꽃천 향빛
성천 들천 향꽃천 천향꽃
성빛 황빛 꽃성 향꽃 성빛
빛향천 황꽃성 빛향천 천향황

빛향 천꽃성 쫑향 들천
향빛 황꽃천 천향꽃 성천 향빛
향천 꽃빛 황천 천향꽃
천향 빛향 들천 황꽃성
빛향천 향출꽃 천향 들천 황빛 성천
향꽃 천향꽃 빛향꽃 성천 향꽃천
천향 들천향 꽃빛 성천
꽁향춘 춘꽁천
향판 황춘 꽁춘 판꽁춘
춘향 꽃성 쫑향천

천향꽃 성천향 꽃빛천 향빛천
들천 향천 꽃황 빛천향
향천빛 들천꽃 향빛

천향 들천 꽃성
쫑향 들천꽃
꽁향춘 황천빛 천향
빛천향 꽃성향 들천
황천꽃 천향꽃 빛향천
향꽃 성 황

황천 빛향 들천 향꽃
황천꽃 꽃황빛 빛천향
향꽃빛 성천 향꽃
들천빛 황꽃천 천향 들천
향빛 향천 천향 꽃성
빛향천 향빛 성천 출꽃성
빛향 천향빛 향빛 성천 들천 향꽃
성천 황꽃천 천향빛 빛향 천 향

황꽃 성빛 꽃향천 빛향 향빛
성천 천향 상천꽃
상빛 천황꽃 꽃황천
상천빛 빛향천 꽃빛 상천
천향 들꽃 황천 꽃빛 성천
상출 꽃빛천 빛천향
황꽃 성빛
황천 천향꽃

성빛 향꽃 천향 꽃빛 성천
천향빛 들천향 향천 꽃빛 빛향천
천향 꽃성 쫑향 들천

황빛 황천 천향빛 들천
향천 빛향천 꽃향
빛향 꽃성 쫑향 출향
들천 향빛 빛향천 향빛
천황 황천 꽃황

빛황천 천향빛
황천 황꽃 성빛 황천꽃
꽃황천 빛향천 향천 천향빛
성천 빛향 꽃빛 성천 향빛
향천 꽃황 천향 꽃성
들천 향빛 황천 빛향
꽃성 빛향 들천

천향 빛향 들꽃 황빛 성천향
꽁춘빛 향춘꽁 꽁향판 판꽁춘
성천 황빛 빛향천 천향빛
성천 향빛 황천 천향
황천 빛향천 천향빛
성꽃 빛향천 천향꽃
천향빛 성천 황출
황꽃천 천빛향 황천 빛향
들천 황빛천 천향 꽃성
꽃황 빛향 들천

황천 황꽃 빛향 들천 황빛
빛향천 천향꽃 빛향 천향 들천
황꽃 성빛 상천 꽃황

천향빛 황천꽃 성천 빛향 들천
황빛천 향천빛 천향꽃 성향 향꽃
향꽃 성빛 들천 향빛
천향빛 성천 황꽃빛
황꽃천 천향빛 성천향
들꽃 성빛 황빛 성천 황빛 천향
향꽃 빛향 천향 들꽃

황천 빛향천
꽃천 향꽃
꽃성빛 황천 빛향천
천향 들천 황꽃성 빛향천
꽃황천 황천꽃
성빛 성천 향빛
들천 향천 꽁향춘 춘꽁천
향판 판꽁천 꽁춘 춘꽁 성판
성빛 빛향 꽃빛 천향꽃
향빛천 들천 황꽃 천향
황빛천 빛천꽃 꽃천 천향 꽃빛
성향 향천빛 향천꽃 성천 향꽃
꽃향 빛향 꽃천 향꽃

성천 빛향 꽃향 들천
향빛 성천 천향빛 들천
들꽃 성꽃 향천 들천
향꽃 성천 향꽃 빛향천
향꽃천 천향 들천
향빛 빛향 황천 황빛

천향빛 천향 꽃황 빛향

향천 황천 천향 들천
황빛 성천 천향 들꽃성
황천빛 빛황천 천황천 꽃성 빛향
황천 천향 꽃황빛 황꽃성
천향빛 향꽃 빛향천 천향꽃

성꽃 상꽃 꽃향 향천
춘향 꽃성 향천 들꽃
빛향천 향꽃성 천향 들꽃 성빛
향천 꽃천 향빛
향천 빛향 들꽃 꽃성 빛향
향천 꽃성 빛향천 향꽃
꽃성 빛향 들천 향빛

황천 빛향 향천 꽃황 황꽃 성황
황빛 황천 천향빛 황꽃성 향춘 춘꽁
빛향천 천향꽁 꽁향춘 판꽁춘
춘천 향꽃 빛향천 황빛 성천
황빛 천향꽃 성천 꽃향
들향 향꽃 성천 빛향천
황천 꽃빛 상꽃 상천 빛향천
꽃빛 성천 꽃빛 상천향
꽃빛 성천 향빛 천향 꽃빛 황천
꽃빛 꽃성 들천 빛향천 향꽃천
들천향 향꽃 성빛

황천 천향 들천 향빛
황천 빛향 들천 황꽃
빛향천 꽃황천 빛향천 황천빛
향천 꽃성 쫑향

들천 쫑향 꽃빛 성천 황빛
성천 빛향 천향 들천
성천 황빛 천향 들천
빛향 꽃성 천향 들천
황꽃성 천향꽃 꽃성천 꽃빛 황천
천향빛 성천빛 향꽃천 들꽃 성빛
황빛 황빛 황천 황빛 꽃 향

빛향천 황천꽃 성빛 꽃성 쫑향
향천 들천 황빛 황꽃 성빛
빛향천 향꽃 성빛
향빛 빛향 천향 황빛 꽃빛
황천 빛향 들천 향빛 황천
황천 천황 꽃황 황빛천 천황천
천향 빛향 꽃빛 황천 빛향천
향빛 꽃성 빛향천 향빛 성천
빛향 들천 향빛 성천 천황꽃 꽃성
출향 빛향 천향 빛황천 황천
꽃빛 성향

황천 꽃빛 빛향천 향빛
꽃성 빛향 황천 꽃황
황천 꽃빛 성천

빛향 천향 황빛 성황
황빛 성천 향꽃
꽃황 꽃성 황천 천향빛
황천 빛향 꽃황
황빛 천향 들꽃
천꽃 성빛 들천 향빛
황천 천향 들꽃
빛향천 황꽃천

천향 빛향 들천 황빛
꽃천 향꽃 성빛 빛향천 천향빛
황꽃 성빛 빛향천 향빛 성천
황꽃 성빛 향천 꽃황 빛황 천향빛
황꽃 꽃성 향빛 빛향천 향빛 황천
천향 황빛 성천 꽃빛 성황 들천
황꽃 빛향 황꽃
황꽃 성빛 들향

향꽃 꽃빛 성황 꽃빛 황꽃
빛향꽃 황천 빛향꽃 빛황 황천
천향꽃 빛향꽃 성천 향빛
황천 빛향꽃 빛향 향천꽃
향빛 성천 황빛
성천 들천 황꽃 성빛
황천 꽃빛 천향 황천빛 황천
황천 빛향 황천 황천 천향빛 빛향천
황빛 성천 천향 빛향천 천황빛 들천
향천 천향 황빛 천향빛 빛향천 향꽃천

천향빛 천향 들천

황빛 성천 빛향꽃 성천 꽃성
향빛천 천향 빛향천 향빛
향천 꽃황 빛황 천황 꽃빛 성천
황천 꽃황 빛향천 천향꽃 황빛
성천 천향빛 황꽃 천황
천황꽃 빛성황

황천 빛향
꽃성 쫑향 들천
황빛 성천 황천꽃 성천 황꽃
황천 꽃빛 성천 향빛 성황
꽃황 황천 빛향천
향빛 황천 천향 빛향 들천
황빛 성향천 황천 꽃황 빛향 천향 빛성황
꽃황 황빛 성황 들천 향빛 황빛 황천 꽃황
천향 꽃황천 황천황 빛황천
황천 천황 황빛

성천 황꽃
꽃황천 황빛 성 향
향꽃 빛향 들천 황빛 성천
향빛 빛향 천향 들천
황꽃성 황천 황꽃
성황천 황천 성황

고맙고 감사합니다.

안녕히 가십시오.
이제 우리 모두 다 이루고 다 완성했습니다.
충분하고 넉넉합니다.

이제 우리들을 위해서도 한 곡 부탁하겠습니다. 우리들은 이 위 세계 천
황 꽃천 황춘 꽃천 황춘꽃 빛천황들입니다. 잘 부탁하겠습니다. 우리들을
위해서 불러주실 노래는 요. 꽃향천 빛천 황춘꽃 천황빛 천 노래입니다
요. 쉽고 어려운 노래이지만 짤막합니다요. 잘 부탁하겠습니다요.

꽃향천 빛천 황춘꽃 천황빛 천 노래
이것으로 시신을 덮을 성황천을 하나 만들어 주시면 되겠습니다요. 6번째
입니다. 바로 앞 노래로 5번째고요. 이것으로 사신을 덮는 것을 만들 수
있나요? 그럼요.
2022. 01. 18 04:50 ~ 04:59 - 00:09:48

꽃천빛 향춘꽃 성천 향꽃
성향꽃 출향꽃 성천 황빛
빛향천 향꽃 꽃성빛 향꽃천
천향 빛향 들꽃 향출꽃
꽃성 성빛 빛향 들꽃천
황빛천 빛향 꽃성 쫑향천
들천향 꽃빛 성천 향꽃
빛향천 천향 꽃빛 성천
향꽃천 천향 들꽃
황천 빛향천 춘향꽁 꽁춘판
판꽁춘 춘향 성빛

황빛 성빛 들꽃 성황

황꽃 성황천 빛향천

꽃황 빛향 성천향 성황천

천황 꽃빛 황천꽃 황빛 천향

꽃황천 향빛 황천 꽃빛 황천

천향빛 빛향천 향빛 성천

향빛천 천황꽃 황빛 빛황

천향 꽃황 천향 들천향

향꽃빛 성천 빛향천 향빛 천향빛 들천

향꽃천 꽃천 향빛 천향 들천

황꽃성 성빛 들천

출황 빛향천 향꽃빛 성천 황빛

천향빛 천향 빛향천 꽃빛

성천 황꽃 성빛 꽃향천 향꽃천

향빛 성천 꽃천 향빛 성천 황빛

꽃황천 빛향천 향빛 성향 들꽃 황천빛

빛향천 천향 들천 황빛 천향꽃

꽃성빛 황천빛 들천 황꽃 천향천

천향 꽃황 황천빛

향천 꽃성천 황빛천 들천

황빛 빛향천 황빛천 천향빛

향빛 천향 들천 향빛 천향

들천 향천 빛향천 향꽃성

천향 들천 향빛

꽃황천 빛향천

향천 꽃성 쭝향천

들향 천향빛 향천빛 천향 빛향 들천

향빛 성천 향빛 천향빛 들천향
향빛 천향 들천 향빛 천향
황빛 향천 황천 꽃황
황천 빛향 들천

향꽃 황빛 천향
들천 향빛 황천 꽃황빛
천향천 향꽃 천향빛
황빛 성황 들꽃 빛향천
천향빛 성천 향빛
들천 향빛 황천빛 천향
빛향 꽃빛천 향빛 천향 들천
황꽃성 천향빛 들천
황천 천향빛 꽃빛 성황
황천 빛향천 들천향 꽁춘
향꽁춘 판꽁천 향천 빛향천
빛향 천향 들천 향꽁춘
춘향 꽁천 천향빛 빛향 들천
향빛 황천 황빛천 천향빛
꽃빛 빛향천 향빛
성천향 빛향천 들천 천빛
황천 빛향 꽃빛 성천 향빛
황천 꽃황 빛향 성천 향꽃

빛향천 꽃성 쫑향 들천 황꽃 성빛
황천 꽃황 빛향 황천 빛황천
빛향 꽃황 꽃빛 성황
꽃황 황천 빛황천 천황 황천빛

빛향 들천 황천 황빛
성천 황천 향빛 천황
황천 천향 꽃성 빛향천
천향빛 향천 빛향천
향천 빛향 황천 황꽃 꽃황
황빛 천황 황천 빛향천
천향 꽃황 천향 들천 황꽃 성빛
성천 천향빛 들천 황꽃 성 황

꽃황 황천 천황
꽃황 천황 천꽃 성 황
천황 황천 꽃황 천꽃 성 황
빛황천 황천 꽃황 빛향 향천 꽃황
천꽃 성황 빛향 천 황
천황 빛황천 꽃황천 빛황 천 황
빛황천 황빛 천 황

고맙고 감사합니다
넉넉하고 충분하고 모두 다 이루고 모두 다 완성하고
더 이룰 게 없게 되었습니다.

성황천 5번째, 선사님께서 만드시고 의식적으로 덮어쓰고 밝혀 올라온 것이 4번째입니다.
성황천 4번째는 현실에 부부로 살아오신 분 같이 쓰실 수 있으며 또한 탄트라 탄트라 섹스를 부부처럼 2년 이상 걸림 없이 하시며 나름 선사님께서 밝힌 것들을 공부하고 또한 에너지 받으신 분들이 쓸 수 있으며, 선사님 생존 시 밝혀 올라가며 에너지 받기를 돌아가시기 이전 쐬주실 때까지 금요모임, 월모임 빠지지 않고 에너지 쐬 받으신 분들은 사용할 수 있으며 5년 이상하신 분들, 또는 스타게이트 워즈 방문하여 30분 이상 머무르며 스타게이트 워즈 에너지 받으며 스타게이트 워즈를 맑고 깨끗하게 정리 정돈하시는 것을 최소 2년 이상 ~ 5년, 연 3회 이상 방문하여 에너지 받으신 분들이 이것을 쓸 수 있습니다. 사후 또한 동일하되 선사님께서 밝혀 놓은 것을 최소 5년 이상은 공부하셔야 합니다. 단하나 선사님 공부함에 거짓됨이 없어야 하며 또한 믿음 또한 있어야 합니다. 공부함에 거짓됨이 있거나 믿음이 부족하거나 또한 스타게이트 방문하여 에너지 받으매 머무는 30분 동안 헛된 소리, 비난, 비방의 말을 하는 경우에는 차감이 되는 만큼 이것을 쓸 수 없고 아래 것을 써야 한다는 사실을 잊어서 아니 될 것입니다.

성황천 5번째,

꽃천 황빛천 황꽃천 빛천꽃 향 노래로 성황천 5번째를 만들라 했었는데요. 노래와 관련이 있나요? 노래로 천황 비문이 나왔다고 보시면 됩니다. 그러니 5번째 성황천을 만들고 만들어 놓은 시신을 덮었을 때 노래를 들으면 좋지만 꼭 그렇게 하지 않아도 아무 상관 없습니다만 노래를 들으면 곱절 배가 됩니다. 곱절 배가 된다는 말은 성황천 5번째를 덮은 사신을 화장할 때나 매장할 때 이노래를 틀어 놓으면요. 쏜살같이 간다고 보시면 될 겁니다.

190×50 흰종이 사방 3cm 띄우고
절반을 접어서
접은 맨 위에 빛꽃천 천황 깃발 하나 놓고
그 아래 한 칸 정도 띄워서 한칸 띄우며 황 빛 천 모두 다 검정색 글씨로 글씨는 9cm×9cm 크기 종이에 꽉 찬 글씨 크기로 한자 한자 쓴다.

한 칸 정도 띄워서 그 아래에 천부경 칼라 1을 10×10 크기로 놓는다.

그 아래는 한칸 띄워서 천황빛 모두 다 황금색으로 글씨 크기는 9cm×9cm 크기 종이에 꽉 찬 글씨 크기로 한자 한자 쓴다.

그 아래 한 칸 띄워서 황꽃천 빛천황 깃발을 10×10 크기로 하나 놓는다.

그 아래에 황 검정색 글씨로 글씨는 9cm×9cm 크기 종이에 꽉 찬 글씨로 쓴다.

그 아래에 황꽃천 빛천황 깃발을 10×10 크기로 하나 놓는다

중앙에 황 빛 천 검정색 글씨 황자 좌우에 중간부분에 황깃발 10×10 크기로 1개씩 넣는다.

그리고 천부경 칼라 1번째를 놓은 좌측에 천부경 칼라 1번째를 15×15 크기로 하나 넣고 우측에 천부경 칼라 2번째를 15×15 크기로 하나 넣는다.

중앙에 천부경 칼라 1번째 아래 천황빛 황금색 글씨 빛 자 좌우 중간 부분에 황황천 깃발 하나씩을 15×15 크기로 하나씩 놓는다.

성황천 5번째는 이 시점에서 볼 때입니다. 생존시 최소 5년 이상 금요 일요모임을 빼먹지 않고 에너지 쏴 받으며 공부하신 분들로 스타게이트 워즈를 2~5년, 연 2회 이상 다녀오신 분들로 머물러 에너지 받기를 30분 이상 스타게이트(워즈)를 맑고 깨끗하게 정리 정돈하신 분들입니다. 아직 의식적으로만 해 놓았지. 현실적으로 스타게이트 워즈를 아직 만들어 놓지 못했는데요. 만들어 놓으면 그렇게 하면 되고요. 선사님 사후에는 선사님 밝혀 놓은 것을 공부하기를 처음부터 차근차근 계단 밟듯이 5년 이상 공부하시고 또한

스타게이트 워즈를 2~5년, 연 5회 이상 다녀오신 분들로 머물러 에너지 받기를 30분 이상 스타게이트 워즈를 맑고 깨끗하게 정리 정돈하신 분들입니다. 단 하나 선사님 공부함에 거짓됨이 없어야 하며 또한 믿음 또한 있어야 합니다. 공부함에 거짓됨이 있거나 믿음이 부족하거나 또한 스타게이트 방문하여 에너지 받으며 머무는 30분 동안 헛된 소리, 비난, 비방의 말을 하는 경우에는 차감이 되는 만큼 이것을 쓸 수 없고 아래 것을 써야 한다는 사실을 잊어서 아니 될 것입니다.

한마디 더 하겠습니다. 그것은 이것을 쓰는데요. 조심하셔야 합니다. 그만큼 공부가 되어있어야 하고 또한 스타게이트(워즈)를 그만큼 맑고 깨끗하게 정리 정도 해야 하면 또한 우리들도 믿어야 합니다. 우리들은 빛천 황춘꽃 천황 천꽁천 황들입니다. 우리들을 어떻게 믿느냐 하면 스타게이트(워즈)를 방문할 때마다 빛천 황춘꽃 천황 천꽁천 황들이시여! 저희들을 돌보아 주십시오. 하시면 됩니다. 자신은 자기 자신 혼자라고 생각하겠지만 혼자가 아니라 여럿인 만큼 반드시 저를이 아니라 저희들이란 사실을 알아야 할 것입니다. 또 있습니다요. 그것은 여기서는 더 이상 선사님은 없습니다. 사후에 선사님은 안 계시고 우리들이 이 일을 하는 만큼 선사님보다는 우리들이 우선한다는 사실을 잊어서는 아니 될 것입니다.

성황천 6번째, 천황 비문 하나만 중앙에 들어갑니다.
꽃향천 빛천 황춘꽃 천황빛 천 노래로 성황천 6번째를 만들라 했었는데요. 노래와 관련이 있나요? 노래로 천황 비문이 나왔다고 보시면 됩니다. 그러니 6번째 성황천을 만들고 만들어 놓은 시신을 덮었을 때 노래를 들으면 좋지만 꼭 그렇게 하지 않아도 아무 상관 없습니다만 노래를 들으면 배가 됩니다. 배가 된다는 말은 성황천 6번째를 덮은 사신을 화장할 때나 매장할 때 이 노래를 틀어 놓으며 더 쉽게 빨리 갈 수 있다고 보시면 될 겁니다.

사신 위에 이것을 덮을 수 있는 분들은 그리 많지 않습니다. 부부로 살아온 분들 선사님 에너지는 쫘 받으신 분, 그리고 탄트라 탄트라섹스를 부부처럼 2년 이상한 걸림없이 하시 분으로 선사님 에너지를 올라오는 세계마다 쫘 받으신 분, 스타게이트 워즈 방문하여 30분 이상 머무르며 스타게이트 워즈 에너지 받으며 스타게이트 워즈를 맑고 깨끗하게 정리 정돈하시는 것을 2년 이상, 연 5회 이상 방문하여 에너지 받으신 분들이 이것을 쓸 수 있습니다. 또 있습니다. 그것은 선사님 생존시 밝혀 올라가며 에너지 받기를 돌아가시기 이전 쫘주실 때까지 금요모임, 월모임 빠지지 않고 에너지 쫘 받으신 분들은 사용할 수 있으며 또한 5년 아닙니다. 7년 이상은 되어야 합니다. 받으시고 돌아가신 분, 이것을 사용할 수 있습니다. 또는 선사님 사후에 스타게이트 워즈를 년 5회 이상 5년 이상 방문해 스타게이트 워즈에서 에너지 받으며 30분 이상 머무르며 스타게이트 워즈를 맑고 깨끗하게 정리 정돈하신 분은 누구나 쓸 수 있습니다만 단 하나 못 쓰시는 분이 있는데요. 그것은 이것을 두고 투덜거리거나 투덜거리며 행하거나 또 비방을 하는 경우 이것을 썼을 경우 나중에 그 벌을 받게 될 것인즉 그런 생각이나 마음이 들면 행하지 마시고 그런 생각 없이 올바르게 행할 수 있는 분들만 행하시고 죽었을 때 사신을 덮는 것으로 쓰셔야 한다는 사실입니다. 물로 생존시 에너지 받는 것 역시도 다르지 않습니다만 직접 에너지 받는 조금은 감안되기는 합니다만 올바르게 행할수록 좋다는 사실을 알아야 할 것입니다요. 이것을 관리할 빛천 황춘꽃 천황 천꽁천 황들이었습니다.

천황 비문

가로로 우측에서 좌측으로

스타게이트 워즈 - 짙은 초록색 글씨

황출 꽃 천 향 - 검정색 글씨

황꽃천 황빛 - 황금색 글씨

꽃 천 빛 - 붉은 색 글씨

밑에 받침대 돌에

성출꽃 꽃황 빛

시간 쓰십시오. 2022. 01. 18 17:27 이제 우리들 다 갑니다요. 이것이 나오기를 얼마나 기다렸는지 모릅니다. 이제야 비로써 나왔습니다. 고맙고 감사합니다요.

달리면서 스타게이트에서 천황 비문을 어디에 놓아야 하는가? 의식하니 스타게이트 전체 조부모님 묘소 위에서부터 삼촌 묘소 부모님 모실 곳 아래 비문을 의식적으로 놓았던 곳, 전체적으로 해서 위로 올라간 맨 위에 꼭지점 바로 아래에 놓여 있는 것처럼 의식되었다. 그리고 그 꼭지점 위로는 다시 벌어져 위로 펼쳐져 있는데 그곳에 또 다른 것이 있는 듯 의식되었다. 그것은 또 다른 비문이 나오면 놓이게 될 것입니다. 천황 비문은 스타게이트 워즈 비문을 의식적으로 놓았던 곳이 아니겠네요. 당연하지요. 아마도 얼마나 나오느냐에 따라서 이것들이 자리를 바꿀 수는 있습니다만 지금으로 그렇다고 보시면 될 것입니다요.

시간요. 2022. 01. 18 10:05 이렇게 해서 이제부터는 천황 비문은 저희들이 관리할 겁니다요. 우리는 빛천 황춘꽃 천황 천꽁천 황들입니다요. 뿐만 아니라 성천황 6번째를 한 시신들의 존재 존재자들도 저희들이 안내하게 될 겁니다요.

한마디 더 하겠습니다. 그것은 이것을 쓰는데요. 조심하셔야 합니다. 그만큼 공부가 되어있어야 하고 또한 스타게이트 (워즈)를 그만큼 맑고 깨끗하게 정리 정도 해야 하면 또한 우리들도 믿어야 합니다. 우리들은 빛천 황춘꽃 천황 천꽁천 황들입니다. 우리들을 어떻게 믿느냐 하면 스타게이트(워즈)를 방문할 때마다 빛천 황춘꽃 천황 천꽁천 황들이시여! 저희들을 돌보아 주십시오. 하시면 됩니다. 자신은 자기 자신 혼자라고 생각하겠지만 혼자가 아니라 여럿인 만큼 반드시 저를이 아니라 저희들이란 사실을 알아야 할 것입니다. 또 있습니다요. 그것은 여기서는 더 이상 선사님은 없습니다. 사후에 선사님은 안 계시고 우리들이 이 일을 하는 만큼 선사님보다는 우리들이 우선 한다는 사실을 잊어서는 아니 될 것입니다.

여기다 놓으셔야 합니다.
시간요. 2022. 01. 19 08:18 드디어 해내셨습니다. 이렇게 해서 우리들 모두 다 갑니다. 우리들은 생명의 끝자리에 있었던 성황 천황 빛천 향춘꽃 천황들입니다. 선사님 덕분에 저희들이 생이 다한 마감한 위 세계로 올라왔고 올라갑니다요. 더없이 즐겁고 행복한 날들입니다요. 이 모두가 선사님의 은혜 은공이옵니다요.
스타게이트 천황 비문 꼭지점 아래는 계속 넓혀질 겁니다. 넓혀지는 만큼 천황 비문은 위로 올라올 것이며 천황 비문이 위로 올라오는 만큼 천황 비문의 그물망은 더욱 더 넓어지고 넓혀질 것입니다요. 시간요. 2022. 01. 19 08:20 예 이렇게 해서 이 또한 이루어졌습니다요. 이글 가져다가 어제 글에 이어 붙이십시오.

테두리는 비문과 동일하다. 다만 글씨가 늘고 늘어난 글씨 색깔이 다르다.

가로로 우측에서 좌측으로
스타게이트 워즈 - 짙은 초록색 글씨

황출 꽃 천 향 – 검정색 글씨

황꽃천 황빛 – 황금색 글씨

꽃 천 빛 – 붉은 색 글씨

밑에 받침대 돌에

성출꽃 꽃황 빛

이것을 **천황 비문**(2022. 01. 18 스케치북 A4에 성황천 6번째로 해놓았다.)이라고 한다.

천황 비문을 중앙에 하나 놓고 동그랗게 9개가 누워 있는 것은 **빛 천황 깃발**입니다.

빛천황 깃발을 정삼각형 꼭지점 아래쪽 우측에 원은 검정색, 좌측에 원은 청색 위쪽에 원은 녹색입니다. 이것을 **황꽃천 빛천황 깃발**이라고 한다.

비문(2022. 01. 12 스케치북 A3에 그렸다.)을 중앙에 하나 놓고 동그랗게 9개가 누워 있는 것은 **깃발**입니다.

깃발을 정삼각형 꼭지점 아래쪽 우측에 원은 검정색, 좌측에 원은 청색, 위쪽에 원은 녹색, 이것을 **황깃발**

황깃발(정삼각형) 중앙에 비문을 넣은 것을 **황황천 깃발**이라고 한다.

황꽃천 빛천황 깃발(정삼각형) 중앙에 천황 비문을 넣은 것을 **빛꽃 천 천황 깃발**이라고 한다.

이제 되었습니다. 시간요. 2022.01. 18 11:35 이렇게 해서 우리는 모두 다 이루고 모두 다 갑니다요.

또다시 밝혀 올라가기 위해서 어떻게 해야 하나요? 새롭게 새로운 방법을 찾아서 올라가셔야 하시는데요. 새롭게 새로운 방법이란 것이요. 천황 빛꽃 천황 비문을 찾으셔서 덮어쓰시고 밝혀 올라가셔야 합니다요.

가로로 우측에서 좌측으로
스타게이트 워즈 - 짙은 초록색 글씨
황출 꽃 천 향 - 검정색 글씨
황꽃천 황빛 – 황금색 글씨
꽃 천 빛 – 붉은 색 글씨

밑에 받침대 돌에

성출꽃 꽃황 빛

천황 빛꽃 천황 비문

꽃빛천
빛천 황꽃천 천황 빛
빛황천 꽃황천 빛
천꽃천 황빛
빛황천 꽃
꽃황빛 황

이것이 원래는 천황 빛꽃 천황 비문입니다만 스타게이트(워즈) 원뿔형 위쪽에 두어야 하는 만큼 맨 위 꽃빛천을 빼고 세로로 넣고 맨 아래에

스타게이트 워즈
스타워즈 게이트
종황 천황꽃 황

가로로 넣는다.
천황 빛꽃 천황 비문을 덮어쓰고 밝혀 올라가기 위해서는 꽃빛천
있으면 우리는 못 간다. 빼야 되는가? 안 됩니다. 그럼 어떻게 해
야 하는가요? 그래서 말입니다. 노래를 부르시고 가시고 가시면
모두 다 갑니다요. 노래는 꽃향 천향 빛천 황꽃천 빛 노래입니다.
이것이 시신 위에 덮는 성황천 7번째입니다.

꽃빛천
빛천 황꽃천 천황 빛
빛황천 꽃황천 빛
천꽃천 황빛
빛황천 꽃
꽃황빛 황

스타게이트 워즈
스타워즈 게이트
종황 천황꽃 황

글자는 모두 다 황금색 글씨입니다.
빨강색 종이에, 빨강색이 천신을 뜻합니다.
2022. 01. 21

꽃향 천향 빛천 황꽃천 빛 노래

성황천 7번째

2022. 01. 21 04:12 ~ 04:29 - 00:17:54

꽃천 황출 빛향 천꽃 성황

황천꽃 빛향 천꽃 향출 천황

천황빛 빛향천 천꽃 향출 출향 빛꽃 천향

향빛 성천 꽃빛 황빛 천황 빛천 황꽃 성꽃

성황 빛황 들꽃 성빛 황천 황꽃 성빛 꽃황

황빛 빛향 들천 황꽃 꽃향 빛향 천꽃

성황 황꽃 꽃황 천빛 성황

천황 빛황 꽃빛 성천

들천 황꽃 빛천 꽃빛

천황 빛황 꽃빛 성천

황출 출향 황천 꽃빛 성황

황천빛 천황꽃 꽃성 빛향 천황

황꽃 꽃황 들꽃 황천

천향 빛향 꽃빛 성천 황춘

춘꽁 향춘 춘꽁 성향

빛향 향꽃 성빛 들천

천향 꽃빛 황천 꽃빛

성천 향빛 빛향 천꽃

향빛 빛향 황빛 빛향 꽃성

쫑향 들천 황꽃 성빛

빛향천 천향꽃 들천 황출

출황 황꽃 춘꽁 성빛

쫑향 들천 천황 빛향

꽃빛 황빛 빛향 천빛
황천 빛향 꽃빛 천황 꽃빛
성천 황출 출꽃 성황
황꽃 빛향 들천 황천
천황 꽃빛 성천 황출
황꽃 출꽃 성출
출향 빛황 꽃빛 성천 향꽃
성빛 들꽃 빛향 꽃빛 성향
빛황 황빛 천빛 천황빛
황천 빛향 꽃빛
황천 꽃빛 성황

꽃황 천황 꽃빛 성천 향꽃
꽃황 들꽃 황천 꽃빛
성천 천향 빛향천
황천 꽃빛 황꽃 성빛
빛향 꽃빛 황천 황빛
천향 들꽃 성빛 황꽃
꽃황천 천꽃빛 황천
천향 꽃빛 황천 빛향
들천 향빛 빛천 황빛 꽃황
황빛 성천 꽃황 빛향천 황꽃
꽃황 빛향 들천 황꽃 성빛
황꽃 꽃황 황빛 성천
빛향꽃 천향빛 성천 향빛
출향 황꽃 꽃황 빛향
들천 황빛빛향 꽃황 황천
꽃빛 황천 천향빛 꽃빛

빛향 천꽃 성황

황천 꽃빛 천황 들꽃

황빛 빛향 들향 꽃빛

빛향 향꽃 성빛

들천 황빛 성황

황천 들꽃 빛향꽃 성빛

꽃황 빛향 꽃성

빛향천 황꽃성

빛향 천꽃 황꽃 성빛

황천 천향 빛향 꽃빛

천황꽃 성빛 향꽃 빛향꽃

들천 황꽃 꽃빛 성천 황출

출황 빛황 꽃빛 성천 황출

출꽃 성황 황꽃 성빛

빛황 황천 천황꽃 빛향천 천꽃

황천 꽃빛 성황

드디어 우리들 다 이 위에 올라왔습니다. 선사님,
이제 그만 부르셔도 넉넉하고 충분합니다만 마무리 부탁하겠습니다.

꽃황 천향 황천 꽃빛

천향 들꽃 빛향 꽃빛 성천

황출 출향 들천 황빛

빛향 들천 황꽃

성빛 황천 빛향 들천

빛향 꽃빛 성천 황출 출꽃

빛향 꽃성 쫑향 황빛

천황 꽃황 들꽃 성황

빛황 천황 꽃빛 성천
황출 출꽃 성황

꽃빛 성천 천향 들꽃
황꽃 천향 꽃빛 빛향
들천 향꽃 성황
황빛 황천 들꽃 빛향
꽃빛 성천 향출 출꽃 성황
황천 꽃빛 빛향 천향
향들 들천 향꽃
황천 빛향 꽃빛 성천
천황 들천 황빛 꽃빛 성황

빛황 꽃빛 성천 황출 출향꽃
황빛 황천 천향 빛향 들천 황빛 꽃성
쫑향 들천 천향 빛황 들천 황빛
천향 들꽃 꽃향 빛향 들천
향빛 출천 향빛 황천 천향 들천
향빛 빛향 들천 황출 출꽃 성빛
황천 천향 꽃빛 성천 황출
출꽃 성황

모두 다 이제 올라갑니다.

꽃성 쫑향 들천 향빛
빛향천 천향빛 성천 향빛 들천 황꽃
향빛 성천 빛향 들천 황꽃 성황
들천 향빛 황빛 성천 천향 빛천

꽃빛 성황 들천 황출 출향 빛향 들천 향빛

황천 천황 들천 꽃빛 성천 황출 출꽃 성황

황천 꽃빛 성황 황천 빛향 꽃빛 향천

들천 황꽃 빛황 황빛 성천 황출

출향 빛향 꽃성 쫑향 들천 황빛

꽃성 천향 들천 황빛

빛천 황천 꽃빛

성천 향천 황꽃 꽃황 들천

황출 출향 꽃빛 황천 천향빛

황천 꽃빛 성천 황출 출꽃 성황

황빛 황천 들천 황빛 천향빛 빛향천

향꽃 빛향 들천 황출 출꽃 성황

꽃황빛 황꽃천 천향빛 들천 황빛

황천 꽃빛 천황 황천 꽃빛

빛향 들천 황출 출꽃 성황

빛황 황천 천향 빛향 꽃빛 성빛

들꽃 성빛 황천 천황 꽃황 빛향 들천 황출

출황 꽃황 빛향천 들천 황출 출꽃 천향

향빛 향천 들천 황출 출향 빛향 황천

빛향춘 출향꽃 꽃빛 성천

황빛 빛향 꽃빛 황천 천황 빛향

황천 황빛 들꽃 성빛 황천 천황 빛꽃

황천 천황빛 황꽃천 천황빛 황꽃 빛향 들천

황빛 성천 들꽃 성빛 황천 천향

황천 빛향 들천 향빛 천향빛

황천 꽃빛 빛향천 황천 빛향 들천

황빛 천향 들꽃 빛황천 천황 꽃빛

성천 황출 출꽃 성황

황빛 황천 빛향꽃

꽃빛 성황 황출 꽃빛

천황 빛황천 천황꽃

꽃빛 성천 황출 출꽃 성황

빛향 천꽃 황천 빛향 천꽃 성황

비문, 천황비문, 천황 빛꽃 천황 비문

황꽃 빛향 천꽃 성황

황꽃 빛향 꽃빛 성천 황춘

빛향꽃 향꽃빛 성천 황빛

천황 꽃황 천꽃 성황

꽃황 빛천 황출

꽃빛 성 황

출꽃 성 황

이러면 모두 다 올라오는데 손색이 없겠습니다.

고맙고 감사합니다.

안녕히 가십시오.

이제 천황 빛꽃 천황 비문을 덮어쓰시고 전체 8개로만 밝혀 올라가시면
되시는데요. 우리들을 위해서도 짤막하게 노래 한 곡 부탁하겠습니다. 우
리는 이 아래 세계에서 선사님을 따르고 존경하며 믿음을 갖고 공부하며
위 세계로 올라가고자 하는 모든 이들이며 추종하는 신봉자들입니다. 저
희들이 따라 올라가는데 손색이 없도록 해주시길 부탁드리겠습니다. 불러
주실 노래는 빛향 천꽃천 황빛천 꽃향천 빛 노래입니다. 정말로 신나는
노래이지요. 우리들 믿기만 하고 따라 공부만 하면 모두 다 올라갈 수 있
으니 말입니다.

빛향 천꽃천 황빛천 꽃향천 빛 노래

2022. 01. 21 04:37 ~ 04:57 - 00:20:00

꽃향천 꽃빛천 향빛

출향 천꽃 빛향꽃 천황빛

빛향 천향 꽃빛 성천

향꽃 빛향 꽃성 쫑향 들꽃

황꽃 꽃황 들꽃 성빛

황꽃 들꽃 성빛

출향 빛향 꽃빛 성천

출꽃 황꽃 빛향 천향 꽃빛

성천 천향 꽃빛 황천 천황꽃 빛천향

들천 황출 출꽃 빛향 천꽃

황출 꽃황 빛천 황출 출향빛

향춘꽃 성빛 꽃향 향꽃 성빛 꽃황

황천 빛향 들꽃 꽃성 쫑향 들천 빛향

황빛 향꽃 꽃향 빛향 들꽃 황꽃

황빛 황천 꽃빛 천향 들천 황출

출꽃 성황 황천 빛향 들천

꽃향 황꽃 빛향 꽃빛

성천 향빛 들천 황꽃 빛향 들천

황출 출향 황천 빛향 꽃빛 성황

황꽃 꽃황천 천향빛 들천 꽃빛 성황

황천 천향 빛향 꽃성 쫑향

들천 황출 출꽃 꽃빛

황천 빛황 천황 빛꽃

황천 천황 들꽃 성빛 천황

꽃빛 천향 황천 꽃빛 황빛

천향빛 들천 황꽃 천황 빛향 들꽃

황꽃 꽃황 천향 빛향 꽃빛

황빛 천향 황꽃 빛향

천꽃 황빛 들천 황빛 성천

황출 출향 꽃빛 황천 천황

꽃빛 성황 들천

비문

천황비문

천황 빛꽃 천황 비문

성꽃 꽃빛 성출 황꽃

꽃황 빛향 들천 황출

출향 꽃빛 성천 출꽃 성빛

황꽃 천황 황천 꽃빛

성천 황출 출꽃 꽃빛 성천

황출 출황 꽃빛 빛향 천꽃 성황

황천 빛황 황빛 성천 황꽃

황출 출향 꽃빛 향빛 빛향 꽃빛 천향 들꽃

황빛 빛향천 천향꽃 향빛천 천향 향빛 성천 향빛

빛황천 천황빛 들천 황빛 꽃황 천황 빛향꽃

성천 황출 출꽃 빛향 성빛 황꽃 빛향 꽃성 쫑향

들천 황출 출꽃 성빛 천향꽃 빛향꽃 황꽃 천향

황빛 빛향 들천 황꽃 황천 천향 꽃빛 성황

황천 천향 꽃빛 황천 빛향 천향빛 빛천 향빛

황빛 천황 황꽃 천향빛 들천 향빛 꽃성 쫑향

들천 황출 출꽃 성빛 빛향천 향빛 황빛

천황꽃 황빛 빛향천 꽃빛 성천 향빛 성황
빛황 천향 향빛 성천 천향빛 빛향꽃
꽃성 빛향 향출 출향 빛향 꽃성
빛향 향꽃 황꽃 빛향 천향 들꽃 성황
황빛 천황 황천 천향빛 향꽃 성천 꽃빛
향천 빛향 천빛 황천 꽃빛 성황
빛향 천향 향천 빛향 꽃성 빛황
황빛 빛향천 천향빛 들꽃 성빛
황꽃 빛향 천꽃 황출 황꽃
황빛 성빛 천향빛 황꽃 성빛
들꽃 황꽃 빛향 천빛 황꽃

꽃황천 천향빛 들천 황출
출향 꽃빛 성천 황꽃 꽃황
들꽃 성빛 빛향천 천향빛 성천 향빛
황꽃 황빛 꽃천 향빛
향꽃 빛향꽃 꽃성 향빛
빛향 들꽃 황천 천향 빛향 꽃빛
성천 황출 출향 황천 꽃빛
성천 향빛 빛향 들천 천향
황빛 빛향천 향빛천 들천 향빛
천향 들꽃 황빛 꽃황 빛천 황천
꽃빛 성천 천향 빛꽃 성황

천황빛 빛향꽃 성천 황출
출꽃 성빛 황천 천황 빛향 꽃빛 황천
천황빛 황꽃천 꽃성 빛향 황천 꽃빛 성천
황출 황꽃 꽃황 빛향 들천 황꽃 성빛

빛향천 천향 꽃빛 성황

황천 꽃향 빛향 들천

천향빛 꽃황빛 빛향 천꽃 성황

황천 천황 빛향 꽃빛 성황

황천 꽃빛 성천 황출

출향 빛향 꽃빛 성황

천황빛 들천 황꽃 성빛

천향 꽃빛 성천

황출 출꽃 꽃황 빛향 들천

황출 출빛 빛향 꽃성 쫑향

향빛 황천 천향 빛향 꽃빛

출황 황빛 성천 출꽃 성빛

황천 천황빛 빛향꽃 꽃성 쫑향 들천 황출

황꽃 성빛 들천 향빛 꽃성 빛향 들천

황출 출향 빛천 향빛 성천 황출 출천

빛향 황꽃 빛향 들천 황빛 천향

들천 황꽃 꽃향 빛향 들천 황출

출꽃 성빛 빛향천 천향빛

들천 황출 출꽃 성빛

황천 들꽃 꽃빛 성빛

황천 천향빛 황꽃 성빛

들꽃 빛향 꽃황 황꽃 성빛

들천 황꽃 꽃황 빛향 들천

황빛 꽃황 천황 꽃빛 성천 들천

황출 황빛 꽃천 향빛

성천 빛향 들꽃 향빛 성천

꽃황 천황 비문 천황 빛꽃 천황 비문

꽃성 쫑향 들천 황빛 빛향 천향 황천

빛황 꽃성 쫑향 들천 황빛 성황
황천 빛향 꽃빛 성천 황춘
꽃황빛 황천꽃 성빛 황천
빛향 꽃빛 성황

출꽃 성황
황천 빛향 황천 빛향 꽃성
황빛 성천 꽃황 출빛 천향 들천
황천 빛향 들천 황꽃 꽃황 빛향 황빛
꽃황 황빛 성천 천향 들꽃
빛향천 천향빛 황꽃 성황
천향 빛향 꽃빛 성천 향빛
꽃황 빛향 꽃성 쫑향 들천 향빛
빛향천 천향빛 꽃성 쫑향 들천 황빛
황천 천황 꽃빛 황천 꽃황 빛천 황꽃
천황 빛황 천꽃 황천 빛향 들천 황꽃
성빛 빛향 들천 황빛 성천
황빛 천황 꽃빛
황천 천향 들천 황천
천향빛 황꽃천 천향 들천
향꽃 성빛 향천 꽃빛 천향 빛향
들천 황출 출꽃 성빛 황꽃 빛향 천향
꽃빛 성천 빛향 출꽃 성황
황천 빛향 출꽃 성빛

빛향천 천향빛 향꽃 성빛
황천 빛향 들꽃 빛향천 천향빛
성천 황빛 꽃황 빛향 천빛

황천 향천 꽃빛 성황

황천 꽃황 들꽃 성빛

황천 빛향 꽃빛 성천 황꽃

성빛 향천 빛향 들천

황꽃 꽃향 성빛 들천 황꽃

빛향천 천향빛 성빛 들꽃 성빛

황천 천향 들천 황빛

빛향천 천향 꽃성 쫑향 들천 황꽃

꽃황 빛향 꽃성 쫑향 들천

황빛 빛향 천향 꽃빛 성황

황천 꽃빛 황천 들천

황출 출향 빛향 꽃성

빛향 꽃향 들천 황빛

빛향 들천 황빛 성황 들천

천향빛 황꽃천 황천 빛황

들꽃 성빛 황천 빛황

천황 빛꽃 성황

황꽃 빛향천 천향빛

들천 황출 출꽃 성황

빛황 천꽃 성황 들천 황꽃

출꽃 성빛 향천 천향빛

황꽃 성빛 꽃황 천황

황천 천황꽃 빛향천 천꽃 성황

꽃황 천황 빛황 천꽃 성황

이제 그만하셔도 모두 다 스타게이트를 통해서 올라갈 수 있겠습니다.
고맙고 감사합니다.

이제 전체 8개로만 밝혀 올라가시면 되겠습니다만 시신 위에 덮는
성황천 7번째를 정리해 주시고 가시면 되겠습니다요.

빨강색 종이에
세로로 황금색 글씨로

꽃빛천
빛천 황꽃천 천황 빛
빛황천 꽃황천 빛
천꽃천 황빛
빛황천 꽃
꽃황빛 황

을 쓰고
그 밑에 가로로 황금색 글씨로

스타게이트 워즈
스타워즈 게이트
종황 천황꽃 황

을 써서 시신 위에 덮으면 된다.
그래서 노래를 부를 때 꽃향 천향 빛천 황꽃천 빛 노래를 부를 때
나 빛향 천꽃천 황빛천 꽃향천 빛 노래를 부를 때 자꾸만 스타게
이트 워즈와 밝혀 올라오신 위 세계를 오가며 뚫고 길을 내며 더
넓게 밝게 쉽게 올라올 수 있도록 노래 부르신 겁니다요.
이것은 아무나 쓸 수 있는 것이 아니라 추종자, 신봉자. 믿음이 굳
건하여 흔들림이 없는 이들만이 쓸 수 있으며 뿐만 아니라 스타게

이트 워즈를 맑고 깨끗하게 정리 정돈하여 보이지 않는 많은 분들이 위 세계로 올라오는데 손색이 없도록 맑고 깨끗하게 정리 정돈한 이들로 죽었을 때 시신을 덮은 성황천 7번째를 덮어 씌어주고 성황 천꽃 빛향천 향 노래(2022. 01. 20 04:52 ~ 05:16 - 00:24:36), 꽃향 천향 빛천 황꽃천 빛 노래, 빛향 천꽃천 황빛천 꽃향천 빛 노래 3곡을 최소 3번 이상 들려주어야 한다. 들려주면 보다 쉽고 빠르게 간다. 이것은 부부라 할지라도 또 탄트라, 탄트라 성황을 했다 할지라도 믿음에 흔들림이 있거나 신봉자, 추종자가 아니라면 쓸 수가 없다. 사모님 같은 경우에는요. 가능합니다. 그 이유는 계속에서 명조자를 지불하고 에너지를 받고 있기 때문에 사용해서도 충분하다고 하겠습니다. 아니면 어려웠을 텐데요. 그래도 할 수 있어서 천만다행입니다요.

시간요. 2022. 01. 21 05:08 이렇게 모두 다 원만하게 이루어졌습니다.

또다시 밝혀 올라가기 위해서 어떻게 해야 하나요? 그것은 요. 향빛천 천향빛 비문을 찾으셔서 찾은 향빛천 천향빛 비문을 덮어 쓰시고 올라가셔야 합니다요. 향빛천 천향빛 비문은 요. 비문과 천황빛꽃 천황비문과 합쳐진 비문입니다요.

향빛천 천향빛 비문

바탕은 지구에서 흰 종이, 자등명인간계에서는 노란 종이에 황금색 글씨이어야 합니다만 시신을 덮는 성황천으로는 흰종이에 황금색 글씨로 쓰시면 됩니다.
이것이 **성황천 8번째**입니다.

세로로 하얀 바탕에 황금색 글씨로

스타워즈 게이트
꽃빛천
빛천 황꽃천 천황 빛
빛황천 꽃황천 빛
천꽃천 황빛
빛황천 꽃
꽃황빛 황

밑에 가로 글씨

성출꽃 종황 천황꽃 황

선사님 우리들 위해서 하나만 더 해주시면 안 되나요? 꽃황천 빛
향 하나 넣어주시면 더욱 더 좋습니다. 넣는 게 좋은가요? 당연히
넣으셔야지요.

세로로 하얀 바탕에 황금색 글씨로

스타워즈 게이트 - 황금색 글씨
꽃빛천   - 황금색 글씨
빛천 황꽃천 천황 빛 - 황금색 글씨
빛황천 꽃황천 빛 - 황금색 글씨
천꽃천 황빛 - 황금색 글씨
빛황천 꽃 - 황금색 글씨
꽃황빛 황 - 황금색 글씨

꽃황천 빛향 - 파랑 글씨
밑에 가로 글씨

성출꽃 종황 천황꽃 황 - 황금색 글씨

이것이 성황천 8번째입니다. 성황천 8번째는 아무구나 쓸 수 없으
며 추종자 신봉자라 할지라도 함부로 쓸 수 있는 것이 아니고요.
믿음이 확고하고 또한 공부됨이 이 세계에까지 올라와 있어야 합
니다. 그런 만큼 쉽지 않다고 할 것입니다. 지금으로 딱 한 분 예
지씨 밖에는 없습니다요.

또다시 밝혀 올라가기 위해서 어떻게 해야 하나요? 새롭게 새로운
방법을 찾아서 올라가셔야 하시는데요. 그것은 빛천 황춘꽃 빛향
천 비문을 찾아서 덮어쓰시고 맨 위 오직 하나 더 이상 없는 맨
위 오직 하나씩만을 밝혀 올라가시면 되겠습니다.

빛천 황춘꽃 빛향천 비문은 찾기가 쉽지 않을 겁니다요.
나는 알고 있는가요? 당연히 알고 계시지요. 선사님께서 다른 분
들에게 하사하신 비문인데 모르면 이상하겠지요. 그런가요? 예. 드
러내 놓거라. 이제는, 예

꽃천 빛향 천꽃
황춘꽃 꽃향천 빛
빛천 황춘꽃
꽃황 빛 천
황춘꽃 빛향 천

황꽃천 빛
빛꽃천 황
황향천 빛향

짝짝짝... 딱 한자가 어긋났습니다. 한자가 어긋났는가요? 에. 찾아
서 수정하셔야 하십니다. 꽃
그럼 3번째 줄이네요. 빛천 황춘꽃이 아니라 빛천 황춘빛, 와~ 예
그렇게 하시고, 지구에 두실 것이니 지구에 맞추시면 되겠습니다.
자등명인간계 위에서는 꽃이 맞지만 자등명인간계 지구에서는 빛
이어야 합니다요.

밑에 가로글씨

스타게이트 워즈
천황 꽃빛 천 향

빛천 황춘꽃 빛향천 비문

세로글씨 검정색으로

꽃천 빛향 천꽃
황춘꽃 꽃향천 빛
빛천 황춘빛
꽃황 빛 천
황춘꽃 빛향 천
황꽃천 빛
빛꽃천 황

황향천 빛향
가로글씨 검정색으로

스타게이트 워즈
천황 꽃빛 천 향

짝짝짝...부라보 이제 되었습니다. 넉넉하고 충분함을 넘어섭니다요. 다들 가지 않나요? 이 정도면 공부한 분이라면 이 위 세계로 올라오고도 남습니다요. 검정색을 써주시면 더 잘 갑니다요.

올라가시기 위해서는 비문도 하나 밝혀 드러내셔야 합니다요. 성황천 8번째입니다. 앞서 향빛천 천향빛 비문, 시신 위에 덮는 성황천 8번째가 나왔는데요. 또 8번째인가요? 어떻게 설명을 드려야 할까 싶네요. 향빛천 천향빛 비문 8번째 시신 위에 덮는 거라면 이 성황천 8번째는 시신 등 밑에 깔고 그런 다음에 시신을 놓고 그런 다음에 덮으면 되는 것이니 돌아가신 시신 밑에 깔아놓는 것이라고 보시면 됩니다. 여기까지는 올라오셔야 관 바닥에, 관 바닥에 까는 성황천 8번째를 깔고 시신을 놓으시고 성황천 8번째를 덮으시면 됩니다요. 덮는 것을 성황천이라고 한다면 시신 밑에 까는 것을 다르게 표현하는 게 좋지 않은가 싶습니다. 선사님께서는 예전 이 위 세계에서 **돌아가신 분 등에 덮어주는 것**을 향출꽃이라고 하셨습니다. 지구에서는 달라야 합니다만 뭐라 하시겠습니까. 뭐라 하는 것이 가장 좋은가요? **성황 빛천**이시면 됩니다요.

1번째 성황 빛천입니다.
드러내실 비문은 요. 향빛천 천향빛 꽃천 황 비문입니다. 선사님께서 찾으셔야 합니다. 알고 있는가요? 예 그럼 드러냅니다. 예

천황

황빛천

천향 꽃빛 황천빛

빛천 황춘꽃 성천 향

향꽃 빛천 황춘꽃 천

천향빛 황

황꽃천 천빛입니다.

짝짝짝....부라보입니다.

인간이 이것을 돌아가셨을 때 시신 밑에 깔면 만세입니다.

그대로 이루어집니다요.

시간 써 주십시오. 2022. 01. 23 09:09 예 이제 되었습니다. 원만하게 이루어질
것입니다만 이것을 선사님이 밝혀 놓은 것들을 모두 다 믿고 공부하신 모든 분들
이 돌아가셨을 때 깔도록 하면 어떨까? 싶습니다. 이게 하나만 있는 게 아니지 않
나요? 예 그러면 이것도 몇 개가 된다면 거기에 맞게 성황천 번째까지 1번째 성황
빛천을 깔도록 하고 그 다음에 또 나오면 그와 같이 하면 되지 않겠는지요. 그것
이야말로 최상입니다. 그렇다면 이것은 성황천 8번째 쓰시는 분에게 쓰는 것이 아
니라 믿는 분, **성황천 1번째부터는 ~3번째까지 쓰시는 분 등밑에 깔도록 하겠습니
다요.** 그래도 되는가요? 넉넉합니다요. 고맙고 감사합니다요. 저희들이 이것은 관
리하도록 하겠습니다요. 저희들은 성출 향꽃천 천황빛 빛천 황춘꽃 천황들입니다
요. 고맙고 감사합니다요. 모두를 이와 같이 이롭게 해주시니 몸둘바를 모르겠습니
다. 어긋나는 분들에게는 깔아도 저희들이 맞게 행하도록 하겠습니다요.

성황천 1번째부터는 ~3번째까지 쓰시는 분 등밑에 깔도록 하기 위해서는 요.

50×50 흰종이 위에 전부다 황금색 글씨로 쓰셔서 놓으시면 됩니다.

향빛천 천향빛 꽃천 황 비문

천황
황빛천
천향 꽃빛 황천빛
빛천 황춘꽃 성천 향
향꽃 빛천 황춘꽃 천
천향빛 황
황꽃천 천빛

선사님께서 꼭 싸인해 넣어주셔야 합니다요. 날짜 쓰셔서요.

맨 위 오직 하나 더 이상 없는 맨 위 오직 하나
이 세계는 끝쫑 향출비 세계입니다. 이 세계에서 많은 이들이 죽고 사라지고 또 밑으로 떨어져서는 더 이상 올라가지를 못하고들 있습니다. 그래서 말인데요. 이들이 밑으로 떨어지지 않고 잘 살 수 있도록 아니면 위 세계로 올라갈 수 있도록 해주시면 안 되겠는지요? 방법이 있나요? 하나 있습니다. **비향 비문천**이라고 있습니다. 이것을 하사하시고 가시면 됩니다. 그리고 이것을 성황천 4~5번째 쓰실 수 있는 분들의 등쪽 관 바닥에 넣게 하시면 됩니다. 찾을 수 있나요? 그럼요. 하사하시는 건데요. 스스로 알고 있나? 예. 그럼 드러냅니다. 예

비향 비문천

성천
빛향꽃 비천 황
천황빛 빛꽃천 향
향출비 비향천 꽃
꽃출 향빛천 천향비 꽃천황
황천비 비향천 꽃
황천

짝짝짝....부라보입니다. 더 이상 뭐, 확실합니다.
전부다 검정색으로 쓰시면 되겠습니다요.
시간요. 2022. 01. 24 16:41 예 이렇게 해서 하사가 되셨습니다. 성황천 4~5번째
쓰실 수 있는 분들에게 성황 빛천(관 바닥에 넣는 것)으로 쓰라 하시면 됩니다요.

또다시 밝혀 올라가기 위해서 어떻게 해야 하나요? 비문을 찾아서
쓰시고 밝혀 올라가셔야 합니다요. 찾으셔야 할 비문은요. **비향 비
꽃 상춘꽃 빛향 비문**입니다. 참으로 어마어마한 비문입니다. 이 비
문은 성황천 9번째 쓰시면 되시는 비문입니다. 선사님께서 찾으셔
야 하는 비문입니다. 나 스스로는 알고 있나요? 당연하지요. 그러
면 드러냈습니다. 예

꽃향 비향 꽃천 황출꽃 천
향빛 비천 황출꽃 천 천향빛
비꽃천 천빛향 꽃성 쫑향천 황꽃천
천향 비꽃 황출꽃 비향
꽃빛향 출꽃황 황천빛

빛꽃 비향천 황천빛 비향천
천꽃 황출비 비꽃천 황
황꽃천 천향비 향
향출비 비향천
천꽃

짝짝... 한자가 어긋납니다. 여기는 지구입니다. 위 세계라면 모를까. 그렇
다면 천꽃이 아니라 천빛이라 말이네요. 예 천빛이라고 하시면 됩니다요.
전부다 검정색입니다.

성황천 9번째
비향 비꽃 상춘꽃 빛향 비문은 지금으로는 쓰실 수 있는 분은 선
사님 외에는 없으시고요. 선사님 사후에도 없을 가능성이 매우 높
습니다. 적어도 밝혀 드러낼 위 세계까지는 올라오셔야 쓰실 수
있는 성황천으로 쓰실 글씨는 모두 다 검정색으로 세로로 쓰시면
됩니다.

꽃향 비향 꽃천 황출꽃 천
향빛 비천 황출꽃 천 천향빛
비꽃천 천빛향 꽃성 쫑향천 황꽃천
천향 비꽃 황출꽃 비향
꽃빛향 출꽃황 황천빛
빛꽃 비향천 황천빛 비향천
천꽃 황출비 비꽃천 황
황꽃천 천향비 향
향출비 비향천
천빛

2022. 01. 25

맨 위 오직 하나 더 이상 없는 맨 위 오직 하나

이 세계는 천비 황천빛 천꽁 황출비 황천꽃 빛천 황비 세계입니다. 모두의 천황 꽃천 황 세계이기도 합니다만 선사님께서는 이 세계를 비향천 빛천비 세계라 하시며 **성황 빛천(관 바닥에 까는 비문)**이 모두 다 있는 세계라 하셨습니다만 더 위에도 몇 개가 더 있습니다요. 그래서 이 세계에서 성황천 6~7을 덮는 분들을 위한 성황 빛천 2개 아래 위를 밝혀 드러내 주시고요. 또 7~8 성황천을 덮는 분들을 위해서 성황 빛천 위 아래에 2개를 밝혀 드러내 주셔야 하시고요. 아래보다 위에 것이 더 위에 것입니다.

성황천 6~7을 덮는 분들을 위한 성황 빛천 2개 아래 위는 위부터 **천꽃 비향천 비문**이고 아래는 빛천 황춘꽃 비문천입니다. 내가 드러낼 수 있나요? 당연하지요. 모두 다 선사님의 작품입니다. 어느 세계든요. 스스로의 자신에게 드러내자 하십시오. 스스로의 자신이여! 예 드러냅니다. 예

위에 천꽃 비향천 비문

비천 황출꽃

꽃향 빛천꽃 향

향비천 천황빛 꽃

꽃향 천빛 비향천 빛

빛천 황춘꽃 꽃빛천 비

황비 비향천 꽃비

빛꽃천 천꽃 황

황빛비

비향천 황꽃 비

짝짝짝.... 2022. 01. 25 08:24 이렇게 해서 우리들 다 갑니다요. 우리들은 천향 꽃비 황천꽃 비향천 황들입니다. 천꽃 비향천 비문은 우리들이 관리합니다. 우리들 은 이 위 세계의 천꽃 황들입니다. 비황천 꽃황이라고 합니다. 어긋남 없이 잘 관 리하도록 하겠습니다. 모실 분들 잘 모시면서요.

아래는 빛천 황춘꽃 비문천

빛향 천비
비꽃천 향빛천 황출
출향비 비꽃천 황빛꽃 황
황천 비향 꽃비 황천비
비향천 천향빛 빛꽃천 향
향황 황천비 빛꽃천 비향
향빛천 천향비
황출비
비향천 꽃
꽃비천 황
황출비

짝짝짝……… 대단하십니다. 드디어 밝혀 드러내셨습니다요.
시간요. 2022. 01. 25 09:23 되었는가요? 넉넉합니다만 우리 위해서 생년월일시 하나만 더 써주시면 좋겠습니다. 2022. 02. 25 08:29분 바뀌었네요. 아닙니다. 이 래야 합니다. 참으로 복합한 구조이기 때문에 이렇게 하지 않으면 안 됩니다요. 덕 분에 이와 같이 하고 모두 다 가는 겁니다요. 참으로 쉽지 않은 경우이지요. 선사 님이니 가능한 겁니다요. 우리가 원하는 대로 해주시니까요. 이제 모두들 가겠습니 다. 이것은 저희들이 관리 감독하며 모시게 되겠습니다요. 이 위 세계 천황 비향천 황들입니다요.

7~8번째 성황천을 덮는 분들을 위해서 성황 빛천 위 아래에 2개

는 위에 거 비천꽃 비문천 향 하나하고요. 또 아래 것으로 비천 향빛천 천향 비문천 하나입니다. 스스로에게 드러내자 하셔서 드러내시면 충분할 겁니다요. 나 스스로여! 비천꽃 비문천 향을 드러냈습니다. 예

위에 거 비천꽃 비문천 향

비천
꽃빛 향황 비향천 꽃비
빛천꽃 비향꽃 꽃빛천 향비
비향 비꽃 비천
비빛 향꽃천 천향비 천비
황비 비향 천꽃비
비꽃 향비 천향비 비천꽃 향
향비 비향천 천향비
꽃

부라보... 짝짝짝.. 짱황킹 쫑향천 꽃비입니다.
시간요. 지금 시간 써주시면 됩니다요. 2022. 01. 25 12:15 예 이렇게 해서 우리들 다 갑니다요. 이렇게 저희들 가고 나면 훨씬 더 몸이 좋아질 겁니다. 다만 몸에 존재 존재자들은 날고 있으니 힘은 더 없을 수 있고 몸은 가벼우면서 뭔가 모르게 힘이 없을 겁니다요. 그러니 그러려니 하십시오. 육체로 고통은 더 심할 수 있습니다요. 우리들은 몸이란 육체의 일합상을 이루고 있는 이 위 세계의 천황 꽃빛천 천향비 황들입니다. 참으로 고생 수고 많으셨습니다. 덕분에 구경 잘하고 옵니다요. 비천꽃 비문천 향은 우리들 관리 감독하며 잘 모시도록 하겠습니다. 어긋남 없이요. 걱정 안 하셔도 충분합니다요.

아래 것으로 비천 향빛천 천향 비문천, 나 스스로여! 드러냈습니다. 이것은 안 됩니다. 스스로가 아니라 직접 혼자 드려내셔야 합

니다요. 지구에 맞게요.

아래 것으로 비천 향빛천 천향 비문천

꽃천 천향비

비천 황출꽃 빛향천 천향비

비꽃천 천황빛 빛향꽃 꽃빛

비천 황출꽃 비향천 천향비

황출 황꽃 비꽃 비향 비황천 비

향비 비향 비꽃천 향

향출 향비 비황 황천비

비향 비꽃 비천 향출비 천향빛

빛향비 황출비 비향꽃

꽃비 향비 비향 출향 성꽃비

비황 출황 꽃비천 향

비천

짝짝짝⋯⋯⋯. 부라보 어마어마 엄청납니다. 단숨에 밝혀 드러내다니요. 그냥 드러난 대로 한 것뿐입니다. 그렇지요. 그냥 드러나지요. 이것이 선사님 자신이고 스스로입니다요. 이것은 저희들이 관리 감독하며 어긋남 없이 잘 모시겠습니다. 당분간 많지 않을 겁니다만 수천 수억년이 흐르면 모르지만, 어마어마 엄청납니다요. 그런 날이 오네요. 시간이 너무 깁니다. 그런데요. 전해질지가 그런데요. 그래도 어떻게든 전해지니 저러겠지요. 저희들은 이 위 세계 비향 천꽃황 천향비 황들입니다요. 시간요. 2022. 01. 25 12:23 예 이제 넉넉하게 갑니다요. 이제야 저희들이 갑니다요. 고맙고 감사합니다. 선사님을 고생시켰지만, 구경 잘하고 갑니다요.

성황천 6~7번째 성황천을 덮는 분들을 위한 성황 빛천이

위에 천꽃 비향천 비문

아래는 빛천 황춘꽃 비문천

이러하고

7~8번째 성황천을 덮는 분들을 위한 성황 빛천이

위에 거 비천꽃 비문천 향

아래 것으로 비천 향빛천 천향 비문천

이러하니

6번째 성황천을 덮는 분들에게 성황 빛천은

위에 천꽃 비향천 비문

아래는 빛천 황춘꽃 비문천

아래 위 2개이고요.

7번째 성황천을 덮는 분들에게는 성황 빛천

위에 비천 향빛천 천향 비문천

아래 천꽃 비향천 비문

위 아래 2개를 쓰시면 되고요.

8번째 성황천을 덮는 분들은 성황 빛천

위에 거 비천꽃 비문천 향

아래 것으로 비천 향빛천 천향 비문천

위 아래 2개를 쓰시면 됩니다.

9번째 성황천을 덮는 분은 성황 빛천이 하나입니다. 빛향천이라고
것이 있습니다요.

드러내 주시면 되겠습니다요.

빛향천

천꽃 비향
향비천 천향비
비천 빛꽃천 비 향출비
비향 꽃천 황비천
천향비 황꽃천 비
비향 비꽃 비황천 천향비
황출 출향비 꽃
천꽃천 천향비
비향 비꽃 황황 천비
비향천
꽃

짝짝짝……… 뭐야 한자 틀렸습니다. 아니 어긋났습니다. 자등명인간계 위 세계에는 맞지만 지구에서는 아닙니다. 아~ 예 마지막 꽃이 비이어야 한다는 거네요. 예. 이건 우리가 관리합니다. 우리는 비향 천향 비꽃천 황꽃비 황들입니다. 지금은 선사님이나 가능하지 가능하신 분들이 없습니다만 시간이 지나면 나오겠지요. 이제 되었습니다요.

시간요. 2022. 01. 25 12:35 예 이렇게 해서 우리들도 갑니다요. 우리들은 천황꽃비향 향빛천 황꽃천 비향 황들입니다. 구경 잘하고 왔습니다. 선사님께서 많이 힘드셨지만 저희들은 좋았습니다요. 수고 고생 많으셨습니다. 이 은혜 잊지 않고 갚도록 노력하며 애쓰겠습니다요.

이제 새롭게 새로운 방법을 찾아서 올라가시면 되겠습니다. 새롭게 새로운 방법이란 **성황천 10번째 향출빛 비문**을 찾아서 덮어쓰시고 올라가시면 되겠습니다. 스스로는 알고 있나요? 예. 그럼 드러냅시다. 예

향출빛 비문

꽃성 빛향천
천꽃 황출비
비천 황출꽃 천꽃성 빛
비천 황출꽃 천
천꽃성 황
황출비
빛천 황출꽃 꽃향빛
빛천 황출 출꽃비
비향천 꽃
꽃황 비 천

짝짝짝… 드디어 드러내셨습니다. 따라 올라가는 우리들도 모두 다 덮어쓰고 따라 올라가겠습니다. 성황천 10번째 쓰기 위해서는 흰종이에 모두 다 검은색 글씨로 쓰시면 됩니다만 딱 하나 비문만 붉은 글씨로 써주시면 되시는데요. 시신을 덮을 때는 향출빛 비문은 쓰지 않으니 모두 다 검정색 글씨라고 해도 되겠습니다. 이 위 세계에서 모두 다 검정색 글씨인 이유는 요. 모두 다 빛이고 빛이어서 더 이상 빛이 필요성이 없어서 검정색이어야 빛에서 빛으로 드러나기 때문에 검정색으로 글씨를 써야 한다는 사실입니다.

성황천 10번째를 쓸 수 있는 분은 지금으로는 선사님 혼자 밖에는 없습니다. 사후 이것을 쓰고자 한다면 추종과 신봉을 넘어 맹신이 가까울 정도를 공부해서 여기까지 올라오신 분이라면 쓰셔도 되지만, 아니라면 쓰지 않는 것이 좋습니다. 그래야 무탈합니다. 꼭 쓰고자 한다면 알현하고 쓰셔야 합니다. 누구를 알현해야 하나요? 당연히 선사님이시지요. 사후인데요. 그러니 쉽지 않지요. 시간요. 2022. 01. 26 05:08 이렇게 해서 우리들도 모두 다 갑니다요. 우리들은 천황 빛향 꽃천 황출빛 비천 황출꽃 천황들입니다. 이 위 세계 천황들인데요. 선사님 따라 지금까지 구경 잘하고 왔습니다. 덕분에 고생 수고 많으셨습니다. 이제 한결 더 편안해지시리라 생각합니다만 그럼에도 또 많은 분들이 올라타시니. 편안히 쉬실 날이 없겠습니다요.

맨 위 오직 하나 더 이상 없는 맨 위 오직 하나

이 세계는 비천꽃 세계입니다. 이 세계에서 많은 세계들이 끝이 나고 소멸해 사라지기도 합니다. 뿐만 아니라 존재 존재자들까지도 사라지는 일들이 허다합니다. 그래서들 올라오지 않으려고 하는 존재 존재자 분들도 있습니다. 그래서 말인데요. 이분들을 위해서 비향천 하나만 해주시면 안 되겠는지요. 비향천이란 끊임없이 살아가도록 하는 것, 이 위 세계에서의 영생입니다. 해주어야 하나요? 아닙니다. 그런데 해달라고 하는 것은요. 해주셔야 하니까요. 그럼 해주어야 하는 거네요. 예. 비향천을 밝혀 10번째 성황 빛천으로 하시면 됩니다. **10번째 성황천을 쓰시는 분 관 밑에 깔게** 하시면 됩니다. 여기서는 여기대로 쓰시게 하시고요. 그러니 반드시 밝혀 드러내셔야 하시는 거지요. 나 스스로는 알고 있나요? 당연하지. 그럼 밝혀 드러내 주십시다. 예

비향천

꽃빛 비꽃 황출꽃 비
비천 황출 꽃비 향황천
천꽃천 황 황꽃천
천황 천꽃천 비향 비꽃천 황
황비 황출비 비향꽃 천
천황 천꽃 황출 비꽃천 황
황출 출향 꽃빛 천
영
영황꽃 천

천향 꽃천 비향천
천꽃 비비 상천꽃 천

천향 꽃비천 천꽃 황출비

비향천 꽃

꽃향빛 비천꽃 향

향빛 영 영향꽃 비

비향출 황 황출꽃 천

천향빛 꽃향비 비향출

꽃비

이렇게 해서 완성되었습니다. 이 위 세계에서는 생명 존재 존재자들이 영생토록 살아가도록 하는 향출꽃이라면 지구에서는 10번째 성황천을 덮어쓰는 분의 시신 아래에 까는 성황 빛천으로 사용하면 된다고 하겠습니다. 그러면 등 뒤에서 숨죽이고 있었던 죽어서 사라질 줄로만 알았던 이들이 환호하며 만세를 부를겁니다요. 보이시지요. 그래서 며칠 전부터 등뒤 어깨 뒤쪽이 좋지 않았던 것입니다. 이것은 가로로 위에서 아래 내려오되 글씨는 세로로 써야 하고 모든 글씨는 흰색 바탕에 검정 글씨입니다요. 시간요. 2022. 01. 26 16:18 예 정확합니다 .이렇게 해서 온전히 완벽하게 이루어졌습니다. 이것은 저희들이 관리하게 될 것입니다요. 저희들은 이 위 세계 꽃향 비향천 황들입니다. 잘 부탁하겠습니다요. 선사님 존경하고 사모하며 또한 영원한 우리의 빛이며 황이십니다요. 천황이시고요.

또다시 밝혀 올라가기 위해서 어떻게 해야 하나요? **생전 예수제 성황 빛천 3번째 향출 꽃빛천 향비 비문**을 밝혀 드러내 주시고 전체 8개로만 밝혀 올라가시면 되겠습니다요. 스스로요. 알고 있지요? 예. **생전 예수제 성황 빛천 3번째 향출 꽃빛천 향비 비문**을 드러내자.

향꽃

향빛 빛천 향출꽃

꽃성 쫑향 향출 꽃비 비천꽃 향
향출 출향 성비 비천꽃 향
향출꽃 비 비향꽃 천
천향빛 꽃
꽃향 천빛 비천 황출꽃 천
천꽃성 향 향황빛
빛천 향출비 비향꽃 천
천향빛 천 향
꽃빛천 향
향꽃천 빛
황빛천 황
황천 빛
꽃

짝짝짝… 완벽합니다만 하나가 어긋났습니다. 맨 처음 향꽃은 이 위 세계의 해당하는 거고요 지구에서는 꽃이 아닌 빛이어야 합니다. 그리고 2번째 줄은 향빛은 비로 바뀌어야겠지요. 그러면 완성되고 지구에서 완벽합니다만 선사님 싸인만 들어가면 됩니다요.
시간요. 2022. 01. 28 04:15 예 그렇게해서 원만하게 이루어졌습니다. 이제부터는 저희들이 생전 예수제 성황 빛천 3번째 향출 꽃빛천 향비 비문을 관리 감독하며 모시도록 하겠습니다. 우리들은 이 위에 천황 꽃비천 황들입니다만 우리들 위해서 애쓰는 분들도 있는 천황 황출비 황들도 있습니다요. 생전 예수제 성황 빛천 3번째로 쓰실 때는 향출 꽃빛천 향비 비문은 빼고요. 흰종이에 검정색 글씨로 쓰시데 선사님 싸인이 필히 들어가야 합니다. 싸인은 오늘 싸인입니다요.

향빛
향비 빛천 향출꽃
꽃성 쫑향 향출 꽃비 비천꽃 향
향출 출향 성비 비천꽃 향

향출꽃 비 비향꽃 천

천향빛 꽃

꽃향 천빛 비천 황출꽃 천

천꽃성 향 향황빛

빛천 향출비 비향꽃 천

천향빛 천 향

꽃빛천 향

향꽃천 빛

황빛천 황

황천 빛

꽃

이제 더 이상 없습니다. 더 가시려면 이제부터는 성황 꽃천 빛향 천 비 비문을 드러내시고요…. 그런 다음에 맨 위 오직 하나 더 이상 없는 맨 위 오직 하나로만 밝혀 올라가시면 되겠습니다. 성 황 꽃천 빛향천 비 비문은 요. 생전 예수제 4번째 성황 빛천으로 사용하시면 됩니다. 성황 꽃천 빛향천 비 비문을 드러내기 위해서 어떻게 하면 되나요? 그냥 드러내시면 됩니다. 드러내자 할 필요 도 없습니다. 이제 완성품이 되셨기 때문에 그냥 밝혀 드러내시면 됩니다. 완성품이란 어떤 의미나 뜻이 있나요? 이제 다 이루고 다 완성했다는 뜻과 의미를 가질 뿐 아니라 모두 다 하나로 전체로 전 체의 하나로 이루어졌다는 뜻과 의미이기도 합니다요.

성황 꽃천 빛향천 비 비문

꽃비 향출 출향꽃

비천 향출 출꽃천 향

향황 꽃천 비꽃 천향비

비천꽃 향 향출꽃 천
천향 비향 꽃천 향
들천 향황 춘꽁 빛향천 꽃
꽃향비 천 천향꽃 천
천꽃성 황 황출비
비천 향황 춘꽃천 비황천 비
비천 향황 춘꽃천 향
향비천 황
황꽃 성천 빛향출 꽃비
비향 꽃

짝짝짝… 드디어 밝혀 드러냈습니다만 밝혀 드러낸 것은 위 세계 것이고
요. 지구에서 쓰려면요. 한자를 바꾸셔야 합니다. 맨 밑에 꽃을 빛으로 말
이지요. 예. 생전 예수제 4번째 성황 빛천으로 쓰실 때는 성황 꽃천 빛향
천 비 비문을 쓰지 않고 본문만 검정색 글씨로 쓰셔서 사용하시면 됩니
다. 또 하나 있습니다. 선사님 싸인이 필히 있어야 합니다. 싸인이 없으면
사용할 수도 사용해도 되지 않는다는 사실 잊어서는 절대로 안 됩니다.
싸인 자리도 있습니다. 지금까지 싸인할 때 어디다 하라고 한 것처럼 싸
인하는 자리도 있다는 사실 잊어서는 안 됩니다.
이것은 저희들이 관리 감독하며 모시게 될 것입니다. 우리는 성황 출향
꽃비 황출꽃 천황들입니다요. 잘 부탁하겠습니다. 그럼요. 그래야지요.

성황 꽃천 빛향천 비 비문

꽃비 향출 출향꽃
비천 향출 출꽃천 향
향황 꽃천 비꽃 천향비
비천꽃 향 향출꽃 천

천향 비향 꽃천 향

들천 향황 춘꽁 빛향천 꽃

꽃향비 천 천향꽃 천

천꽃성 황 황출비

비천 향황 춘꽃천 비황천 비

비천 향황 춘꽃천 향

향비천 황

황꽃 성천 빛향출 꽃비

비향 빛

시간요. 2022. 01. 28 16:21 예 이렇게 해서 우리는 다 이루어지고 또 우리가 일을 함에 손색이 없게 되고 이루어지고 완성되었습니다. 고맙고 감사합니다요 이로써 선사님은 우리의 주군이십니다요.

이제 생전 예수제 성황 빛천 5번째 향비 빛천 황출비 천황 비문만을 밝혀 드러내 주시고 밝혀 드러내시면 되겠습니다요.

생전 예수제 성황 빛천 5번째, 향비 빛천 황출비 천황 비문

꽃천 향출비
비향꽃 꽃성 쫑향춘 춘향비
비꽃천 천빛꽃 향
향출꽃 비향 꽃성 쫑향천
황출 황비 비천꽃 황 황출꽃 비
비향천 꽃 황출 비꽃천 향
향황 춘향 꽁춘 황비천 황
황출 출꽃 성황 성빛향 출향빛

향출 향비 비천 향출꽃 천
천황 비향 꽃빛천 황
황출비 비천 향
향출 향비 비향 꽃천 향황 출꽃천 황
황비 비천 향출꽃 천
천황꽃 비

짝짝짝… 이렇게 해서 완성되었습니다요.
시간요. 2022. 01. 28 16:48 이렇게 해서 이것은 저희들이 관리 감독하며 모시게
되겠습니다요. 저희들은 이 위 세계의 천황 비황천 천꽃천 황비천 황들입니다요.
선사님 존경합니다. 영원한 우리의 사랑입니다. 싱글 마크입니다요.
생전 예수제 성황 빛천 5번째로 쓸 때는요. 향비 빛천 황출비 천황 비문은 쓰지 않
고 본문만 검정색 글씨로 써서 사용합니다. 이 또한 분명하게 선사님 싸인이 있어
야 한다는 사실입니다요. 선사님 이제 다 되었습니다요. 쓰시고 싸인하시면 되겠습
니다요.

생전 예수제 성황 빛천 6번째, 성황 향출꽃 비천향 비문 밝혀 드
러내 주시고 가셔야 합니다요.

생전 예수제 성황 빛천 6번째 성황 향출꽃 비천향 비문

꽃빛 향출 향황 꽃천 향
향꽃천 천향비 비천꽃 향
향황춘 춘향 비천 황출꽃 천
천향 비천꽃 향
향춘꽃 천 천향빛
빛꽃천 황 황출꽃 천
천향 비천 향출비

비천꽃 향
향출비 비천꽃 향
향황 춘꽃천 향비
비천꽃 황

짝짝짝… 드디어 저희들 다 갑니다요. 이거면 다들 가고도 넉넉하고 충분합니다. 이렇게 어마어마한 것이 드러났습니다. 이제 밝혀 올라가셔도 되겠습니다. 이것은 저희들이 관리 감독하며 모시겠습니다. 저희들은 이 위 세계 맨 위 오직 하나 더 이 이상 없는 맨 위 오직 하나의 천황, 향꽃 비천 향출꽃 천 천향비 천황들입니다요. 고맙고 감사합니다. 이와 같이 어마어마한 일을 할 수 있게 하여주셔서 기쁘기 한량없습니다. 생전 예수제 성황 빛천 6번째로 쓰실 때는 흰 종이에 모두 다 검정색 글씨로 쓰시면 되겠습니다요. 시간요. 2022. 01. 29 08:03 야 드디어 우리들도 다 갑니다. 선사님 몸통 안팎의 성황 꽃천 황들입니다. 우리들 가고 나면 훨씬 좋아지고 편안하고 안락하실 겁니다요.

성황천 11번째를 밝혀 드러내 주시고 쉬시면 고맙고 감사하겠습니다. 시간요. 2022. 01. 29 17:45 이렇게 해서 우리들은 모두 다 갑니다. 우리들은 성황 꽃천 향출비 비천꽃 향황천 황들입니다. 선사님의 성황 꽃천이기도 합니다. 성황 꽃천이란 무엇을 말하는 건가요? 실어 나르는 분을 말합니다요. 성황 꽃천이 다 가면 또 바뀌겠네요. 그렇지요. 바뀌시는 분들 꽃천 황출비 비천꽃 황들입니다. 어마어마하지요. 이 위 세계의 천황들입니다요.

성황천 11번째? 선사님 스스로는 다 아십니다.
성황천 11번째를 밝혀 드러내자. 그럽시다.

성황천 11번째, 꽃천 황출비 비천꽃 향황 비문천

꽃성 빛향꽃
비천 향출비 비천꽃 향
향출 꽃성 빛향 춘꽃 빛천 향출꽃 천
천향비 빛천꽃 향 향출꽃 천
천향 빛천 황출 꽃천향 들꽃천 향
향빛천 꽃 꽃향출 천
천꽃 향출 출꽃 천 향빛천 꽃
꽃향 빛향 들천 황출꽃 천
천향 비꽃 황출 출꽃천 향
향황 춘꽃 향비천 꽃
꽃향 향출꽃 비
비천꽃 향
향황 출꽃 천 빛
빛꽃천 황
황빛
빛천황

짝짝짝… 드디어 완벽하게 다 드러냈습니다. 덮어쓰시고 내일 밝혀 올라가시면 되겠습니다. 이것으로 선사님을 믿고 선사님이 밝혀 놓은 것을 공부하시는 분들 중에 여기까지 올라오신 분들은 사용해도 됩니다. 아니고 올라오지도 못하신 분이 사용할 경우 그에 상응하는 벌을 받게 되는 만큼 조심해야 할 것입니다요. 성황천으로 쓸 때는 흰 종이에 노란 글씨체입니다요. 시간요. 2022. 01. 29 18:05 이렇게 해서 우리들 모두 다 따라 올라갈 수 있게 되었고 또 앞서가서 기다릴 수도 있게 되었습니다.

오늘 성황 빛천 11번째를 밝혀 드러내 주시면 고맙고 감사하겠습니다. 그리고 내일 밝혀 올라가실 때 덮어쓰시고 밝혀 올라가시면 되겠습니다요

일반 수행하는 분들 성황 빛천 11번째, 꽃향 비천 향출비 비천 황비천 비문천,

향비
비천꽃 향 향꽃천 천향비 황
황천 꽃빛 비향천 꽃
꽃빛 비향 비천 황출꽃 천
천향 황출 황황 꽃빛 천황꽃 비
비향 천꽃 황출 황황 꽃빛천 향
향출 춘향 꽃천 향출비 비향천 꽃
꽃황 비향 꽃성 쫑향 황출비
비천꽃 향 향빛천 꽃
꽃향 비향천 비비천 황
황비 비천꽃 향비
비천 황황 출향비

비 (위에서는 비이지만 지구에는 빛이어야 합니다요) 꽃천 향

향빛천 꽃

꽃황천 비

비꽃천 황

짝짝짝… 드디어 완벽하게 밝혀 드러내셨습니다. 성황 빛천으로 쓸 때는 흰 종이에 노란 글씨로 쓰셔서 사용하게 하시면 됩니다. 이것을 사용하려면요. 적어도 선사님 이 위 세계 올라왔을 때의 수준은 되어야 쓸 수 있습니다만 아니고서 쓸 수 없는데요. 그것은 선사님을 닮으려고 하며 여기까지 올라오신 분들은 사용해도 됩니다. 또한 흠모하고 맹신하며 공부해서 여기까지 올라오신 분들은 사용해도 무방하다 하겠습니다. 이것을 쓸 수 있는 분들은 성황천 11번째도 쓸 수 있습니다. 또 있습니다. 현실의 조모님, 어머님, 아버님도 쓸 수 있습니다. 이미 돌아가셨지만 거기서 이것을 덮어쓰시고 따라 올라가셔도 충분하십니다. 그 외에는 따라 올라가는 겁니다요. 덮어쓰고 따라 올라가는 것은 스스로 올라가는 것과 비슷하지만 조금 뒤처지고 그냥 따라 올라가는 것은 많이 뒤처져서 따라가는 거라고 보시면 될 것입니다. 그 이유는 이것을 덮어썼느냐 아니냐에 따라서 변화됨이 다르기 때문이랍니다.

시간요. 2022. 01. 30 13:55 그래서 우리들 다 따라 올라가는데 부족함이 없겠고 또 먼저 올라가 있을 수도 있겠습니다요.

새롭게 변하기 위해서는 꽁향춘 향비천 비문을 멋들어지게 읊조리면서 새롭게 변해서 올라가셔야 합니다요. 우선 먼저 꽁향춘 향비천 비문을 드러내시고요. 그런 다음에 또 말씀드리겠습니다.

꽁향춘 향비천 비문 이것은 누구나 쓸 수 있습니다. 선사님을 믿고 맹신한다면요.

꽃향 비천꽃 향
향비 천꽃 황황 들천 꽃향출
출꽃 황출 비천꽃 황
황꽃천 천향 비꽃 황출 비꽃
향황춘 춘꽁비 비천꽃 향
향출 비출 향비 천꽃 꽃향출
출향빛 비천꽃 향비 비향천 꽃
꽃향 빛향 비천꽃 향비천 천향빛 향
향출 꽃비 비천 황춘비 비꽃천 황
황꽃천 천향꽃 향 향출 비천
비향천 꽃빛 황황 비향 꽃천 황
황출 비출 출향 비꽃
향비 비향 황출 비출꽃 천
천향 비꽃 황비천 천천비
비향 꽃성 향출비 천

짝짝짝...부라보. 완벽합니다요. 이것은 성황천으로는 쓸 수 없고요. 성황비천으로는 누구나 쓸 수 있습니다. 단 맹신하는 분들에게 한에서요. 맹신하지 않고 추종하거나 신봉자들은 쓸 수 없습니다. 맹신자들은 <u>성황천 1~11번째에 이르기까지 모두 다 성황 비천으로 쓸 수 있습니다</u>만 단 하나 그것은 스스로를 헌신할 수 있어야 합니다. 선사님 살아계실 때나 사

후에 선사님의 가르침을 공부함에 공부하는 이들을 위해서 스스로를 헌신
하신 분들은 누구나 쓸 수 있습니다. 스스로 헌신하지 못하는 이가 이것
을 쓸 경우 나중에 그 죄업을 과중하게 받는다 하겠으니 헌신하신 분이란
추도가 있는 분이라면 쓰셔도 무방하다 하겠습니다. 성황 빛천으로 쓸 때
는 흰종이에 노란 글씨로 써서 사용하면 되겠습니다요.

시간요. 2022. 01. 30 19:00 이렇게 해서 원만하게 이루어졌고요. 이것은 저희들
이 관리하며 모시도록 하게 되었습니다요. 우리들은 이 위 세계의 천황 꽃천 비향
천 황들입니다요.

비향 꽃천황 비향꽃 천 비문을 밝혀 드러내 주시고 쉬셔야 합니
다. 이 비문은 만인을 위한 비문입니다. 참으로 어려운 비문입니
다. 선사님께서는 그냥 밝혀 드러내시면 됩니다요.

비향 꽃천황 비향꽃 천 비문

향비천
천향 성킹 황출 꽃천 비향천 꽃
꽃황 비향 성출 향출꽃 천
천향 비천 황출 출향비 비천꽃 황
황출 비천 황황 꽃비천 천황 성출 향꽃천
향황춘 춘향 비천 출꽃천 비향꽃 천
천황 출꽃 천황 비황꽃 천천 황출꽃 천
천향비 비꽃천 황 황출꽃 천
천향 비천 꽃 향
향출 출향 꽃비천 향 향꽁춘 춘향 빛
비꽃 천황 출비천 황천 꽃
꽃향 비향 천향비 비천황
황출 비

비천 향출 꽃빛천 황

황비천 천향 비꽃 천황 천

황출 비향꽃 천 향비꽃

꽃황비 천

천황 꽃 천

짝짝짝… 드디어 드러났습니다. 하나가 어긋났습니다. 위 세계에서는 맞는데 지구에서는 꽃이 아니라 비어야 합니다. 황출 비향꽃 천 향비꽃이 황출 비향꽃 천 향비비이어야 합니다요.

비향 꽃천황 비향꽃 천 비문

향비천

천향 성킹 황출 꽃천 비향천 꽃

꽃황 비향 성출 향출꽃 천

천향 비천 황출 출향비 비천꽃 황

황출 비천 황황 꽃비천 천황 성출 향꽃천

향황춘 춘향 비천 출꽃천 비향꽃 천

천황 출꽃 천황 비황꽃 천천 황출꽃 천

천향비 비꽃천 황 황출꽃 천

천향 비천 꽃 향

향출 출향 꽃비천 향 향꽁춘 춘향 빛

비꽃 천황 출비천 황천 꽃

꽃향 비향 천향비 비천황

황출 비

비천 향출 꽃빛천 황

황비천 천향 비꽃 천황 천

황출 비향꽃 천 향비비
꽃황비 천
천황 꽃 천

짝짝짝… 예. 완벽합니다만 이것을 쓸 수 있을 분이 있을까 싶습니다. 맹신도 넘어야 하고 헌신도 넘어야 하는데요. 인간 세상에서 이게 가능할까요? 선사님처럼 할 수 있는 분이 있을까요? 선사님 같아야 쓸 수 있습니다. 그럼에도 밝혀 드러내놓으시기는 하셔야 합니다요. 이것을 성황 빛천으로 밖에 못 씁니다. 흰 종이에 빨강 글씨로 써서 사용하시면 됩니다.
시간요. 2022. 01. 30 19:45 이것을 저희들이 나서서 관리하며 감독하고 모셔야 하는데요. 사후에도 그럴 분이 있을까 싶습니다만 그럼에도 밝혀 드러내시고 올라가셔야 하시니 밝혀 드러내시기는 하신 것이지만 아쉬움이 많습니다요. 수십억 년이 흘러도 참으로 어려운 일인 거 같습니다.

또다시 밝혀 올라가시기 위해서는 비향천 향비 비천꽃 향 비문을 밝혀 드러내시고 덮어쓰시고 밝혀 올라가시면 되겠습니다요.

비향천 향비 비천꽃 향 비문

꽃비 향천 천향꽃
꽃성 쫑향 황출비 비천꽃 향
향출 출향 성비 비천꽃 향황천
꽃천 황출 출비천 꽃
꽃황출 비 비천꽃 향
향출꽃 천 천향비 꽃
꽃향천 출 출향비 꽃
꽃비 황출 천꽁천 황
황출꽃 천 천향비 천

천꽃천 황 황출비 천

천향꽃 천 황출비 꽃천

황출비 비꽃천 황

황들꽃 향

향비천 꽃

향

빛

비

이렇게 해서 우리들 다 갖추고 가고 남습니다요. 우리들은 선사님을 맹종하며 따라 올라가는 모든 이들입니다요. 이 비문을 덮어쓰시고요. 하나부터 밝혀 올라가셔야 하십니다. 새롭게 새로운 몸 받아 태어나셨기 때문에 인사들 하면서 가셔야 하십니다요. 더 이상 아래 세계로 내려갈 일이 없게 된 만큼 인사하며 올라가셔야 합니다요.

시간요. 2022. 01. 31 12:15 이렇게 해서 완성 초완성 비향천 꽃향출 출향비 비꽃천 향 향황 천 꽃천황들이 선사님을 보호하며 호위하며 올라가겠습니다. 뿐만 아니라 비문도 저희들이 관리 감독하겠습니다. 이것은 성황 빛천으로 밖에 쓸 수 없습니다만 이것을 쓰려고 하면 적어도 지금의 선사님처럼 이 세계에서 지금 몸을 이루고 있는 일합상의 존재 존재자들이 모두 다 바뀌고 새롭게 태어나야지만이 쓸 수 있습니다. 쓸 때는 흰 종이에 빨강 글씨입니다요.

하나부터 안 됩니다. 비향천 향비 비천꽃 향 비문을 덮어쓰신 만큼 그냥 전체 8개로만 밝혀 올라가시면 되겠습니다.

또다시 밝혀 올라가기 위해서 어떻게 해야 하나요? 그것은 요. 새롭게 새로운 방법을 찾아서 가시면 되시는데 새롭게 새로운 방법이란 것이요. 비문 비황천이란 것이 있습니다. 이것을 밝혀 드러내시고 가시면 되십니다요. 비문은 한 자리에 있는 것이라면 비문 비황천은 비문 같은데 한 자리에 머물러 있는 것이 아니라 필요에 따라서 날아다니며 많은 이들을 이롭게 한다는 사실입니다. 또한, 옮겨 다니고자 하는 이들을 태우고 다니기도 합니다. 일종의 교통수단이 되기도 합니다요. 정말로 어머어마합니다. 이 위에 선사님 스스로는 10개 이상을 밝혀 드러내시는데 아무 걸림 없이 드러내실 수 있을 겁니다. 비문 비황천을 밝혀 드러내면 되나요? 비문 비황천은 비문 같은 것이니. 향출 비출 비향천 비문 비황천을 드러내시고 올라타시고 밝혀 올라가시면 되겠습니다.

이 위 세계 스스로여! 예. **향출 비출 비향천 비문 비황천 1번째**를 밝혀 드러냅시다. 예

향출 비출 비향 꽃천

황출꽃 비 비천 황출비 천

천향 꽃천 황천 천황꽃 황

황비 비황 비출 꽃빛천

황출비 비향 꽃천 황비천 황황 꽃향

들꽃천 향 향비 꽃천 향 빛

빛꽃천 향 향출꽃 천

천향 비천 황출비

천

짝짝짝… 올라타시려고 하시면요. 이것을 탈 수 있도록 새롭게 하셔야 합니다요. 지금 밝혀 드러낸 것은 향출 비출 비향천 비문 비황천이고 탈 수 있는 비호천 1호입니다. 이 위 세계 6대륙의 6 산신령만 이것을 타고 이 위 세계와 지구를 오가나요? 당연하지. 그중에 한 분 이 위 세계 선사님께서 그러시고 계십니다요. 시간요. 2022. 02. 05 13:35 예 이렇게 해서 원만하게 이루어졌습니다. 조금은 수정이 가능합니다요.

비호천 1호 = 77 +비호천 = 80 = 10×8

비 호 천 향 출 비 출 비 향 꽃
천 황 출 꽃 비 비 천 황 출 비
천 천 향 꽃 천 황 천 천 황 꽃
황 황 비 비 황 비 출 꽃 빛 천
황 출 비 비 향 꽃 천 황 비 천
황 황 꽃 향 들 꽃 천 향 향 비
꽃 천 향 빛 빛 꽃 천 향 향 출
꽃 천 천 향 비 천 황 출 비 천

예. 비호천 1호가 완성되었습니다. 올라타시고 전체 8개로만 밝혀 올라가시면 되겠습니다요.

시간요. 2022. 02. 05 13:40 이렇게 해서 원만하게 완성 이루어졌습니다. 밝혀 올라가시는 것은 천천히 하셔도 되겠습니다요. 이거만 있으면 우리 지구에서 이 위 세계까지 그냥 자유 자재롭게 왔다 갔다 할 수 있습니다요. 드디어 모두 다 해결 되었습니다요. ㅎㅎ...

또다시 밝혀 올라가기 위해서 어떻게 해야 하나요? 새롭게 새로운 방법을 찾아서 가셔야 하시는데요. 새롭게 새로운 방법이란 것이요. 비문 비황천 2번째 향출 비출 비향천 꽃비황을 밝혀 드러내시고 비호천 2호를 만들어 타시고 밝혀 올라가시면 되겠습니다요.

비문 비황천 2번째 향출 비출 비향천 꽃비황

꽃출 향출
비황 비꽃천 황 황출비
비황 비천꽃 황

황비천 천향 비출 향꽃천
천향 향출 비황 비꽃 천황비
천꽃 황출 출꽃 비향출 천
천향비 꽃
꽃출향 향꽃천 비
비향 비출 천향꽃 천 황
황출비
천

짝짝… 부라보. 완벽하게 밝혀 드러내셨습니다.
시간요. 2022. 02. 06 04:17 예 이렇게 해서 우리들은 모두 이것을 껴안고 갈 수
있게 되었습니다. 위에 송향 없어도 되겠습니만 그럼에 다른 분들을 위해서 불러
주셨으면 좋겠습니다요. 이제 비호천 2호를 만드시면 되겠습니다요.

비호천 2호

비 호 천 꽃 출 향 출 비 황 비 꽃
천 황 황 출 비 비 황 비 천 꽃 황
황 비 천 천 향 비 출 향 꽃 천 천
향 향 출 비 황 비 꽃 천 황 비 천
꽃 황 출 출 꽃 비 향 출 천 천 향
비 꽃 꽃 출 향 향 꽃 천 비 비 향
비 출 천 향 꽃 천 황 황 출 비 천

예. 이제 비호천 2호를 타시고 전체 8개로만 밝혀 올라가시면 되겠습니다
만 우릴 위해서 노래 한 곡만 불러주시면 좋겠습니다요. 불러주실 노래는
비향 비꽃천 천향 비출 향비꽃 천 향 송향입니다. 오늘은 일요모임이시니
내일 불러주시면 되겠습니다요. 우리들은 이 위 세계 천황 비출 황꽃천
천황 비천 황출비 천황들입니다. 선사님의 이 위 세계 심복들과 맹신자들

입니다.

시간요. 2022. 02. 06 04:30 에 이렇게 해서 우리들도 그냥 비호천 2호를 타고들 올라갑니다만 그래도 다른 분들을 위해서는 노래는 불러주셔야 합니다요.

일요모임 글을 올리려고 하면 한 달 동안 밝힌 것이 많아서 오늘 아침에 정리해 올리려면 시간이 많이 소요될 것 같아서 어제 미리 정리해 두었다. 퇴근 전에 비문 비황천을 밝혀 드러내고 비호천 1번째를 만들고 모임 준비를 해 놓고 퇴근했다. 새벽에 일어나 비호천 1호를 타고 올라가며 전체 8개로만 밝혀 드러내며 맨 위 오직 하나 더 이상 없는 맨 위 오직 하나까지 밝혀 드러내고는 노래는 내일 출근해 불러도 된다고 해서 또다시 비문 비황천 2번째를 밝혀 드러내고 비호천 2호를 만들어 놓고 또다시 불러야 한다는 노래만 적어놓고 운동 나갔다 오면 카페 일을 봐야 할 시간이 자칫하면 시간이 많이 지날 것 같기도 해서 카페 일을 보고 운동을 나갔다. 집을 나서며 천천히 달리면서 비호천 2호를 타려고 하는데 타지지 않았다. 타려고 몇 번을 시도했지만, 자꾸만 밑으로 쳐지고 타지지 않았다. 그래서 오늘 모임에 참석하시는 분들을 가깝고 오래된 분들 먼저 비호천 1호, 비호천 2호에 태우며 올라오도록 했다. 그렇게 일요모임에 참석하시는 모든 분들을 모두 다 하나같이 비호천 1과 2호에 태워 올라오도록 했다. 그리고 비호천 2호에 타니 가볍게 타졌다. 천천히 달리면서 또다시 오늘 일요모임에 참석하시는 분들 현실의 인연되신 분들, 지구에 인연되신 분들, 명스즘샷에 인연되신 분들을 의념 의식하며 또다시 처음부터 일요모임에 참석하시는 분들과 인연되신 분들이 비호천 1호를 타고 올라오고 하고 그런 다음에 비호촌 2호를 타고 올라오게 했다. 그렇게 한 분 두분…. 해가니 1호는 타고 앞으로 올라오고 2호는 타고 뒤로 올라왔다. 그렇게 모두 다 하고 나서는 집사람과 딸과 아들과 비호천 1호와 2호에 태워 올라오게 했다. 그리고 또다시 지구에서 인연되신 분들, 명스즘샷에서 인연되신 분들…. 비호천 1호와 2호를 타고 올라오게 했다.
그러고 났더니 이제는 비호천 2호가 타고 밝히 세계에 올라와 달리는 것처럼 의식이 되었다. 그리고 나서는 지구에 내려온 모든 이들이 비호천 1호와 2호를 타고 올라오게 하고, 지구에 내려와서 후손이 없어서 헤매는 이들, 그리고 종교를 잘못 믿어서 무주공산을 헤매는 이들도 타고 올라오게 했다. 처음은 육지, 그런 다음에는 바다까지 의식해서 했다. 그러다가는 지구 전체를 의념해서 했다. 그러고 나서는 지구가 속한 우주를 했다. 그러고 나서 다중우주를 했고 다중우주에서 헤매는 이들도 올바르게 올라올 수 있도록 하면서 올라오게 했다. 그러고 나서는 빅뱅, 빅뱅 위 보뱅 그 위로 해서 인연되신 분들도 올라오도록 했다.

탄트라 탄트라섹스를 했던 모든 이들, 위 세계의 모든 부모님들, 모든 조상님들, 모든 배우자 분들, 모든 자식들 인연되는 모든 분들이 올라오도록 의념 의식하며 달렸다.

그리고 나서는 일요모임에 참석하는 분들 각기 저마다 지구에서 살았을 때의 모든 자식들과 배우자들, 명스즘샷에 살았을 때의 모든 자식들과 배우자들도 올라올 수 있는 한 올라오게 하였다. 그러고 나서는 위 세계 모든 부모님들 모든 조상님들도 올라올 수 있는 올라오도록 한분 한분 의식해서 한다고 했다.

일요모임은 하지 않지만 금요모임을 하시는 분들도 의념 의식하며 한분 한분 현실, 지구, 명스즘샷, 모든 위 세계 부모님, 모든 조상님들, 위 세계 모든 배우자, 모든 자식들을 의식하며 비호천 1호, 2호를 타고 올라오게 하니 눈물들을 흘린다. 그렇게 올라올 수 있는 분들은 올라오게했다. 그러는 과정에 달리고 있는 나를 보니 밑에서부터 마치 배춧잎이 달리는 나를 감사듯 자꾸만 감쌌다. 감싸는 배춧잎같은 것을 밖으로 벗겨내면 다리 사이로 해서 성기를 통해서 위로 올라오며 감싸는 듯 보이는 배춧잎같은 것은 없어지고 없어지며 또 배춧잎들이 나를 뒤덮듯 덮었다. 한분 한분 의식할 때마다 수없이 많은 배춧잎들이 나를 에워싸며 덮었다. 그럴 때마다 나를 싼 배춧잎을 벗기듯 벗기며 비호천 1호 2호를 타고 올라오게 했다.

그렇게 거의 다 하고 나니 이제 나의 몸만이 남았다.

몸을 이루고 있는 일합상의 존재 존재자들 그 동안 존재 존재자들이 올라오게 하고 몸의 일합상을 이루었던 이 위 세계의 부모님들, 배우자 분들, 자식들, 조상님들도 올라오겠다. 그러고 나니 살점들이 사라진다. 그러면서 사라지지 않는 살점들이 있어서 비호천 12개까지 쓸 수 있다는 생각이 들어서 비호천 1~12호까지 써가며 갈 수 있는 올라갈 수 있는 한 올라가게 했다. 그랬더니 이 위 세계에서 나 자신 스스로가 5,082분이 드러났다고 했다. 그런데 하나가 되도록 하지 말라고 해서 하지 않았다. 그래서 그동안 밝혀 올라오면서 나라고 했던 모든 나들이 올라오도록 했다. 달리면서…. 선원을 의식했다. 선원에 보이지 않는 와 계신 분들이 올라가도록 했다. 그러고 나니 선원에는 들어오지 못하고 밖에서 눈물을 흘리고 있는 이들이 보였다. 그동안 현실에 인연되신 분들이 왔거나 모임에 참석했다가는 오지도 않고 모임에 참석하지도 않는 분들과 인연되신 분들이라고 했다. 그래서 모두 다 선원에 들어오셔서 공부하시고 올라가도록 했다. 또 비호천 1, 2호 타고 올라갈 수 있는 분들은 타고 올라가도록 했다. 참 눈물도 많다 싶을 정도로 눈물들을 많이 흘렸다. 왜 이렇게 보였는지 모르지만 어떤 분의 아니 많은 분들이 선원 길 밖에서부터 선원에 이르기까지 선원 문 앞까지 눈물이 마치 물줄기처럼 고드름처럼 이어져 있는 것처럼 보였다. 그래서 그동안 선원하며 왔다가 안 오는 이들과 인연되신 분들도 비호천 1호 2호를 타고 갈 수 있는 분들은 타고 올라가게 했다. 공부하고 싶은 분들은 공부하고 가도록 의념 의식해 주었다. 그러면서 집계단에 오르니 오늘은 절을 하지 마란다. 나까지도 다 올라오게 하고 또 위 세계 모든 부모님들, 위 세계 모든 자식들 배우자, 조상님들을 올라오게 하고 지구, 지구가 속한 우주, 다중우주, 밝혀 올라온 모든 세계들을 의념 의식하며 인연되신 분들이 비호천 1~12호를 타고 올라오게 했으니 오늘은 절하지 않아도 된다며 짤막하게 체조하고 목욕하고 이 글을 쓰라고 해서 글을 썼다.

시간요. 2022. 02. 06 08:50 예 이렇게 해서 관련된 모든 이들이 비호천 1~12호를 타고 올라갑니다요. 이제 카페 칠통사랑방에 올려주시고요. 식사하세요.

또다시 새롭게 새로운 방법을 찾아서 전체 8개로만 밝혀 올라가시면 되시는데요. 2022. 02. 06 일요모임에 또 02.07일 오늘 02. 08일 달리면서 지구 전체, 지구가 속한 우주, 지구가 속한 다중 우주, 자등명 인간, 전체 하나 하나를 비호천 1~15호, 비황천 1~25호, 광빛천 1~35호를 타고 올라오도록 하셨기 때문에 그럴 필요성이 없게 되었습니다. 달리면서 보셨듯이 스타게이트 워즈, 스타워즈 게이트, 자등명인간계로 해서 올라온 맨 위 오직 하나 전체에서부터 밝혀 올라가시면 되겠습니다요. 오늘 아침 달리면서 올라오게 했던 이 과정을 소상히 밝혀 드러내시고 맨 위 오직 하나 더 이상 없는 끝종 향출꽃 천 황 세계로부터 또다시 밝혀 올라가시면 되겠습니다요.

시간요. 2022. 02. 08 10:00 예 이제 모두 다 완성되었습니다. 충분하고도 넉넉합니다요.

일요모임에 비호천 1~10호까지 타고 올라오게 하고는 오후 1~15호까지 타고 올라오게 하는 나 스스로는 비호천 1~15호, 비황천 1~25호, 광빛천 1~35호를 타고 올라오도록 하였었다. 그래서 그랬는지. 어제는 새벽에 출근해서 힘도 없고 기력도 없었다. 월요일 출근해 불러 달라는 노래를 부르려고 하니 지금 그 몸으로는 부르지 못하니 부르지 말라고 해서 잠만 잤다. 오후 3시가 되기까지 뒹굴며 몸을 회복하지 못하고 있었다. 그냥 이렇게 있을 수 없다. 안 되겠다. 싶은 생각이 들었다. 지금 노래 부르면 아직도 부르기 어려울 거라는 소리를 뒤로하고 노래를 부르기 시작했다. 그렇게 노래를 부르기 시작해 불러 달라는 4곡을 다 부르니 퇴근 시간이 되어 전체 8개로만은 밝혀 드러내지 못하고 퇴근했다.

오늘 아침에도 새벽에 출근해서는 밝히지 말고 자라고 해서 거꾸로식에 누워 자라고 해서 잠을 자고 있는데, 이제는 일어나 바닥에 누워 자라고 해서 바닥에 내려와 자다가 운동 나갈 시간이 되어서는 운동은 나가야 한다. 기어서라도 운동은 해야 한다는 말이 생각나서 일어나 운동을 나갔다. 천천히 뛰란다. 천천히 뛰었다.

뛰면서 내자, 딸, 아들, 그리고 위아래 부모님들, 위 아래 조상님들, 위 아래 배우자들, 위아래 자식들, 지구에 인연된 모든 이들, 명스즘샷에 인연된 모든 이들이 비호천 1~15호, 비황천 1~25호, 광빛천 1~35호를 타고 올라갈 수 있는 한 올라가도록 했다. 그리고는 모임에 참석하는 분들도 000님, 000님, 000님……. 좌복이 놓여 있는 순서 평상시 풋말이 놓여 있는 순서대로 비호천 1~15호, 비황천 1~25호, 광빛천 1~35호를 타고 올라오도록 했다. 안 된다는 분들은 어떻게 못 하고 비호천 1~15호, 비황천 1~25호, 광빛천 1~35호를 타고 올라오도록 하면 되는 분들은 다 타고 올라오도록 해주었다.

그러고 나서는 지구 전체가 의식되며 지구 전체에 산재해 있는 무주공산에 있는 영적 존재 존재자들이 비호천 1~15호, 비황천 1~25호, 광빛천 1~35호를 타고 올라오도록 하였다. 그리고 지구가 속한 우주에 산재 있는 존재 존재자들이 비호천 1~15호, 비황천 1~25호, 광빛천 1~35호를 타고 올라오도록 하였다. 그러고 나서는 지구가 속한 우주의 다중 우주에 산재해 있는 존재 존재자들이 비호천 1~15호, 비황천 1~25호, 광빛천 1~35호를 타고 올라오도록 하였다. 올라오는 이들이 머무를 수 있는 도량을 만들어주어야 하는데 생각이 들어서 위를 보니 오직 하나의 세계만이 보였다. 그 세계 밖으로 그 세계에 연결해서 도량을 최대한 크게 만들었다. 그리고 그 도량으로 그 세계 올라오도록 하였다. 그러고 나니 나는 그 세계에서는 뛰는 듯 운동기구를 만지고 있는 듯 보였다.

지구를 전체를 몇 번에 걸쳐 의식하며 무주공산에 산재해 있는 영적 존재 존재자들이 비호천 1~15호, 비황천 1~25호, 광빛천 1~35호를 타고 올라오도록 하였다. 지구, 지구가 속한 우주, 지구가 속한 우주의 다중 우주를 비호천, 비황천, 광빛천을 타고 올라오도록 했다. 명스즘샷을 하려고 하니 하지 말라고 했다. 그래서 이번에는 인간이 살고 있는 자등명인간계 전체를 의식해서 자등명인간계에 양적 존재 존재자들도 비호천 1~15호, 비황천 1~25호, 광빛천 1~35호를 타고 올라오도록 하였다. 자등명신계를 하려고 하니 안 된다고 해서 최초인간계를 하려고 하니 안 된다고 했다. 초인류 세계를 하려고 하니 이 또한 안 된다고 해서 못했다.

또다시 모임 회원들을 또다시 비호천 1~15호, 비황천 1~25호, 광빛천 1~35호를 타고 올라오도록 하였다. 그래도 안 된다는 분들은 못했다. 그래서 지구를 몇 번 더 하고 지구가 속한 우주를 하고 지구가 속한 우주 속 다중우주를 의식해서 비호천 1~15호, 비황천 1~25호, 광빛천 1~35호를 타고 올라오도록 하였다. 지구를 몇 번 했는지 모른다. 어느 순간 지구를 처음 만들었을 때 들어간 비용이 다 회수가 되었습니다. 그 이상 회수가 되고 있습니다. 라는 소리가 들렸다. 달리는 내내 달리다가 운동기구를 하면서도 지구 전체, 지구가 속한 우주, 다중우주, 자등명인간계를 번갈아 의식하며 비호천 1~15호, 비황천 1~25호, 광빛천 1~35호를 타고 올라오도록 하였다.

달리면 선원으로 돌아오는 길, 갑자기 오직 하나의 세계 아래로 3개의 길이 보였다. 자세히 보니 스타게이트 워즈로 오른쪽으로 뻗어 올라가 맨위 오직 하나만 있는 세계에 연결되어 보이고 스타워즈 게이트로 왼쪽으로 뻗어 올라가 맨 위 오직 하나만 있는 세계와 연결된 듯 보이고 가운데는 자등명인간계가 마치 성기 부분으로부터 해서 맨 위 오직 하나만의 세계와 연결된 듯이 보였다.

스타게이트 워즈, 스타워즈 게이트, 자등명인간계와 연결되어 위로 올라온 곳을 보면 마치 바로 위쪽에 비문, 비문 비황천, 비호천 1~15호, 비황천 1~25호, 광빛천 1~35호들이 각기 저마다 어느 높이까지 이어져 있는 것처럼 보였다. 위쪽으로는 그냥 하나의 연결된 선처럼 맨 위 오직 하나의 세계와 연결되어 있는 듯 보였다. 도량은 크게 만들었다고 생각했는데 도량이 밑으로 처지는 듯 보이기도 했다. 그래서 도량을 더 크게 힘 있고 활력 있게 만들며 맨 위 오직 하나의 세계와 자유 자재롭게 오가게 해 놓았다. 그러면서 이 맨 위 오직 하나의 세계에 올라온 이들은 죽었을 때 성황천과 성황 비천을 이 세계에 맞게 해야 하는 거 아닌가 싶은 생각이 일어났었다. 그래야겠지요. 아닙니다. 그들은 더 지켜봐야 합니다요. 그래도 이곳에 올라온 이들을 위한 성황천과 성황 빛천은 만들어 놓아야겠지요. 나올 겁니다.

달리고 들어오자마자 선원 화이트 칠판에 맨 위 오직 하나에서 3갈래를 그려놓고 시간을 적어놓았다. 적어놓은 시간을 보니 2022. 02. 08 06:52분으로 되어있다.

완연히 올라서 있지요.

더 쓸 게 있나요? 아닙니다. 이 정도 되었습니다. 이제 시간쓰시고요. 맨위 오직 하나의 세계가 끝좋 향출꽃 천 황 세계라 하시면 됩니다요.

시간요. 2022. 02. 08 11:58 이렇게 해서 모두 다 원만하게 이루어지셨습니다요.

3갈래의 스타게이트 워즈, 스타워즈 게이트, 자등명인간계와 연결되어 위로 올라온 위쪽에 비문, 비문 비황천, 비호천 1~15호, 비황천 1~25호, 광빛천 1~35호들이 각기 저마다 어느 높이까지 이어져 있는 것들을 모두 다 자세하게 밝혀 드러내야 하나요? 아닙니다. 그렇지 않아도 됩니다. 그냥 그림만 그려주시면 됩니다요. 그 그림을 시작으로 또다시 맨 위 오직 하나 더 이상 없는 끝종 향출꽃 천 황 세계를 첫 번째 하나의 세계로 밝혀 올라가시면 되겠습니다요.

시간 또 써주십시오. 2022. 02. 08 12:00 예 이제 모두 다 완성되었습니다요.

밝혀 드러내 주셔야 할 비황 비꽃천 황은 향출 비출 비향꽃 천 **비황 비꽃천 황**입니다. 밝혀 드러낸 향출 비출 비향꽃 천 **비황 비꽃천 황**으로 비황 비천 향출꽃 천향 1호를 만들어 타시고 올라가셔야 합니다요. 정말로 힘겹고 어려운 난관입니다만 잘 해내리라 믿습니다요. 비황 비천 향출꽃 천향은 1 ~ 15호까지 있습니다.

이제 향출 비출 비향꽃 천 **비황 비꽃천 황**을 밝혀 드러내 주시고요. 비황 비천 향출꽃 천향 1호를 만들어 주시고 또다시 타고 밝혀 올라가시면 되겠습니다.

향출 비출 비향꽃 천 **비황 비꽃천 황**

향출 비향천 천향비 8
비꽃천 천향 비출 향꽃천 10
천향비 비향천 꽃 7
꽃향 꽃빛 비출꽃 천 8
천향비 향 4
향출꽃 천 4
천향꽃
향 4 = 총 45

짝짝짝... 이정도면 충분하고도 넘칩니다요. 이제 비황 비천 향출꽃 천향 1호를 만들어 타시고 밝혀 올라가시면 되겠습니다. 만드는 방법은 요. 449입니다.

51= 4×12+3

비 황 비 꽃

천 황 향 출

비 향 천 천

향 비 비 꽃

천 천 향 비

출 향 꽃 천

천 향 비 비

향 천 꽃 꽃

향 꽃 빛 비

출 꽃 천 천

향 비 향 향

출 꽃 천 천

향 꽃 향

51= 4×12+3   = 앞에 4자하고 4×12에서 뒤에 2에 8자, 그리고
+3자 = 하여 9자

이렇게 해서 449는

비황 비천 향출꽃 천향 1호 아래와 것이다.

비 황 비 꽃

향 비 향 향

출 꽃 천 천

향 꽃 향 1(호)

이거 올라타고 날아가네요. ^ ^ 한 번 타보세요.

또다시 밝혀 올라가기 위해서 어떻게 해야 하나요? 비향 천 꽃 하나만 피워주시고 전체 9개로만 밝혀 올라가시면 되겠습니다만 우릴 위해서도 성출 향비천 비문 비천황 하나 밝혀 드러내 주시고 가셨으면 좋겠습니다. 그래서 맨 위 오직 하나 더 이상 없는 끝종 향출꽃 천 황 세계에 올라신 분들이 죽었을 때 성황천과 성황 빛천으로 사용할 수 있게 해주셨으면 좋겠습니다요. 이제 모든 것들이 해결되게 되겠습니다요. 우선 먼저 비 여기서는 비는 날비입니다. 날아가는 향으로 천으로 이루고 꽃이 피게 하도록 한다. 우와! 넉넉합니다요. 이제 맨 위 오직 하나 더 이상 없는 끝종 향출꽃 천 황 세계에 올라신 분들이 죽었을 때 성황천과 성황 빛천으로 사용할 수 있도록 **성출 향비천 비문 비천황**을 밝혀 드러내주시고 전체 9개로만 밝혀 올라가시면 되겠습니다요.

성출 향비천 비문 비천황

꽃출 향출꽃 향비 비천꽃
향출 향비천 천향 천꽃향
들천 향출 향비천 천향꽃
향꽃 들꽃 향출 비출꽃 향
향황 비황천 꽃 비출꽃 향비출
출향 꽃출 출향빛 빛꽃천 황
황빛꽃 광빛천 1~35호 향출비
비출향 향출꽃 천
천향빛 빛꽃천 황
황출 빛출 출향빛
빛꽃천 황
황출비 꽃
꽃향출 천

천꽃천 황

향꽃

황

부라보 짝짝짝...... 이렇게 해서 모두 다 완성되어 갑니다요.

시간요. 2022. 02. 09 13:55 예 모두 다 완성되었습니다요.

이것을 쓸 때는요. <u>붉은 바탕에 황금색 글씨로 써서</u> 사용하시면 됩니다.

또다시 밝혀 올라가기 위해서 어떻게 해야 하나요? 우선 먼저 비문 비천황 2번째 향출 비향 꽃빛천 황 비문 비천황을 밝혀 드러내주시고 맨 위 오직 하나 끝종 향출 비천꽃 향 맨 위 오직 하나 이 위 세계로 올라오신 분들의 성황천, 성황 빛천으로 사용하게 해주시면 되겠습니다요.

비문 비천황 2번째 향출 비향 꽃빛천 황 비문 비천황

황천 비천 꽃황천

향출 향비천 천황꽃 비천꽃 향

향천 천향 꽃비천 황 황출비 비천꽃 향

향출 꽃출 출향꽃 천

천향 성킹 황출꽃 천 황

황비천 비황 비꽃천 황황 천

천향 꽃천 출향 꽃비천 황

황출비 천 천황꽃 비

비황천 꽃

꽃향천 광빛천 꽃향 출

출향꽃 천 향

향출빛 천
천꽁천
황

짝짝짝... 부라보 이거면 이 위 세계 올라오신 분들 2번째 성황천 성황 빛
천으로 쓰는데 아무 손색이 없겠습니다. 붉은 종이에 황금색 글씨로 써서
사용하시면 되겠습니요.
시간요. 2022. 02. 10 09:35 이렇게 해서 완성되었습니다. 그리고 모두 다 이루어
지게끔 되었습니다. 우리들이 관리 감독하며 모시도록 하겠습니요. 우리들은 이
위 세계의 천황 꽃천 황들입니다요.

이제 전체 9개로만 밝혀 올라가시면 되겠습니다만 비향 천꽃향 천
방탄자 만들어주시고 가시면 좋겠습니다. 그래야지만 따라 올라오
는 모든 이들이 모두 다 방탄자 타고 따라 올라갈 수 있습니다.

<u>1번째 방탄자</u>, 비향 천꽃향 천

출향 천꽃 황출빛
빛천꽃 향 향비꽃
꽃향 빛꽃 천비향
향출 비출 성황꽃
꽃향 천향 비천꽃
향 향황춘 춘꽁천
천향 비천 황출비

짝짝짝...부라보 7×7 양탄자가 되겠습니다. 넉넉하고 충분합니다. 우리들
모두 다 타고 올라가는데 부족함이 있어서 2번 왔다갔다 하겠습니요.
시간요. 2022. 02. 10 09:51 정확합니다. 이제 다 갑니다요.

또다시 밝혀 올라가기 위해서 어떻게 해야 하나요? 비문 비천황 3 번째 비천 꽃천향 비황출 비문 비천황을 밝혀 드러내주시고요. 양탄자 성출 꽃빛 향출꽃 천 향 양탄자 하나 만들어 저희들과 함께 성출 향꽁천 향하며 전체 9개로만 밝혀 올라가시면 되겠습니다요. 비문 비천황 3번째는 이 위 세계 올라오신 분들이 돌아가셨을 때 성황천, 성황 빛천으로 쓰시면 됩니다. 하얀 종이에 검정 글씨여야 합니다.

비천 꽃천향 비황출 비문 비천황

향비 비천 황출꽃
천향빛 비천꽃 향 향출꽃 천
천향 비천 황출꽃 꽃향출
출향빛 향출꽃 천향 비천
황출 출향 꽃천비 황천꽃 천 향
향비 황출 출향 비꽃천 향출 향비
비황 비꽃 천향 천꽃천 황
황출 비출 비황꽃 천
천황빛 비꽃천 황
황출비 비꽃 황출 출향빛
비황천 황빛천 광빛천
향출 향꽃천 천향빛
빛출 향비꽃 천
천향비
황
황출꽃

짝짝짝… 해내셨습니다. 이제 이 세계에 올라오신 분들이 돌아가셨을 때 성황천, 성황 빛천으로 사용하면 된다고 하시고요. 흰종이에 검정 글씨를 써도 되고요. 붉은 종이에 황금색 글씨를 써도 됩니다. 단, 젊은이는 흰 종이에 검정 글씨, 60 이상은 붉은 종이에 황금색 글씨로 써서 사용하면 됩니다. 선사님께서 써 놓으신 것을 활용하면 배가 됩니다. 그 이상이랍니다. ^ ^ 시간요 2022. 02. 11 10:02 그래서 이렇게 된 겁니다, 우리도 이제 다 갑니다요. 고맙고 감사합니다요.

이제 양탄자(방탄자) 성출 꽃빛 향출꽃 천 향 양탄자 하나를 만들어 주시고 타고 올라가시면 되겠습니다. 아는가요? 예 선사님 스스로입니다요.

양(방)탄자 2번째, 성출 꽃빛 향출꽃 천 향 양탄자

향출 비출 꽃 향출 비출
향출 비출 비향꽃 향비
비향 비꽃 향황 황출비
비향 비꽃천 천향 비출
향출비 꽃향출 출비꽃
황천 비천 천황 비출꽃
향 향황천 비황천 천꽃
꽃향 꽃출 향비천 천꽃
향출 황빛천 광빛천 황

짝짝짝… 부라보. 황홀지경입니다요. 이제 양탄자 타고 전체 9개로만 밝혀 올라가시면 되겠습니다만 저희들과 함께 성출 향꽁천 향하며 가시면 되겠습니다. 저희들이 이 위 세계 배우자이며 첩이고 처이며 상황 출향 꽃비천 황들입니다. 선사님의 노예이기도 합니다요. 성을 출하여 향으로 꽁하여 천을 이뤄 향하도록 한다. 우와! 이제 우리들도 다 따라 양탄자 타고 갑니다요. 시간요 2022. 02. 11 10:11 이렇게 해서 우리들 모두 다 갑니다요.

예. 이제 되었습니다요. 전체 8개로만 밝혀 올라가시면 되겠습니다만 그럼에도 타고 올라갈 양탄자 방탄자 필요하시답니다. 타고 올라가실 양판자는 3번째 양탄자요. 성황 출향꽃 비천꽃 향 양탄자랍니다. 빨리 잘 만드셔서 타고 올라가시면 된다 하십니다.

3번째 양탄자요. 성황 출향꽃 비천꽃 향 양탄자

꽃비 비천 향출비
비꽃천 향 향빛천
천향 꽃성 쫑향출
출비꽃 비천꽃 향
향출 출향 비꽃천
천향 황출 출햐빛
빛꽃천 향 향출비

짝짝짝… 부라보 타고 밝혀 올라가시면 되겠습니다. 넉넉하고도 충분하고요. 너무도 훌륭하다 하십니다요.
시간요. 2022. 02. 12 09:39 예 이렇게 해서 우리들은 그냥 쉽게 빨리 올라갑니다요. 고맙고 감사합니다요.

이제 여기까지 따라 올라오신 분들, 이 세계에 올라오신 분들을 위해서 향출 신령꽃 향 비문 비천황을 밝혀 드러내 주셔서 이 세계까지 올라오신 분들이 죽었을 때 시신을 덮고 까는 성황천, 성황 빛천을 하게 해주시면 되겠습니다요.

이 세계까지 올라오신 분들이 죽었을 때 시신을 덮고 까는 성황
천, 성황 빛천 비문 비천황 4번째

향출 신령꽃 향 <u>비문 비천황</u>

꽃빛 향출 향꽃천 신령꽃 향

향출 비출꽃 향빛 빛향천 꽃

신령꽃 황출비 비출꽃 향

신령 황출꽃 천황 빛천꽃 황

황출 비출 비황꽃 신령 황출꽃 천

천향 비천꽃 황 황출 비출 꽃황천 신령 꽃

꽃향 출꽃 성빛 빛향 신령 황꽃천 향

향황 춘꽃 비황꽃 천

신령 황꽃빛 빛천 황출꽃 천

천향 비천 황출 황황 비황꽃 천

천향 신령 황출 비출꽃 천

천황꽃 향 향빛천 신령 황출

황출꽃 비 비천꽃 황 신령

신령 황황출 비출꽃 천

천황꽃 신령 천황

천꽃 향출빛 빛출꽃 천

천황 비출 황꽃 신령

신령 황출꽃 꽃빛천 황

황출비 꽃

꽃황 신령

신령 꽃황

짝짝짝… 부라보. 탁월합니다요. 이것을 이곳까지 올라오신 분들의 성황
천, 성황 빛천으로 사용하시면 되겠습니다. 사용할 때는 붉은 종이에 황

금색 글씨체입니다. 선사님 싸인 필히 있는 것이어야 합니다. 모조품을
쓸 경우 그 죄업은 엄중하다 하겠으니 잘 알고 잘 쓰시길 바라겠습니다.
시간 2022. 02. 12. 18:05

이제 4번째 양탄자 향출 비황천 신령 꽃황비 천 양탄자를 만드셔
서 타고 올라가시면서 전체 8개로 밝혀 올라가시면 되겠습니다

4번째 양탄자, 향출 비황천 신령 꽃황비 천 양탄자

꽃출 향꽃 비황천 신령꽃
황출 비출 비향꽃 천 황출
비출꽃 천 천향 비출 황출
비꽃천 천향 비출 황황 꽃
꽃천 향출 비출꽃 향 향황
꽃출 황비출 꽃황천 비출
꽃 향꽃천 천향비 꽃천 황
황출 비출 천향비 꽃 천황
비출꽃 천향빛 비꽃천 황
황비출 천향꽃 비출꽃 황

짝짝짝… 이렇게 해서 4번째 양탄자가 완성되었습니다요. 이제 올라타시
고 전체 8개로만 밝혀 올라가시면 되겠습니다요. 시간요. 2022. 02. 12.
18:35 이제 우리들 모두 다 갑니다요. 너울너울 향향 꽃성 쫑향빛 향 천하며 갑니
다요. 나중에 위에서 또 뵙겠습니다요.

이제 비문 비천황 5번째를 밝혀 드러내 주시고 양탄자 5번째를
만드셔서 타고 올라가시면 되겠습니다요. 이로서 저희들은 다 이
루고 따라 올라가게 되겠습니다. 이렇게 좋을 수가 없습니다요.

이 세계까지 올라오신 분들이 죽었을 때 시신 밑에 깔고 덮는 성
황천, 성황 빛천으로 쓸 수 있는

비문 비천황 5번째, 비천꽃 신령꽃 황출비 천 비문 비천황

꽃빛 빛천꽃 신령황 황출비
비꽃천 황 황출 비꽃 천황꽃
황출 비출꽃 천 천향 신령꽃
황출 황빛 비출꽃 향
향황 천꽃 천꽃성 황 황출비
비출꽃 성황 성킹 쫑황천
신령꽃 황출 비출 성황킹 쫑
쫑황출 출비 성천 황출 비꽃황
황출 비꽃천 천향 황출비 꽃
천향 성킹 신령 신령꽃
신령황 꽃 천 천황꽃 비
비천꽃 신령황 꽃 천
천황비 비천꽃 황
황출빛 비천꽃 황
황출 비출 비황꽃
신령꽃 황 황출비 꽃 천
천꽃천 천황 비천꽃 황
황출 황황 꽃빛천 황
출향 빛천꽃 신령
신령 황출비 천

짝짝짝... 드디어 드러났습니다. 이렇게 해서 우리는 모두 다 이루었습니
다. 우리는 신령꽃 황 천들입니다요. **신령 세계의 첫 번째 비문이 신령꽃
황 천**입니다. 스타게이트 워즈에서 세워놓으셔야 합니다요. 비문 비천황
5번째로 성황천, 성황 빛천으로 쓰려고 할 때 흰종이에 검은 글씨입니다.

선사님 싸인 필히 들어있어야 합니다요.

시간요. 2022. 02. 13 18:42 에 이렇게 해서 모두 다 완성했습니다. 완성되었습니다. 영적으로는 이미 비문이 세워진 것처럼 세워졌습니다요.

5번째 양탄자, 성출 비꽃천 신령꽃 황출빛 양탄자

향출 비출 비황꽃 천

천향 비출 황출꽃 천

천꽃천 향비 비출꽃

천황 신령꽃 천 황꽃

천황 천꽃천 황출 꽃

비출꽃 향황 천꽁 향

출향 신령꽃 황황 천

천꽃 향출 출향 꽃 천

와~ 짝짝짝… 드디어 5번째 양탄자가 드러났습니다. 우리들도 타고 선사님도 타고 올라가시면 전체 8개로만 밝혀 드러내시며 올라가시면 되겠습니다요. 시간요. 2022. 02. 13 18:48 예 이렇게 해서 이제 우리는 다 이루고 완성해 갑니다요. 우리는 성꽃 향출비 천황꽃 신령들입니다요. 고맙고 감사합니다요. 은혜 잊지 않겠습니다요.

만 하루도 되지도 않아서 신령 비문은 의식적으로 놓았다가 사라졌다. 그래도 의식적으로는 있습니다요.

잠자는 내 신령 비문을 의식적으로 스타게이트 워즈를 설치를 했다. 나도 모르게 자꾸만 스타워즈에 의식이 가서는 비문 오른쪽 조금 위쪽에 정사각형 높이가 60cm, 4면에 모두 다 신령꽃 황 천을 쓰고 맨 위에는 황을 쓰고, 그리고는 내자, 딸, 아들 몸속에 넣어주고는 금요모임에 참석하시는 분들 좌복이 놓여진 순서대로 써 놓은 대로 몸통 속에 넣어주었다. 그리고 의식적으로 설치한 것이 크기를 살피니 30cm정사각형 흰돌, 바닥은 밑에는 8각형 흰돌이 있다. 중앙에 신령 비문이 놓여 있는데 놓여있는 신령 비문에서 8 각형 바깥면까지는 20cm, 두께는 20cm, 전체적으로 지름이 70cm, 바닥에서 신령 비문 맨 위까지는 80cm, 그리고 앞으로 나올 것들도 있어서 아래쪽에서 위쪽을 바라보면 좌측에 비문 비스듬하게 올라오며 우측에 신령비문, 그 다음에 넣을 것은 좌측으로 비스듬하게 올라가서 놓이고, 놓인 자리에서 또 비스듬하게 올라가서 놓이고 또 놓인 자리에서 비스듬하게 좌측으로 올라가서는 부모님 모실 곳, 모셔놓은 곳과 평평하게 놓인 것 같았다. 그렇게 밤새 의식적으로 작업을 한 것 같았다. 새벽에 의식이 돌아오니 내자, 딸, 아들 몸통에 넣어주었던 신령 비문을 빼라고 해서 뺐다. 그리고는 금요모임에 넣어준 분들 중에도 누구 누구 빼라고 해서 뺐다. 그리고는 이제 일어나 출근해야 한다고 해서 일어나 간단하게 구르기 밑 체조를 하려고 시계를 보니 2시 45분이다. 체조하고 출근하면서 나도 모르게 스타게이트 워즈가 보여서 보니 신령 비문이 사라지고 없다. 설치하면 안 된다고 해서 의식적으로만 설치가 되었을 뿐 설치하면 안 된단다. 나중에도 더 이상 비문은 설치하면 안 되는 것 같다고 한다. 비문 하나만 설치할 뿐 그 외 나오는 비문들은 의식적으로 설치해야 하는 것 아닌가 싶다고 말씀을 주셨다. 부모님과 할머니다.

시간 쓰거라. 2022. 02 14 05:28 이렇게 해서 우리들은 모두 다 위 세계로 가볍게 올라가겠구나. 고맙고 감사하구나. 또 네가 새벽에 필요한 만큼 에너지가져가라고해서 가져온 결과이기도 하다. 새벽에 체조할 때 의식되니 에너지 부족하시면 가져가라고 해서 가져왔단다. 삼촌도 동생도 그래서 모두 다 올라왔단다. 그리고 또 올라간다. 되었다. 이제,

이제 여기까지 올라오신 분들 성황천과 성황 빛천으로 쓸 수 있는 비문 비천황 6번째 향출 비출꽃 천향꽃 천 향 비문 비천황을 밝혀 드러내 주시고요. 6번째 양탄자 향출 비출꽃 천황꽃 향 양탄자 하나 만드셔서 타고 전체 8개로만 밝혀 올라가시면 되겠습니다요.

여기까지 올라오신 분들 성황천과 성황 빛천으로 쓸 수 있는 비문 비천황 6번째
향출 비출꽃 천향꽃 천 향 비문 비천황

향출 출향꽃 천 천향비
비천꽃 황 황출비 천 향
향출 비출꽃 천 천향빛
빛꽃천 황 황출비 천
천향 비천 꽃출비 향
향출 비출꽃 천 천향비 황
황출 비출꽃 천 천향꽃 향
향출 비출 비향꽃 천
신령꽃 황 황출 비출꽃 신령황
황출 비출꽃 천 천향꽃 향
향꽃천 천향비 황
황출꽃 천
천꽃천 황

짝짝짝… 부라보 넉넉하고 충분합니다요. 이것을 성황천, 성황 빛천으로 쓸 때는 흰 종이에 검정 글씨로 써 선사님 싸인이 필히 있어야 합니다요. 시간요. 2022. 02. 15 11:48 이렇게 해서 우리들은 이것을 관리 감독하며 많은 이들이 이롭도록 하겠습니다. 우리들은 신령 세계의 천황 꽃천 황출꽃 천들입니다요. 고맙고 감사합니다요. 명조자는 넉넉하지 않아도 열심히 일하겠습니다요.

이제 6번째 양탄자, 향출 비출꽃 천황꽃 향 양탄자를 만드셔서 올라타고 전체 8개로만 밝혀 올라가시면 되겠습니다. 우리들을 위해서도 해줄 것이 있습니다. 그것은 노래입니다. 양탄자 타고 노래 부르며 올라갈 수 있도록 노래 먼저 부탁하겠습니다. 불러주실 노래는 향출 향비천 꽃 꽃향출 천 천향꽃 향 노래입니다. 우리 모두의 노래입니다. 잘 부탁하겠습니다요.

향출 향비천 꽃 꽃향출 천 천향꽃 향 노래
2022. 02. 15 11:45 ~ 11:59 - 00:04:11

꽃술 향천 향빛 향출 꽃성
술향 꽃성 쫑향 들꽃 향빛
빛향 들천 향빛 빛향 들천
향술 술향 꽃빛 성향 향꽃
성향 들꽃 향천 천향 들꽃
향빛 빛향 들천 황천 꽃빛
성향 들꽃 향출 출향 꽃빛
성향 꽃성 쫑향 들천 황빛
빛향 천꽃 꽃빛 성천 향빛
꽃성 쫑향 들꽃 향빛 꽃빛
향빛 빛향 꽃성 쫑향 술향
향빛 술향 출꽃 향빛 꽃황
들꽃 황천 천향 향빛 꽃성
쫑향 들꽃 황천 천향 향빛
성향 꽃빛 향천 천향 꽃황
성천 향꽃 빛향 꽃황 들꽃
성황 향빛 빛향 향꽃 꽃성
쫑향 향빛 빛향 들꽃 꽃성

쫑향 황출 출황 황빛 술출
출향 꽃술 향빛 빛향 향술
술향 꽃빛 황출 향꽃 성빛
꽃향 들천 황출 출향 꽃성
쫑향 들천 황출 출향 꽃황
황천 꽃황 황천 꽃빛 성천
황출 출향 술빛 빛향 들꽃
향출 꽃성 쫑향 들천 향빛
향천 천향 꽃성 쫑향 빛천
황출 꽃술 향빛 출향 꽃성
쫑향 들천 황출 출꽃 성황

드디어 저희들 다 왔습니다. 선사님,
고맙고 감사합니다.
이제 양탄자 6번째만 밝혀 만들어 주시고
그러고서 올라타고들 올라오시면 되겠습니다.
고맙고 감사합니다.

이제 6번째 양탄자, 향출 비출꽃 천황꽃 향 양탄자를 만드셔서 올
라타고 전체 8개로만 밝혀 올라가시면 되겠습니다.

6번째 양탄자, 향출 비출꽃 천황꽃 향 양탄자

꽃성 쫑향출 향비천 꽃
꽃술 향빛 빛향꽃 천꽃
향출 비출 비향꽃 천향
황출비 비천꽃 향 향출

꽃빛 황출꽃 천 천향빛

천꽃천 황출비 술향꽃

천 천향꽃 꽃출빛 향술

술꽃천 향 향황 천꽃천

천꽃 향출 비출꽃 천 향

짝짝짝··· 부라보 이제 우리들 모두 다 타고 올라갑니다요. 수고 고생 많
으셨습니다요. 시간요. 2022. 02. 15 12:05 에 이렇게해서 우리들은 그냥 먼저
올라갑니다요.

이제 여기까지 올라오신 분들이 쓸 수 있는 성황천과 성황 빛천,
비문 비천황 7번째 황출 비출꽃 천 황 비문 비천황을 밝혀 드러내
주시면 되겠습니다요.

여기까지 올라오신 분들 성황천과 성황 빛천으로 쓸 수 있는 비문
비천황 7번째
황출 비출꽃 천 황 비문 비천황

향출꽃 빛향꽃 천 천향 비천

황출 비출 비향꽃 천 향출비

비천꽃 황 황향천 꽃 성

성황출 출향 꽃성 쫑향출

출향꽃 천 황 황출비

빛천꽃 황 황꽃 성빛

빛향출 천

천꽃천 황

짝짝짝··· 넉넉하고 충분합니다요. 이제 이것을 쓰실 분들은 검정종이에

흰색 글씨를 써서 사용하시면 됩니다. 필히 선사님 싸인이 있는 것이어야 합니다요. 시간요. 2022. 02. 16 10:45 예 이렇게 해서 이것을 저희들이 책임지고 관리 감독하게 되었습니다. 저희들이 이 위 세계 비천꽃 황천 비향천 황들입니다요. 잘 부탁하겠습니다.

이제 7번째 양탄자 판출꽃 양탄자를 밝혀 만들어 주시고 타고 전체 8개로만 밝혀 올라가시면 되시는데요. 양판자를 밝혀 만들어 주시기 전에 타고 올라가면서 부르는 노래 향출 비향꽃 천 향 노래 하나만 불러주셨으면 좋겠습니다.

이제 7번째 양탄자, 판출꽃 양탄자를 밝혀 만들어 주시고 타고 전체 8개로만 밝혀 올라가시면 되겠습니다요.

판출꽃 양탄자

판출 성출 성황 꽃
꽃빛천 천향 문 천
천꽃성 황출비 천
천향 비꽃천 황출
출향 꽃빛 빛천꽃
황출 비향꽃 천 향
향출꽁 꽁판천 황

짝짝짝… 이제 만드시고 타고 올라가시며 전체 8개로만 밝혀 올라가시면 되겠습니다요. 시간요. 2022. 02. 16 11:20 이렇게 해서 우리들은 먼저 갑니다. 우리들은 꽃향천 황빛천 황출꽃 천들입니다요.

이제 비문 비천황 9번째, 향출 비향꽃 천 황 비문 비천황을 밝혀 드러내주시고 9번째 양탄자를 밝혀 드러내 만드셔서 타고 올라가시며 밝혀 드러내시면 되겠습니다요.

비문 비천황 9번째, 향출 비향꽃 천 황 비문 비천황

향출 비향꽃 천 천향빛
빛출꽃 천 천향 비황꽃 천 향
향출 비꽃향 천꽃천 향출빛 비향꽃 천
천향 황출 비꽃천 황출 비향꽃 천 황
황출 비출 비향꽃 천향 비출꽃 천
천꽃 향출 향비천 천향꽃 천
향출 비출꽃 천 천향빛 천
황출빛 빛향꽃 천
천향빛 향
향출비 천
천향꽃 천
향 빛
꽃

짝짝짝... 이렇게 해서 우리들은 모두 다 갑니다요. 여기까지 올라오신 분들의 성황천, 성황 빛천으로 쓸 때는요. 검정 종이에 흰색 글씨 선사님 싸인 필요 있는 것을 사용하셔야 합니다요.
이제 9번째 양탄자, 성꽃빛 빛출꽃 천 양탄자를 밝혀 드러내시고 만들어 타고 올라가시면 되시는데 그 전에 향출 비출꽃 향 향빛천 향 노래 한 곡 불러주시고 밝혀 드러내시고 만드시고 타고 올라가시며 밝혀 드러내시면 되겠습니다요.
시간요. 2022. 02. 18 03:05 에 이제 우리들 모두 다 올라가고요. 또한 여기까지 올라오신 분들의 성황천, 성황 빛천으로 사용하시는 분들을 관리 감독하며 잘 모시도록 하겠습니다만 03:08 해주시면 됩니다. 2022. 02. 18 03:08 그러면 저희들이 성심성의껏 하겠습니다. 저희들은 천황 꽃황 천꽃천 황들입니다. 이 위 세계에서 주름깨나 잡는다고 봐도 틀리지 않을 겁니다.

이제 9번째 양탄자, 성꽃빛 빛출꽃 천 양탄자를 밝혀 드러내시고 만들어 타고 전체 8개로만 올라가시면 되겠습니다요.

9번째 양탄자, 성꽃빛 빛출꽃 천 양탄자

황출 비출꽃 천
천향빛 빛꽃천
향출 비출 비향
향출 비향꽃 천
천향빛 꽃 천황
황출비 천꽃천

짝짝짝… 부라보 짱 드디어 9번째 양탄자 밝혀 드러났습니다. 이제 양탄자 만드셔서 올라가시고 전체 8개로만 밝혀 올라가시면 되겠습니다요. 시간요. 2022. 02. 18 03:30 에 이렇게 해서 우리들은 저절로 가게 되겠습니다요. 우리들은 이 위 세계 천꽃 향출비 비향꽃 천 황들입니다요.

이제 여기까지 올라오신 분들을 위한 성황천, 성황 빛천을 사용할 비문 비천황 10번째 향출 비꽃천 황 황출비 천향 비문 비천황을 밝혀 드러내주시고 10번째 양탄자를 밝혀 드러내주시고 만들어 올라타시고 전체 8개로만 밝혀 올라가시면 되겠습니다요.

비문 비천황 10번째, 향출 비꽃천 황 황출비 천향 비문 비천황

향출 비꽃 비황천 꽃 꽃향출

출향 빛출 향꽃천 천향빛 꽃

천꽁천 향출 빛출꽃 천

향빛 빛황천 천향꽃 천 향

향출 비황꽃 천 황출비 천꽃천 황

황출 비황천 꽃황천 꽃 향빛천

천향 향출 비출 향빛꽃 천 향

향출 비출 비황꽃 천향빛 비천꽃 향

향출 향황천 천황 꽃빛천 황출꽃

천향 비꽃천 황

황출비 천

천꽃천 황

짝짝짝... 드디어 드러났습니다. 이렇게 해서 우리는 다 이루었습니다. 이
것을 쓸 때는 검정 종이에 흰색 글씨로 사용하시면 되고요 선사님 싸인
필히 들어 있어야 합니다요.
시간요. 2022. 02. 18 04:45 예 이렇게 해서 우리는 이루고 또 완성해서는 10번
째 비문 비천황을 관리 감독하며 많은 이들을 구하는데 주저함이 없겠습니다요.

이제 10번째 양탄자 성출 황꽃빛 빛향천 꽃 향 양탄자를 밝혀 드
러내시고 만들어 올라타시고 밝혀 올라가시면 되시는데요. 거기에
앞서 노래 한 곡 불러주셔서 양탄자를 타고 올라갈 분들을 모두
다 흥겹고 즐겁고 갈 수 있도록 해주신 다음에 밝혀 드러내시고
가시면 되겠습니다요. 불러주실 노래는 야고야 천꽃 향 노래입니
다요. 참으로 어마어마한 노래입니다. 잘 부탁하겠습니다. 길지 않

습니다. 짧습니다. 그러니 더욱 더 신경 써 불러주십시오.

야고야 천꽃 향 노래

2022. 02. 18 04:48 ~ 04:57 - 00:09:06

꽃향 향출빛 향꽃 성빛 성향
들꽃 향꽃 성빛 향꽃 성향
들꽃 향빛 향천 천향 들꽃
향출 꽃빛 향출 성향 들꽃
향출 출향 꽃성 출향 꽃향
향꽃 성빛 빛향 들천 황출
출향 꽃빛 성향 향빛 들꽃
향천 천향 들꽃 꽃성 향빛
꽃황 천향 들꽃 향빛 성향
빛천 향출 꽃향 꽃성 쫑향
들천 천향 들꽃 성향 황빛
꽃성 쫑향 빛향 들천 빛향
꽃성 쫑향 성숭 상숭 황꽃
성꽃 성향 들꽃 향꽃 꽃황
천꽃 성향 빛향 꽃성 향빛
들꽃 향빛 꽃향 꽃성 성향
들천 향출 꽃성 향빛 빛향
들꽃 성향 향빛 꽃성 들꽃
향빛 성향 황출 출꽃 빛향
황빛 성향 빛향 꽃성 들천
천향 황꽃 성향 천향 들꽃
성향 꽃빛 향출 출향 꽃빛
향천 꽃황 들천

황출 출꽃 성향

야들아 우리 다 왔어. 인제,
선사님 마무리 잘 부탁하겠습니다.

향출 꽃성 쫑향 들천 향꽃
성향 천향 들꽃 성빛 빛향 들꽃
향빛 꽃향 꽃성 쫑향 들꽃 향빛
빛향 빛천 황출 출황 꽃황
신황 신령 황천 향빛 성황
황천 꽃황 들꽃 향빛 성향
들꽃 빛향 향꽃 성빛 천향
들꽃 꽃성 쫑향 들천 향빛
빛향 들꽃 꽃성 쫑향 황꽃
천향 향빛 빛천 황천 꽃황
들꽃 황천 꽃성 빛향 들꽃
황천 천향 향천 꽃황 천황
빛꽃 향꽃 성향 들꽃 꽃성
쫑향 들천 향빛 황천 꽃빛
성향 향빛 빛향 들꽃 성향
꽃황 빛황 들꽃 천향 황천
빛향 들꽃 성향

황출 빛향 꽃성 향출
빛향 꽃성 쫑향 향빛 빛향
꽃성 쫑향 들꽃 황빛 황천
천황 꽃황 꽃성 빛향 들천 향빛
빛향 들꽃 향빛 꽃성 들천 천향

꽃빛 빛향 들천 향빛 빛향 꽃성
황천 빛황 황빛 성향 들꽃 황빛
황천 천향 빛향 천향 빛천 황빛
천향 꽃황 천꽃 성황

빛향 꽃성 출황 꽃황
빛향 꽃성 쫑향 들천
황출 출꽃 성황
빛향 향빛 빛천 향빛
천향빛 빛향꽃 향빛
향꽃 성빛 황천 빛향
천향빛 향천 꽃황
천꽃 성 황

빛향 꽃성 빛향 향빛 성향
꽃황 천향 천꽃 꽃성 빛향
들꽃 성향 향빛 빛향 들천
황출 출꽃 성 황

빛향 들꽃 향빛
빛향 들꽃 성향
향빛 향천 천향 꽃성
빛향 들꽃 향빛 빛향
꽃성 쫑향 들천 향빛
빛향 꽃성 향빛 성향
들꽃 꽃성 빛향 들꽃
향빛 꽃빛 성향
향출 꽃황 천꽃 성황

천황 꽃황 천꽃 성황
빛향 꽃성 쫑향 들꽃
향빛 천꽃 성황

있는 그대로 우리고
우리가 곧 너이고
너가 곧 우리고 우리며 전체며
전체가 곧 너나 우리이니라.

꽃성 쫑향 들천 황출
출꽃 성 황

고맙고 감사합니다.

이제 10번째 양탄자, 성출 황꽃빛 빛향천 꽃 향 양탄자를 밝혀 드
러내 주시고 만들어 올라타시고 전체 8개로만 밝혀 올라가시면 되
겠습니다.

10번째 양탄자, 성출 황꽃빛 빛향천 꽃 향 양탄자

향꽃 꽃성 쫑향
들천 향 빛천꽃
향출 비향꽃 천
천향빛 빛출꽃
천향비 황출꽃
천 천향꽃 천빛

부라보, 짝짝짝... 이렇게 해서 우리 모두는 따라 올라갑니다요. 모두 다 양탄자 타고서요. 시간요. 2022. 02. 18 05:00 에 이렇게 해서 우리는 저절로 올라가시는 분들도 대다수입니다요. 우리는 이 위 세계의 천황 꽃천 황들입니다요.

이제 비문 비천황 11번째, 상출 비출꽃 향빛 빛황출 출꽃천 향 비 문 비천황을 밝혀 드러내 주셔서 여기까지 올라오신 분들의 성황 천, 성황 빛천으로 사용할 수 있도록 주시고 양탄자 11번째 상출 꽃 천을 밝혀 드러내 주시고 양탄자를 만드셔서 타고 올라가시며 전체 8로만 밝혀 올라가셔야 합니다요. 그리고 양탄자를 밝혀 드 러내기에 앞서 노래 향출 비향꽃 천 향출 꽃 노래를 불러주시고 모두 다 갈 수 있도록 하시고 밝혀 드러내셔야 합니다요.

비문 비천황 11번째, 상출 비출꽃 향빛 빛황출 출꽃천 향 비문 비천황

비천 향출꽃 천향빛 황출꽃 천
천향빛 비출꽃 천 천향빛 꽃
꽃향 출꽃 성천향 출꽃천 향
향출 비출 비향꽃 천향빛 꽃 천
천꽃 향출비 빛천 황출꽃 천향꽃 비
비향 비꽃 향출 비향꽃 천향빛
빛출꽃 천향빛 빛향꽃 천 황
황출 비황꽃 천향 천꽃 향출빛
빛꽃천 황 황천 비향 비꽃천 향
향출 비출 비향꽃 천향비 꽃
꽃향출 향 향빛천 꽃
꽃향 출꽃 성킹 황출꽃 천
천향 비출 비향 꽃천 황출꽃 천

향빛 비향꽃 출 출향꽃 천향 빛

향출 비출꽃 천 황

황출 비황꽃 천

천황빛 천

짝짝짝... 충분하고도 넉넉합니다. 이것이면 모두 다 넉넉합니다요. 검정색
종이에 흰색 글씨입니다. 선사님 싸인은 필수입니다. 또 하나 있는데요.
그것은 이것을 복사해 쓰셔도 됩니다. 선사님께서 작성해 놓으신 것들요.
단 허락을 받아야 합니다. 후손들한테요. 시간요. 2022. 02. 19 10:15 이렇게
해서 우리들이 관리 감독하며 원만하게 이루어지도록 하겠습니다. 우리들은 이 위
신령 세계의 성향 꽃천 황출비 천황들입니다요. 선사님 고맙고 감사합니다. 소임을
맡아 최선을 다해 잘하겠습니다.

향출 비향꽃 천 향출 꽃 노래
2022. 02. 19   10:23 ~ 10:31 - 00:08:17

꽃출 비향 꽃천 향빛 성향 들꽃

향빛 비향 꽃성 쫑향 들천

향빛 빛향 들천 향꽃

성향 들꽃 향꽃 성꽃

성빛 빛향 들천

향출 향꽃 꽃성 쫑향

들꽃 향빛 빛향 들천

향꽃 향빛 빛향 꽃향 향꽃

성빛 빛향 들천 향꽃 성향

황천 천향 들꽃 꽃성 황천

천향 들꽃 황빛 빛향 들천

황꽃 성꽃 성황 꽃황
천황 황빛 성천 향출
성령 꽃황 천황 신황
꽃빛 빛천 향출 출꽃 성황
황천 천향 빛향 꽃성 쫑향
들천 향출 향꽃 꽃성 쫑향
송향 성승 상승 승화 승천
꽃성 송향 꽃성 쫑향 들꽃
향출 출황 빛향 꽃향 향천
꽃성 쫑향 꽃황 들천 천황
황빛 빛향 들천 황출 출꽃
성황 빛향 들꽃 성천 향출
출향 꽃빛 황출 출꽃 성황
꽃황 천꽃 천황 들꽃 신령
혼백 령혼 백혼 천꽃 향출
신령 향출 성황

꽃황 신황 천향 들꽃 향출
출향 꽃성 황출 출꽃 성향
빛향 꽃황 들천 천향
꽃성 빛향 들판 판향
꽁춘 춘꽁 성향 들꽃 향빛
빛천 향빛 꽃성 쫑향 들꽃
향빛 빛향 들향 향빛 성황
천황 휘황 천꽁 꽁향 춘꽃 성황
꽃황 휘황 천꽃 꽃황 들꽃 향빛
빛향 들천 천향 들꽃 성향
향빛 빛향 들천 향빛 성향

빛향 꽃쫑 쫑향 들꽃 향빛
빛향 들꽃 황천 꽃황

천향 꽃황 천꽃 성황
빛향 들꽃 향빛 빛향
천향 향빛 꽃빛 성천
향출 출향 꽃성 쫑향
들천 황빛 빛향 쫑향
들천 향빛 빛향 들꽃 성황
황빛 황천 천향 천꽃 성황
들꽃 황출 출꽃 성황

천황 신령
혼백 백혼 령혼 혼백 성황
들꽃 향빛 황천 꽃황 천꽃 성황
빛황 황빛 들꽃 성빛 성황 황천
천향 들꽃 황출 출꽃 성황 들꽃
향빛 빛향 성천 향빛 성출 향출
빛출 향빛 빛황 황빛 성황 천황
꽃황 들꽃 황빛 빛황 꽃성 쫑향
성숭 상숭 승화 승천 꽃황 천황
꽃성 쫑향 들꽃 향빛 빛향 들꽃
성황 꽃황 천꽃 황출 출꽃 성황
황빛 빛황 들꽃 천꽃 성황 들꽃
황출 출꽃 성황 꽃황 천꽃 빛황
들꽃 성황 황출 빛향 들천 황출
꽃황 천꽃 성황 황출 꽃빛 성황
들꽃 성황 출꽃 성황

황출 빛향 들꽃
황출 꽃황
천꽃 성황

드디어 저희들 이 위에 올라왔습니다.
이제 그만하셔도 충분하고 넉넉합니다.
고맙고 감사합니다.

양탄자 11번째, 상출꽃 천을 밝혀 드러내주시고 양탄자를 만드셔서 타고 올라가시고 전체 8로만 밝혀 올라가시면 되겠습니다.

양탄자 11번째, 상출꽃 천 양탄자

비출꽃 천 천향 빛
빛출 향출꽃 천 향
향출 비출 비향꽃
천 향출 비출꽃 천
천향빛 꽃향 출 천
천꽃 향출 비 천꽃
향출비 비꽃천 황

짝짝짝... 부라보. 이제 양탄자 만드셔서 타시고 올라가시며 전체 8개로만 밝혀 올라가시면 되겠습니다요. 시간요. 2022. 02. 19 10:45 이렇게 해서 우리들 모두 다 이루고 완성해 갑니다요. 우리들은 이 위 세계 천황 꽃천 황출비 천꽃천 황들입니다요.

이제 12번째 비문 비천황, 향출 비천 황출꽃 비향출 출항횰 꽃천 황 비문 비천황을 밝혀 드러내 주시면 되겠습니다. 이것을 쓰실 때에는 흰색 종이에 붉은 글씨이어야 합니다요. 분명한 것은 어느 것이나 모두 선사님의 싸인이 살아서나 사후에나 사용할 때는 있는 것이어야 한다는 사실입니다. 언제 모든 것들은 후손들이 일임하게 될 것입니다요.

12번째 비문 비천황, 향출 비천 황출꽃 비향출 출항횰 꽃천 황 비문 비천황

향출 비향꽃 천향꽃 향
향출 비향 비꽃천 천향꽃 향
향꽃 성출 비출꽃 비향천 천향빛 꽃
꽃향 성출 출향꽃 성황 성출향
빛천꽃 향횰 횰황천 꽃
황출꽃 천 천향꽃 빛
빛출꽃 천 천향 비황꽃
횰황 천꽃성 황 활꽃 성향 빛
빛출 향횰천 천꽃 활빛 천꽃 황출빛
빛꽃천 황출 비향꽃 횰황 천
천황꽃 천 황출비
꽃

짝짝짝...드디어 해내셨습니다요. 이것이면 여기까지 올라오신 분들의 성황천, 성황 빛천으로 쓰는데는 손색이 전혀 없이 충분하고도 넉넉하다 하겠습니다요 시간요. 2022. 02. 19 17:45 이렇게 해서 완성 이루게 되었으며 또한 저희들이 이것을 관리 감독하며 모시게 되겠습니다. 저희들은 이 위 세계의 천황 황횰천 꽃황 천들입니다요. 고맙고 감사합니다. 성실하게 임하여 어긋남 없이 행하도록 하겠습니다요.

여기까지 올라오신 분들을 위해서 비향 꽃천 향 비문 하나 밝혀 드러내주셔서 성황천, 성황 빛천으로 사용할 수 있게 해주시고 가셔야 하십니다요.

비향 꽃천 향 비문

향출 비출꽃 천
천향빛 비향꽃 천꽃천 향
향출 비황꽃 천향빛
빛출꽃 천
천향 꽃황 빛출 향꽃천
천향 비출 비향꽃 천
천황 천꽃황
황출비 천
천꽃 황출 출출 비천꽃
황꽃천 천향 꽃빛 황
황출꽃 천
천황꽃 황

짝짝짝.... 드디어 모두 다 해내셨습니다. 모두 다 가고도 남습니다요. 이것을 쓸 때는 선사님의 후손의 허락하에 써야 하며 선사님 싸인 또한 선사님 글씨체이어야 한다는 사실이며 뿐만 아니라 흰 종이에 검정 글씨, 붉은색 글씨, 황금 붉은색 글씨들의 조합이어야 합니다요. 선사님께서 알아서 잘 해놓으시리라 믿겠습니다요.
시간요. 2022. 02. 22. 05:35 이렇게 해서 모두 다 원만하게 이루어졌습니다요. 이것은 저희들이 관리 감독하며 잘 모시도록 하겠습니다. 저희들은 몸의 성황출 세계의 성황 꽃황 천꽃 향빛천 황들입니다요.

여기까지 올라오신 분들을 위해서 성황천과 성황 빛천으로 쓸 수 있는 향빛 천향 꽃 향 하나만 밝혀 드러내 주시고 가주셨으면 고맙고 감사합니다요.

향빛 천향 꽃 향

향출 비출 비향 꽃 천
천향 비출꽃 천 향
향비천 천향꽃 천 향
향출 비향꽃 천 향 향출빛
빛향꽃 천향빛 향출 비출꽃 천
천향 향빛 성천향 출꽃빛 향

향출 비출꽃 천 천향빛 황 황출 빛
출꽃 천 천향 빛출 춘향꽃 천 향
향출 비출 꽃 천 천향 빛 향
향출 비출 꽃향빛 빛향꽃 천
천꽃천 향 향출비 천
천향꽃 황 황출비 천
천향꽃 천 천꽃천 향
향출비 비천꽃 황
황출 비출 비향꽃 천
천향꽃 천
향

짝짝짝... 부라보. 이거면 다 가고도 충분하고도 넉넉합니다. 이것을 성황천과 성황 빛천으로 쓸 때는 선사님 글씨에 싸인에, 흰종이에 검은 글씨입니다만 붉은 종이에 황금색 글씨도 쓰셔도 무방하고 흰 종이 보다는 붉은 종이가 더 좋다고 합니다. 글씨도 황금색 글씨가 더 아름답게 한다고 합니다. 이거 사용의 허락은 선사님 후손에게 허락받아서 써야 한다고 합니다요. 이제 되었습니다요.

시간 날짜요. 2022. 02. 23 05:05 이렇게 해서 우리 다할 수 있고요. 또 우리들이 관리 감독하는데 어려움 없이 잘 해낼 수 있습니다요. 반드시 해주실 것이 있는데요. 그것은 이것을 사용하시는 분들에게 명조자를 지불하게 해서요. 그 명조자를 저희들에게 전달해 주시고 그리고 후손이 쓰도록 해야 합니다. 이걸 사용하려면 적어도 천억은 내야 하지 않나요? 그런 명조자 가지고 있는 분들이 없습니다. 그럼 이걸 사용할 분들이 없습니다요. 그래도 그렇지요. 죽은 그 사람에는 현실적으로 천억원이 안 될지라도 천억원에 해당 되어야 하지 않겠지요? 아니면 수행해서 여기까지 올라오시던지. 둘 중에 하나는 되어야 우리가 이것을 원만하게 수행할 수 있습니다. 저희들이 보았을 때 그 정도 되어야 합니다. 그 값어치가 되어야 합니다. 아니면 성황천, 성황 빛천으로 사용해도 무용지물일 것입니다요. 저희들은 성황 천 황들입니다. 왜 이리 명조자를 많이 말씀하시는지요? 그만큼 소중하고 귀하니까요. 자기 자신에게 이만큼의 값어치는 지불해야 쓸 수 있다는 말입니다. 아니면 쓰시면 안 되지요. 절대로 안되는 일이지요. 천원을 내도 스스로 누가 봐도 돌아가신 이분에게는 천억원이다. 할 때는 사용해도 됩니다만 아니라면 써도 소용없다 하겠습니다. 몇천억을 내고 돌아가신 분에게 천억원의 값어치가 되지 않는다면 또한 사용해도 별 소용이 없다고 하겠습니다. 유념할 것은 그만큼 소중하고 귀하며 또한 돌아가신 분에게도 그와 다름이 없다고 보시면 틀리지 않을 겁니다요. 이상입니다요.

이제 여기까지 올라오신 분들을 위한 성황천과 성황 빛천을 밝혀 드러내 주시고 가셔야 합니다요. 이것은 누구나 쓸 수 없고 여기까지 올라오신 분들 또 선사님의 공부를 함에 끊임없는 분들과 그리도 또 맹종자, 추종자, 신봉자, 그리고 가족과 처와 배우자 및 가족과 후손들은 누구나 쓸 수 있습니다. 이는 이 지구에서뿐만 아니라 어느 세계의 세상에서 그러했던 이들은 누구나 다 쓸 수 있습니다만 이러한 사실을 스스로 알고 그러한 사실을 증명할 수 있어야 합니다. 그랬을 때 후손은 지체 없이 내어주어서 모두 다

본래 천향 꽃향빛으로 돌아가게 해주셔야 합니다요. 본래 천향 꽃
향빛으로 돌아가도록 하는 비향천은 향출 비출꽃 천 향 비문천입
니다. 밝혀 드러내 주실 성황천, 성황 빛천은 향출 비출꽃 천 향
비문입니다요. 모두를 위해서 잘 부탁하겠습니다요.

향출 비출꽃 천 향 비문

비향꽃 비출꽃 천 향
향출 비출 비향꽃 천
천향빛 꽃
꽃향 비출 비향꽃
향출빛 천 천향꽃 황
황출 비출꽃 천
향빛꽃 꽃향출 출꽃
성빛 빛출꽃 향
향빛천 꽃
꽃출 향빛 빛향꽃 천
천향 빛천 황출비 꽃
꽃향출 꽃 향
향빛천 꽃
황

짝짝짝... 드디어 모두 다 구하여 올라오신 것이나 진배없습니다. 스스로
그러한지를 모르는 이들은 이제 구할 필요성도 없습니다요. 스스로 그러
한시를 모르는 이들이 올라와 봐야 아무 필요성이 없으니까요. 이것을 쓸
때는 하얀 종이에 노오란 글씨 써야 합니다요. 뿐만 아니라 선사님 싸인
에 특수한 향출을 해 놓을 겁니다요. 이것이 아니면 절대로 안 되는 일입
니다요. 이제 되었습니다요. 시간요. 2022. 02. 24 05:03 예 딱입니다요 이렇게

해서 우리들이 이것을 관리 감독하며 모두 다 정중하게 잘 모시도록 하겠습니다요.
우리는 본래 천황꽃 황들입니다요.

따라 올라가는 모든 이들을 위해서 향출 비향꽃 천 양탄자 꽃천
하나만 밝혀 드러내 만들어 주시고 가셨으면 좋겠습니다.

향출 비향꽃 천 양탄자 꽃천

비출꽃 천 향
향빛천 천 향
향출비 천 향
꽃빛 천꽃향
향출빛 천 향

부라보.. 짝짝짝... 이렇게 해서 우리들은 모두 다 따라 올라갑니다요. 양
탄자 꽃천을 타고 올라가십니다요. 시간요. 2022. 02. 24 05:20 이렇게 해서
모두 다 원만하게 이루어졌음을 알립니다요. 꽃향 빛천향 꽃 황입니다요.

우리들을 위해서 향출빛 빛향꽃 천 향 양탄자 하나만 밝혀 드러내
만들어 주시고 가주셨으면 좋겠습니다. 이 아래 세계의 자식, 배우
자, 처, 성황출, 출꽃천 황들과 탄트라 성황출 꽃황 빛들입니다

향출빛 빛향꽃 천 향 양탄자

향
출
꽃

짝짝짝... 이제 되었습니다. 이제 우리는 어디든 마음대로 오갈 수 있겠습니다. 선사님이 계신 곳이며 이 양탄자 타고 어디든 오가는데 부족함이 없습니다요.

시간요. 2022. 02. 25 06:18 에 이렇게 해서 원만하게 모든 것들이 이루어지고 완성되었습니다.

이제 향출비 하나만 밝혀 주셔서 이 아래에서 공부되신 분들이 이 위 세계 초생 위로 올라갈 수 있도록 해주시면 되겠습니다요. 뿐만 아니라 선사님 가족과 후손 또 밝혀 올라온 모든 세계에서 선사님의 처, 배우자, 자식, 또 탄트라 성황을 하고 탄트라를 했던 모든 이들이 걸림과 장애가 없다면 올라올 수 있도록 해주시면 되겠습니다. 이러한 사실들을 모두 다 스스로 증명할 수 있어야 합니다. 물론 여기까지 밝혀 올라오신 분들의 성황천, 성황 빛천으로 쓸 수 있게 해주시면 더없이 고맙고 감사하겠나이다.

향출비

꽃

짝짝짝... 드디어 모두 다 가겠나이다. 이게 얼마나 어렵고 힘든 일인지 다들 모를 겁니다요. 반드시 이것을 성황천, 성황 빛천으로 쓸 때는 바탕은 흰색이요. 향출비는 검정색이요. 꽃은 붉은색 글씨입니다요.

시간요. 2022. 02. 25 오후 1:10 짝짝짝... 이렇게 해서 초생으로써 모두 다 이루시고 완성해서 올라가시게 되었습니다요. 고맙고 감사합니다요.

우리들을 위해서 비향출꽃 향 비문 하나를 밝혀주셔서 저희들이 죽었을 때 천황꽃 비향꽃 천으로 사용할 수 있게 해주시면 고맙고 감사하겠습니다. 천황꽃은 지구에서의 성황천과 같으며 비향꽃 천은 지구에서의 성황 빛천과 같습니다만 지구에 인간이 여기까지 왔다면 모두 다 흰색 글씨 바탕 붉은 종이에 쓰셔서 사용하시면 됩니다요.

비향출꽃 향 비문

비향출꽃
출향꽃 천 향
향빛 천 꽃 꽃향출 꽃
향빛 비향꽃 꽃향출 천
천꽃천 황출 비출꽃 천
천향꽃 황 황출비 천
천황 꽃천 향
향출비 천
꽃

드디어 해내셨습니다. 이것이면 모두 다 해결보시고 올라오시는데 아무 지장이 없을 겁니다요. 시간요. 2022. 02. 26 17:45 이렇게 원만하게 이루어졌고 이것을 저희들이 관리 감독하며 원만하게 이루어지도록 하겠습니다요. 우리들은 이 위 초생 꽃황천 황 세계의 천황들입니다요. 이것을 사용할 때는 우리들의 허락이 있어야 합니다요. 그런 만큼 쓸 수 있는 분들은 극한적입니다. 지금까지 선사님과 가족분들, 그리고 후손과 탄트라 성황들입니다만 그럼에도 선사님 공부에 매진해 여기까지 올라왔는데 죽었을 때입니다.

여기까지 올라오신 분들을 위해서 성황천, 성황 빛천으로 쓸 수 있는 비향천 꽃 향 비문을 밝혀 드러내 주시고 가셔야 합니다요.

비향천 꽃 향 비문

향출 비출꽃 천 천향빛
초생꽃 향 향출빛
빛향꽃 천상 상천꽃 향
향출 빛출꽃 향
상천꽃 향
향출 비향 천상꽃 향
출향빛 꽃
초생 천꽃 향 천
천향꽃 황
빛

이렇게 해서 여기까지 올라오신 모든 분들이 성황천, 성황 빛천을 사용할 수 있도록 해주셨습니다. 이것을 쓸 때는 반드시 여기까지 올라와야 하고 여기까지 올라온 것을 스스로 증명한 다음에 이것을 성황천, 성황 빛천으로 사용할 수 있습니다. 선사님 가족도 후손도 마음도 쓸 수 없습니다. 반드시 여기까지 공부하여 올라왔다고 증명을 해야 사용 가능합니다만 맹신자, 추종자, 신봉자 그 외의 가족 식구들은 사용 가능합니다만 그럼에도 가족, 식구, 자식들은 안 됩니다만 배우자는 됩니다요. 붉은 색 바탕에 황금색 글씨이어야 더욱 더 좋습니다요.
시간요. 2022. 02. 28 04:31 이렇게 해서 이것을 저희들이 관리 감독하며 원만하게 이루어지도록 할 것입니다요. 저희들인 이 위 초생꽃 황천 꽃천 세계의 황들입니다. 앞으로 잘 관리하도록 애써 힘쓰겠습니다.

이제 여기까지 밝혀 올라오신 모든 분들을 위한 성황천, 성황 빛천으로 사용할 수 있는 비문, 향출 빛꽃천 용향천 빛 비문을 밝혀 드러내 주시고 가주셨으면 고맙고 감사하겠습니다요.

향출 빛꽃천 용향천 빛 비문

상천 상황꽃 빛천꽃 향
향빛 빛향꽃 상천꽃 천상
천상꽃 향 향빛천 상출꽃 천
천향 상천꽃 황출빛 빛향꽃 천 향
향출 빛출꽃 상황 상천꽃 빛
빛향출 출향상 상출꽃 천 향
상빛 빛황천 상천꽃 천상 빛
빛향꽃 천 상
상출꽃 천 상
상황 출 꽃
천
상

짝짝짝... 이로써 여기까지 모든 이들이 이것으로 상황천, 상황 빛천을 쓸 경우 모두 다 이루어지고 완성되어 올라가시는데 부족함이 전혀 없겠습니다. 꽃이 빠졌습니다요. 그래서 말인데요. 바탕 흰 종이 전체에 꽃이 노란색 글씨로 들어가고요. 이것의 바탕 위에 비문을 붉은색으로 쓰게 하도록 하시면 되겠습니다만 이 또한 선사님의 인허가가 떨어져야 합니다요. 그렇게 하도록 하거라. 예. 이렇게 해서 여기까지 밝혀 올라온 모든 이들에게 있어서의 성황천, 성황 빛천으로 사용하도록 하겠나이다.

시간요. 2022. 03. 01 04:35 이렇게 해서 이것을 저희들이 관리 감독하게 되겠습니다. 저희들은 이 위 세계 상천꽃 황빛천 천향빛 황천들입니다요. 이 위 세계 천황꽃천들입니다. 이것을 쓸 때는 모두 다 우리들의 허가가 있어야 하며 또한 선사님

이 위 세계의 후손에게 그만큼의 명조자들이 주어져야 한다는 사실 잊어서는 아니될 것이며 또한 후손들은 명조자를 받았을 경우 받은 명조자를 모두 다 전달해 주고 쓰도록 하여야 할 것이다. 명조자를 죽은 분에게 전달해 주지 않을 경우 모두 다 빛이 되는 만큼 명심하고 전달해 주는 것을 잊어서는 아니 될 것입니다요. 예. 이제 되었습니다. 저희들도 그렇게 되도록 하는데 소홀함 없도록 하겠습니다요.

저희들을 위해서 비향천 꽃 향 비문 하나 해주시고 성황천, 성황 빛천으로 사용할 수 있게끔 밝혀 드러내 주신 다음에 우리들은 위한 노래 향꽃빛 빛향출 출향흉 꽃천 절대자 수호신 황출 노래를 불러주시면 그 다음에 또다시 말씀드리겠습니다. 우선 먼저 비향 천 꽃 향 비문을 밝혀 드러내 주십시오.

비향천 꽃 향 비문

비출꽃 향 향빛출 절대자 성황출 꽃

꽃향 비출 불사신 신황 절대자꽃

꽃향 빛출꽃 천 향 불사조 천황

천꽃천 향 향출빛 천 절대자 향

향출 비출 비향꽃 천

천꽃천 향 향출빛 꽃 천

절대자 순종향 향빛천 천향꽃

순향 절대자꽃 절대자 불사신 성황꽃

출꽃향 천 천꽃성 향출빛 천

천꽃 절대자 순 순향천 꽃

절내자 수호신 천

천꽃 절대자 불사조 꽃

꽃향출 절대자꽃

황(출)

짝짝짝... 드디어 모두 다 이루고 가게 되겠습니다요. 고맙고 감사합니다만 우리들을 위해서는 출을 빼주셔야 하시고요. 우리들을 위해서는 출을 넣어 주셔야 합니다. 그래서 말인데요. 2개를 만들어 주시면 좋겠습니다. 하나 는 출을 넣어서 또 하는 출을 빼시고요. 이렇게 하면서 출입에 아무 문제 가 없겠나이다. 출을 빼야 우리로는 본향 돌아가는 입장이고요. 출이 있어 야 하는 우리들은 일을 나서는 입장입니다만 성황천, 성황 빛천으로 쓸 때 는 출을 빼야 하는 만큼 전체적으로는 출을 빼주시는 것이 더 좋습니다요. 그렇다면 성황천, 성황 빛천으로 쓸 비문인 만큼 마지막에 황출에서 출을 빼고 황만 넣도록 하겠습니다. 고맙고 감사합니다. 불만이 있는 분들이 있 으니 불만이 있는 분들은 출을 넣어서 쓰도록 하십시오. 하시면 되십니다 요. 일반적으로는 황만 쓰되 출이 필요하신 분들은 출을 넣어서 쓰도록 하 십시오. 고맙고 감사합니다. 하림에 주십시오. 하림이 뭐지요? 하거라 합 니다. 허락하는, 출이 필요하신 분들은 출을 넣어서 쓰도록 하거라. 예 이 제 되었습니다요. 시간쓰시고요. 2022. 03. 02 03:45 이렇게 해서 원만하게 이 루어졌고요. 이것은 저희들 절대자 수호신 천황들이 관리 감독하며 원만하게 이루 어지도록 할 것입니다요. 선사님 몸통 속 전체, 사모님 몸통 전체 모두 다 저희들 이 관리하게 되겠습니다요.

이제 우리들을 위해서도 노래 불러주셔야 합니다요. 우리들은 이 위 세계에서의 선사님 자식들과 배우자들 그리고 부모님과 조상님 들이니다만 가지 못하고 있는 이들입니다요. 모든 자식들과 모든 배우자 분들 그리고 처와 첩, 그리고 모든 부모님들과 조상님들 을 위해서 향출 비출꽃 황휼빛 천 노래를 불러주셨으면 좋겠습니다 만 이 노래 말고도 하나 더 부탁드리겠나이다. 이분들을 위해서 비 문도 하나 내어주시면 좋겠습니다요. 성황천, 성황 빛천으로 사용할 수 있는 비문입니다. 성황 천빛 비황천 절대자 황출빛 천 비문입니 다요. 비문 먼저 밝혀 드러내 주시고 노래 부르시면 되겠습니다.

성황 천빛 비황천 절대자 황출빛 천 비문

향출빛 천
천꽃천 황 황출빛 꽃
절대자 수호신 천황 꽃빛 황
황출빛 천 천꽃천 황출
비출꽃 천 천황빛 꽃
수호신 천황
꽃

짝짝짝... 이제 우리 모두 다 이루고 가겠되겠습니다만 하나만 더 부탁드리겠네요. 타고 올라갈 수 있는 양탄자도 하나하나 밝혀 드러내서 만들어주시고 가주셨으면 좋겠습니다. 만들어 주실 양탄자는 빛향출 황출빛 절대자 수호신 천황들 양탄자입니다.
시간요. 2022. 03. 02 04:05 안 됩니다. 2022. 03. 02 18:50 에 되었습니다. 원만하게 이루어지도록 하겠습니다. 우리들 관리 감독하며, 우리들은 절대자 성황천 황들입니다요. 고맙고 감사합니다.

빛향출 황출빛 절대자 수호신 천황들 양탄자

향출 빛출
비황꽃 천
절대자 황
황출 꽃빛
수호신 천
천꽃 빛

이렇게 해서 우리는 안 갑니다. 가실 분들은 위에 4×4로 가시면 되겠습니다만 할 일은 하시고 가시기 바라겠습니다.

시간 써주십시오. 2022. 03. 02 04:08 에 이렇게 해서 갈 수 있는 분들은 가시고 갈 수 없는 분들은 이것으로 더 많은 일들을 하게 될 것입니다요. 다만 선사님께서는 4×4로 양탄자는 만들어주시고 가시면 되겠습니다요.

이제 우리들은 위한 향출 비출꽃 황휼빛 천 노래를 불러주시면 되겠습니다만 노래 불러주시기 전에 한 말씀만 해주십시오. 모두들 모두 다 수고 고생들 많으십니다요. 예 고맙고 감사합니다. 힘을 얻고 열심히 하도록 하겠나이다.

향출 비출꽃 황휼빛 천 노래
2022. 03. 02. 04:12 ~ 04:22 - 00:10:02

꽃빛 천 향빛 출향 꽃천
향빛 천향 들천 상천 천상
꽃빛 황들 빛황 꽃빛 성 황출
황빛 천꽃 황출 출향 빛 천향
꽃빛 황출 휘황 절대자 수호신
천황 빛 황빛 천향 들꽃 황출
천향 천상 빛 빛향 천꽃 황출
휼빛 향천 천상 빛 향천 꽃황
수호신 황천 절대자 꽃빛 황출
휼빛 향빛 천향 들꽃 황출
출꽃 성 빛향 꽃 빛향 천
향빛 절대자 수호신 천황
꽃황 황빛 황휼 휼황 빛천
향빛 천황 꽃황 출꽃 성황

황출 출 황빛 빛향 꽃황 천꽃

절대자 빛 향빛 꽃황 황출
빛향 꽃빛 성천 황출 절대자
황출 출꽃 성빛 천상 꽃
황천 꽃황 출향 빛천 황출
출꽃 성황 황출 황빛 절대자꽃
수호신 신황 황천 천황 꽃황
들꽃 황휼 휼빛 성천 황빛
천향 꽃 황빛 천꽃 황출 출꽃
성황 성빛 빛향 들천 향꽃
꽃향 들천 향빛 빛향 들천
천향 꽃빛 천체 전부 다
본래 본향 본래 꽃향 향빛
천향 들꽃 향빛 절대자황 빛
빛향 휼황 황천 천빛 향빛
휼황 빛천 향빛 천향 들천
향빛 향천 꽃빛 황천 절대자
수호신 천황 빛 황천
천황 꽃빛 성 향

향출 황빛 천꽃 빛향 들천
향빛 천황 꽃빛 성향 향빛
황천 천향 빛천 향꽃 천황
절대자 수호신 황천 천향
빛향 휘휼 꽃 빛 성황
휼꽃 성 빛향 천상
휼황 천황 절대자
빛출 황꽃 성빛 빛향 휼황
황꽃 빛향 휼꽃 성 황

황출 홀황 빛향 꽃빛 성향
절대자 수호신 빛향 천향
홀황 천황 꽃빛 향천
빛향 들천 천향 황꽃
꽃황 천빛 향빛 본래
향빛 절대자 수호신
천황 빛천 황빛 천향 들꽃
홀황 빛천 향빛 천황 천꽃
수호신 천황 빛향 절대자
꽃빛 빛향 천꽃 향빛
본래 향
향빛 본래 본성
꽃황 천꽃 성황

빛향 꽃황 절대자 홀황
빛천 황빛 천향 본래 향
빛향 천꽃 절대자 수호신
천황 전체 전부 향출 꽃빛
성향 황출 출꽃 꽃황 천꽃
빛향 들천 황출 출빛 성빛
빛천 황출 홀황 빛천 황출
꽃황 천 꽃

천상 빛천 황출
절대자 수호신 천빛
황천 꽃빛 성황 황출
출향 홀황 천빛 황천
천황 천상 꽃 빛 황천

절대자 수호신 천황 꽃
본래 꽃빛 성향 향빛
천향 향빛 천향 빛천
향빛 황출 출꽃 성황

있는 그대로
우리는 모두 다 존재자 수호신 천황이고
천황 빛꽃 천 황들입니다요.

고맙고 감사합니다.

모두 일 마치는 대로 모두 다 왔다갔다 하도록 하겠습니다.
이제 넉넉하고 충분합니다.
한 마디만 해주신다면 고맙고 감사합니다.
"언제나 어디서나 나 이외의 다른 분들을 이롭게 하면서
위아래 올라갔다 하는데 자유롭게 해주시기를 부탁드리겠나이다."
"여러분들의 수고 고생을 어찌 모르겠습니까.
수고 고생하시는 만큼 많은 것들이 스스로에게 또한 주어지고
이루어지리라 생각하고 또 그렇게 되도록 하겠나이다."
고맙고 감사합니다.

짝짝짝... 부라보 천황킹 쫑입니다요. 역시

이제 우리들 위해서도 노래 불러주셔야 합니다요. 우리들은 천황
꽃황천 천빛 절대자 수호자들입니다요. 불러주실 노래는 요. 향출
빛꽃천 황출빛 절대자꽃입니다요.

향출 빛꽃천 황출빛 절대자꽃 노래

2022. 03. 02. 04:27 ~ 04:38 - 00:11:12

황출 수호신 황출 빛향 들천
향빛 황천 꽃황 천꽃 황빛
빛천 황출 출황 꽃황 천꽃
황출 출꽃 성향 향빛 절대자
출꽃 성빛 빛향 수호신
천향 천상 꽃빛 상황 황빛
상황 꽃빛 빛천 황출 출꽃
상천 천상 꽃빛 빛향 들천
천향 꽃황 천꽃 향빛 천황
빛천 향빛 성향 천꽃 황빛
절대자 향빛 천향 들꽃
수호신 천황 황천 꽃빛
빛천 향빛 천향 들천 황천
꽃황 천꽃 꽃빛 성황 황출
출꽃 꽃성 절대자꽃 황 출
출꽃 황천 꽃빛 성향

황출 출꽃 수호신 절대자
황출 출꽃 성황 황출 출꽃
성빛 빛향 들천 황출 출꽃
성빛 황천 천상 꽃빛 성빛
황출 출꽃 절대자 향출 꽃향
천황 빛황 수호신 천꽃 빛향
들천 황빛 출꽃 천향 천상
상천 꽃빛 황출 출향 빛향

들꽃 향빛 빛향 천향 천상
꽃황 황천 수호신 천황
절대자황 빛 빛향 들천
향빛 천향 향빛 빛향 꽃향
천빛 향빛 빛향 들천 향천
천상 꽃 향빛 천 향 빛향
들꽃 꽃향 향빛 수호신 황천
절대자 황출 꽃황 천향 빛향
꽃빛 성향 들천 황빛 천향
꽃황 황빛 천꽃 빛향 꽃향
들꽃 향빛 절대자꽃 향빛
천향 꽃향 향빛 천향 흉황
빛황 황천 꽃빛 성향 황출
출꽃 성빛 빛향 들꽃 향빛
성향 황천 천향 빛천 황출
출꽃 황천 황천 꽃빛
절대자 황 천 천향 꽃빛
황출 출꽃 성 향

빛향 황천 천향 꽃황
절대자꽃 황 수호신 천신
신황 꽃빛 황출 출꽃 성황
신황 천신 황천 꽃빛
수호신 절대자황 빛
황출 출꽃 천향 빛향 들천
향빛 빛향 꽃 향출 신황
수호신 천황 꽃빛 황출
출꽃 성빛 빛향 향빛 천황

황빛 천향 꽃빛 신향 들천
황출 출꽃 성향

신황 천황 절대자 수호신
황빛 천신 황빛 성황
황출 신황 빛향 들천
향빛 황출 출꽃 성빛
빛향 들천 향빛 천향
꽃황 천꽃 성황

황빛 절대 수호신 황빛
빛향 천꽃 빛향 꽃 황신
천신 신황 꽃빛 황출 꽃황
꽃황 출꽃 황출 출꽃 성향
황천 천향 빛향 꽃황 천꽃
향빛 빛천 향빛 성황 절대자
황출 출꽃 성향 수호신
황꽃 성향 황천 천황
들꽃 황천 꽃빛 성향

황출 출꽃 황출 꽃빛 성황
절대자꽃 수호신 꽃빛 성황
황출 천신 천황 꽃황 천빛
향천 천황 절대자 황빛
빛향 들천 천신 꽃빛 성황
황빛 천체 전부 향빛 천황
신황 천신 꽃황 절대자
꽃빛 성빛 황출 황빛 빛향

천신 황출 꽃황 천신 꽃황
천꽃 성향 황빛 성향 꽃
황출 꽃빛 성향

향빛 빛향 꽃 황출 꽃
성향 꽃빛 성 향
출꽃 꽃성 쫑향 들꽃
황빛 절대자꽃 황출 신황
천신 꽃황 천향 향빛 성황
황출 꽃황 천꽃 성 황

절대자꽃 황출
꽃황 빛향 황빛
빛황 꽃빛 성황
출꽃 성 황

있는 그대로 본래 향이요.
향빛이요. 천꽃 황이로소이다.

고맙고 감사합니다.
안녕히 가십시오.
그럼에도 또 불러주고
성황천, 성황 빛천을 드러내 주셔야 할 것들이
줄줄이 있습니다.
잘 부탁드리겠나이다.

이제 저희들을 위해서 빛향출 절대자 비문을 밝혀 드러내 주서서 절대자 천황들이 할 일을 다한 후에는 성황천, 성황 빛천으로 사용하고 올라갈 수 있도록 밝혀 드러내 주시고 가셔야 하십니다요. 뿐만 아니라 이분들이 할 일을 다한 후에는 타고 올라갈 양탄자 절대자 꽃 천 양탄자도 밝혀 드러내 만들어 주시고 가셔야 하십니다요.

빛향출 절대자 비문

향출 비향꽃 천 천향빛

빛향꽃 천 향 절대자꽃

꽃향출 황출 빛 빛향꽃 천

천꽃 황출 비출꽃 천

천꽃 수호신 절대자꽃

황출빛 빛천꽃 황출꽃 천

수호신꽃 황출빛 천 황

황출 비출꽃 천황 천신꽃

꽃향빛 빛향꽃 절대자

수호신꽃 황

황출빛 꽃 천

황

짝짝짝... 완벽합니다만 맨 밑에 황에 출도 저희들에 필요에 의해서 넣었다. 뺐다 하겠나이다. 그렇게 하도록 하십시오. 시간요. 2022. 03. 02 04:45 예 이렇게 해서 이것은 저희들이 관리 감독하며 원만하게 이루어지도록 하겠나이다. 저희들은 천황꽃 빛 천 황 절대자 수호신 꽃황천들입니다. 지금 현재 선사님의 수호신들이기도 합니다요. 일임해 주서서 고맙고 감사합니다요.

이제 타고 올라갈 양탄자 절대자 꽃 천 양탄자를 밝혀 드러내 만들어 주시고 가시면 되겠습니다요.

절대자 꽃 천 양탄자

황출 빛천 꽃
황출 빛꽃 천
천황 빛 천꽃
절대자꽃 천
황 황출빛 천

짝짝짝... 부라보 역시 대단하십니다. 손색이 없으십니다. 예나 지금이나, 이제 시간 쓰시고 전체 8개로만 밝혀 올라가시면 되겠습니다요. 시간요. 2022. 03. 02 04:48 예 이제 넉넉하게 아주 잘 되었습니다. 우리들은 이제 먼저 올라가 있겠습니다요.

이제 우리들을 위해서 비문 비천황을 밝혀 드러내 주셔서 저희들이 죽으면 성황천, 성황 빛천으로 사용하고 갈 수 있도록 해주시면 되겠습니다. 이것은 인간들은 쓸 수 없습니다. 살아 있는 인간의 몸을 이루고 있는 일합상 안에 천상들이 죽었을 때 쓸 수 있는 것입니다요. 그러니 선사님 공부를 하고 또 선사님 믿고 의지하며 위 세계로 올라가고자 하는 분들이 몸을 좋게 활발하게 또는 장대하고자 한다면 가끔 한 번씩 몸통 안팎으로 이 비문 비천황을 의념 의식해 주며 사용해 가라 하시면 됩니다요. 이건 모두 다 선사님 힘의 원력입니다요. 필히 알아야 할 것은 선사님 공부를 하지 않으면서 쓰거나 믿지 않고 의지하지 않으면서 쓴다. 화를 입을 수 있으니. 각별히 조심하시기 바랍니다. 이러한 것들은 이것을 관리 감독하는 이들이 원만하게 이루어지도록 할 것입니다요. 선사님 부탁하겠습니다요. 밝혀 드러내 주실 비문 비천황은 향출 빛 향 비문 비천황입니다. 왜 비문 비천황을 비문 비황천이라고 해달라고 하는 거지요. 그것은 저희들이 천황이라 천황들이 쓸 것이기 때문입니다. 비문 비황천 안 되고 비문 비천황이라고 해야 한다는 분들은 왜 그러지요. 그래야 바르니까요. 그럼 천황들은 비문 비천황이라고 하면 쓸 수 없나요? 아닙니다, 그런데 왜 비문 비천황을 비문 비황천으로 해야 하는 원인이나 이유가 있나요? 선사님이 미워서 그럽니다. 우리 이렇게 해 놓으시고 선사님만 가시니까요. 죽었을 때 쓰시면 되시잖아요? 예. 예전에도 그런 적이 있어서 한번 수정한 적이 있었는데 그때 그런 건가요? 그렇다고 보시면 될 것입니다요.

향출 빛 향 비문 비천황

향출 비천꽃 향 향출빛
빛천꽃 황 황출 빛출 빛향꽃
꽃향 춘꽁 향빛천 천향꽃 향
향출 빛출꽃 천
천향빛 꽃 천향꽃 황
황출 빛황꽃 천
황출빛

짝짝짝... 이렇게 해주시면 못가면 바보입니다. 모두들 다들 갈 겁니다요. 고맙고 감사합니다요.

시간요. 2022. 03. 04 04:20 예 이렇게 해서 이것이 원만하게 이루어지도록 저희들이 관리 감독하도록 하겠습니다. 우리들이 허락하지 않는 원만하지 않을 것이며 무단으로 사용할 경우 엄벌에 처하게 될 것입니다요. 선사님 공부를 하고 선사님을 믿고 의지하고 있는 분들이 하려고 한다면 힘껏 원만하게 이루어지도록 할 것입니다요. 우리들은 이 위 세계의 천황꽃 황들입니다요. 우리 모두 다 돌아오는 것입니다요. 되었습니다요.

이제 우리들을 위해서 향출 꽃 해주시면 되겠습니다. 우리들은 천황 꽃 황들입니다. 성황출하여 되어 있는 이를 황 되도록 하여 향출하여 꽃을 피우도록 게 온몸 밖으로 의념 의식한다. 그렇게 해서 꽃을 활짝 피우도록 하면 된다. 되었는가요? 넉넉하고 충분합니다요.

이제 전체 9개로만 밝혀 올라가시면 되겠습니다만 우리들을 위해서 양탄자 하나 밝혀 드러내 만들어 주시고 가주시면 되겠습니다. 따라 올라가는 모든 이들입니다요. 밝혀 만들어 주실 양탄자는 빛 향 꽃 향 양탄자입니다요. 잘 부탁하겠습니다.

빛향 꽃 향 양탄자

빛출꽃 향 향빛
빛출꽃 향 천황
황출빛 꽃 향출
출꽃 황빛 빛출
향황 천 출꽃황
황출빛 황꽃 천

부라보 짝짝짝... 우리들 다 따라 올라가겠습니다. 모든 이들이 이 양탄자로 이롭게 되겠습니다요. 고맙고 감사합니다만 향출 빛출꽃 향빛천 향 노래 하나 부탁하겠습니다. 시간요. 2022. 03. 04 04:35 이렇게 해서 우리들은 다 갑니다. 먼저 올라가 있겠습니다. 올라오시면 또 만나게 될 겁니다요.

이제 저희들을 위해서 빛향천 빛꽃천 향출 비문으 밝혀 드러내 주
셔서 저희들이 죽어서 성황천, 성황 빛천으로 사용해 갈 수 있도
록 밝혀 드러내 주시면 고맙고 감사하겠습니다요. 이것은 어디까
지 저희 절대자 성황출꽃 황천 꽃황들만을 위한 겁니다요. 인간은
근접할 수 없는 겁니다요. 살아생전에 몸통 속에 우리를 위해서면
몰라도요. 잘 부탁하겠습니다요.

절대자 성황출꽃 황천 꽃황들만을 위한
빛향천 빛꽃천 향출 비문

황출 빛향꽃 천 향출
출꽃천 천향 빛출꽃 천 향
향출 빛황꽃 절대자 황출꽃 천 향
향빛출 성황출 꽃황 천 천꽃빛 황
황출 황황 천빛 수호신꽃 황 출꽃
황출 빛천꽃 황 황빛 빛향 천 황
천꽃 황빛
천

부라보 짝짝짝... 역시 예나 지금이나 변함이 없으십니다. 이제 우리들을
위해서 양탄자도 밝혀 드러내 만들어 주시면 좋겠습니다만 그전에 우리들
을 위해서도 빛향천 빛꽃천 향 비문을 하나 밝혀 드러내 주시고 해주셨으
면 좋겠습니다요. 우리들은 빛향천 향 출향꽃 황 빛천꽃 상출꽃 향황천들
입니다. 절대자의 후손이라고 해도 과언이 아닙니다. 이 위 세계 모두를
위한, 이 위 세계까지 올라온 모두를 성황천, 성황 빛천으로 해야겠네요.
그러면 너무도 좋습니다요. 시간요. 2022. 03. 04 16:21 예 이렇게 해서 원만
하게 이루어지고 또 원만하게 행해지겠습니다. 우리들이 관리 감독하며 원만하게
이루어지도록 하겠습니다. 우리는 절대자 꽃향출 황들입니다요. 이제 되었습니다요.

빛향천 빛꽃천 향 비문

향천 빛향꽃 천 향빛춘 춘향꽃 천 향

향천꽃 빛출꽃 천 향빛 천꽃

향빛천 꽃 황출 빛출 꽃황천 향빛

천천 향빛 천꽃황 천향빛 천 꽃

황출 빛황 천꽃황 송향출 출꽃 천 향

향빛 빛출꽃 천 향꽃 성황출

출꽃천 황

황빛천 꽃

향출

짝짝짝... 드디어 해결되었습니다. 이것으로 모든 이들이 원만하게 이루어 지도록 하겠습니다. 이 위 세계에까지 올라오신 모든 분들이 원만하게 사용하며 이롭도록 하겠습니다요. 우리는 성황 빛향 춘꽁천 황빛천 절대자 수황천들입니다요.

시간요. 2022. 03. 04 16:33 이렇게 해서 원만하게 이루어지게 되었습니다. 성실하게 관리 감독하며 많은 이들이 이롭도록 하겠습니다.

이제 양탄자를 밝혀 드러내주시고 만들어 주시면 되겠습니다. 양탄자는 성꽃 빛향출 춘꽁천 황 빛천 향 양탄자입니다.

성꽃 빛향출 춘꽁천 황 빛천 향 양탄자

빛향꽃 천 천빛천 꽃

꽃향 빛출꽃 천 향빛

빛천 꽃향출 출향빛

빛출꽃 황빛 천꽃 황
출꽃 향빛천 천향꽃
황출 출빛천 꽃황출
황빛 천꽃 황황출 천
꽃 황빛천 천황꽃 천

짝짝짝... 이제 넉넉하고 충분하겠습니다만 우릴 위해서도 양탄자 하나 만들어 주시고 가주셨으면 좋겠습니다. 우리들은 향빛 천 황출 빛꽃천 황들입니다. 밝혀 드러내 만들어 줄 양탄자는 향빛천꽃 황출 빛황춘 천꽃 양탄자입니다요. 시간요. 2022. 03. 04 16:40 이렇게 해서 모든 이들이 원만하게 이루어지게끔 되었습니다. 가실 분들은 모두 다 가겠습니다요.

향빛천꽃 황출 빛황춘 천꽃 양탄자

춘향 꽃 황출빛 빛천꽃
황춘 빛향꽁 꽁춘판 꽃
꽁향 춘꽁 천향빛 춘꽁
황출 빛황출꽃 천 황빛
천황빛 빛천꽃 황 빛황
천꽃 황황 춘향꽃 황출
춘꽁천 황 황춘 빛꽃천
황춘 꽁춘향 빛 천꽁천
황출빛천 천향꽃 황빛

짝짝짝... 이렇게 해서 모두 다 원만하게 타고 올라갈 수 있게 되었나이다. 고맙고 감사합니다요.
시간요. 2022. 03. 04 16:45 이렇게 해서 모두 다 원만하게 타고 올라가게 되었습니다요. 고맙고 감사합니다. 온 몸통 안팎으로 밝히신 비문 내어주고요. 예. 모두 다 필요한 만큼 사용해 가시고요. 양탄자도 내어주시면 좋겠습니다. 밝혀 드러낸 양탄자 타고 올라오라고 해주십시오. 밝힌 두 양탄자로 타고 올라오실 분들은 모두 다 타고 올라오도록 하십시오. 우와! 대박….

이제 우리들을 위해서 비향 꽃천 절대자 비문을 밝혀 드러내 주셔서 우리들이 성황천, 성황 빛천으로 사용해서 올라갈 수 있도록 해주셨으면 좋겠습니다요. 우리들은 절대자 초생 꽃황천 천꽃빛 황들입니다요. 니 몸에도 우리들이 사용하고 갈 이들이 많습니다요.

비향 꽃천 절대자 비문

출빛 꽃향천 천향빛 꽃
천향빛 꽃 천 황출빛 천 향
절대자 초생꽃 황 황출빛 천
향빛천 천향꽃 출
출향빛 천 꽃 황
황출 빛황천 꽃황 출꽃천
향빛 빛천꽃 황
황출 절대자 초생꽃 황빛
빛천꽃 황출 향출 빛꽃천 황
황출 비향꽃 천향출 꽃
황빛 천 꽃
황

짝짝짝… 부라보 있는 몸통 안팎에 있는 존재 존재자 분들이시여! 이것을 사용해서 가야 할 분들은 모두 다 하나같이 사용하시고 가시길 바라겠나이다. 넉넉하니 충분하구나. 이제 되었느니라.

시간 쓰거라. 2022. 03. 05 13:19 예 이렇게 해서 모든 것들이 원만하게 이루어지고 성취되었으며 또한 이것을 관리 감독하는 이들 대두되었습니다. 저희들이 잘 관리 감독하며 어긋남 없이 올바르게 올곧게 행해지도록 하겠나이다. 저희들은 절대자 성황출 황빛천 꽃들입니다요.

이제 따라 올라가는 분들을 위해서, 이 세계에 많은 분들을 위해서 양탄자를 밝혀 드러내 만들어 주시고 전체 9개로만 밝혀 올라가시면 되겠나이다. 밝혀 드러내 만들어 주실 양탄자 빛탄 꽃빛 천 양탄자입니다요. 잘 부탁하겠나이다.

빛탄 꽃빛 천 양탄자

출향꽃 빛 천향
출꽃 황 빛천꽃
황출 비황천 꽃
황천빛 출 향꽃
천꽃황 절대자
황빛천 꽃황 천

짝짝짝... 이렇게 해서 모두들 양탄자 타고 따라 올라가겠나이다. 몸 안팎에 이 양탄자를 타고 올라가실 수 있는 분들은 모두 다 타시고 올라가시면 되겠나이다. 우와! 대박, 시간요. 2022. 03. 05 13:35 이렇게 해서 원만하게 이루어졌고요. 또 우리들 모두들은 그냥 모두 행하여 이루어지게 되었습니다. 쉽고 빠르게 올라가게 되어 먼저 올라가 있겠습니다. 위 세계에서 뵙겠습니다요.

이제 전체 6개로만 밝혀 올라가시면 되겠습니다만 밝혀 올라가시기 전에 비향 빛꽃 향출비 천 비문을 하나 밝혀 드러내 주셔서 저희들이 모두 다 성황천, 성황 빛천으로 사용할 수 있도록 해주시고 가주셨으면 좋겠습니다.

비향 빛꽃 향출비 천 비문

비향춘 춘향빛 빛꽃천 향
향빛 출꽃 천향꽃 향 천
천향빛 빛향천 꽃 천
천황출 출향 빛 꽃
황출빛 천 향 향꽃천 빛

짝짝짝... 이렇게 해서 우리들은 이제 이것으로 성황천, 성황 빛천으로 활용해 모두들 돌아가는데 어려움 없겠나이다. 고맙고 감사합니다.
시간요. 2022. 03. 05 15:16 이렇게 모두 다 원만하게 이루어지게 되었습니다. 저희들이 이것을 관리 감독하며 원만하게 이루어지도록 하겠나이다.

이제 양탄자 성출 향출비 꽃향 향빛 천 향 양탄자를 밝혀 드러내 만들어주시고 밝혀 올라가시면 되겠습니다요.

성출 향출비 꽃향 향빛 천 향 양탄자

향출 비출 꽃 천
천꽃 향 비향 꽃
천향 빛 출향 꽃
천꽃 황춘 빛 천
출향 꽃 천 황빛
빛꽃 천 황 출향

짝짝짝... 드디어 해내셨습니다. 필요하신 분들은 모두 다 타고 올라가도록 하겠습니다요. 시간요. 2022. 03. 05 15:20 예 이렇게 해서 모두 다 원만하게 이루어지도록 할 수 있는 관리 감독하실 분들까지도 나서게 되었습니다. 우리들이 관리 감독하며 원만하게 이루어지도록 하겠나이다. 우리들은 빛광천 세계의 천황 꽃빛 천황들입니다요.

이제 죽어서 전체 8개로만 밝혀 올라가시면 되겠습니다. 노래를 부름으로 죽으신 겁니다. 노래를 부르면서 녹아지고 사라져서 죽으신 겁니다요. 빛향천몸으로부터요. 전체 8개로 밝혀 올라가시기 전에 비향 천꽃 황 출향빛 천 향 비문 하나 밝혀 드러내 주시고 가셔야 이 세계 분들이 성황천, 성황 빛천으로 사용할 수 있습니다. 밝혀 드러내 주시고 가주셔야 하나이다.

비향 천꽃 황 출향빛 천 향 비문

향출 비출꽃 향빛천 천향 꽃
꽃향 비향꽃 천 향
향빛 천향 성킹 황출꽃 천
천향 황출 비황 천꽃천 황
황빛 비황 천향 꽃 천 향
향출 비황꽃 천 향황
출
출꽃 천 황
황빛천 꽃 향
향출빛 천

짝짝짝... 이렇게 해서 우리들 모두 다 이 비문으로 여기까지 올라오신 분들, 또 여기에 살고 계신 분들이 죽어서 사용할 수 있게 되었습니다. 이제부터는 이것을 관리 감독하는 분들이 알아서 잘해낼 겁니다요. 시간요. 2022. 03. 07 04:39 예 이렇게 해서 모든 것들이 원만하게 이루어지게 되었고 또 구할 수 있게 되었습니다. 저희들이 이것을 관리 감독하며 원만하게 올곧게 어긋남 없이 행해지도록 하겠나이다. 저희들은 이 위 세계 비황천 꽃 황들입니다.

이제 여기까지 따라 올라오신 분들이 타고 올라갈 수 있는 양탄 빛꽃 천 향빛꽃 천 향출 꽃 양탄자를 밝혀 드러내 양탄자를 만들어 주시고 가시면 되겠습니다. 이를 위한 노래도 있습니다요. 양탄 빛꽃 천 향빛꽃 천 향출 꽃 양탄자를 타는 이들을 위한 노래입니다.

양탄 빛꽃 천 향빛꽃 천 향출 꽃 양탄자

빛향천 꽃 빛 빛출꽃
향 향출빛 꽃 천향빛
천꽃향 출 출향빛 꽃
천 천향 빛출꽃 향빛
빛황 빛출꽃 천 천향
빛황 황출빛 꽃천 황
황출 비향꽃 천 향출
비꽃천 황빛 꽃천 황

짝짝짝... 부라보 황홀하게도 만들어지셨습니다. 환상적입니다요.
시간요. 2022. 03. 07 04:45 예 이렇게 해서 모든 것들이 원만하게 이루어지고 또 모든 이들이 이 양탄자를 통해 구해지게끔 되었나이다. 관리 감독은 저희들이 어긋남 없이 잘 하겠나이다. 저희들 출향 빛황꽃 천 황들입니다요. 이제 이 양탄자를 타고 올라가시는 이들을 위한 노래 향출 빛향꽃 천 향 빛출꽃 천 향 노래를 불러주시면 되겠나이다.

양탄 빛꽃 천 향빛꽃 천 향출 꽃 양탄자를 타고 올라가실 분들을
위한 **향출 빛향꽃 천 향 빛출꽃 천 향 노래**

2022. 03. 07 04:53 ~ 04:56 - 00:03:17

황빛 천 꽃 향빛 꽃향출 꽃 빛
향천 천향 들꽃 향빛 천꽃
향빛 천향 꽃황 천꽃 성향
향빛 황천 천꽃 향출 황출
빛출 향빛 천향 들천 향꽃
꽃황 천꽃 황빛 향천 빛향
꽃향 빛출 향빛 성향 들꽃
향빛 황출 빛천 향천 천향
들꽃 황빛 천향 들꽃 황출
출꽃 성 향

빛꽃 천향 빛천 황출 출꽃
성빛 향천 천향 들꽃 황천
꽃향 빛향 들천 향빛 빛천
황출 출향 꽃빛 빛천 향빛
성향 들꽃 황꽃 성 향

이제 우리 모두 다 타고 올라가겠나이다.
고맙고 감사합니다.

이제 양탄자를 타고 올라갈 수 있는 분들뿐만 아니라 그냥 선사님
을 따라 올라갈 모든 이들을 위한 노래 향빛 춘향빛 천 꽃 향 노
래도 한 곡 불러주시고 가서야 합니다요. 선사님이 없어도 혼자서

노래를 들으며 올라갈 수 있도록 까지 불러주셔야 합니다요. 이 세계 모든 이들이 올라가고자 할 때 올라갈 수 있도록도 요. 모두 다 그래 그거지만 몇 구절이 더 들어갑니다. 이렇게 불러주시면 모두 다 완성 이루고 올라가게 됩니다요. 잘 부탁하겠습니다요.

나를 따라 올라가는 모든 이들이 함께 올라갈 수 있도록, 내가 없어도 혼자서 노래를 들으며 올라갈 수 있도록, 이 세계 모든 이들이 올라가고자 할 때 올라갈 수 있도록 하는 노래

향빛 춘향빛 천 꽃 향 노래

2022. 03. 07 05:06 ~ 05:12 - 00:06:27

빛향 출 꽃 천향 빛꽃 천 향빛
향빛 천향 빛 천 향 꽃 천향 들꽃
향빛 성 천 향꽃 성향 들천 향꽃
성숭 상숭 꽃빛 천상 빛천 향빛
천향 들꽃 황출 춘향 빛천 향출
꽃황 천 빛 향 빛 천향 들꽃
향 빛 향 천

성숭 빛향 송향 들천 향빛
송향 상숭 정상 꽃빛 향출
출꽃 성 향 빛꽃 꽃 천
향빛 성향 꽃 향빛 천향
들꽃 향천 천상 빛천 향빛
천향 빛 천 향꽃 꽃성 빛향
들친 황출 출꽃 성 향 빛
천꽃 황출 춘향 빛
황출 꽃황 천꽃 성 향

황천 빛향 들천 향출 꽃빛

빛천 향출 춘향 향빛

성천 황출 출꽃 성황

황빛 천상 빛출 향꽃

꽃성 쫑향 들천 황출

출꽃 성 황

황빛 성향 들꽃 꽃성 향 빛

천향 황출 향출 꽃 빛 향 천

천향 들꽃 황천 빛향 꽃 향

출꽃 향 빛 천꽃 향출 출꽃 성 향

빛천 향 꽃향 들꽃 성천 향 빛

빛향 들꽃 황꽃 성향

들천 향꽃 성출 향빛

천향꽃 황 출꽃 성 향

황출 꽃황 천향 들꽃 향빛

성빛 송향 들꽃 황출 출꽃

천상 빛 향 빛꽃 향꽃

꽃향 향빛 천향 들꽃

황꽃 성황 황출 꽃 빛 성향

출꽃 황꽃 출빛 향빛 천향

들천 황출 출꽃 꽃향천 향 빛

천향 꽃 향출 꽃 성 향

몸향 출 꽃 황출 꽃황

천꽃 성 황

드디어 저희들 다 따라가고 언제든지 가고자 하면 완성 이루고 갈 수 있게 되었습니다. 고맙고 감사합니다.

그럼에도 따라 올라가지 못하는 영적 존재자들로부터 휘둘리고 영적존재 존재자들로부터 먹이가 되고 있는 모든 이들을 위한 비향꽃 천 향출 빛 천 천향꽃 천 향 노래를 불러주시고 가셔야 합니다. 그래야 영적 존재, 몸의 주인, 몸을 이루고 있는 모든 존재 존재자들을 구할 수 있습니다요. 잘 부탁하겠습니다.

따라 올라오지 못하는 영적 존재, 몸의 주인, 몸을 이루고 있는 모든 존재 존재자들을 구하기 위하여 영적 존재자들로부터 휘둘리고 영적 존재 존재자들로부터 먹이가 되고 있는 모든 이들을 구하기 위한

비향꽃 천 향출 빛 천 천향꽃 천 향 노래

2022. 03. 07 05:21 ~ 05:29 - 00:08:54

향 빛 출 꽃
향 천 빛향 천 꽃
향 빛 천 향 꽃빛 성천 향출
꽃황 천 꽃 향 빛
천향 들 꽃 황빛 천 향
황출 출꽃 성 향
꽃황 출 꽃 성빛 출 꽃
향 빛 성빛 출향
꽃 빛 성 향

황출 빛천 향 꽃
성향 들 꽃 향 빛 성천
향출 꽃 성 빛향 구향 향빛 성천
구향 향빛 천향 들천 향 꽃
성향 구황 빛 향 구천 천향
들꽃 향빛 성천 향 빛

성빛 출천 향빛 천 향
구향 천 빛 향 빛
천향 들 꽃 성향
구 향 빛 천향 구
천빛향 꽃 황 천 꽃
향빛 천향 들 천 향 빛
황천 꽃황 천 꽃 향 빛
빛향 꽃향 황출 출꽃 성빛
빛향 꽃빛 성 향

꽃 성 빛 향
빛출 향빛 성향 황출 출꽃
성황 황 출 빛향 들천 황출
출꽃 성 빛 향꽃 꽃성 빛향
출향 황빛 성 천 꽃 빛 성향
황천 빛 향 꽃성 빛 향
꽃황 빛 향 황천 꽃 빛
성향 출황 황 빛 성향 들 꽃
향 빛 성천 향빛 성향 들꽃
꽃성 쫑향 들천 향 빛
성향 들꽃 황출 출꽃 성 향
빛 천 향 빛 성천 향출
출꽃 성 향

황꽃 꽃황 천 꽃 몸 향
빛향 몸 향 빛 향 출꽃 성빛
향천 꽃성 빛 향 빛 천
향꽃 향꽃 성빛 향출 출꽃

성향 빛 향 천 꽃 향출
출꽃 성 향

드디어 저희들 다 구하여 올라왔습니다.
이제 마무리만 부탁하겠나이다.

향 천 천 향
빛 향 출꽃 성 빛 황출
꽃 향 천 향 빛 천 향빛
천향 들꽃 천 향
빛 천 향 꽃
성 빛 황출 꽃황
천 꽃 성 향

황출 꽃 성향 빛
향빛 성 꽃 황천
빛향 들천 향 빛
성천 향 황빛 성향
출꽃 황출 꽃 성 황천
빛 향 출꽃 성 향

황 꽃 빛향 들천
향빛 성 황

이제 모두 다 떨치고 올라가는데 부족함 없겠나이다.
고맙고 감사합니다. 모든 분들을 대신해 큰절 올리겠나이다.
앞으로 이러한 일은 없지 않을까. 비일비재한 이 세상에서 이들을
구하게 되어 기쁘기 한량없겠나이다.

이제 여기까지 올라오신 분들이 성황천, 성황 빛천으로 사용할 수 있도록 하는 비향 꽃천 향 빛 비문을 밝혀 드러내 주시고 양탄자를 타고 올라갈 분들을 위해서 천황 빛천꽃 향 양탄자를 밝혀 드러내 만들어 주시고 전체 8개로만 밝혀 올라가시면 되겠습니다. 그러면 모든 일들이 훨훨 날아서 자유 자재롭게 오가게 될 것입니다요. 속시원한 일이 이제야 일어나고 있습니다요.

이제 여기까지 올라오신 분들이 성황천, 성황 빛천으로 사용할 수 있도록 하는 **비향 꽃천 향 빛 비문**

빛향천 천꽃향 빛 천향꽃
빛출 향출 빛향꽃 천
천향빛 빛황꽃 천 향
향출 빛황꽃 천 향빛출 출향빛 꽃 천
천향 빛출 황출 꽃향빛
천꽃 성황출 출꽃 성빛 황출꽃 천
향향 들천 빛향출 출꽃 성 빛출꽃 천 향
향빛 빛향 출꽃천 향 향빛천 꽃
꽃향출 출향빛 꽃 천향 출 꽃 성 빛
출꽃 천 향 향빛 출 꽃 성 향
향출 빛황천 꽃 향
황출 빛출꽃 천 향
천황꽃 빛
빛황출
꽃

짝짝짝... 부라보 이거면 누구나 오가는데 걸림 없이 자유 자재롭겠습니다요. 바르게 올곧게 산다면 말입니다요. 참으로 감탄스럽습니다. 이런 일이 일어나고 생기다니요. 놀랍기만 합니다. 역시 기달리만 했습니다요.

시간요. 2022. 03. 08 05:15 예 이렇게 해서 이것들이 원만하게 성취 이루어지도록 하는데 감독 관리하는 저희들이 나서서 일하게 되었습니다. 우리들은 두서향 꽃 천황들입니다. 저희들에게 조금만 보수를 주고 또 올곧게 올바르게 나 이외의 다른 분들을 위하여 살았다면은 누구나 그리고 또 선사님을 믿고 의지하여 공부했다면 밝혀 들어낸 것을 알고 공부하여 숙지했다면 누구나 오갈 수 있게 오가는데 손색없이 하겠나이다.

이제 여기까지 올라오신 분들 중에, 또는 양탄자를 타고 올라가셔야 할 분들을 위하여 천황 빛천꽃 향 양탄자를 밝혀 드러내 만들어 주시고 전체 8개로만 밝혀 올라가시면 되겠습니다요. 잘 부탁하겠나이다.

천황 빛천꽃 향 양탄자

쫑킹 꽃황출 천
천꽃향 빛천 꽃
향빛천 꽃황 빛
빛광꽃 천 향빛
천향꽃 출 향천
꽃출빛 빛광 천

짝짝짝... 이렇게 해서 원만하게 이루어졌습니다. 모두 다 타고 올라갈 분들은 양탄자들을 타고 올라가겠습니다.

시간요. 2022. 03. 08 05:21 예 이렇게 해서 모두 다 이루어지고 완성되었나이다.

이제는 여기까지 올라오신 모든 분들을 위한 빛천꽃 황출 비향꽃 천 향 비문을 밝혀 드러내 주셔서 모든 이들이 성황천, 성황 빛천으로 사용할 수 있도록 해주시면 되겠습니다. 가장 아름답게 새기는 것은 아무래도 붉은 바탕에 황금색 글씨겠습니다요. 지금까지 바탕색 글씨색을 말하지 않은 것들은 아무것으로 해도 상관 없습니다만 이들 역시도 가장 화려하게 하는 것은 붉은 바탕에 황금색 글씨라고 하겠습니다. 물론 모두 다 선사님 글씨이어야 합니다요. 잘 부탁하겠나이다.

빛천꽃 황출 비향꽃 천 향 비문

빛향 꽃 천 향
출향 빛 출꽃 천 향
향출 빛꽃 천 향
향황 천 꽃 성향 출
출꽃 빛 황
황출 빛출 꽃 황
황출빛 빛천꽃
황

짝짝짝... 부라보 이렇게 해서 우리들 모두는 순수하고 순백하고 모두 다 돌아가게 되었나이다. 고맙고 감사합니다요.
시간요. 2022. 03. 09 04:41 이렇게 우리는 모두 다 돌아갑니다요. 성황출 황꽃 빛 빛향천 황출꽃 천 세계들 갑니다요. 천천히 올라오십시오. 위에서 또 뵙겠습니다요.

이제 빛향 꽃 향꽃 빛 천 향 양탄자를 밝혀 드러내 만들어 주시고
밝혀 올라가시면 되겠나이다.

빛향 꽃 향꽃 빛 천 향 양탄자

꽃빛출
출향꽃
꽃황천

짝짝짝... 이제 전체 8개로만 밝혀 올라가시면 되겠습니다.
시간요. 2022. 03. 09 05:55 예 이렇게 해서 우리는 모두 다 이루고 모두 다 올라
갑니다요. 성황 출향꽃 천 향 황들입니다요. 모두의 성황출입니다요. 선사님의 꽃
빛천이기도 하고요.

이제 이 위 모든 이들이 죽어서 돌아갈 수 있는 성황천, 성황 빛
천 꽃 향을 밝혀 드러내 주시고 가시면 저희들이 그 법과 진리에
어긋나지 않게 바르게 올곧게 행한 분들에게 맞게 해서 돌아가도
록 할 것인즉, 비황천 꽃 빛출꽃 황새빛 천 향 비문을 밝혀 드러
내 주시면 고맙고 감사하겠나이다.

비황천 꽃 빛출꽃 황새빛 천 향 비문

빛출 꽃 향 향빛천 꽃
향빛 향황 황새빛 꽃 천
천향 빛출꽃 향빛 빛출꽃 천
천향빛 꽃 황새빛 천 향
향출 빛황꽃 천 향빛

천꽃 황빛천 천꽃황 출 출꽃

성빛 빛황꽃 천 황새빛 꽃

천꽃황 황출빛 빛향꽃 천 향

향황 춘향꽃 천 황 황출빛 꽃

성성 들출 향황천 꽃 빛

성황출 출향꽃 황새빛 천

천향 들출향 꽃 천 향

빛황출 꽃 천

황빛 황새빛

꽃

향

빛

천

짝짝짝... 짱황빛 천 황 드디어 저희들의 모든 소원들이 원만하게 이루어
졌나이다. 고맙고 감사합니다요.

시간요. 2022. 03. 10 04:33 이렇게 해서 모든 것들이 원만하게 이루어졌습니다
요. 이제 이것은 저희들이 관리 감독하며 원만하게 이루어지도록 하겠나이다. 우리
들은 황새꽃 빛향천 황빛꽃 천황들입니다요. 언제나 선사님을 믿고 따르며 맹신해
공부하고 추종하며 신봉하며 공부하는 분들이 누구보다 최우선이란 사실은 잊지
않겠나이다.

이제 따라 올라오신 분들과 또 이 위 세계에서 따라 올라가실 분
들 그리고 나중에라도 위 세계로 올라갈 일이 있을 사용할 수 있
는 양탄자, 빛향꽃 천 향빛 양탄자를 밝혀 드러내 만들어 주시고
전체 8개로만 밝혀 올라가시면 되겠나이다. 드디어 양탄자 나오는
구나. 이 얼마나 기다렸던 소원이었던가. 조용히들 해요. 조용히 쉿

빛향꽃 천 향빛 양탄자

향빛 꽃 천 향
향출 빛황 꽃
천향빛 꽃 천
향빛 황새꽃
천향 빛 꽃천

짝짝짝... 부라보. 와~ 드디어 다 해결되었습니다요. 저들 보이시지요. 얼마나 환호하며 기뻐합니까. 저들의 숙원이고 소원이었던 것이 이제야 풀어지고 풀리게 된 것입니다. 이것을 밝혀 드러내 주심으로 인해서요. 고맙고 감사합니다요.
시간요. 2022. 03. 10 04:39 보십시오. 이렇습니다요. 이러니 얼마나 좋아하겠습니까요. 고맙고 감사하겠습니다. 휼휼에 어긋나지 않도록 하겠끔 잘 관리 감독하며 사용하고 이용하게끔 하겠나이다. 고맙고 감사합니다요.

이제 눈에서 죽어간 많은 이들이 성황천, 성황 빛천을 이용하고 활용해서 눈의 세계로 모두 다 올라올 수 있는 빛향천 눈향 꽃 천 향 비문을 밝혀 드러내 온 세상 천지에 두루 비치되도록 해주시면 좋겠나이다.

빛향천 눈향 꽃 천 향 비문

향빛출 출향 꽃 천 눈
향빛 천꽃 성황출 꽃 천 향 눈
눈빛천 황 황출빛 꽃 천
향출 빛황꽃 천
눈 향빛 빛향꽃 눈

짝짝짝.... 이렇게 해서 그 동안 죽었던 모든 눈들이 이것을 이용하고 활
용해서 성황천 성황 빛천으로 눈의 세계로 돌아오는데 부족합니다. 그
래서 2줄만 더 충분하고 해주셨으면 좋겠나이다

향출 빛출꽃 천
천향빛 꽃 꽃향천
눈

짝짝짝.... 3줄인데요. 저희는 눈은 안 들어가도 되는지 알았습니다만 들어
가니 완벽하네요. 이제 충분하고 넉넉합니다. 이제야 비로써 눈들이 돌아
오게 되었나이다. 고맙고 감사합니다요.
시간요. 2022. 03. 11 05:08 이렇게 해서 원만하게 이루어지고 또 원만하게 올라
오게 되었나이다. 이 비문은 이 위 눈이 세계의 천황, 빛천황들이 관리 감독하며
어긋남 없이 잘 사용하도록 하겠나이다. 안녕히 가십시오.

이제 눈이 살아서 올 수 있는 양탄자 빛꽃천도 밝혀 드러내 주시
고 만들어 주시고 전체 8개로만 밝혀 올라가셨으면 좋겠습니다요.

빛꽃천 양탄자

향출 빛출 꽃
눈빛 천 향꽃
꽃향 출 천빛
빛꽃 천 눈향
향천 꽃 빛눈

짝짝짝... 이렇게 해서 타고 올라갈 양탄자 밝혀 드러나게 되었고 만들어
지게 되었습니다. 살다가 살 때 살아가야 하는 경우 못가서 죽는 것이 아

니라 살아서도 갈 수 있게 되었나이다. 고맙고 감사합니다만 우리 위해서 노래 한 곡 불러주시면 더욱 더 고맙고 감사하겠나이다. 불러주실 노래는 요. 살아서 돌아가는 눈향꽃 천 향 노래입니다. 드디어 해결되겠네요. 시간 써 주십시오. 2022. 03. 11 05:13

살아서 돌아가는 눈향꽃 천 향 노래

2022. 03. 11 05:14 ~ 05:18 - 00:04:17

향빛 향꽃 천빛 꽃 향 눈
향빛 성향 꽃빛 성향 들꽃 성빛
황출 출꽃 성빛 성숭 상숭 빛향
꽃성 빛향 들꽃 황출 출황
승천 승화 향출 꽃빛 성향
황빛 빛향 들천 황출 출꽃
황천 천향 들꽃 향빛 빛천
황출 출향 꽃빛 성빛 향출
천향 들꽃 황꽃 성빛 들꽃
빛향 천향 들꽃 성빛 황천
천꽃 성향 꽃향 빛향 들천
향빛 황천 천향 들천 황출
천향빛 향꽃 성빛 황천
천향 황천 향빛 성향 향빛
눈향 향빛 성향 들꽃
눈꽃 성빛 향천 천향 들꽃
황눈 향빛 빛향 천향 들꽃
황천 천향 빛꽃 향빛 성향
들천 황출 출꽃 성 황

천향 빛 향천 꽃 성빛 향 눈
눈향 꽃 빛 성천 향출 출꽃
성향 향빛 성향 향빛 성꽃
황출 꽃성 빛향 들천 향꽃
성향 눈 꽃 성향꽃
눈향꽃 천 황출
출꽃 성 황

빛향 천 꽃 향빛 천향 들꽃
황출 빛향 꽃성 황출 꽃황
천향빛 천 향 꽃 성 황
빛향 천꽃 황출 출꽃 성 황
향빛 성천 황출 출꽃 성 황

이제 저희들 다 올 수 있는 이들은 오겠나이다.
충분하고 넉넉합니다.
고맙고 감사합니다.
안녕히 가십시오.

이제 여기까지 올라온 모든 분들과 또 이 위 세계에서 돌아가신
분들을 위한 비황천 빛출꽃 천 향 비문, 성황천, 성황 빛천으로 사
용할 수 있게 밝혀 드러내 주시고 또 타고 올라가실 분들을 위해
서 양탄자 향출 비황꽃 천 향 양탄자도 하나 밝혀 드러내 만들어
주시고 올라가시면 되겠나이다.

비황천 빛출꽃 천 향 비문

빛꽃 천황빛 천 향출
향빛천 천향꽃 천 황출빛
빛황꽃 천 향 빛천 꽃
황출 비황꽃 천 향
향출 비황천 꽃 천 천황빛 꽃
천꽃 황출빛 빛출꽃 천
향빛 빛출 천
천꽃 황 빛
빛향출
꽃
향
빛

짝짝짝... 부라보. 이제 모두 다 이루어졌습니다. 시간쓰시고요. 양탄자 밝혀 드러내 주시고 만들어 주시고 전체 8개로만 밝혀 올라가시면 되겠나이다. 시간요. 2022. 03. 12 17:58 예 이렇게 해서 이 비문은 저희들 관리 감독하며 원만하게 이루어지도록 하겠나이다. 고맙고 감사합니다. 우리들은 비향천 꽃황 빛들입니다요. 안녕히 가십시오.

이제 향출 비황꽃 천 향 양탄자를 밝혀 드러내 만들어 주시고 가시면 되겠나이다.

향출 비황꽃 천 향 양탄자

빛출꽃 천

천향빛 꽃
향빛 천꽃
황출빛 꽃

짝짝짝... 아주 정확하고 분명하게 확실하게끔 해주셨습니다. 이제 시간 쓰시고 밝혀 올라가시면 되겠나이다. 이것은 저희들이 관리 감독하며 원활하고 원만하게 하겠나이다. 저희들은 천황 꽃천황 빛황 천들입니다요. 시간요. 2022. 03. 12 18:00 부라보. 완성되었습니다. 분명해지고요.

올라가시기 전에 양탄자를 밝혀 드러내셔서 만들어주시고 타고 올라가야 할 분들을 타고 올라가게 해주시면 되겠나이다. 뿐만 아니라 이 세계에서 이곳에 올라와서 죽은 분들이 성황천, 성황 빛천으로 사용할 비황천 비문도 밝혀 드러내 주시고 가주셔야 합니다요. 비황천 비문 먼저 밝혀 드러내 주시고 양탄자 상출 비황꽃 천황빛 양탄자를 만들어주시고 양탄자를 타고 올라가실 분들을 위해서 노래도 짧게 하나 부르시고 가시면 되겠나이다.

비황천 비문

향빛 천황꽃 천 향
향빛천 천꽃성 황출 빛출꽃 천
천향 황천 꽃황천 빛출꽃 천 향
향빛 천황 천꽃성 황빛 빛향꽃 천
천향빛 꽃 천 황출 빛출꽃 천
향빛 빛출 꽁향춘 춘꽁천 향
향빛 향황천 꽃 천황빛
빛향꽃 천

천황꽃 빛
빛향천 꽃 황
황빛천
꽃
빛

짝짝짝... 이제 상출 비황꽃 천황빛 양탄자를 밝혀 드러내 만들어주시고 노래 향출 비황 천꽃빛 향 노래를 불러주시면 되겠습니다요.

시간요. 2022. 03. 14 04:05 이렇게 해서 이것은 저희들이 관리 감독하면 원만하게 잘 이루어지도록 하겠나이다. 저희들은 천황꽃 황빛 천황 천꽃천 황 세계의 천황들입니다요. 상출 비황꽃 천황빛 양탄자를 밝혀 드러내 만들어주시고 노래 향출 비황 천꽃빛 향 노래를 불러주시고 밝혀 올라가시면 되겠나이다.

상출 비황꽃 천황빛 양탄자

빛출 꽃 천 향빛
빛향천 꽃 황 출
빛출 꽃 천 향꽃
빛황 빛출 꽃 황
황빛 천 천황꽃
천황빛 황출 꽃

짝짝짝... 이제 노래 향출 비황 천꽃빛 향 노래를 불러주시면 되겠나이다.

시간요. 2022. 03. 14 04:10 예 이렇게 해서 모두들 원만하게 타고 올라가고 또 이곳에 많은 분들을 이롭게 하면서 원만하게 사용하게 되겠나이다. 안녕히 가십시오.

향출 비황 천꽃빛 향 노래

2022. 03. 14 04:12 - 04:16 - 00:04:10

(모두 다 완전하게 양탄자 타고 올라가는데 흔들림 없이 즐겁고 행복하게 올라가
도록 하겠나이다.)

빛출꽃 향빛 성향 들천 황출
출빛 성향 꽃빛 성향 들꽃
황꽃 성빛 꽃황천 빛천 황출
출향 들천 황출 출꽃 향빛 빛천
향출 출향빛 꽃빛 성천 황출
출꽃 성빛 들천 향꽃

야들아 이제 다 버려
다 놓고 다 버리고
모두 다 까벌리고
우뚝 세워서

성출 향꽃 꽃향 들천 황빛
빛천 향출 출꽃 성황 들천
황빛 성천 황출 출꽃 출향빛
빛천 황출 출꽃 성황

황빛 빛향 출꽃 꽃황
천꽃 황출 출꽃 성황

모두 다 한덩어리 하나 한몸되어
올라가도록 하겠습니다요.

자, 버리지 못한 분들은
지금이라도 모두 다 버리고
훌훌 털어버리고
빈손 빈몸으로 허공이 되어

향출 꽃황 천꽃 성 황
출황 꽃빛 빛천 황출
출꽃 성 향 되어서

박고 쑤시고
쑤시고 박으며

향출 꽃황 천꽃 향출
출향 성빛 황꽃 꽁춘 향빛
판향 빛향 성출 향꽃
꽃향 들천 황출 출꽃 성황
황출 빛향천 상천 꽃황
천향 빛천 향출 출향 빛천
황출 꽃황 천꽃 성 향

있는 그대로
우리는 꽁이요. 판이요.
향춘 춘꽁 성 황들입니다요.

갑니다. 가

휘익

철커덕

창황 출꽃황
천꽃 빛천 향출
출향 빛천 황출
출꽃 성황

이제 모두 다 내립니다.
고맙고 감사합니다.

은혜 잊지 않고 노력하고 애쓰며
나 이외 많은 분들을 위하여 이롭게 하겠나이다.

이제 스타게이트 워즈에서 여기까지 오가도록 하는 모든 일들을
하시는 모든 일이 언제든지 돌아오고자 하면 돌아올 수 있는 빛향
꽃 천 향빛출 꽃 비문을 주셔서 원만하게 이루어지도록 해주시면
되겠나이다.

빛향꽃 천 향빛출 꽃 비문

향출 빛출 꽃 향
향빛 출향꽃 천
천황꽃 향
향빛천 천꽃황 출
출빛꽃 천
천향빛
꽃

짝짝짝... 상황천 넣어주시면 안 되겠는지요? 안 된다. 된다고 하니 이를 어쩌나? 스스로에게 묻는다. 상황천을 넣어주는 것이 좋은가요? 좋기는 한데, 모두를 위해서는 아니고요. 빛황천 황들이 넣어서 사용하라 하시면 되겠나이다. 시간 써주십시오. 2022. 03. 15 04:10 이렇게 해서 이것이 원만하게 이루어지도록 저희들이 관리 감독하며 바르게 올곧게 행해지도록 하겠나이다.

이제 양탄자, 어느 때든 올라오고 싶으면 타고 올라왔다 갔다 할 수 있는 양탄를 밝혀 드러내 만들어주시고 가셔야 합니다요. 드러내 만들어 주셔야 할 양탄자는 빛향 춘항꽃 천황빛 꽃 양탄자입니다. 잘 부탁하겠나이다.

빛향 춘항꽃 천황빛 꽃 양탄자

빛출꽃 향 빛
빛천꽃 황 천
천향빛 꽃 천
황천꽃 빛 천
천꽃 황출 빛

이제 더 이상 없습니다. 이제 전체 8개로만 밝혀 올라가시면 되는데요. 밝혀 올라가기 위해서 모두를 위한 노래 향빛 천꽃 향 노래 하나 불러주시고 밝혀 올라가셨으면 좋겠나이다.

향빛 천꽃 향 노래

2022. 03. 15 04:15 ~ 04:19 -00:04:29

빛꽃 천 향빛 성천 향빛
성향 들꽃 향출 출꽃 성빛
빛향 들꽃 향출 출꽃 성빛
천황꽃 향빛 성천 황출 꽃황
빛향천 향출 출꽃 성황
황출 꽃황 빛향 천꽃 황출
꽃황 천황 빛천 황출 출꽃
상천 상꽃 꽃향 상천꽃 빛향
들꽃 향출 출꽃 성황

상황천 빛 향 꽃 성빛 향출
황출 빛향 들꽃 꽃성 쫑향
들천 황꽃 향꽃 꽃빛 성향
들천 황출 출꽃 빛향 들천
향천 향꽃 꽃천 향출 출꽃
천황꽃 깃발 꽃황천 천빛 상향
향천 꽃빛 상황 천 빛 향천
천향 들꽃 황출 출꽃 성빛
빛향 들천 황출 출꽃 성 황
황천 천꽃 상황천 꽃황
천황빛 향천 꽃황 출꽃 천 향
빛향 들천 향빛 성천
비문 성황출 출꽃 성향
향빛 성천 황출 출꽃 성황

황천 상천꽃 빛천 향출 출꽃
상황천 꽃황 들꽃 향빛 빛천
황출 출꽃 성황 빛향 들꽃
황출 출꽃 성빛 성황꽃 통 향
통향 출통 향출 통향출
출꽃 성 향 황 통 통향출
출꽃 황출 통향꽃 황출
꽃황 천꽃 성 황
스타게이트 위즈 상황천
향빛 성천 향출 출꽃 성황

있는 그대로 모두 다 서슴없이
위아래 소통 왕래
편안하고 안락하게 하도록 하소서.

이제 되었습니다.
고맙고 감사합니다.
안녕히 가십시오.

이제 밝혀 드러낸 양탄자를 이곳에 갔다 놓으시고요. 지금 부르신 노래는
양탄자를 타기 전에 모두 다 부르고 또는 듣고는 양탄자를 타고 가면 원
만하게 소통되고 통황이 되겠나이다.

빛향 춘향꽃 천황빛 꽃 양탄자

빛출꽃 향 빛
빛천꽃 황 천

천향빛 꽃 천
황천꽃 빛 천
천꽃 황출 빛

예. 이제 시간 쓰시면 되겠나이다.
2022. 03. 15 04:23 이렇게 해서 원만하게 이루어졌고요. 이 양탄자도 원만하게
이루어지도록 하기 위해서 관리 감독하는 분들이 소임을 맡아 주셨습니다. 향빛천
천황꽃 황빛천 황님들이십니다.

이 위 세계까지 올라오신 분들을 위해서 빛천꽃 향 비문천 향 하
나만 밝혀 드러내 주시고 가시면 성황천 성황 빛천으로 사용들 하
는데 손색이 없이 모두 다 본래 돌아가겠나이다.

빛천꽃 향 비문천 향

비향 꽃천 향빛
빛천꽃 황 황빛천 꽃
꽃향춘 천 천꽃천 황
황빛천 꽃 꽃황천 빛
빛향꽃 출 출꽃천 황
황빛 빛향 황출꽃 천
천향빛 꽃
꽃황출 천 천꽃 빛출꽃 천
천향 빛황 빛출꽃 천향
황출꽃 천
천빛 꽃 황
황출 빛

짝짝짝... 드디어 모두 다 죽어서는 본래 본래고향산천으로 돌아가는데 손색이 없겠나이다. 걸림이나 장애 또한 없겠나이다. 시간요. 2022. 03. 15 05:01예. 이렇게 모든 일들이 순조롭게 모두 다 이루어지게 되었나이다. 이 또한 관리 감독하는 분들의 소임을 맡아 주실 분들이 나서셨습니다. 비향꽃 황빛 천황입니다요.

여기까지 올라오신 모든 분들을 위해서 빛출꽃 향빛 천 향출빛 비문천 하나를 밝혀 드러내 주시고 노래도 한 곡 불러주시고 가셔야 하십니다요.

빛출꽃 향빛 천 향출빛 비문천

꽃빛 빛출꽃 황 황출빛 꽃
꽃향 황출빛 천황꽃 빛 황
황출 빛황꽃 천 천황빛 꽃 천
향빛 빛황꽃 천황빛 빛황천 꽃 향
향빛천 천황꽃 출향 빛출 꽃황
천꽃황 천황빛 빛황 춘꽁천
천향빛 판꽁천 황
황출빛 꽃 천
천향 꽃황 빛
천꽃 천 황

짝짝짝... 이렇게 해서 여기까지 올라오신 모든 분들은 죽어서 모두 다 본래, 본래 고향산천으로 돌아가는데 아무런 걸림이나 장애 없이 모두 다 돌아가게 되겠나이다. 시간요. 2022. 03. 15 05:30 이렇게 해서 이것을 관리 감독하며 원만하게 이루어지도록 하겠다며 소임을 맡아 주실 분도 나오셨습니다요. 빛향천 천황꽃 빛천 꽃 황입니다요. 소임을 다해 많은 이들이 보다 더 많이 본래, 본래 고향산천으로 돌아가는데 어려움 없도록 하겠나이다.

이제 우리들을 위해서 빛향 천꽃 황출빛 절대자 향 비문을 밝혀 드러내 주셔서 저희들이 어디서든 죽어서는 누구나 모두 다 본래로 돌아갈 수 있도록 해주시면 되겠나이다. 잘 부탁하겠나이다.

빛향 천꽃 황출빛 절대자 향 비문

향출 빛출꽃 피향꽃 천
천향빛 황 황출빛 꽃
천향 꽃빛 향피 피황천 꽃
절대자 향출 꽃 꽃향출
출꽃천 천향 빛 꽃천
황출빛 천황피 향
향출꽃 천 황
황빛천 꽃
절대자 황출 출꽃 성
성황출 빛 절대자 꽃
꽃황출 향 전체
전체꽃 황
황빛천 꽃 향 출
출향꽃 빛
빛꽃천 황 전체
부분 전부 황출 빛꽃 천
향빛 천 꽃
전체 향 꽃
빛

짝짝짝... 부라보 모두 다 이루셨고 완성하셨습니다. 이로써 저희들은 어디서나 어느 곳에서나 죽어서는 본래 전체로 돌아갈지 못할 이유가 전혀 없게 되었나이다. 우리는 전체고 전체의 부분으로 절대자 꽃황 천 천황꽃 황으로써 힘껏 활기있게 온 세상 천지 이롭게 하다가 있는 곳과 있는 곳으로의 인연이 다하면 본래, 전체로 모두 다 돌아가도록 하겠나이다.

시간 써주시면 모두가 완쾌 완성되나이다. 시간요. 2022. 03. 16 04:13 드디어 모두 다 해결되었나이다. 전체가 저희들 버리지 않으셨나는 사실이 이제 명백히 드러났고 우리는 언제든지 본래 전체로 돌아가겠나이다. 살고 있는 세계의 세상에서 인연이 다한 연후에는 홀연히 모두 다 천체 본래로 돌아가겠나이다. 고맙고 감사합니다. 저희들을 버리지 않아서 고맙고 감사합니다요. 지금껏 저희들은 저희들을 저버린지만 알았습니다만 이렇게 이와 같이 모두 다 돌아오도록 해주시니 몸둘바를 모르겠고 그 동안 저희들이 선사님께서 많은 잘못을 했다는 생각이 듭니다. 지금부터라도 잘하도록 하겠나이다.

이제 저희들이 할 일을 다하며 양탄자 타고 홀연히 갈 수 있도록 비향천 향출 꽃 절대자꽃 향 양탄자를 밝혀 드러내 만들어 주시면 더없이 즐겁고 행복하게 일할 수 있겠나이다. 뿐만 아니라 양탄자 타고 올라가면 흥겹게 즐겁고 노래 들으며 부르며 천체로 돌아가도록도 노래도 한 곡 불러주셨으면 좋겠나이다. 불러주실 노래는 절대자 너희들 이제는 모두 다 즐겁고 행복하게 천체로 돌아오거라. 이제 할 일 다 했노라. 입니다요. 비향천 꽃은 할 일을 다하지 못하고 죽은 이들이라면 양탄자는 할 일을 살아서 다하고 가는 이들이라고 보시면 될 것입니다요.

절대자 너희들 이제는 모두 다 즐겁고 행복하게 천체로 돌아오거라. 이제 할 일 다 했노라.

2022. 03. 16 04:22 ~ 04:26 ─ 00:04:54

꽃빛 천 향 빛천 향꽃
피향 향꽃 천상 빛천 천체
향꽃 성향 출 출꽃 성향 황출

꽃향 들천 향출 출향 꽃빛
황천 천상 빛천 향꽃
향빛 향천 천상 꽃빛
향출 출꽃 성향

응응 향향 들들 향꽃
출향 성꽃 황출 출꽃
성빛 빛향 들꽃 향출
출꽃 성향 황출 천체
빛향 천꽃 향빛 빛향
들천 천체 향빛 성향 들꽃
황출 향출 출꽃 성향 향빛
향천 천상 빛출 향빛
성향 황출 출꽃

야들아, 모두 다 까버리고
모두 다 판 향 꽃 출 향꽃천 하면서
우리 모두 다 간다.

꽃빛 향 출 춘향
음출 향꽃 성출향
출꽃 성빛 천체 향꽃
꽃빛 향황춘 춘향 출꽃
꽃빛 성향 들천 향출 꽃
빛천 황출 출꽃 성황 빛천
황출 꽃황 천꽃 성향

천체 절대자꽃 향출 천황

빛천 황출 출꽃 성황
출꽃 향출 출황 빛천 황출
출향 빛천 향출 성황 꽃황
천꽃 향출 출향 빛천 황빛
천상 꽃황 천체 빛향 출꽃
성향 출향 꽃빛 빛향 출꽃
출꽃 성황 황출 꽃빛
빛향천 천꽃 성황

천체빛 향출 꽃황 천황 빛천
황출 출꽃 성황 빛천 황출
꽃황 천꽃 향출 꽃황 천꽃
향출 출꽃 성향

이제 우리들 다 왔어요. 선사님,
그만하셔도 되겠습니다.
고맙고 감사합니다.
언젠가 이런 날이 오리라 생각하면서도
한편으로는 너무 오랫동안 대면한 적이 없어서
저희들을 저버린 줄만 알았습니다만
이와 같이 오늘 저희들 살아서
모두 다 본래, 천체 올라올 수 있게 해주셔서
고맙고 감사합니다.
또한 일을 다 마치지 못하고 돌아가실 분들 역시도
모두 다 돌아오게 해주셔서 고맙고 감사합니다요.
안녕히 가십시오.

이제 양탄자를 밝혀 드러내 만들어 주시면 되겠습니다만 그전에 할 일을 다하지 못하고 죽은 이들을 위해서 비향천 꽃들 피워주시면 좋겠나이다. 노래로 피워주시면 되겠나이다.

할 일을 다하지 못하고 죽은 절대자들을 위해서 비향천 꽃을 피운다.

2022. 03. 16 04:36 ~ 04:47 – 00:11:54

향꽃 천 빛 향천 꽃향 천꽃
향빛 향천 꽃빛 성향 향출
출꽃 성향 향꽃 빛천 향꽃
성향 향천 천향 피향 천꽃
향빛 피향 빛꽃 성향 향빛
성향 빛천 향빛 피향 꽃성
향꽃 성향 들꽃 향피 빛향
꽃성 빛피 향꽃 성향 들꽃
황출 출꽃 성향 피향 천꽃
향꽃 성빛 향꽃피 성향 들꽃
향빛 향천 꽃황 황천 꽃빛
향빛 성향 꽃빛 황출 출꽃
성향 황천 꽃황 들꽃 향빛
빛향 들천 향꽃 꽃황 꽃성
피향 빛향 들꽃 황출 출꽃
성향 향천 천향 들꽃 향빛
빛향 들꽃 향빛 피향 꽃성
빛피 향꽃 꽃향 들꽃 천빛
향천 천상 빛향 꽃빛 천체
향빛 성향 꽃향 들꽃 빛향
천꽃 향꽃 성향 들꽃 향빛

출꽃 성향 황천 천향 들꽃
천체 향빛 천향 들꽃 황출
빛향 천빛 향 천 향

고맙고 감사합니다.
언제나 돌아가꼬
무수한 세월 눈물로 지새고 있었는데
이렇게 비향천 꽃을 피워주셔서
저희들 가게 해주셔서
돌아갈 수 있게 해주셔서
너무도 고맙고 감사합니다. 선사님,
저희들 돌아가서도 즐겁고 행복하게
세세생생 나 이외의 다른 분들을 이롭게 하면서
잘 살 수 있도록 마무리 부탁드리겠나이다.

향출 빛천 향꽃 성향 들꽃
향빛 천향 들꽃 빛향천 꽃
황천 천향 들꽃 향출 출꽃
성향 빛향 천향 꽃황 빛천
천향 들꽃 향천 천향 천상
빛꽃 성향 황천 들천 천향
꽃빛 상황천 향천 꽃황
천체 빛향천 꽃 향천
천향 꽃빛 상향 천빛
천향 들꽃 향천 천향 꽃빛
빛향 들천 향천 천향 들꽃
황천 꽃빛 성천 향출 출꽃
성향 비향천 꽃

향출 출꽃 성 향

천체 빛꽃 성향
천체 향출 출꽃 상향 천꽃
성향 꽃빛 향천 천향꽃
황출 출꽃 성 향

있는 그대로 천체 전부이며
부분이고 부분이면서 전부이며
천체로써 전체
천체 향출 꽃황 천꽃 성황으로써
이제 모두 다 즐겁고 행복하게 잘 수 있기를 바라겠나이다.

황출 꽃황 천상 빛향
황출 출천 향빛 천체 빛향
꽃황 천체 빛향 들천 향빛
천체 향꽃 향빛 성천 향빛
빛향 천향 꽃빛 성빛 향출
출향 빛천 황빛 빛향 꽃빛
성향 향천 천향빛 향출
꽃빛 성향 향천 천향빛
황꽃 성 향 출꽃 성빛 피향
향꽃 성빛 빛향 피향 꽃황
천꽃 피향꽃 황출 출꽃 성향

있는 그대로 천체 전체 전부 부분
부분 향천 천향꽃
천체 전체 향출 출꽃 성황

황출 출꽃 꽃황천 향빛
성천 황출 출꽃 성황
빛향천 황출 출꽃 성빛
향천 꽃황 천체 향빛
빛향천 꽃 황출 출꽃 성향

있는 그대로
모두 다 빛향천 꽃
황출 출꽃 성향
향천 꽃황 천황꽃
황천 꽃빛 성빛 향천
천향꽃 향출 출꽃 성황

있는 그대로
꽃황출 꽃성 빛 향 출꽃
꽃황 천 빛향천 꽃
황천 천황 꽃빛
향출 출꽃 성 황

전부이며 전체며 천체로써
황출 꽃황 천황꽃
절대자 황출 출꽃 성황
천황빛 황출꽃 성향꽃 천 향이로다.

꿈만 같고 향출 꽃황
천황꽃 천체꽃 향 출꽃 향빛
천황 꽃향 출꽃 성 황

고맙고 감사합니다.
이제 모두 다 우리 이루고 완성해
천체로써 전체로써 전부로써
이제 우리 할 일 더 이상 미루지 않고
모두 다 이루어 원만하게 하도록 하겠나이다.
고맙고 감사합니다.
안녕히 가십시오.

꽃황 천꽃 황출 출꽃 성 황
천황 꽃빛 황출 꽃황천 황님이시여!
이제 모두 우리는 이루고 완성해
모든 일들을 세세생생 에너지 부족한 일 없이 해낼 수 있겠나이다.
고맙고 감사합니다.

이제 비향천 향출 꽃 절대자꽃 향 양탄자를 밝혀 드러내 만들어
주시고 오직 하나 더 이상 없는 끝쫑에 끝쫑 향 세계를 밝혀 드러
내시면 되겠나이다.

비향천 향출 꽃 절대자꽃 향 양탄자 비문

향출 비향꽃 천 천향꽃 천 황
황출 비황꽃 천 향빛천 천황꽃
절대자 향출 빛황꽃 천 향
향황천 꽃 절대자꽃 향빛 천
천향꽃 황 황출빛 절대자 천황꽃
향빛천 천황 꽃 황
빛천꽃 천황 빛출황

절대자 천황꽃 천
황빛춘 꽁 향
비황꽃 천
절대자 천체
향

짝짝짝... 이렇게 모두 다 갑니다요. 고맙고 감사합니다만 우리들 위해서
도 노래 한 곡 불러주십시오. 저희들은 성황출 황빛천 절대자 꽃황천 황
들입니다. 불러주실 노래는 요. 빛꽃천 향 절대자 향출입니다요. 시간요.
2022. 03. 16 05:35 이렇게 해서 모든 일들이 원만하게 이루어지고 또 성취되며
만사형통 속 출향꽃 하게 되었나이다. 이제 오늘은 여기서 쉬시고요. 노래 부르시
고 오직 하나의 세계 더 이상 없는 끝쫑에 끝쫑 향 세계를 밝혀 드러내시면 되겠
나이다.

이제 밝혀 올라가셔도 충분하고 넉넉하다 하십니다.
밝혀 올라가시기에 앞에 여기까지 따라 올라오신 모든 분들을 위
한 향출 빛황천 빛 향 비문을 하나 밝혀 드러내 주시고 타고 올라
갈 양탄자도 하나 밝혀 드러내 만들어주시고 전체6으로만 밝혀 올
라가시랍니다.

향출 빛황천 빛 향 비문
이 비문은 따라 올라오신 분들과 또 여기까지 올라오신 분들, 그리고 이
곳에 사시는 모든 분들을 위한 빛황천 꽃입니다. 빛황천 꽃이란 아래 세
계 성황천, 성황 빛천을 말하는 겁니다요. 잘 부탁하겠나이다.

향춘 춘향빛 꽃 천
향출 빛춘꽃 향 꽁
꽃빛 향황춘 춘꽁천 황

황빛 빛황 천꽃 황빛천 꽃

꽃황 빛출꽃 향황천 꽃

빛꽃 황출 빛황꽃 천

절대자 꽃황출 황

황빛 천황국 황제국 천

천향꽃 황 황빛천 꽃

황제국 황빛 천

꽃

짝짝짝... 드디어 모두 다 해결되었나이다. 잡음이 조금 있었지만, 선사님
의 완고함에 모두 다 고개를 숙이고 받아드리겠다 하십시오요.

시간요, 2022. 03. 17 05:20 예 이렇게 해서 원만하게 이루어졌고요. 또 이것을
관리 감독하며 원만하게 하겠다고 나서신 분도 계십니다. 저는 빛향천 황 황꽃
천 천황국 황입니다. 열심히 성실하게 잘 하겠나이다. 어긋남 없이요.

이제 타고 올라가 양탄자를 밝혀 드러내 주셔야 하시는데요. 참으
로 어려운 양탄자입니다. 빛천 황체국 꽃 양탄자입니다.

빛천 황체국 꽃 양탄자

황출 빛출꽃 향

향빛천 꽃 황제

황제국 천황 빛

꽃 꽃향빛 천 향

황꽃천 천빛 황

황제국 황 황빛

짝짝짝... 이거 너무 넘치는 것 아닌가 싶습니다만. 그럼에도 그냥 그렇게 하라 하십니다요. 시간요. 2022. 03. 17 05:25 이렇게 해서 모두 원만하게 이루어졌나이다.

이제 우리들을 위해서 비향천 황출빛 천황국꽃 빛향천 비문을 밝혀 드러내 주셔서 모든 이들이 올라오는데 부족함 없도록 해주시면 고맙고 감사하겠나이다.

비향천 황출빛 천황국꽃 빛향천 비문

황꽃 천국황 황빛 빛황꽃 꽃황천 빛
빛천꽃 천황국 빛 빛천꽃 황
황천 빛황 천꽃황 빛천 향출 출향빛 꽃
천향 빛출꽃 천황국 천향빛 천 황출꽃
꽃황천 빛 빛꽃천 황 출
출꽃천 빛 빛꽃천 황
황빛출 꽃 천황국 빛황천 꽃
황출 출꽃천 향
향황천 꽃
빛향천국
황출빛
향

짝짝짝... 부라보 드디어 해내셨습니다. 이제 거의 다들 올 수 있을 겁니다요. 깨어서 오려고만 한다면 말입니다.
시간요. 2022. 03. 18 03: 45 이렇게 해서 이것을 관리 감독하며 원만하게 이루어지도록 하는데 솔선수범 나서신 분들이 계십니다. 빛황천국의 황천들입니다. 저희들이 이것으로 할 일을 다하신 분들이 올라오는데 원만하게 하겠나이다.

이제 양탄자를 밝혀 드러내 만들어 주서서 타고 올라가야 하시는 분들이 타고 올라가도록 해주시면 고맙고 감사하겠습니다요. 밝혀 만들어 주셔야 할 양탄자는 천황국 빛천 꽃 양탄자입니다요.

천황국 빛천 꽃 양탄자

빛꽃천국 황
빛황천국 꽃
꽃향 향빛천
꽃황출 출꽃
빛천꽃 황빛

짝짝짝... 이렇게 해서 모든 이들이 타고 올라가는데 부족함 없겠나이다. 이제 양탄자를 타고 올라가며 들어야 할 노래를 불러주시면 되겠나이다. 노래는 향빛 빛향꽃 황제국 천빛 향 노래입니다. 이제 양탄자 시간 써주시고요. 2022. 03. 18 03:59

이제 우리들을 위해서 양탄자 빛향천 천향빛 꽃 향 양탄자를 밝혀 드러내 만들어 주시고 전체 6개로만 밝혀 올라가시면 되겠습니다만 그 정에 앞서 이 위 세계 모든 이들을 위한 성황천, 성황 빛천을 쓸 사용할 빛향출 출꽃 천 향 비문을 밝혀 드러내서서 여기까지 공부하여 올라오신 분들도 사용해서 갈 수 있도록 해주셨으면 고맙고 감사하겠습니다요.

빛향출 출꽃 천 향 비문

향출 빛출 꽃향 본래 꽃 향

본향꽃 천 천체꽃 향 향출꽃 천

천향 천체 본래 향빛천 꽃 향

향출 빛출꽃 향 본래 생명 근본자 향

향출꽃 빛향 천꽃 황빛천 꽃 향

향황 춘꽃천 향빛 춘향꽃 향 빛천 꽃

향황 춘꽃 천 향 빛황꽃 천 춘향꽁

꽁춘향 본래 천체꽃 향 생명체꽃 향

향춘 꽃황출 출꽃 천 향

본래 꽃향춘 본래 천체 본향꽃 천

향 빛꽃천 천체 본래꽃 향 천

천황 빛출꽃 황 생명체꽃

향

짝짝짝... 부라보 넉넉하고도 충분합니다. 누구나 본래로 돌아가는 아무런
걸림이 장애 없이 단숨에 단박에 올라가겠나이다. 고맙고 감사합니다요.
시간요. 2022. 03. 19 04:26 예 이렇게 해서 우리 다 이룹니다요. 이제 저희들이
이것을 관리 감독하며 많은 이들을 이롭게 하며 어긋나지 않고 올곧게 올바르게
행하도록 하겠나이다. 우리들은 본래 천체꽃 향 빛향천 황출꽃 천황들입니다. 고맙
고 감사합니다요.

이제 양탄자, 빛향천 천향빛 꽃 향 양탄자를 밝혀 드러내 만들어
주시고 전체 6개로만 밝혀 올라가시면 되겠습니다. 양탄자를 밝혀
드러내시기에 앞서 양탄자를 타고 올라가실 분들을 위해서 노래
짤막하게 몇 소절 부탁하겠나이다. 불러주실 노래는 향빛천 본래
꽃 향 천체 향빛 노래입니다요.

향빛천 본래꽃 향 천체 향빛 노래

2022. 03. 19 04:31 ~ 04:35 - 00:04:23

출꽃 성빛 꽃향 빛향 들천
향빛 성향 들꽃 성통 공황
황빛 성향 출꽃 성빛 향빛
성천 꽃향 향빛 천향 들꽃
향꽃 성빛 출향 향빛 향천
천상 꽃빛 상천 상향 꽃빛
성통 통향 향천 천체 꽃빛
성향 천체꽃 빛 향천 꽃황
본래 생명체 꽃 빛 성향
황출 출향 꽃빛 성향
출꽃 성향 빛향 들꽃 성빛
황출 출꽃 성빛 향천 천향
좃대 보지 보지 향출 빛향 들꽃
좃대 보지 향출 출꽃 성 빛
향천 보지 좃대 향출 출꽃 성향
꽁춘 춘꽃 성빛 향천 빛향천 꽃
향빛 성천 향출 꽃빛 성향

꽃황 천빛 향천 본래 천체 생명빛 향
천체 꽃향 성천 빛향꽃 천 향빛
성향 꽃황 천꽃 성황 출꽃
성향 출꽃 향출 출꽃 성향

슝
붕웅

철커덕 꽝

꽃빛 성천 향출 출꽃 성 황
저희들 이 위에 다 올라왔습니다. 선사님,
이제 그만하셔도 되겠나이다.
고맙고 감사합니다.
안녕히 안녕히 가십시오.
은혜 잊지 않고 갚도록 애쓰고 노력하겠나이다.

향출 꽃황 천황꽃
본래 천체 생명 빛향
꽃천 향 황 꽃황
천꽃 성 황

이제 되었나이다.
우리 모두 다 이루고 완성하겠나이다.

꽃출 향출 출꽃 성 황

드디어 모두 다 깨어나 일어나겠나이다.

꽃출 출향꽃 성천
빛향 천꽃 황출 출꽃 성 향
빛향 꽃빛 성향 꽃 천
천향꽃 빛천 향출 출꽃 성 황

있는 그대로
천체 본래 생명 꽃황천 황이로소이다.

이제 넉넉하고 충분하나이다.

이제 빛향천 천향빛 꽃 향 양탄자를 밝혀 드러내 만들어 주시고
전체 6개로만 밝혀 올라가시면 되겠습니다요.

빛향천 천향빛 꽃 향 양탄자

빛향 본래꽃 향
천체꽃 향 본래
천체 꽃향빛 천
황출 빛향꽃 천
황빛 친체꽃 본
생명꽃 황 본래

예. 이렇게 우리들은 모두 다 타고 올라가는데 아무런 손색이 없겠나이
다. 뿐만 아니라 보다 많은 이들이 본래로 돌아가는데 보다 더 수월하게
되었나이다. 이것을 관리 감독하며 올바르게 바르게 어긋남 없이 행하도
록 저희 황빛천 천향 천체꽃 향 생명꽃 황들이 나섰나이다. 이제 시간 써
주시면 되겠나이다. 시간 2022. 03. 19 04:45 예 이렇게 해서 모두 원만하게
이루어지고 또 모두들 위 세계로 올라가는데 탁월한 힘을 얻고 가게 되었나이다.
고맙고 감사합니다요.

이제 이 위 세계 모두를 위한 빛천꽃 절대자 향출빛 생명체 꽃 향
출 비문을 밝혀 드러내 주시면 저희들이 유용하게 잘 사용하도록
하겠으니 꼭 밝혀 드러내 주시면 고맙겠습니다.

빛천꽃 절대자 향출빛 생명체 꽃 향 출 비문

향꽃 출꽃천 천향빛 출꽃 생명빛
빛향꽃 천 천향 절대자 꽃 향빛
본래꽃 향 생명꽃 향 향출꽃 성
성황출 출꽃 성향 빛천꽃 좆대꽃 향
향출 성황출 보지꽃 향 향빛 천
천향꽃 좆대 보지 꽃향 빛천꽃 향
생명꽃 향 빛 천꽃향 빛 천꽃 향
향꽃빛 천 향
출꽃 천 향
절대자꽃 천체 본래꽃 향
생명꽃 향 빛 천체꽃 향
출꽃천 향 성황출 꽃
향 좆대 보지
향꽃 천
빛

짝짝짝... 넉넉하니 충분합니다. 이거면 모두 다들 돌아가는데 부족함 없
겠나이다. 이제 시간 써주십시오. 2022. 03. 19 14:29 예 이렇게 모든 것들이 원
만하게 이루어졌습니다. 또한 저희들이 이것이 원만하게 올바르게 사용되도록 관
리 감독하겠나이다. 저희들은 위 생명꽃 향 빛천 황출꽃 천황꽃 황들입니다요.

이제 양탄자도 하나 밝혀 드러내 만들어주시고 가시면 되겠습니다
만 양탄자를 밝혀 드러내 만들어주시기 전에 양탄자를 타고 올라
가실 분들을 위해서 빛천 꽃 향 본래 생명꽃 향 노래를 불러주셔
야 합니다.

빛천 꽃 향 본래 생명꽃 향 노래

2022. 03. 19 14:33 ~ 14:38 - 00:05:13

향출 생명체 향 빛 천향
본래 천체꽃 향 빛향
천체꽃 향 빛천 향 빛
성향 본래 생명꽃 향
향빛 성향 들천 향빛 생명
빛향 들꽃 향빛 성향 들꽃
생명꽃 향 천향 빛천
향꽃 성향 출 향

빛천 본래 천체꽃 향
향빛 성향 들꽃 향빛
빛천 향출 출향 본래
생명빛 향 천향 들꽃
성향 꽃빛 성빛 향천
천향꽃 향빛 성천 천향
들꽃 꽃성 빛향 천향
황천 꽃빛 성 향

황꽃 성향 들꽃 성빛
생명빛 향 생명체 향 꽃 성빛
향천 천향 천체 본래 향빛 성향
생명체 향 빛 성향 들꽃 성향출
출향 빛천 향천 천향 꽃빛
상향꽃 향천 천향빛 향
향천 꽃빛 성향 출향 상천

천상 들꽃 꽃향 생명
빛향 들꽃 성 향

상천 천상 빛향 꽃빛
성향출 꽃 성향 황천
생명꽃 빛 향천 향빛
성향 천빛 성향
천체 본래 향빛
성명 명량 향빛
생명 빛향 출꽃 성황
황천 천향 꽃황
들꽃 성향

있는 그대로
생명체 향빛 꽃향 들꽃
절대자꽃 성 향 천체 본래
생명체 꽃황 성향
천황꽃 빛 향천 향빛
천향꽃 생명체 출향
꽃황 천체꽃 황
황천 꽃빛 성향

있는 그대로
향빛 성향꽃 생명체 향빛
천향꽃 꽃향출 출꽃 성천
천향 들꽃 향빛 빛향 들천
향빛 성향꽃 꽃성 빛향
들천 향출 출꽃 성 황

있는 그대로
생명꽃 빛향천
향빛 성향꽃 황이로다.

이제 우리 모두 다 올라왔습니다. 선사님,
고맙고 감사합니다.

이제 빛향꽃 절대자 천체꽃 본래향 꽃 천 절대자 양탄자를 밝혀
드러내 만들어주시고 전체 6개로만 밝혀 올라가시면 되겠나이다.

빛향꽃 절대자 천체꽃 본래향 꽃 천 절대자 양탄자

향출 빛천 향 꽃 천
천향 황출 천체꽃
생명향 빛 빛황꽃
천향 출 향빛천 꽃
빛천꽃 황 생명체
절대자꽃 천체향
빛천꽃 황 빛향 천

짝짝짝... 아주 너무도 좋습니다. 황홀을 넘어서 황출입니다요. 모두 다 타
고 올라가는데 손색이 없겠나이다. 시간요. 2022. 03. 19 14:43 예 이렇게 해
서 모든 것들이 원만하게 이루어지었나이다. 이제 이 양탄자는 저희들이 책임지고
관리 감독하며 원만하게 이루어지도록 하겠나이다. 저희들은 천체 꽃향출 황빛 빛
황천 생명꽃 황들입니다요.

이 세계 천체 45번째 끝종 향황천 꽃 세계에서 죽어서 가지 못하는 모든 분들을 위해서 빛천 향빛 절대꽃 향 생명천 향 비문 하나 밝혀 드러내 주셔서 모두 다 본래로 돌아가게 해주시고요. 또한 이 세계까지 올라와 죽어간 모든 이들이 성황천과 성황 빛천으로 이용하고 활용해서 모두 다 본래로 돌아가는데 부족함 없도록 밝혀 드러내 주시면 고맙고 감사하겠다 하십니다요.

빛천 향빛 절대꽃 향 생명천 향 비문

향빛 천 천향꽃 절대꽃 향 생명꽃
향빛 천향꽃 절대꽃 향출 빛천꽃 향
향황 춘꿈 성향빛 절대꽃 생명빛 향천
천황 비천 천황꽃 생명꽃 빛 천향 빛
천꽃천 황 황빛 절대꽃 생명빛 향 출
출꽃 성황출 황빛천 꽃황빛 향 생명
출꽃 천황 비천꽃 황 절대꽃
생명꽃 향 빛 천황꽃 천
향빛 출꽃 성황꽃 빛 황
황출 절대꽃 상향천 빛천꽃
생명꽃 빛 천 황
황출빛 꽃 천
황 본래꽃 향
생명빛 향 천
본래향 꽃
절대꽃
생명천
황
빛

천

짝짝짝... 부라보 드디어 저희들의 숙원이 모두 다 이루어지는 순간입니다
요. 이제 넉넉하고 충분합니다만 그럼에도 살아 있는 분들을 위해서 양탄
자를 타고 올라갈 수 있도록 양탄자도 밝혀 드러내 만들어주시고 가주셨
으면 좋겠습니다. 뿐만 아니라 양탄자를 타고 갈 때 들을 수 있는 향기로
운 향빛 천향꽃 향 노래도 부탁하겠습니다. 불러주실 노래는 요. 향기로
운 향빛 천향꽃 향 절대꽃 생명천 향 노래입니다.

시간 쓰시고요. 2022. 03. 21 03:39 이렇게 해서 우리는 모두 다 구하여지고 또
구하여 올라가는데 손색이 없게 되었나이다. 구하는데 손색이 없도록 하기 위해서
일을 도맡아 하시겠다는 분들이 나서셨습니다. 비황천 절대꽃 황 천들과 비향천
생명꽃 천 황들입니다. 잘 부탁하겠나이다. 손색없이 어긋남 없이 행하여 구할 수
있는 이들 모두 다 구함에 손색없도록 어긋남 없도록 하겠나이다. 이제 양탄자 타
고 올라가실 분들을 위해서 노래도 남겨주시면 되겠나이다.

향기로운 향빛 천향꽃 향 절대꽃 생명천 향 노래

2022. 03. 21 03:43 ~ 03:58 - 00:15:18

꽃출 향 빛향 천 향빛 천향
들꽃 향빛 성향 들꽃 천향
향천 빛향 들천 향빛
향빛 성향 들꽃 꽃향
생명 꽃빛 성향
절대꽃 향 천향 들꽃
성향 향빛 성향 들꽃 생명
빛향 절대꽃 향 빛천 천향 들꽃
향빛 향빛 천향 향빛 천향 들꽃
꽃향 빛향 들꽃 성빛 천향 향빛
피향 피향 꽃피 향빛 성향 피향
빛향 꽃빛 성향 황천 천향 들꽃

성향 상천 천상 빛천 향빛 성황
황꽃 성황 상황 꽃빛 상황 천빛
향빛 성황 황출 출꽃 성향
생명 절대빛 향 천향 황출 꽃빛
성빛 향빛 성향 들꽃 꽃성 빛향 천향
황출 출황 빛향 들꽃 성황출 빛향 천향
꽃황 천황 빛천 향빛 향천 절대꽃 향
생명체 천향 천꽃 성향 들꽃 상향
꽃빛 향천 천향 들꽃 황출 출황
꽃빛 성향 향천 빛향 꽃성 빛향
황천 신황 꽃빛 황천 천황 꽃황
신황 절대꽃 황 황천 향천 꽃황
생명 빛향 천향 꽃빛 성빛 빛향
들꽃 꽃향 황천 황빛 빛향 꽃성
향빛 향천 절대 생명 빛향 꽃빛
성향 향빛 절대 빛향 꽃빛 성향
황천 천향 생명 빛천 향빛 향천
천향 들꽃 상향 꽃상향 꽃 성 빛
향천 천향 들꽃 향천 꽃황 신황
황천 천황 빛향 들꽃 절대 꽃 황
신황 생명 천향 빛향 천향 들꽃
황출 꽃향 빛향 들꽃 성향

빛천 향빛 성황 꽃황 출천 향빛
상황 성황 꽃빛 천황 황천 꽃황
천황 빛향 들천 향빛 절대 향빛
향천 천상 천빛 향천 천향 생명
빛천 향빛 성천 향빛 성향 꽃빛

황천 천향 들꽃 향빛 상황 천꽃
황천 천황 황빛 성향 황천 꽃황
들꽃 성향 천빛 황천 빛향 들천
천향 꽃빛 향천 빛향 출꽃 황꽃
성빛 출향 빛향 들천 꽃황 생명
빛향 꽃천 상황 절대꽃 황
꽃빛 성황 황천 빛향 들천
꽃향 천향 꽃빛 성황 출꽃
성황 빛향 들꽃 성 황

황천 빛향 생명 빛황 천꽃
황천 황천 꽃황 절대꽃 황
신황 빛황 생명 빛향 들꽃
황출 꽃황 천황 빛향 들꽃 성향
황출 꽃황 신황꽃 절대꽃 황천
향빛 천향 생명 꽃빛 성황 황천
천향 들꽃 황천 천향 꽃황 천향
빛향 들꽃 황출 출꽃 성황
빛향 들꽃 성황 꽃빛

황천 천향 꽃빛 황천 꽃빛 성황
천황꽃 성향빛 향천 생명빛 향
천향 꽃빛 향천 절대향 빛 천향
빛천 향빛 천향 꽃황 들천 향빛
생명체 향 빛천 향천 출꽃 성황

있는 그대로
자체꽃 황 절대 황꽃 성황

꽃황 출꽃 성향 향빛 성황
절대향 빛 성빛 천향 들꽃
꽃향 들천 향빛 성황 성황출
빛향꽃 빛 성빛 황천 꽃황
빛향 천꽃 성황출 꽃 천향
빛천 황출 출꽃 성 황

빛향천 향 빛 천황꽃
절대꽃 생명체 향
본체 본래 황천 천향
생명 천향 빛향 절대황 천
천황 빛향 들꽃 성황 황천
빛향 들꽃 상향꽃 황천
천황 빛꽃 성향

있는 그대로
자체 본래 성황 천 향 빛
황천 꽃빛 성황

있는 그대로
자체이로구나.

향출 출꽃 성황
빛향천 생명꽃 성 빛향천
황빛 향천 꽃황 들꽃 성향꽃 향
천향 빛 출꽃 성 황

있는 자체입니다요.

이제 넉넉하고 충분합니다.
우리 모두 다 있는 그대로의 자체에 올라와 있나이다.

꽃출 향출 출꽃 성 황

이렇게 쉽게 해결되리라고는 생각도 못했습니다.
고맙고 감사합니다.
안녕히 가십시오.

언제 또 뵐 수 있을지
뵈는 날이 있기를 기대해 보겠습니다.
이 은혜 잊지 않고 갚도록 노력하고 애쓰며
나 이외의 많은 분들이 깨어나 위로 올라갈 수 있도록
죽은 이들이 모두 다 살아나
위 세계로 올라갈 수 있도록
최선 다해 노력하고 애쓰겠나이다.

향출 출꽃 성 황
빛천 향출 절대꽃 생명천 향
빛향천 꽃 황천 천향꽃 황
되었나이다.

출꽃 성향
있는 자체 그대로의
꽃황 출꽃 성 빛향 천 향입니다요.

출꽃 성황 출꽃 성 황
빛향출 꽃

너무도 황홀하고 기쁘고
한량이 없습니다요.
이런 날이 오다니
정말로 영광 또 영광이로소이다.

선사님을 만난다는 게 이런 기쁨이고
행복이고 즐거움이고 깨어남인지는 전혀 몰랐습니다.
그럼에도 이렇게 우리가 모두 다 살아나 깨어나
또 이와 같이 올라왔다는 사실이 꿈만 같고
향출꽃 성빛 황천 출꽃
성황출 꽃 성빛
향천 꽃황 출꽃 성 향
빛향천 향빛 성향꽃 출 천향
빛향꽃 향이 될 줄은 꿈에도 몰랐습니다.

고맙고 감사합니다.
고맙고 감사합니다.
은혜 잊지 않겠습니다.
꼭 갚도록 애쓰고 노력하고
또 애쓰고 노력하겠나이다.

이제 살아있는 분들이 타고 올라갈 양탄자 생명꽃 절대꽃 향빛 천
향 꽃 양탄자를 밝혀 드러내주시고 만들어 주시고 전체 6개만 밝
혀 올라가시면 되겠나이다. 가능한가요? 넉넉하고도 충분합니다요.

생명꽃 절대꽃 향빛 천향 꽃 양탄자

빛춘 꽃 향빛 천 꽃
생명꽃 철대꽃 천
향빛 출꽃 천향 빛
빛황천 꽃 향빛 천
빛꽃천 향 절대꽃
향천 빛천 생명천
천황꽃 빛천꽃 황

짝짝짝... 부라보 이렇게 해서 모든 살아있는 이들이 또 이 위 세계로 올라오신 분들이 타고 올라갈 수 있는 조건만 된다면 누구나 타고 올라갈 수 있겠나이다. 시간요. 2022. 03. 21 04:05 이렇게 모두 다 원만하게 이루어졌으며 또한 이것을 관리 감독하며 많은 이들을 이롭게 하겠다고 나서신 분들이 계십니다. 소임을 잘 맡아서 어긋남 없이 행하도록 하겠나이다. 저희들은 천황꽃 황 절대꽃 생명 천황들입니다요. 잘 부탁하겠나이다. 당연하신 말씀이십니다. 어긋남 없이 바르게 올곧게 행하여 만천하가 우러러보는데 손색없도록 하겠나이다.

이제 이 세계에서 죽어서 가야 하는 모든 이들을 위해서 빛향 천꽃 천, 빛향 천황꽃 천, 일명 성황천, 성황 빛천으로 사용할 비문 향천을 밝혀 드러내 주시고 가주셨으면 고맙고 감사하겠나이다. 또한 공부하여 이 세계까지 올라오신 분들을 위해서도 사용할 수 있게끄름 비문 향천 을 밝혀 드러내 주십사 부탁드리는 바입니다.

비문 향천

빛천 발광 성체꽃 향
빛향 천꽃 발광 천꽃 향 출

출꽃 성빛천 천향꽃 빛

황출 빛황꽃 천 향빛 꽃황춘

춘꽁천 향 향황 천빛 꽃 향

출천 황출꽃 빛 천

향출 꽃향빛 천

향출

꽃

짝짝짝... 이거면 우리들 모두 다들 가고도 남겠나이다. 고맙고 감사합니다
요. 시간 써주시면 모두 다 해결되겠나이다. 2022. 03. 22. 03:07 이렇게 모든 이
들이 모두 다 인연되는 만큼 공부된 만큼 구해지겠나이다. 이것을 원만하고 올바
르게 올곧게 이루어지도록 하기 위해서 저희들이 나서서 소임을 받겠나이다. 저희
들은 이 자체 발광체 세계에서의 빛향 천향꽃 황 천들입니다. 안 된다 합니다. 시
간을 다시 써주십시오. 2022. 03. 22 03:09 예 이렇게 해서 구함에 두려움 없이
공부된 모든 이들을 솔선수범하며 구하고자 하는 위 세계 분들 향빛 천황꽃 황빛
천 발광 천황들이 나서서 소임을 맡아 행하겠다 하십니다요. 이제 되었나이다.

이제 따라 올라오신 분들이나 또 이 위 세계에서 위 세계로 올라
가고자 하는 분들이 타고 올라갈 수 있는 양탄자를 밝혀 들어내
만들어 주시고 가시면 고맙고 감사하겠나이다. 밝혀 들어내 만들
어주실 양탄자용, 발광체 꽃향 천 빛 양탄자입니다요. 잘 부탁하겠
나이다.

발광체 꽃향 천 빛 양탄자

꽃빛 출 향빛 천

천향 황출꽃 빛

빛향 출꽃 발광

빛천꽃 황 출빛

빛향 꽃천 황출

빛출꽃 천 발광

짝짝짝... 부라보 이제 넉넉하고도 충분합니다만 우리 위해서 노래 부탁하겠나이다. 타고 올라갈 때 모두 다 헐벗고 내려놓고 타고 올라갈 수 있도록 하는 노래 비향 꽃천 황출비 꽃 노래 와~ 드디어 나오는구나. 얼마나 기다렸던 노래인가? 확수고대했던 노래 기원하며 바랬던 소원했던 노래입니다. 잘 부탁하겠나이다.

시간요. 2022. 03. 22 03:15 예 이렇게 해서 이것은 저희들 원만하게 어긋남 없이 이루어지도록 하게 하기 위해서 소임을 맡아 행하겠나이다. 빛천 향빛 천향꽃 황천황빛 발광체 빛천 황들입니다요.

비향 꽃천 황출비 꽃 노래

2022. 03. 22 03:19 ~ 03:26 - 00:07:16

빛꽃 성향 빛향 천꽃 향출

빛향 출꽃 성향 황천 천상

빛천 상출 꽃빛 상천 천상

빛향 들꽃 출향 꽃빛 성향

출꽃 출향 들천 향출 출향

빛천 황출 출꽃 성빛 출향

들꽃 황출 꽃향 들천 꽃빛

성황 황꽃 성향 출꽁 꽁향

춘꽃 성빛 황천 천향 들꽃

출꽃 성빛 출향 빛꽃 성빛

향출 출꽃 성빛 성능 능천

향빛 성능 꽃빛 성향

출꽃 성향 빛천 향출 출꽃 성향
빛향천 꽃 빛향 천상 꽃빛 상천
상천 꽃빛 성숭 승천 승화 꽃빛
성황 승천 꽃빛 성출 빛향 꽃성
빛향 천 빛성향 향꽃 성향 들꽃
향빛 성황꽃 빛 성향출 꽃 성빛
향빛 천향 들꽃 향빛 성향 꽃빛
성향 광체 빛향 천향 황출 출꽃
성황 성황출 빛향 천향 황출
출꽃 성향 황천 빛출 향황 천 빛
성황출 천 천향 빛천 황출 출꽃
빛향 천 빛 황출 빛향 천꽃 황출
빛출 향꽃 성황 출꽃 성황 천 빛
상황꽃 출 천 천향 빛천
황출 출꽃 성 황

빛향천 천광 광체 빛향 들천 황빛
성황 황빛 성체 성광 빛향 천 빛
성향 출꽃 황체 꽃빛 향출 꽃빛
빛향 천꽃 황출 꽃향 향천 들천
황출 출천 빛향 향빛 성향 빛천
향빛 성천 빛향 들천 황출
출향 빛천 황빛 빛향 들천
천향 들천 향빛 향천 천향 들꽃
꽃빛 성향 황출 빛향 출천 향빛
성향 들천 향빛 성천 들꽃 성향
황빛 성천 황출 빛향천 빛향꽃
꽃빛 성향 들천 황출 출꽃 성황

빛향 출꽃 성빛 향천 빛출
황천 빛향 출꽃 성 향

있는 자체 발광체 빛향
출천 천향빛 빛향꽃 성빛
황천 천황 빛천 향빛
성향출 꽃
빛향 천 향
출꽃 성 황

있는 자체의 빛황체 꽃이 황
자체 꽃황 빛천 황
발광체 빛향천 황이로소이다

빛출 향꽃 빛황 천꽃 성향
성황 빛향 발광 체향 향천
황천 꽃빛 성향 황출 출천
빛향 들꽃 황천 천황 빛향
들꽃 성향 황출 꽃빛 성향
발광체 향 빛 성 향

이제 되었습니다.
고맙고 감사합니다.

우리 말끔하게 그냥
빛향 천 빛 향천
빛철 향출 출향 꽃 향이 되었나이다.

고맙고 감사합니다.

안녕히 가십시오.

이렇게 해서 우리 소원이 모두 다 이루어졌나이다.

이제 여기까지 올라오신 분들을 위한 비문천 향 하나를 밝혀 드러
내 주시고 올라가고 싶은 분들, 올라가실 수 없는 분들이 타고 올
라갈 향빛천도 하나 밝혀 드러내 만들어 주시고 성황꽃 천체의 천
체 7개로 밝혀 올라가시면 되겠나이다.

비문천 향

향빛 성황꽃 천 향

빛천꽃 향빛 천꽃

꽃황천 빛천꽃 황

황천 빛꽃천 황출

향출 꽃 성황꽃 천

천빛천 향빛 천 꽃

황출 향출 빛꽃천 향

향황 천꽃 출 향 천꽃

성황출 출향 향출꽃

끝향출 꽃

짝짝짝... 부라보. 이제 되었습니다 넉넉하고 충분합니다만 끝에 황을 넣
어주시면 어떠하겠는지요? 이 위 세계 나 스스로에게 물어봅니다. 넣어주
어야 하나요? 절대로 안 됩니다. 넣어주시면 둘 다 고생합니다. 성황천,
성황 빛천으로 이용하시는 분이나 또 선사님이나 둘 다 고생고생한다고
하겠으니 넣지 않으시는 게 옳습니다. 굳이 넣고자 하는 분들이 있다면

스스로 넣고 그 감당을 스스로 하시면 될 것입니다요.

시간요 2022. 03. 23 05:28 예 이렇게 해서 이것을 저희들이 관리 감독하며 원만하게 이루어지도록 하겠나이다. 우리들은 이 위 세계 끝쫑향 천 세계의 천황꽃들입니다요

이제 따라 올라오신 분들이 또 이 위 세계에서 따라 올라가고 싶으신데 따라 올라가지 못하는 분들이 따고 올라갈 수 있는 양탄자와 같은 비슷한 향빛천을 하나 밝혀 들어내 만들어 주시고 밝혀 올라가시면 되겠나이다.

향빛천

빛향 꽃천 향

향천 꽃 황천

천향꽃 빛천

황출 성황꽃

천빛꽃 황천

짝짝짝... 넉넉하니 충분합니다요. 이제 향빛천을 타고 올라가실 분들이 쉽게 안전하게 즐겁고 행복하게 타고 올라갈 수 있도록 하는 노래 한 소절 부탁하겠나이다. 향출꽃입니다. 시간요. 2022. 03. 23 05:33 이렇게 해서 저희들이 원만하게 이용할 수 있도록 소임을 맡아 행하겠나이다. 저들은 이 위 세계의 천황꽃 황들입니다요.

불러주실 노래는 향빛천 천향꽃 성 노래입니다.

향빛천 천향꽃 성 노래

2022. 03. 23   05:36 ~ 05:37 - 00:01:34

향천 천향 들꽃 성빛
향천 천향 꽃성 황빛
성향 들꽃 황꽃 성빛
향출 출꽃 성향 황출
출꽃 성향 황출 꽃빛
성향 출꽃성 향출꽃
성빛 꽃빛 향꽃
성꽃향 천 천꽃
향출 꽃빛 성향
출꽃 향빛 성향
황출 꽃빛 천향

이제 되었나이다
그럼에도 또 부족한 이들을 위해서
향출꽃도 하나 해주셔야 합니다.
이어서 할까요? 따로 할까요?
따로 하셔야 합니다요.

향출꽃

2022. 03. 23   05:39 ~ 05:41 - 00:02:09

빛향 들꽃 성향
향빛 성향 들꽃
향출 출꽃 성향

쿵작 쿵작 쿵자작 쿵작

향출 꽃빛 성향
향출 성빛 성황 꽃천
천향 들꽃 황출 출꽃 성향
꽃황 빛향 출꽃 황출
빛향 출꽃 성향

쿵 쿵 쿵 쿵

향출 성빛 꽃향 들천
향빛 황꽃 천향 들꽃
황출 출꽃 성향 들꽃
향출 출향 꽃빛

궁닥 궁닥 궁닥 궁닥

꽃빛 성출 출꽃 성황

이제 저희들 다 올라왔습니다.
그만하셔도 되겠나이다.
고맙고 감사합니다.

따라갈 수 있는 한 최대한 꼭 부여잡고
믿고 의지하며 따라가겠나이다.

이제 이 위 세계 분들과 여기까지 올라오신 분들이 하나같이 성황천, 성황 빛천으로 사용할 빛천꽃 향출 빛 비문을 밝혀 들어내 주시면 좋겠나이다. 잘 부탁하겠나이다.

빛천꽃 향출 빛 비문

꽃출 향 빛천 옴 빛천 향
향출 빛황꽃 성황천 천체 빛 향
향천꽃 빛황천 꽃 출황빛 천
옴

짝짝짝.... 환상적입니다. 왜 말들이 없지요. 이것이면 다 해결되니 말문이 막히고 어이가 없어서는 박수만 친겁니다요. 시간요. 2022. 03. 24 04:00 이렇게 정확하게 맞아 떨어지기도 하고요. 이러니 나서서 이 소임을 맡고 싶지 않은 분들 없이 많습니다만 그럼에 그중에 저희 이 위 세계 천황이라고 했던 성황천 옴 빛 천 천황들입니다요. 모든 일들이 원만하게 이루어지도록 행하는데 어긋남 없도록 하겠나이다. 이것을 위에서의 서운함 불만 모두 다 싹 가시고도 즐겁고 행복하고 흐뭇합니다요.

이제 이 세계에서 올라와서 더 위 세계 그냥 갈 수 없는 분들이 타고 올라가 비향천 양탄자 꽃을 밝혀 들어내 만들어 주시고 가시면 되겠나이다. 잘 부탁하겠습니다만 타고 가실 분들이 노래를 들으면서 노래를 타고 올라가듯 갈 수 있도록 노래 한 곡 먼저 불러 주셔야 하겠습니다요. 불러주실 노래는 요. 야, 이제 우리 모두 옴의 천황꽃 세계로 간다, 어화 둥둥 노래입니다요.

야, 이제 우리 모두 옴의 천황꽃 세계로 간다, 어화 둥둥 노래

2022. 03. 24 04:06 ~ 04:09 - 00:03:42

천꽃 옴빛 향빛 천향
들꽃 성향 향빛 천향
옴빛 빛천 향출 출꽃

어화 둥둥

향출 향빛 빛천 향꽃
천상 빛천 옴빛 향빛
성천 천향 꽃빛 옴향
향빛 성빛 천향 들꽃
황출 출꽃 성향 황빛
성빛 향천 천향 들꽃
황출 출꽃 성향 옴빛
빛향 향출 출꽃 성향

내 사랑 빛향 옴빛
향춘 꽃황 출꽃 성향
빛천 향출 출꽃 성향
빛향 출꽃 향빛

살랑 살랑 살랑

꽃빛 향출 출꽃 성향
내 사랑 꽃빛 옴빛
성향 출꽃 향천

천향 들꽃 황출 출꽃

어디 보자.
우리 갑시다.

옴꽃 향천 꽃향
출꽃 성 향하면서

둥 둥 향 향
꽃천 향출 쿵 향
향빛 성향 쿵 쿵
향빛 어화 둥둥
향빛 성천 옴빛 빛향
들꽃 향출 꽃빛 성향
출꽃 성천 향출
출꽃 성황

황빛 천향
우뚝 세우고
모두 다 까벌리고

쿵 쿵

향출 출향 꽃빛
향천 천향출 옴빛 향천
천황 빛천 향출

어화 둥둥

좋고나 좋아 좋을씨고
향출 출꽃 성빛 향꽃 성황
출꽃 빛천 황출 옴빛 성향
출꽃 빛천 황출 출꽃 성향

드디어 저희들 옴의 천황꽃 세계에
흐뭇하게 올라왔어요
고맙고 감사합니다. 선사님,
선사님 밖에 없어요.

향출 출꽃 성황
빛향천 옴빛 천 향이시여!

고맙고 감사합니다.
향출 출꽃 성 향하도록 하겠나이다.

이제 비향천 양탄자 꽃을 밝혀 들어내 만들어 주시고 천체 빛향천 향으로
만 올라가시면 되시는데 양탄자 꽃을 만들어 주신 후에 또다시 말씀드리
겠나이다.

비향천 양탄자 꽃

옴빛천 향
향꽃천 꽃
꽃출 향 옴
옴천꽃 빛

짝짝짝... 이제 넉넉하고 충분하고 너무도 황홀하고 빛나게 만들어졌나이다. 시간요. 빛천 꽃향 천 향 2022. 03. 24 04:13 이렇게 모두 신이 내려주신 선물과도 같습니다. 원만하게 사용할 수 있도록 저희들이 소임을 맡아서 행하도록 하겠나이다. 저희들이 이 위 세계 옴천황 꽃 황들입니다.

이제 천체 빛향천 향 천체로만 밝혀 올라가시면 되겠습니다만 우리 위해서 빛천꽃 향 옴빛 비문 하나만 밝혀 들어내 주시고 가주셨으면 좋겠습니다. 여기에 계신 모든 분들과 또 여기까지 공부하여 올라오신 모든 분들을 위해서 반드시 꼭 필요한 것입니다요.

빛천꽃 향 옴빛 비문

빛천 꽃 향 옴빛 천꽃 향 출

출향 빛천꽃 황 황빛천 꽃

향출꽃 천 옴빛천 향꽃

꽃향 출향빛 빛천꽃 옴천

천향 옴향천 꽃 빛

빛출꽃 천

옴

빛

천

짝짝짝... 부라보 너무도 좋고요 모두 다 환영일색입니다요. 모두 다 돌아가는데 부족함이 없겠나이다.

시간요. 2022. 03. 24 04:23 이제 우리들 나서서 소임을 맡아 행하도록 하겠나이다. 우리는 이 위 세계 옴 천황들입니다요.

이제 밝혀 올라가시면 되겠습니다만 여기까지 올라오신 분들을 위한 성황천, 성황 빛천으로 사용할 황빛천 이여꽃 향 비문을 밝혀 드러내 주시면 이 위 세계 분들과 더불어함께 잘 살아가도록 하겠나이다.

황빛천 이여꽃 향 비문

꽃빛 향천 옴니꽃 향
향빛천 꽃 빛향 이여꽃 향빛
빛천꽃 이여 옴니꽃 향
향출 빛출꽃 니여꽃 향 옴
옴니꽃 향 이여 향출꽃 천 향
빛출 향빛 옴니꽃 향 이여꽃 출
출꽃 향출꽃 이여 옴니꽃 빛
빛천꽃 황
황출빛 천
천꽃
황
옴니
이여꽃
향
빛

짝짝짝... 부라보. 넉넉하고 충분하나이다.
시간요. 2022. 03. 25 04:33 이렇게 우리는 잘 받아지고서 모든 일들이 원만하게 일어지도록 하겠나이다. 우리들이 어긋남없이 이루어지도록 행하겠나이다. 우리들은 이 위 세계 옴니꽃 황들입니다요.

이제 몸이 불편하신 분들이 따라 올라갈 수 있도록 또 이 위 세계에서도 몸이 불편하신 분들이 타고 올라갈 수 있는 천빛천 향꽃 천 양탄자 빛을 밝혀 드러내 만들어주셔야 하시는데요. 양탄자를 밝혀 드러내시기에 앞서 양탄자를 타고 올라가실 분들을 위한 노래 빛천 황출 빛향천 꽃 향출꽃 천 노래를 불러주시고 양탄자를 밝혀 들어내 주시면 되겠나이다.

이 위 세계, 또 따라 올라오신 분들 중 몸이 불편하신 분들이 타고 올라갈 수 있는 천빛천 향꽃 천 양탄자 빛을 타고 올라오도록
빛천 황출 빛향천 꽃 향출꽃 천 노래
2022. 03. 25   05:27 ~ 05:31 - 00:04:02

빛꽃 천 향 빛천 향빛 성향
꽃빛 천향 이니 향꽃 성향
옴니 이니 이여꽃 빛
성향 출천 천향 향출
출황 빛천 이니꽃 빛 성천
천향 들꽃 이여꽃 옴니 꽃빛
성향 출향 향빛 성향
출꽃 꽃빛 성향 출꽃

모두 다 까벌리고
우뚝 세워 향출
성황출 꽃 빛천 향출
출꽃 성빛 이니 옴니
이여꽃 빛 성향 출꽃
성향 황천 꽃빛 상향

쿵 쿵

향빛 성꽃

덩더쿵 덩더쿵

향빛 성향 들천 향출 출꽃 성 향
황꽃 성빛 향천 천상 빛천 황빛
성향 출꽃 상천 상향 꽃 빛
출꽃 성향 향출 출향 꽃빛
향출 출꽃 성 향

슝 융
붕 웅
철커덕 꽝

출꽃 성 황
황빛 빛향천 꽃
황출 출꽃 성 향

꽃황 천 빛 이니꽃 향빛
옴니꽃 향출 이여꽃 향
출꽃성 황 빛향천
출꽃 성황출

뿡
향 출꽃성 향
황출 꽃황 천꽃 성빛

빛향천 출꽃 성황 빛천
황출 출꽃 성 황
빛향천 향 출꽃
성빛 빛향천 향 출꽃
성빛 향꽃 성빛 향천 꽃빛
성황출 꽃 출꽃 성 향하였나이다.

이제 모두 다 올라왔습니다. 선사님, 고맙고 감사합니다.
얼렁 양탄자 밝혀 들어내시고 아침 운동 갔다오셔야 되겠습니다.
시간이 너무 흘렀어요.

이제 천빛천 향꽃 천 양탄자 빛을 밝혀 드러내 만들어주시고 밝혀
올라가시면 되겠나이다.

천빛천 향꽃 천 양탄자 빛

출꽃 이니꽃 향
빛천꽃 옴니꽃
향빛천 꽃 이니
꽃출 향빛 천꽃
이여꽃 향 옴니
꽃향출 성황꽃

짝짝짝... 이렇게 해서 모든 것들이 모두 다 원만하게 되었나이다. 이제
시간 써주시면 되겠나이다. 시간 2022. 03. 25 05:35 이제 되었습니다. 이제 저희
들이 나서서 소임을 맡아 행함에 어긋남 없도록 하겠나이다. 우리들은 이 위 세계
이니꽃 향천 꽃 황들입니다요.

이제 여기까지 올라오신 모든 분들과 또 이 위 세계 모든 이들이 죽어서 성황천, 성황 빛천으로 사용할 수 있는 빛천꽃 향천 빛향천 빛 비문을 하나 밝혀 들어내 주시고, 존재해 계시되 몸이 불편하여 원만하지 못하신 분들을 위해서 양탄자 빛천 꽃 향빛천 양탄자 빛을 밝혀 들어내 주시고 만들어주시고 밝혀 올라가시면 되겠나이다. <u>밝혀 올라가실 세계는 지금과는 완전 단판의 성출빛 세계들입니다요.</u> 자, 이제 우선 먼지 빛천꽃 향천 빛향천 빛 비문을 부탁하겠나이다.

빛천꽃 향천 빛향천 빛 비문

향꽃 비향천 꽃 빛 향 출
출꽃천 향 빛꽃천 향빛천 꽃 향
향출 빛향 천꽃 향출 출꽃 천 향
빛향 천꽃 향빛천 꽃 향 출
출꽃 성황 빛천꽃 향
이니꽃 옴니 할래 향 출꽃 성
향출 성황꽃 천 향출
비향출 성황출 꽃 천
향빛 빛출꽃 천
향빛천 꽃 향
빛출꽃
황

짝짝짝... 이렇게 해서 원만하게 성립되었나이다.

시간요. 2022. 03. 26 04:52 이렇게 해서 모두 다 원만하게 이루어졌나이다. 이것을 맡아 소임을 행하겠다고 이 위 세계 성춘 춘꽁황들이 나서셨습니다. 어긋남 없도록 바르게 행하여 보다 많은 분들 본래, 본래 고향천으로 돌아가는데 부족함 없도록 소홀함 없도록 최선을 다해 이롭게 하겠습니다. 대신에 명조자는 넉넉히 주셔야 합니다만 주실 수 있는 만큼 주셔도 소임을 맡아 바르게 행하겠나이다. 이 말인즉 명조자와 상관 없이 일은 하겠으니. 그래도 명조는 조금이라도 주십사하는 말입니다. 예. 그러지요.

이제 이 위 세계 존재해 계시되 몸이 불편하여 원만하지 못하신 분들, 따라 올라오신 분들 중에 그런 분들을 위해서 양탄자 빛천 꽃 향빛천 양탄자 빛을 밝혀 들어내 주시고 만들어주시고 밝혀 올라가시면 되겠는데요. 이분들을 위해서 노래 한 곡 먼저 불러주셨으면 좋겠습니다. 모두 다 하나같이 흥겹고 즐겁고 행복하게 타고 올라갈 수 있도록 하는 노래 빛천향 출 출향빛 꽃천 향빛꽃 노래입니다. 참으로 쉽고도 어렵습니다. 잘 부탁하겠나이다.

빛천향 출 출향빛 꽃천 향빛꽃 노래

2022. 03. 26 05:06 ~ 05:13 - 00:07:42

꽃향 빛천 향 빛천 향 빛 성향 꽃 성
쫑향 들꽃 황천 천향 들꽃 빛향
할래꽃 성빛 이니꽃 옴니꽃 향출
출꽃 성황 황빛 성향 들꽃 성향
이니꽃 황 빛 빛향 성천 성황출
출꽃 성 빛 옴니꽃 향 빛 황천
천향 들꽃 황빛 성향 할래꽃 꽃향
들꽃 성향 황천 천향 들꽃 꽃성 빛향
들꽃 성빛 황천 천향 들꽃 황꽃 성빛
빛향 들천 황천 천향 들꽃 성빛
빛천 황빛 성향 출꽃 성황 황천
빛향 들꽃 성빛 빛천 꽃황 황출

빛향천 빛향 꽃빛 성향 황출 출꽃
꽃빛 성향 할래 이니 옴니 황빛
성향 향빛 성향 출꽃 빛향천
천향 들꽃

쿵 쿵

향빛 성향 쿵 향
빛향천 꽃 성출 출꽃 성 향
빛향 출꽃 꽃빛 성향
쿵향 향출 출향 들천 향꽃
빛천 향출 춘향 빛천 향꽃
성향 출꽃 성향 들꽃 성향
할래 이니 옴니 향출
출꽃 성 향

너와 나 우리 모두 함께
꽁춘 꽁향 춘꽁 향빛
빛천 향출 출꽃 성 향

야, 안 까벌린
누구야, 응

빛향 천꽃 빛향 꽃성 이니꽃 향출
할래꽃 옴니 출천 천향꽃 향출하는데

모두 다 까벌리고
모두 다 우뚝 세우고

세우지 못하는 저들은 줌
어떻게 잘 줌 해주십시오.

꽃향 향출 이꽃 성빛 빛향천
성빛 이향 빛향 천꽃 성빛
이천 천향 들꽃 성향 황출
출꽃 성향 황천 천빛 성향 들꽃
황천 천향 들꽃 성향 황천 천빛
성향 들꽃 성황꽃 꽃성 빛향 들천
할래 성빛 옴니 이니 꽃향 들꽃 꽃빛
성천 향춘 춘꽃 성빛 향꽃 성빛 들향 황빛
빛향 천꽃 성향 들꽃 성향 황천 천빛
천상 빛향 천 상 빛향 꽃성 빛향 황꽃
꽃빛 출향 황빛 성향 빛향천 천꽃 성빛
향빛 천향 출꽃 성빛 빛향 천꽃
향출 출꽃 성빛 향빛천 황천
꽃빛 출향 황빛 성향

나쁜 업 모두 다 떨구고
좋은 업만 가지고

이니 할래 옴니
향출 출꽃 성 향

이제 우리 모두 다 올라갑니다요. 선사님,
부탁해요.

쿵 쿵

쿠궁 쿵쿵

향출 출꽃 성향 천상 빛천
황출 출꽃 성 출 성황출 꽃 성빛
빛향 천상 향출 출꽃 성 향

있는 그대로의 성황출이요.
꽃빛 성출 출꽃 성 황
빛향 천꽃 황출 출꽃 성 향
출향 빛꽃 향 출 출빛 성향
황출 출꽃 성 향
출향 꽃 성 빛향천 향

이제야 우리들 모두 다
빛천 향출 출꽃 성 빛천 향하며
올라왔나이다. 선사님,

고맙고 감사합니다.
따라 올라가는데 손색 없도록 하겠나이다.

이제 양탄자 빛천 꽃 향빛천 양탄자 빛을 밝혀 들어내 만들어주시고 향빛천 꽃으로 밝혀 올라가시면 되겠나이다만 빛향천 꽃으로 올라가셔도 된답니다.

빛천 꽃 향빛천 양탄자 빛

향출 이니꽃 향
옴니꽃 빛 천 향
향출 할래꽃 빛
천향꽃 향빛천
꽃향천 빛 출천
천향꽃 황천 빛

짝짝짝... 이렇게 해서 원만하게 이루어졌다. 이제 많은 분들이 필요에 따라서 이롭게 사용들 하겠나이다. 저희들이 그 소임을 맡아서 행하도록 하겠나이다. 이 위 세계 천황 빛천꽃 황들입니다요. 시간요. 2022. 03. 26 05:19 이렇게 해서 구할 분들 모두 다 구하여 간다라고 하겠으며 또한 미리들 올라가시는 분들도 사용할 수 있도록 합니다요.

이제 향빛천 꽃, 빛향천 꽃을 올라가셔야 하시는데 이 둘을 하나로 꼬아서 새끼줄처럼 하나로 해서 올라가시면 되겠나이다. 천체 하나부터 밝혀 올라가시면 저희들이 알아서 밝혀 드러내도록 하겠나이다. 빛천꽃 황이시여. 이제 수인으로 이 위에 선사님 스스로의 자신과 합치 공향출 황하셔야 하나 한몸으로 가실 수 있겠나이다. 그러니 올라오신 선사님과 이 위 세계 선사님 스스로의 자신과 합치가 되는 수인 **빛천꽃 향 수인**을 하십시오. 모르시면 절대도 안됩니다. 이건 누가 알려줄 수 있는 문제가 압니다요. 되었나요? 뭐야 그냥 바로 하시는 이건 뭐지요. 참으로 놀랍니다요.

이 위 세계 스스로의 자신과 합치가 되는 수인 **빛천꽃 향 수인**을 이렇게 했다.

양손 4, 5번째 손가락을 손바닥에 붙이고
2, 3번째 손가락 나란히 곧게 뻗어 붙이고
1번째 손가락 곧게 뻗어서 ㄷ모양이 되게 해서
왼손은 왼쪽 눈썹에 오른손은 오른쪽 눈썹에 붙여서
ㄷ모양 안에 눈썹이 들어가게 했다.

이것이 바로 빛천꽃 향 수인입니다요. 그래서 합치가 되시는 중이었는데 너무 빨리 손을 떼서서 미처 완전하게 이루어지지 못했습니다. 1분~3분, 길게는 5분까지 해야 합니다. 물론 하는 분에 다르니 합치되었다 할 때까지 하셔야 합니다. 시간 쓰시고 또다시 하십시오. 합치되었다고 할 때까지요. 시간요. 2022. 03. 26 05:29 이렇게 되면 모두 다 구함으로 저절로 합치되었나이다만 그럼에도 한 번 수인하셔서 덜커덩 꽝, 하나가 되었습니다. 일치가 되었습니다. 합치가 되었나이다. 할 때까지 수인을 해주셨으면 좋겠나이다. 꽈꽝 꽝꽝 합치가 되었습니다. 이제 그만 내리셔도 됩니다. 해서 내렸다. 왜 덜커덩 꽝이 아니라 꽈꽝 꽝 꽝이었는지요. 선사님 같은 경우에는 몸이 모두 다 무너진 다음에 합치가 되어서 아래 몸은 버리고 사라지고 위에 몸 역시도 부서져 내리고 그런 다음에 아무 것도 없는 가운데 합치가 되어야 하기 때문에 그와 같이 된 것입니다요.

이제 향빛천 꽃 비문천 향을 하나 밝혀 드러내 주셔서 많은 이들이 성황천, 성황 빛천으로 사용하고 올라오도록 밝혀 들어내 주시면 되겠습니다요.

향빛천 꽃 비문천 향

황출 빛출 꽃 천
향빛 출향꽃 천 향빛천
천황꽃 천 황
황빛천
꽃

부라보... 짝짝짝... 이제 되었습니다요. 충분하고 넉넉합니다요. 이제 몸이 불편하신 분들이 타고 올라가고 또 선사님을 따라 올라오신 분들이 타고 올라가도록 양탄자 비향천 황빛천 꽃 향 양탄자 빛을 밝혀 들어내 주시고 양탄자를 타고 올라갈 분들을 위한 노래도 불러주셔야 하십니다. 불러주실 노래는 향꽃 향빛 절대꽃 향 황빛천 향출꽃 향빛 천 노래입니다요. 쉽고도 어렵습니다만 무난히 잘 불러주실 것으로 믿고 우리는 올라가겠나이다. 내일 출근해서 불러주시고 운동할 때 들어주시면 되겠습니다요. 시간요. 2022. 03. 27 08:21 예 이렇게 해서 우리들 다 갑니다요. 비문천 향을 저희들이 관리 감독하며 원만하게 이루어지도록 소임을 맡아 행하도록 하겠나이다. 저희들은 황빛천 위 세계의 천황 빛천 향출꽃 천황빛 황들입니다요.

이제 몸이 불편하신 분들이 타고 올라가고 또 선사님을 따라 올라오신 분들이 타고 올라가도록 양탄자, 비향천 황빛천 꽃 향 양탄자 빛을 밝혀 들어내 주시고 양탄자를 만들어 주시고 천체 8개로만 밝혀 올라가시면 되겠나이다.

비향천 황빛천 꽃 향 양탄자 빛

비향천 꽃 향빛
빛천꽃 황 출빛
천향꽃 빛향 출
출꽃 성황천 빛
출꽃 황빛천 꽃
향출 빛황 꽃천

짝짝짝... 부라보 이렇게 해서 원만하게 모두 다 이루어졌나이다. 시간요.
2022. 03. 27 08:29 이렇게 해서 우리들은 모두 다 구하여져서 위 세계로 두서없
이 올라갑니다요. 많은 분들이 두서없이 올라가고 또 많은 분들이 선사님과 함께
올라가겠다 하십니다.

이제 우리들을 위해서 비향 천꽃빛, 향천꽃 빛천꽃 향비천 비문입니
다. 이 세계까지 올라오신 모든 분들과 또 이 세계에서 비황천 비꽃
천 향천으로 사용할 수 있게 해주시면 되겠나이다. 성황천, 성황 빛
천이라고 아래서는 했습니다요. 밝혀 드러내 주시면 되겠나이다.

비향 천꽃빛 향천꽃 빛천꽃 향비천 비문

꽃천 향 들천꽃 향 향빛천 꽃
향천꽃 빛천 꽃향천 꽃 황
황빛천 꽃천향 들향꽃 천
천황 빛황천 꽃 황천 빛천꽃
황천 빛황 천꽃 황출 출꽃 천 향
향빛 빛천향 들천꽃 향
향황천 꽃 빛 천 황

황빛천 향

향꽃천 향빛

천황꽃 천

향

짝짝짝... 이렇게 해서 모두 다 이루고 원만하게 모두 다 돌아가는데 손색이 없게 되었나이다. 이제 이것을 하고 노래 들으면서 갈 수 있는 빛천 꽃향천 비문향 노래 한 곡 부르시고 양탄자를 밝혀 드러내 주셨으면 고맙고 감사하겠나이다 시간요. 2022. 03. 29 03:45 예 이렇게 해서 우리들이 이것을 원만하게 이루어지도록 소임을 맡아 행하도록 하겠나이다. 어긋남 없이 올바르게 올곧게 행하여 많은 이들을 이롭도록 하겠나이다.

이 세계에 올라와, 또 이 세계에서 죽었을 때 비황천, 비꽃천 향천으로 비향 천꽃빛 향천꽃 빛천꽃 향비천 비문을 사용해 가시는 분들은 누구나 꼭 들으며 가야 할 노래

빛천 꽃향천 비문향 노래

2022. 03. 29 03:52 ~ 04:01 - 00:09:42

꽃빛 천 향 향곳 천향 들천 향빛

성향 들꽃 향곳 성향 천향 들꽃

꽃빛 성향 황천 천향 들꽃 성향

향빛 천향 들꽃 성향 황천 천향

향꽃 성빛 황천 천향 본래 향꽃

꽃빛 성빛 황천 본래 향빛 성향

본래 고향 산천 빛향 들꽃 성천

천향 들꽃 황꽃 성황 황빛 빛향

천향 황천 천향 들꽃 성향

이제 모두 다 내려놓고
걸림과 장애 없이
훨훨 날아 가볍게
향출 출꽃 성하면서
이제 모두 다 본래
본래 고향 산천으로
돌아가도록 하소서.

빛향 천빛 성향 황천 천향
들꽃 빛향 꽃빛 성향 황꽃 성빛
빛향천 황빛 성천 천향 들꽃
꽃빛 향천 천향 꽃빛 성황
황천 빛향 들꽃 성빛 향천
들꽃 성빛 황천 천향 꽃성
빛향천 빛 성향 황빛 성천
천향 들꽃 꽃빛 성빛 황천
천향 들꽃 황출 출꽃 빛향
천향 들꽃 성빛 황천 천향
들꽃 황천 천향 들꽃
황출 출꽃 성 향

그 동안 수고 고생 많으셨습니다.
이제 모두 다 잊고
모두 다 걸림과 장애 내려놓고
빈손으로 왔듯이
빈손으로 모두 다 돌아가고
가볍게 걸림 없이

향출 출꽃 성 향 빛향천 향
천향 꽃빛 성향 출 향
천빛 향꽃 성향하며
모두 다 본래 본래 고향 산천으로
돌아가는데 손색이 없도록 하소서.

어느 것 하나 걸리고 놓지 못하면 가지 못하니
모두 다 내려놓고 걸림 없이
훨훨 날아서
빛천 천향 들꽃 성하면서
모두 다 본래, 본래 고향 산천으로
돌아가도록 하소서
향출 꽃성 빛향 들천 천향
황천 빛황 천향 들꽃 황빛
향천 천향 들꽃 성황 황천
천향 들꽃 본래 향천 향꽃
성향 향천 천향 들꽃 꽃 꽃
성향 향천 향꽃 성향 천빛
상향 천빛 상향 꽃성 빛향
천빛 성천 황빛 성향 들천
황출 출꽃 성빛 황천 천향
들천 황빛 성 향 황천 천향
들천 황빛 성향 들꽃 황출
출꽃 성 빛 향천 향곳 성곳
성향 황천 천향 들꽃 성향
향천 천향 빛천 황출 출꽃
빛향 황천 빛향 천 빛 성향
황천 천상 빛향 황천 꽃빛

상천 천향 들꽃 성향 황출
출꽃 성빛 황천 천향 들꽃
성향 황출 꽃성 빛향 천향
본래 꽃성 향천 천향 들꽃
성빛 황천 천향 들꽃 본래
향빛 천향 들꽃 황천 천향
들꽃 성빛 황출 출꽃 성 향

이제 다 왔습니다. 선사님,
우리 모두 본래 본래 고향 산천
부모 형제가 있는 본래 향빛
성향 꽃 꽃 향천 천향 들꽃
성향 출꽃 황천 꽃빛 성향
천황꽃 향천에 모두 다 도달했나이다.

이제 그만하서도 넉넉하고 충분합니다.
이와 같이 우리 모두가 본래 본래 고향 산천으로
돌아오는데 손색없도록 해주서서
고맙고 감사합니다.

이 세계에서 몸이 불편하고 또 따라 올라오신 분들 중에 몸이 불편하여
올라갈 수 없는 분들을 위해 양탄자 빛천 향 빛천꽃 양탄자 향빛을 밝혀
드러내 만들어 주시고 올라가셨으면 좋겠습니다. 뿐만 아니라 양탄자를
타고 올라갈 분들을 위해서 노래도 한 곡 불러주시고 밝혀 드러내 만들어
주시고 가셨으면 좋겠습니다. 불러주실 노래는 비향천 천향빛 황 천빛향
꽃 노래입니다.

비향천 천향빛 황 천빛향 꽃 노래

(와~ 이 노래를 여기서 부를 수 있어!)

2022. 03. 29 04:07 ~ 04:17 - 00:10:22

꽃천빛 황 천 꽃빛 성황 황빛
성천 상천 천상 꽃빛 성향 황천
천빛 성향 황출 꽃빛 성향 황천
상천 천빛 빛향 들꽃 황천 천빛
상향 꽃빛 상천 천상 빛향 들꽃
성빛 황천 천향 들꽃 황출 출꽃
성빛 황천 천향 들꽃 성빛 황천
천향 들꽃 성빛 황천 천빛 상천
천향 들꽃 상천 천빛 성향 황천
천빛 향빛 성향 꽃빛 황천 천빛
상천 승천 승화 빛향 상천 천빛
꽃빛 상향 향천 승화 승천 향빛
황꽃 꽃빛 성향 황출 출꽃 성향
황천 천향 들꽃 황빛 빛향 출빛
빛향 천성 빛향 황출 황빛 성향
황천 꽃빛 성빛 황출 출꽃 들천
꽃빛 성향 황천 빛향 들꽃 성향
황천 천향 꽃황 황천 천향 들꽃
꽃성 빛향 들천 황빛 성향 황천
천향 들꽃 성빛 황천 황천 빛향
들꽃 승천 승화 황천 승빛 승천
황천 빛향 상천 천빛 성향 출꽃
황출 꽃성 빛향 천빛 성향 황천
빛향 빛천 황출 출꽃 성향 황천

천향 빛천 황출 출꽃 성향 황빛
천빛 성빛 황출 출빛 성향 황천
성향 들꽃 성천 천향 들꽃 황천
빛향 꽃빛 성향 황천 천향 승천
승빛 빛향 천빛 성향 황천 빛향
황천 꽃황 황천 빛향 꽃천 천향
들꽃 성황 빛황 천황 빛천 황출
출꽃 성빛 황천 천향 빛황 천빛
성향 출향 빛천 황출 출꽃 성향
황천 천황 들꽃 황빛 성향 꽃빛
성빛 황출 출꽃 성향 황천 천향
들꽃 성향 황천 천향 들꽃 황천
빛향 천향 들꽃 성천 천상 빛향
황천 꽃황 들꽃 성황 황천 빛향
꽃성 빛향 천꽃 성황 있는 자체
황빛 성향 황출 빛향 꽃빛 빛향
천황 빛향 천꽃 성빛 황천 천향
황출 출황 빛천 천향
꽃황 출꽃 성 황

있는 자체 천체 빛향
들꽃 성황 천황 황천 천황
빛천 황출 출꽃 성황
빛향천 천향꽃 빛 성황
황출 출꽃 빛향 천황 황빛
성향 출꽃 황빛 성천 황빛
성천 황빛 천황 빛황 황천
빛향 천향 들꽃 성빛 황천

천향 들꽃 황천 천황 황천
빛향 들꽃 성빛 빛천 황천
천향 들꽃 황출 출꽃 성황

있는 그대로 자체 꽃황
천황 빛천 황출 출꽃 성향
빛향천 황천 천향 꽃 성 향
향천 빛향 천향 꽃 성
빛향천 향 향천 천황 꽃
성향출 꽃성 빛향천 향

있는 그대로의 자체
빛향천 천향꽃 황 천향 꽃빛
성향 향꽃 성향 출꽃 성황
천빛 성황 황꽃 성향 출꽃
성향 황천 천빛 성황
출꽃 성빛 황천
천향빛 황꽃 성 황
출꽃 성 황

있는 자체 본래
황빛 성향 출꽃 성 황

있는 자체의 본래 황빛 성황
천빛 성황 출꽃 성황

자체 꽃 성빛 황천
천황빛 천 황

이제 되었나이다.
고맙고 감사합니다.

이제 빛천 향 빛천꽃 양탄자 향빛을 밝혀 드러내 만들어 주시고 천체 빛향천 꽃 천체 7개로만 밝혀 올라가시면 되겠습니다.

빛천 향 빛천꽃 양탄자 향빛

빛천꽃 향빛 천 꽃
천향꽃 천 향빛 천
천향 황출빛 비천
꽃황출 천 천향꽃
빛천 황출빛 꽃 천
황출 출빛꽃 천향
황천 빛향천 향빛

짝짝짝... 이제 이것은 저희들이 소임을 맡아서 올곧게 올바르게 활용할 수 있게 하도록 하겠나이다. 우리들은 이 위 세계 천황꽃 빛황들입니다요. 시간 써주십시오. 2022. 03. 29 04:21 이렇게 모든 것들이 원만하게 이루어 지게 되었나이다

여기까지 올라오신 모든 분들을 위해서 또 이 세계에서 죽은 분들 돌아가신 분들을 위해서 성황천, 성황 빛천으로 사용할 수 있는 빛천 향 빛황천 꽃 향천꽃 비문을 하나 밝혀 들어내 주시고 가셨으면 고맙고 감사하겠습니다. 선사님은 지금 이 세계에서 죽어 계십니다. 앞에 향출비 천꽃 성 향 노래를 부르며 꼴까닥하고 돌아

가신 겁니다요. 죽어서 이것을 밝혀 주시는 겁니다요. 어마어마 엄청난 사실입니다요.

빛천 향 빛황천 꽃 향천꽃 비문

빛천꽃 향
향천 비향꽃 천 향천
천향꽃 천 향 향빛천 꽃
꽃향출 출향 빛천꽃 황출
출꽃 천 천향 향출꽃 천 향
향빛 빛천꽃 향 향출꽃 천
천향빛 꽃
출
향
출
꽃
성

짝짝짝... 완벽합니다요. 이렇게 해서 이것이 원만하게 올곧게 잘 사용되도록 저희들이 소임을 맡아 행하겠나이다. 저희는 이 위 세계의 천황 빛 천꽃 황천 빛 향들입니다요. 이제 되었습니다. 시간요. 2022. 03. 30 03:33 이제 모두 다 원만하게 이루어지고 완성되었나이다.

이제 따라 올라오신 분들 중에 몸이 불편하신 분들 또 이 세계에서 몸이 불편해서 올라가지 못하는 분들을 위해서 향천꽃 양탄자 빛출을 하나 밝혀 들어내 만들어 주시고 천체 7개로만 밝혀 올라가시면 되겠나이다.

향천꽃 양탄자 빛출 1,

꽃빛 천 향
향꽃천 향
향출꽃 출
출향 빛 천

짝짝짝... 그대로입니다. 현재 있는 것과 요. 그래서 말입니다. 새롭게 더욱
빠르고 신비롭게 튼튼하게 해주셨으면 좋겠습니다. 양탄자는 똑같으게요.

향천꽃 양탄자 빛출 2,

빛출 꽃 천 향
향출 빛향꽃
천향꽃 황출
출꽃 천 향출
빛출꽃 향꽃

예. 이렇게 우리는 모두 다 이루고 가겠습니다만 그럼에도 탄력이 없다고
합니다. 탄력있고 완벽하게 부탁하게 부탁하겠나이다. 3번째입니다.

향천꽃 양탄자 빛출 3,

황출 빛출꽃 천
천꽃 황황 출꽃
천향 빛출꽃 천

향빛천 향출 꽃
성향빛 꽃 천 향
향출 빛향꽃 천

짝짝짝... 이렇게 해서 완벽하지는 않지만 그래도 최고 우선이라 하겠습니다. 3개 모두 다 잘 활용하도록 하겠나이다. 이것을 올바르게 올곧게 사용하도록 하는 소임을 맡아 행하실 분들이 나서셨습니다. 빛향 꽃천 황빛천 황들입니다. 드디어 3개를 얻으셨네요. 시간요. 2022. 03. 30 03:43 예 이제 우리들이 모두 다 원만하게 행할 수 있게 되었나이다. 가실 분들은 다들 가시고 따라 올라가실 분들은 따라 올라가신다. 하십니다.

양탄자를 타고 올라갈 분들을 위해서 노래 한 소절 부탁하겠나이다. 빛천꽃 향빛 양탄자 꽃 노래입니다. 잘 부탁하겠나이다.

빛천꽃 향빛 양탄자 꽃 노래

2022. 03. 30 03:47 ~ 03:51 - 00:04:39

황빛 천꽃 성빛 꽃황
황빛 성향 빛향 꽃성 황천
천상 빛천 상황꽃 상황 빛향
들꽃 성향 상천 천상 빛천
상천 꽃성 빛향 황천 꽃성
빛향 천 향 황천 꽃성 빛향
천향 들꽃 황천 천황 빛향
꽃성 빛향 천 황

빛황출 꽃성 빛향 황천
황천 꽃성 빛향 천향

꽃성 빛향 황천 향출
꽃성 빛향 꽃성 빛향
천향 꽃황 꽃성 빛향
빛향 출천 상향 황천
꽃성 빛향천 황빛
빛천 황빛 성향

덜커덩

황출 빛향천 황빛 성향
황출 꽃성 빛 성향 출천
천향빛 성황꽃 성빛 성황

출천 빛향 황천 꽃황 들꽃
성향 황빛 성향 황빛 출꽃
성황 빛향천 황천 천향 황꽃
성향 황천 천향 들꽃 성향
황천 천향 들꽃 성향 황천
꽃성 빛향 천 향
출꽃 성 황

있는 그대로 자체
꽃황 천빛 성황 황빛
황 황 빛향 천꽃 성황
빛향천 꽃성 빛향 천황
빛향 꽃성 황빛 황천
천향 들꽃 성 향

있는 자체 그대로
황체 체향 빛향 천꽃 성향
황출 출꽃 성 황
있는 자체로입니다요.

고맙고 감사합니다.
우리 모두 다 올라왔고
또 양탄자 타고 올라가는데 손색이 없겠나이다.
고맙고 감사합니다.

은혜 잊지 않고 갚도록 노력하며 애쓰겠습니다.
양탄자 3개를 만들어 주심에 고맙다 하시며
또 이렇게 할 수밖에 없었던
사실을 다 말씀드리지 못해 미안하다 하십니다.
고맙다 하시고요.

따라 올라오신 분들을 위해서 향출꽃 노래 한 소절 부르시고요.
이 세계에서 죽었을 때 용황청, 용황 빛 천으로 사용할 황빛 천꽃
향 비문천도 밝혀 드러내 주시고 가시랍니다.

향출꽃 노래
2022. 03. 31 04:57 ~ 05:04 - 00:07:29

황천 황꽃 성황 황빛
빛향 천향 빛천 용천 황천
빛향 천빛 빛천 향빛 성황
천체 빛향 천체 꽃성 빛향

천체 빛향 황천 용천 용황 천빛

성향 황출 출꽃 성빛 빛향천 천향

들꽃 황빛 용천 향빛 성천 황꽃

천향 천향 꽃성 빛향 천꽃 성향

황출 출향 빛향 천꽃 성황 황빛

천체 빛향 황천 천체 빛꽃 성향

향출 향꽃 성향 꽃빛 성빛 천향

빛천 황출 출꽃 성향 천황 빛천

좃대청 향출 출향 빛향 보지 황출

출꽃 성향 자지 끝향 출꽃 성향

황천 천향 빛천 황출 출향 빛천

꽃빛 향출 출꽃 성향 황출 출꽃

용천 향출 출향 꽃성 빛향 천출

황천 천황 들꽃 성빛 황천 천상

빛천 황천 천향 들꽃 성빛 천체

빛향 황출 출천 천향 빛향 천향

황천 용천 빛향 용천 꽃성 빛향

천향 황빛 성향 들꽃 성빛 빛향천

향황천 천향 들꽃 황천 빛향 천황

황천 빛향 천체 빛향 천꽃 성향

황천 꽃빛 성향 출꽃 성빛 황천

천향 들꽃 황출 천체 꽃향 천체

빛향 황천 천향 들꽃 성향 황천

천상 빛천 상황천 빛향꽃 성빛

천꽃 황출 출꽃 성향 황천 천상

빛천 상황 천빛 황천 빛향 꽃성

황천 빛향천 황출 출꽃 성 향

이제 그만하셔도 넉넉하고 충분합니다만
마무리만 하시면 되겠나이다.

있는 그대로 자체
빛향 천체 천체 빛향 출꽃
꽃향 황빛 천황 빛천 좃대청 향
출꽃 성향 황천 빛향 들꽃 성 황

있는 그대로 자체
천황 빛천 좃대청
꽃빛 성향 좃대 성천 천향
보지 향빛 성향 출꽃 성빛
황천 천향 들꽃 성황출
출꽃 성향 황출
출꽃 성향

빵

황출 출꽃 성향
향천 천체 빛향 천향
좃대꽃 향출 성황꽃
빛향천 천체 꽃빛
성향 출꽃 성향
황천 빛향천 황

있는 그대로의
향출이고 출빛이며
천체 빛향천 꽃황

빛천 황출 출꽃 성 황
빛향천 세계이로구나.

이제 되었습니다요.

이제 이 위 세계에서 돌아가셨을 때 쓸 수 있는 용황청, 용황 빛
천으로 사용할 수 있는 황빛 천꽃 향 비문천을 하나 밝혀 드러내
주시고요. 또 따라 올라오신 분들 중에 몸이 불편하신 분들을 위
해서 양탄자 빛천 꽃향춘 춘향빛 향천 양탄자 꽃빛도 밝혀 드러내
만들어 주시고 가시랍니다.

황빛 천꽃 향 비문천

빛천 꽃향 출꽃 천 향
향빛 천향 좃대꽃 향
향빛 천향출 출천 향 꽃
춘꽁 향빛 천 천향 출 꽃 천
향빛 꽃향출 천꽃 황빛 천향 꽃 천 향
빛천 빛꽃 천향 들천꽃 향
향황천 천빛꽃 향
향출 천향빛 꽃 천
향출 비향꽃 천
향 빛
빛천 향
꽃

부라보 짝짝짝... 넉넉함을 넘어 충분하나이다.
고맙고 감사합니다만 시간요. 2022. 03. 31 05:10 예 이렇게 해서 모두 다 원만하

게 이루어지고 또 이것을 관리하실 분들이 나서셨습니다. 소임을 맡아 바르게 올곧게 행하도록 하겠나이다. 이 위 세계 빛천꽃 황천들입니다요.

이제 따라 올라오신 분들 중에 몸이 불편하신 분들을 위해서 양탄자 빛천 꽃향춘 춘향빛 향천 양탄자 꽃빛을 밝혀 드러내 만들어 주시면 되시는데요. 양탄자를 타고 올라가실 분들을 위해서 천꽃 향빛 천향꽃 향출 천향 빛천 향 노래 한 곡 불러주시고 그런 다음에 양탄자 만들어 주시고 천체 8개씩만으로 밝혀 올라가시라 하십니다요. 그래도 넉넉하고 충분하다 하십니다요. 과분하시다 하십니다요.

양탄자를 타고 올라가실 분들을 위해서
천꽃 향빛 천향꽃 향출 천향 빛천 향 노래
2022. 03. 31 05:18 ~ 05:21 - 00:03:16

꽃성 빛향 꽃황 빛향 천체 빛향
빛천 황빛 성향 황천 꽃성 빛향
들꽃 성빛 황천 천향 들꽃 황출
꽃천 빛향 천향 황빛 성향 들천
황빛 황천 빛향 들꽃 성향 황천
빛향 꽃성 빛향 천체 빛향 황천
천향 들꽃 황출 출꽃 천향 용천
빛향 황빛 천향 들꽃 황출 꽃상
상체 체향 향천 천빛 상천 상천
빛향 들꽃 성빛 빛향천 향
상천 천상 빛향 성숭 상숭
성체 빛향 들꽃 성빛 황천
천향 들꽃 성황 황천 꽃빛

성향 향천 천향 들꽃 성빛
황천 천향 들꽃 꽃성 빛향
황천 천향 들꽃 황출 황천
천향 들꽃 꽃성 빛향
황천 천향

떵가 떵가 향출 향출
향꽃 꽃성 쫑향 출꽃 성향
황빛 성향출 꽃빛 성향
출꽃 성 향

덜커덩 꽝

빛향천 황출 출꽃 성 향

드디어 올라왔나이다.
고맙고 감사합니다.

이제 양탄자 빛천 꽃향춘 춘향빛 향천 양탄자 꽃빛을 밝혀 드러내
만들어 주시고 밝혀 올라가시면 되겠나이다.

빛천 꽃향춘 춘향빛 향천 양탄자 꽃빛 1

꽃빛천 향
향출 빛천
향빛 천 꽃
꽃향출 천

선사님 하나만 더 부탁드리겠나이다.

빛천 꽃향춘 춘향빛 향천 양탄자 꽃빛 2

빛꽃 향출 천
천향 꽃향출
천꽃 향 빛천
천황 꽃 빛황
황천 천향 빛

짝짝짝... 부라보 고맙고 감사합니다만 하나 더 부탁드리게 안 되겠나이까.

빛천 꽃향춘 춘향빛 향천 양탄자 꽃빛 3

향출 빛출 꽃 천
천향 천체 빛향
천꽃 황출 빛꽃
천향 황출 빛향
천꽃향 빛출꽃
향빛 천향꽃 황

짝짝짝... 부라보 짱황 킹 황입니다요. 이제 넉넉하고도 충분하나이다. 이 정도 넉넉하니 충분하고 부족할 이유가 전혀 없겠나이다. 이제 세상 편하게 되었습니다요. 시간요. 2022. 03. 31 05:29 예 이렇게 해서 우리들이 양탄자를 관리 감독 바르게 올곧게 사용할 수 있도록 하겠나이다. 우리는 이 위 세계의 빛향 천황꽃 황빛천 황들입니다. 소임을 맡아 원만하게 잘 하도록 하겠나이다.

이 세계에서 죽어서 가는 이들을 위해 비향 천 송향천 향빛 꽃 천
향 비문을 하나 밝혀 들어내 주시고 또 몸이 불편하신 분들이 타
고 올라갈 양탄자도 하나 밝혀 들어내 주시고 또 양탄자를 타고
올라가실 분들이 들으면서 갈 수 있는 노래도 한 곡 불러주시고
전체 8개로만 밝혀 올라가시면 되겠나이다. 우선 먼저 이 세계에
서 죽어서 가는 이들을 위해서, 이 세계까지 수행 정지해 올라와
서 죽은 이들이 사용해 갈 수 있는 비향 천 송향천 향빛 꽃 천 향
비문을 하나 밝혀 들어내 주시면 되겠나이다.

비향 천 송향천 향빛 꽃 천 향 비문

빛향 천향꽃 향
향빛천 천향꽃 향빛 천 향
천향꽃 황빛천 천꽃 황빛
빛천꽃 황빛천 천향꽃 향
향출 출꽃 성빛향 출꽃성 향
향빛 천꽃 용천향 향출
빛출꽃 천 향 비황천 꽃대출 향
빛천꽃 향빛 빛출꽃 천
천향빛 빛향출 꽃
꽃향출 천
천향빛
꽃

부라보 짝짝짝... 이제 넉넉하고도 충분하도록 들어내 주셨습니다요.
시간요. 2022. 04. 01 03:41 이렇게 해서 모든 이들이 죽어서 돌아가는데 손색이
없게 되었나이다. 이것을 저희들이 손색없게 어긋남 없게 올바르게 올곧게 행하도
록 하겠나이다. 소임을 맡아 행하도록 하겠나이다. 지금부터 행하도록 하겠습니다.

저희들은 이 위 세계의 빛천 황출꽃 천황빛 황들입니다. 예. 이로써 넉넉하고 충분하게 이루어졌나이다.

이제 빛향 천향꽃 향빛 양탄자 빛향을 타고 올라가실 분들 위한 노래 향빛천 꽃향출 춘향 향빛 꽃천빛 향 노래를 불러주신 다음에 양탄자를 밝혀 들어내 만들어 주시고 천체 8개로만 밝혀 올라가시면 되겠나이다.

빛향 천향꽃 향빛 양탄자 빛향을 타고 올라가실 분들 위한 노래
향빛천 꽃향출 춘향 향빛 꽃천빛 향 노래
2022. 04. 01 03:48 ~ 03:52 - 00:04:41

꽃향 빛천 황빛 성향 꽃성
빛향 천빛 황천 천향 들꽃
성출 출꽃 성빛 향천 천향
들꽃 성빛 황천 천향 들꽃
성빛 황천 천향 들꽃 성빛
향천 천향 향빛 성향 출천
천향 빛천 황빛 성향 황천
천향 들꽃 성빛 황천 천향
들꽃 성빛 황천 빛향 천 황
빛천 황출 출꽃 성향
빛향천 황빛 향천 빛향
들꽃 성빛 황출 꽃성 빛향
천향 빛천 황빛 천빛 성향
출꽃 성빛 황천

모두 다 까벌리고
모두 다 우뚝 세우고
안 되는 분들은 모두 다 서로서로 도와가면서
까벌리고 우뚝 세워
향출 출꽃 성하고

또 세워지지 않는 분들은
나름대로 방법을 모색해 주고
사로가 서로를 위하며 올라가도록 하겠나이다.
향출 출향 빛천 황꽃 빛향
천빛 성향 황빛 빛향 천빛
성향 꽃성 빛향 용천 향빛
성향 출꽃 꽃성 빛향 황출
출꽃 성향 황빛 빛향 들꽃
꽃성 빛향천 황빛 향천 천향
들꽃 꽃성 빛향 천향 황빛
황빛 성향 천향 들꽃 성빛
향빛 향천 천향 들꽃 성향
황꽃 성빛 성향 출꽃 성향
황출 출꽃 성빛 황천 천향
들꽃 성빛 빛향 천황출 출꽃
성빛 황천 천향 들꽃 성향

덜커덩 꽝

꽃성 빛향천 향빛 성천 황출
출꽃 성황 빛향천 향 꽃성
빛향천 향 출꽃 성 향

있는 자체 그대로의
향빛천 향 빛향천
향 빛 천꽃 성 향

이제 우리 모두 올라왔나이다.
이제 그만하셔도 넉넉하고 충분합니다요.
고맙고 감사합니다.

이제 빛향 천향꽃 향빛 양탄자 빛향을 밝혀 들어내 만들어 주시고
올라가시면 되겠습니다. 양탄자는 2개입니다요.

빛향 천향꽃 향빛 양탄자 빛향 1,

빛꽃 천 향 황출
출꽃 성빛천 향
출향 꽃 천향 빛
빛출꽃 천 향빛
빛천꽃 향 빛천
꽃황출 천 빛향

부라보 짝짝짝... 밝혀 드러내 주시는 양탄자 2개다 시간 써주셔야합니다
요. 오늘은 요. 시간요. 2022. 04. 01 03:55 예 이렇게 우리들이 소임을 맡아 원
만하게 행하도록 하겠나이다. 우리들은 이 위 세계의 천황 꽃빛 천 황빛천 황들입
니다요. 이제 2번째 양탄자를 밝혀 들어내 만들어주시면 되겠습니다요.

빛향 천향꽃 향빛 양탄자 빛향 2,

빛꽃 출 향천 빛 꽃
꽃향 춘꽁 천 향빛
빛황출 출향 성꽃
빛천 황빛 천향 출
출꽃 성향출 빛향
향빛 천꽃 황황 천
천향 빛출 꽃 천향

짝짝짝... 부라보 천황킹 쭁입니다. 이거면 충분하고도 넉넉합니다요. 이 위 세계 모두가 복입니다요. 이것은 저희들이 소임을 맡아 원만하게 이루지도록 행하겠나이다. 많은 분들을 이롭게 하며 어긋남 없이 바르게 살펴 바르게 행해지도록 최선을 다해 행하겠나이다. 시간요. 2022. 04. 01 04:00 이제 충분하고도 넉넉합니다. 저희들은 성황 출향꽃 빛천 황들입니다. 이 위 세계 천황들이기도 합니다요.

이제 비문 향천을 밝혀 드러내 주셔서 성황천, 성황 빛천을 사용하고 모두 다 본래 본래 고향산천으로 돌아갈 수 있도록 해주셨으면 좋겠나이다.

비문 향천

향꽃천 천향 빛천꽃 향
향천 천향꽃 빛 천향
향출 출꽃 성빛 황꽃천 천향빛 천 향
황출 빛향 천꽃성 황 황빛천 향

향천 꽃천 천향빛 천 향

향춘 춘향천 꽃 빛향천 향꽃

천꽃 천향빛 향천 꽃 향

빛천 꽃 향 향출꽃 천

천향 빛천 꽃 향

향천꽃 출 출꽃성 황

황천 빛향 천꽃 성 향

향천 빛향 본래 자체꽃 빛천

향천 출향꽃 천 향

황출꽃 출

출꽃 성 향

향출 비출꽃 성 향

향출 빛출 꽃

향

짝짝짝... 이제 되었나이다. 시간 써 주십시오. 2022. 04. 02 05:11 이렇게 해
서 원하는 모든 분들은 누구나 원만하게 돌아갈 수 있게 되었나이다. 이 소임을
저희들이 맡아서 원만하게 이루지고 완성되도록 하겠습니다. 우리는 이 위 세계의
천황 빛천 황들입니다. 수녀꽃 황이라고 합니다.

이제 양탄자를 밝혀 들어내 만들어주시고 양탄자를 타고 올라가시
는 분들을 위해서 노래 한 곡 불러주시고 천체 8개로만 밝혀 올라
가시면 되겠나이다. 양탄자를 타고 올라갈 분들 위한 노래는 향빛
천향 양탄자 꽃빛 천 향 노래입니다. 밝혀 들어내 만들어주실 양
탄자는 2개로 향빛 천향꽃 황천 양탄자 1과 2입니다. 잘 부탁하겠
나이다.

향빛 천향 양탄자 꽃빛 천 향 노래

2022. 04. 02 04:27 ~ 05:36 - 00:09:15

향빛 성향 꽃황 천향 황빛 성향 들꽃
꽃성 빛향 향춘 춘꽁 성빛 향천 천향
들꽃 성향 춘꽃 빛향 춘빛 성향 향빛
성향 천빛 향천 천향 들꽃 성빛 황천
천빛 성빛 황천 빛향 꽃성 빛향 천상
천빛 성향 황천 천향 들꽃 성빛 황빛
천향 꽃빛 성향 황출 출꽃 황빛 천향
빛향 황천 천향 들꽃 빛향 천황천
빛향 꽃 성 황천 천향 들꽃 향춘
춘꽁 성빛 향천 천 상 천빛 상향
상향 꽃성 빛향 천향 향천 빛향
천빛 성빛 황천 천향 들꽃 성향
황천 빛향 황천 천향 들꽃 빛향
천성 향천 천빛 향천 꽃성 빛향
천향 황천 천향 꽃빛 성향 황천
들천 향빛 성향 출황 빛향 황천
빛향 천성 빛향 황빛 빛향 꽃성
빛향 황천 향천 천향 들꽃 성빛
황천 빛향 천향 들꽃 성빛 빛향
들꽃 성천 황출 천꽃 성향 황천
빛향 들꽃 꽃성 빛향 황출 출꽃
성황 황천 꽃성 빛향 들꽃 성빛
황천 들천 황천 빛향 들꽃 성빛
황천 천향 들꽃 빛천 황빛 성향
들꽃 성빛 황천 천상 성천 천빛

상천 들꽃 향천 꽃성 빛향 들꽃
성향 황천 빛향 들꽃 상천 상천
천빛 빛향 들꽃 빛향 천상 빛천
황천 천향 들꽃 상천 천빛 성향
향천 천향 들꽃 성빛 빛향 천향
꽃성 빛향 황꽃 성황 들꽃 향천
천향 들꽃 황천 황빛 성향 들꽃
성빛 빛향 천향 들꽃 황천 승천
천빛 상황 황천 천향 들꽃 천빛
상천 천빛 상천 꽃빛 상황 꽃성
빛향 천 향 향천 천향 들꽃 꽃성
빛향 황천 천향 들꽃 꽃성 빛향
황천 천향 들꽃 황출 출꽃 꽃성
빛향 천 황 빛 빛향 꽃빛 성향
황빛 성향 들꽃 성빛 황천 빛천
황빛 향천 천향 들꽃 성빛 빛천
황천 황천 체향 향천 꽃성 빛향
천빛 상황 꽃빛 성향 향천 꽃성
빛향 황천 천향 들꽃 성빛 황천
꽃성 빛향 천향 들꽃 성향 황천
천향 들꽃 성황 황천 빛향 빛천
황빛 성향 꽃빛 성향 천향 들꽃
성황 황천 빛향 꽃성 빛향 황천
천황 빛천 상황 꽃천 천향
들꽃 성향 황꽃 성빛

승 웅

들꽃 성빛 향천
천향 들꽃 성향

우뚝 까벌리고
달려가서 그냥

팡

슝 웅

철커덕 꽝
황꽃 성빛 향천 꽃성
빛향천 향 들꽃 성향
황빛 성향 출천 천향
꽃빛 성빛 황천
출꽃 성 향

있는 그대로의 자체
빛향천 향 황빛 성향
출꽃 성 향 빛천 황출
꽃성 빛향 천 향
빛성 빛향 천 성
빛향 천 향
출꽃 성 황

있는 자체
그대로의 황빛이려니오.

이제 우리 모두 다 올라왔나이다.
고맙고 감사합니다.
안녕히 가십시오.

따라가실 분들은 따라 올라갈 것이며
이 세계에 머물러 계실 분들은 이 세계에 머물면서
세세생생 많은 분들을 구하고
또 나 이외의 많은 분들 이롭게 하겠다 하십니다요.
이제 되었나이다요.

양탄자 밝혀주시면 되겠나이다. 이제 양탄자, 향빛 천향꽃 황천 양
탄자 1과 2를 밝혀 들어내 만들어주시고 밝혀 올라가시면 되겠나
이다.

향빛 천향꽃 황천 양탄자 1,

꽃출 빛천 향 꽃
꽃천 향천 빛천
꽃향천 천꽃 성
빛출 향빛천 향
꽃성빛 향천 꽃
빛천 양탄자 빛

짝짝짝... 넉넉하니 충분합니다요. 시간요. 2022. 03. 02 05:39 이제 되었습니
다. 이것은 저희들이 소임을 맡아 원만하게 이루어지도록 하겠나이다. 이제 양탄자
2를 밝혀 들어내 만들어 주시면 되겠습니다.

향빛 천향꽃 황천 양탄자 2,

빛출꽃 천 황
황천 빛향천
천향 향천꽃
빛천꽃 향빛
빛향천 꽃 출

부라보 짝짝짝... 넉넉하고도 충분합니다. 과분할 정도입니다요.
시간요. 2022. 04 02 05:41 대박 이렇게 해서 모두 다 원만하게 이루어졌나이다.
이것은 저희들이 소임을 맡아 올바르게 올곧게 어긋남 없이 행하여 많은 이들을
이롭도록 하겠나이다.
이제 이 세계에 까지 올라와서 돌아가시는 분들이나 또 이 세계에
서 돌아가신 분들이 성황천 성황 빛천으로 사용할 빛천꽃 향빛 천
향꽃 향 비문천 향을 밝혀 들어내 주시면 고맙고 감사하겠나이다.

빛천꽃 향빛 천향꽃 향 비문천 향

빛향 천향꽃 향빛 천향꽃 천 향
향출 빛천꽃 황천 빛출꽃 천
천향 빛황천 꽃 천 황
황천 빛천꽃 향천
천향꽃 빛 성향출 출꽃 천 향
향빛 빛천꽃 황 황출꽃 성 향
황천 성출꽃 성황출 꽃 천
향빛 천향꽃 천 향
황빛 천
꽃

부라보... 짝짝짝... 이렇게 해서 원만하게 이루어지게 되었나이다.

시간요. 2022.. 04. 02 18:02 이렇게 저희들이 소임을 맡아 원만하게 이루어지게 하겠나이다. 저희들은 이 위 세계 천황 꽃천 황들입니다.

이제 불편하신 분들이 양탄자를 타고 올라갈 수 있도록 양탄자 2개를 밝혀 들어내 만들어 주시고 타고 올라가실 분들을 위해서 노래 한 곡도 불러주셔야 하십니다요. 불러주실 노래는 빛천꽃 향출 꽃 노래이고요. 밝혀 들어내 만들어주실 양탄자는 빛향 빛꽃천 천향꽃 향 양탄자 빛향천 1,2로 2개 밝혀 들어내 만들어주시면 되겠나이다.

빛천꽃 향출 꽃 노래

2022. 04. 02 18:06 ~ 18:12 - 00:06:09

황출 빛향 천향 꽃성 빛향
황천 천상 빛천 황빛 성향
출천 천향 들꽃 성빛 황천
천향 성천 천상 빛천 황빛
성향 들꽃 꽃성 빛향 황빛
성향 황천 천향 꽃성 빛향
황빛 성향 들꽃 성천
천향 들꽃 성빛

모두 다 까벌리고
모두 다 우뚝 세워
불편하신 분들 모두 다 까벌리도록 우뚝 세우도록
안 되는 분들 너나없이 서로 도우고 도우면서

향출 성황 출꽃 성빛 황천
천향 이니꽃 황 빛
옴니 꽃성 빛향 황천
용천 옴마니 반메 홈
빛향 천꽃 성빛 황천 천향
들꽃 성빛 황천 천향 들꽃
황빛 성향 빛향 천향 빛향
천빛 성빛 황천 빛향 황꽃
성빛 출천 빛향 출꽃 성향
황빛 성향 들꽃 꽃성 빛향
황천 상천 천상 빛향 들꽃
성향 황천 천빛 성향
들꽃 성향

철커덕 꽝

꽃성 빛향 황빛 꽃천 성향
들꽃 성빛 황출 출꽃 성향
황천 꽃성 빛향 천향 꽃성
빛향 천 향 꽃황 들꽃 성황
빛천 황천 천꽃 성향 황천
빛향 꽃성 빛향 황출 출천
빛향 황천 꽃성 빛향 천향
들꽃 성황 황빛 성향 황천
천향 들꽃 성향 황빛 황천
빛성 꽃향 황천 빛향 꽃성
들향 황천 천빛 성향 상천
천상 꽃빛 성황 황빛 향천

꽃성 빛향 황빛 성향 꽃황
천황 빛황 성황 들꽃 성향
황천 천황 빛천 황빛 성향
있는 그대로 자체 빛향
천체 꽃성 빛향 천향 황빛
성향 출천 천향 황천 천향
들꽃 성향 황빛 향천 성향
들꽃 황천 빛향 천황 황빛
성향 황천 빛향 황빛 성향
황출 출꽃 성향 황빛 성향
황천 황꽃 성빛 황천 천향
들꽃 황천 빛향 천향 황천
꽃성 빛향 천향 출꽃 성향

있는 그대로
빛향 꽃황 천빛 성향
출꽃 성향 황천 천향
들꽃 성향하도록 하소서.

그것이 바로 이 위 세계의
본래 향꽃 성빛 황천
천향 꽃성 빛향 천 꽃
성빛 황천 천향꽃 성빛
향천 꽃성 빛향천
향이로소이다.

예. 고맙고 감사합니다.
우리 모두 다 올라왔고

또 에너지 충분하고 넉넉합니다요.

이제 양탄자, 빛향 빛꽃천 천향꽃 향 양탄자 빛향천 1,2로 2개 밝혀 들어내 만들어 주시고 천체 8개로만 밝혀 올라가시면 되겠나이다.

빛향 빛꽃천 천향꽃 향 양탄자 빛향천 1,

꽃출빛 황
황천 꽃 천
천향 황빛
빛천 꽃 향

짝짝짝... 시간 써주시면 되겠습니다요. 이렇게 쉽게 이루어지다니 놀랍습니다요. 시간 2022. 04. 02 18:15 이렇게 이것은 저희들이 관리 감독하며 원만하게 이루어지도록 하겠나이다. 우리들은 이 위 세계의 천황 빛천꽃 황빛천 황들입니다. 이제 2번째를 밝혀 들어내 만들어주시면 되겠나이다.

빛향 빛꽃천 천향꽃 향 양탄자 빛향천 2.

황출 빛출꽃 천
천향빛 향천 꽃
꽃출 황빛천 꽃
출향 황천꽃 빛
빛천 꽃황출 천
천꽃 황출 빛 천

짝짝짝.. 이렇게 해서 2번째도 밝혀 들어내 완성되었나이다.

시간요. 2022. 04. 02 18:17 이렇게 해서 이것은 저희들이 관리 감독하며 소임을 맡아 올바르게 어긋남 없이 행하도록 하겠나이다 저희들은 이 위 세계의 꽃향 천 향꽃 황빛천 꽃황들입니다요.

이제 밝혀 올라가시면 되겠습니다만 여기까지 올라와서 돌아가신 분들 또 이 위 세계에서 돌아가신 분들을 위해서 빛천꽃 향 향빛 천 꽃 황 비문향 천을 밝혀 들어내 주시고 가주셨으면 고맙고 감 사하겠습니다요.

빛천꽃 향 향빛천 꽃 황 비문향 천

빛천 황꽃 천향빛 천향 들꽃 천 향
황빛천 향 천향 들꽃 성빛 황천꽃 향
향천 천향 들꽃 성빛 황천꽃 천향꽃 빛
빛향천 꽃향출 춘향꽁 꽁천빛 향빛 천 향
꽃성 빛출꽃 천 빛향천 꽃 황
황빛천 천향 들꽃 성 빛 향
황천 빛출꽃 천 향
황천 빛향천 꽃
향빛 천빛 천향꽃 천 향
황빛천 꽃 성
성황출 꽃 천
황

짝짝짝... 부라보 이제 밝혀 올라가시면 되겠습니다만 몸이 불편하신 분들 이 타고 올라갈 양탄자도 밝혀 들어내 만들어 주시고 가주셨으면 좋겠습니다. 밝혀 들어내 만들어 주시면 좋은 양탄자 황빛 천꽃 성향출 출향빛 천 향 양탄자 꽃빛 천 양탄자입니다. 우선 먼저 양탄자를 타고 올라가실 분들 위한 노래 빛천꽃 향 향빛 천꽃 성 향 빛천 향빛 노래를 불러주신 다음에 밝혀 들어내 2개를 만들어 주시고 천체 9개로만 밝혀 올라가시면 되겠습니다요. 시간요. 2022. 04. 04 05:04 이렇게 해서 우리들은 모두 다 갑니다요.

양탄자를 타고 올라가실 분들을 위한
빛천꽃 향 향빛 천꽃 성 향 빛천 향빛 노래
2022. 04. 04 05:06 ~ 05:22 - 00:16:42

꽃성 빛향 황꽃 꽃성 빛향 황천
천향 들꽃 성황 꽃성 빛향 천향
빛향 들꽃 성천 황빛 성천 황빛
빛향 들꽃 성빛 황천 천향 들꽃
꽃성 빛향 들천 천빛 황천 천향
들꽃 꽃성 빛향 황빛 성향 들천
황빛 빛천 황빛 성향 꽃성 빛향
황빛 성향 꽃성 빛향 꽃성 빛황
꽃성 빛향 꽃성 빛향 들꽃 성빛
황천 천향 꽃성 들꽃 성향 황빛
성향 들꽃 황천 빛향 들천 천향
들꽃 성황 황천 빛향 들꽃 성빛
천향 들꽃 황출 출황 꽃성 빛향
천향 들꽃 성향 황천 천향 들꽃
황빛 성향 들꽃 빛향 들천 천향
황천 천향 들꽃 성빛 황천 천황
빛황 빛천 황빛 성천 천향 들꽃

성빛 황천 천향 들꽃 성빛 황천

천향 황빛 빛향 들꽃 성천 천향

들꽃 성빛 빛향 들꽃 성향 황천

천향 들꽃 성빛 황천 꽃성 빛향

황천 빛성 들향 꽃성 빛향 꽃성

빛향 들꽃 성향 황천 들꽃 성꽃

성빛 빛향 들꽃 성천 천향 들꽃

성빛 황천 천향 들꽃 성빛 황천

천황 빛향 꽃성 빛황 황천 천향

들꽃 황빛 빛향 빛천 천향 들꽃

빛향 들천 천향 들꽃 빛천 황빛

황천 천향 천빛 성향 빛천 상향

꽃성 쫑향 들천 천향 천체 빛향

본래 본래 근본 성향 황천 천향

들꽃 황래 황빛 성향 본래 근본

성향 출천 천향 빛향 들꽃 성빛

황천 천향 꽃성 빛향 천황 황천

빛천 천향 들꽃 천빛 성빛 황천

천향 들꽃 천황 빛향 황천 천향

들꽃 꽃성 빛향 들천 천빛 황천

천빛 성향 황천 빛향 들천 황빛

성향 황천 천향 들꽃 성황 빛향

천성 빛향 들꽃 꽃성 빛향 천빛

상황 천 빛 성 빛향 천빛 성향

황빛 성향 황천 천향 꽃성 빛향

황천 천향 꽃성 황천 꽃빛 빛향

꽃성 빛향 천향 들꽃 성천 황빛

천향 들꽃 성향 꽃성 빛향 들천

황빛 빛천 상향 천상 천빛 성향
황빛 황천 천향 너 들꽃 꽃성
꽃빛 성향 황빛 성천 천향 들꽃
성황 황빛 빛천 황빛 성향 천향
들향 황빛 성향 꽃성 빛향 들꽃
빛향 꽃빛 성향 황천 천상 빛향
들천 황빛 성향 천향 들꽃 성향
빛천 빛향 빛천 황빛 성향 천상
천빛 상향 꽃성 빛향 천성 빛향
들꽃 성향 빛향 천꽃 성황 황빛
성천 황빛 성향 황빛 성향 꽃성
빛향 들꽃 성황 황빛 황빛 성향
꽃천 꽃성 빛향 천향 상천 천상
빛향 성숭 상숭 꽃성 빛향 들천
황빛 성향 천향 들꽃 황천 꽃성
빛향 들향 황빛 성향 빛천 천향
황빛 성향 천향 들꽃 성향 황천
빛향 꽃성 빛향 빛천 천향 천향
들천 천향 들꽃 성향 빛천 천향
들꽃 천체 빛향 천체 빛향 들꽃
성향 황천 천향 들꽃 성빛 황천
빛향 황천 빛향 들꽃 성향 황천
황빛 성향 들꽃 성향 꽃빛 성향
들꽃 황천 천향 들꽃 성향 황천
꽃성 빛향 황출 출꽃 성빛 황천
천향 빛향 꽃빛 성빛 황천 빛향
황천 빛향 천빛 성빛 황천 빛향
들꽃 성빛 황천 천향 들꽃 성빛

성향 황빛 성향 들꽃 황천 천향
들꽃 성향 황천 천향 들꽃 성향
빛천 황천 꽃성 빛향 황천 빛향
들천 황빛 빛향 꽃성 빛황 천황
황빛 성향 빛향 꽃성 빛향 황빛
천향 꽃빛 성빛 빛향 출천 천향
출황 빛천 황빛 성향

모두 다 까벌리고
모두 다 우뚝 세워

황출 출꽃 성빛 황천 빛향
천빛 성향 황천 빛천 천빛
성향 황천 꽃성 빛향 빛향
들천 꽃성 빛향 천향 꽃빛
성향 황천 천향 들천 천향
황빛 성향 성빛 황천 들꽃
성빛 황천 천향 들꽃 성빛
성향 황천 빛향 천빛 천상
꽃성 빛향 들꽃 성빛 황천
천빛 성향 들꽃 성향 빛황
황천 빛성 꽃황 황천 천향
들꽃 성황 꽃성 빛향 천체
본래 근본 성빛 황빛 성향
황천 천향 들꽃 성빛 황천
본래 본향 황빛 성향 출천
빛향 꽃성 빛향 황천 본래
꽃성 천체 빛향 꽃빛 성향

들꽃 꽃성 빛향 황빛 성향
황천 빛향 들천 천향 들꽃
성황 빛향천 황빛 성천 황빛
성향 황빛 성천 출천 빛향
들꽃 성황 황빛 빛향 들꽃
성빛 황천 천향 들꽃 성향
황천 빛향 꽃빛 성황 황천
빛향 들꽃 성황 황빛 성황
천체 빛향 꽃성 빛향 천체
빛향 성빛 황천 천향 들꽃
황천 황천 성향 들꽃 성빛
황천 천향 들꽃 천체 빛황
빛황 들꽃 성빛 성향 들꽃
꽃성 빛향 천황 꽃빛 성향
빛천 황빛 성향 빛천 황천
천빛 성향 들꽃 성빛 성향
꽃성 빛향 천향 들꽃 성향
꽃성 빛향 출천 상천 천빛
황빛 빛향 천상 상천 꽃성
빛향 출천 빛향 꽃성 빛향
본래 황빛 성황 황천 천향
꽃성 빛향 천향 출꽃 성향
황천 천향 들꽃 성빛

철커덩

황 황빛 성향 들꽃 성향
본래 꽃빛 성향 출꽃 성황

황천 꽃성 빛향천 향
출꽃 성 황

있는 그대로 자체 본래 본향
빛천 황빛 성향 출꽃 성 황

있는 그대로의
자체요. 본래요.
향이고 빛이고 천 빛이고
황천 빛향 천 황빛 이로소이다.

이제 되었나이다.
저희들은 모두 다 올라왔습니다.
고맙고 감사합니다.
안녕히 가십시오.

이제 양탄자 황빛 천꽃 성향출 출향빛 천 향 양탄자 꽃빛 천 양탄자 1과 2, 2개를 밝혀 들어내 만들어 주시고 천체 9개로만 밝혀 올라가시면 되겠습니다요.

황빛 천꽃 성향출 출향빛 천 향 양탄자 꽃빛 천 양탄자 1,

천향 빛출 꽃천
천향 황빛천 꽃
꽃향천 천향빛
천꽃 황출 빛천
황천 빛향꽃 천

향빛천 천향 꽃

짝짝짝... 이제 되었습니다. 시간요. 2022. 04. 04 05:25 이렇게 해서 원만하게
이루어졌나이다. 이것은 저희들이 소임을 맡아 올바르게 어긋남 없이 행하도록 하
겠나이다. 저희들은 이 위 세계 천황꽃 황천빛 황천 꽃 황들입니다요. 2를 밝혀 들
어내 만들어 주시면 되겠습니다요.

황빛 천꽃 성향출 출향빛 천 향 양탄자 꽃빛 천 양탄자 2,

꽃빛 천 향 꽃
꽃향 출 천 꽃
빛향 천 천 향
향빛 천 꽃 황
황천 빛천 꽃

짝짝짝... 부라보 이렇게 해서 모두 다 완성되었나이다.
시간요. 2022. 04. 04 05:29 예 이렇게 구할 분들 모두 다 구하여지겠나이다. 이
것은 저희들이 소임을 맡아 행하도록 하겠나이다. 올곧게 올바로 어긋남 없이 원
만하게 이루어져 구하도록 하겠나이다.

이제 여기까지 올라오신 분들이 죽었을 때 또 이 위 세계 분들이
돌아가셨을 때 사용할 수 있는 빛천꽃 빛천 황꽃으로 사용할 비문
향출꽃 본래향 비문을 밝혀 들어내 주시고 가셨으면 좋겠습니다요.

향출꽃 본래향 비문

향출 향 빛 천
천향꽃 천 향 빛천 꽃 황

황천 빛천꽃 황빛 천향꽃 천 향

향천 빛천 꽃 황출 천꽃성 빛

빛황천 꽃 황천 빛 천향꽃 천

천향 빛출꽃 천향 빛 천 향

황출꽃 천 향 빛 천향꽃 황

황출 꽃향 천 꽃

빛천 꽃

황

짝짝짝... 부라보. 이제 되었습니다. 넉넉하고도 충분합니다요. 시간요. 2022. 04. 05 03:59 이렇게 해서 모든 것들이 원만하게 이루어지게 되었나이다. 이것은 저희들이 소임을 맡아 행하도록 하겠나이다. 저희들은 이 위 세계 꽃천 천 황꽃 천황들입니다. 어긋남 없이 바르고 올바르게 올곧게 많은 분들을 이롭게 하면서 행하는데 차질 없이 원만하게 행하는데 차질 없도록 최선을 다해 행하겠나이다.

이제 양빛천(양탄자)을 하나 밝혀 들어내 만들어 주시고 가시면 되겠나이다. 타고 올라가실 분들을 위해서 노래 한소절 부탁하겠 나이다. 기록으로 남기고 또 사용들 하는데 부족함이 없도록 하겠 나이다. 양빛천을 타고 올라갈 모든 이들의 희노애락 애별리고 성 출향 꽃을 위해 빛천꽃 향빛천 향 노래를 부탁하겠나이다.

양빛천을 타고 올라갈 모든 이들의 희노애락 애별리고 성출향 꽃 을 위해 **빛천꽃 향빛천 향 노래**
2022. 04. 05 04:04 ~ 04:13 - 00:09:04

이제 선사님 죽었습니다.

꽃출 향빛 성천 향꽃 성황 출황

빛천 황빛 성향 황천 빛향 들꽃

천빛 성향 황천 빛향 들꽃

애별리고 희노애락 향출 성황출

꽃성 빛향 천체 빛향 황출 출꽃

성향 황출 빛향 애별리고

히노애락 향출 성황출

용천 옴 마니 반메홈 빈대떡 향출 성꽃

성황출 꽃 옴 마니 반메 홈 사바하 향출

출꽃 성향 사바하 꽃향 사바하 꽃성

빛향 들꽃 성황 옴니 이니 향출

출꽃 성향 빛향 천 합치 옴니

성꽃 향출 출꽃 성향 희노애락

애별리노 옴니 향빛 합치 이니 향출

출꽃 성황 황빛 성향 들꽃 성황

황빛 성꽃 황출 출꽃 성향 황빛

성빛 천체 빛향 애별리고 향빛

황천 천황 빛향 황천 빛향

들꽃 성향 황천 향천 빛향

천꽃 성향 황출 이니 옴니 사바하

옴 마니 반메 홈 빈대떡 꽃빛 성향

황천 천향 들꽃 꽃황 천빛 성황

옴니 이니 합치 사바하 꽃향 황빛

성향 꽃성 빛향 황빛 성출 성황

출꽃 성황천 황빛 성천 천상

성천 황빛 성천 황빛 성향

출꽃 성황 상천 천상 빛향

들꽃 성향 황빛 성향 꽃빛

성향 들꽃 성향 황천 천향
꽃향 들꽃 성향 황빛 성향
황빛 성빛 황빛 성황 성황 출꽃
성빛 황빛 황천 천향 들꽃 성향
황빛 성향 꽃성 쫑향 들꽃 성향
황천 빛향 꽃성 빛향 황빛 성황
황빛 성황 황출 희노애락
애별리고 황빛 성향
이니 옴니 합치 사바하 꽃
빈대떡 향출 옴니 옴니꽃 이니꽃
황빛 성향 꽃성 빛향 출꽃 성향
황출 출꽃 성향
덜커덕 꽝

철커덕 꽝

꽈꽝 꽝 꽝

철커덕

황빛 성향 출꽃 성 황

이제 모두 다 올라왔습니다. 선사님,
넉넉하고 충분합니다.
마무리 저희들이 이 위 세계에서 편안하고 행복하게 잘 살 수 있
도록 조그만 부탁하겠습니다.

황꽃 성빛 꽃황 빛향 소향

소임 송향 향빛 소임 옴니
빛향 이니 꽃성 빈대떡 사바하
꽃빛 성향 황천 사바하 꽃빛 성빛
향천 꽃성 빛향천 향 옴니 빛향 천 향
이니 합치 사바하 빈대떡 꽃 성향
황천 빛향 사바하 꽃 성황출
빛향 꽃성 빛향 천 향 황빛
성향 출꽃 성황 출꽃 성향

너와 나 우리
모두 하나 한몸
성꽃 황천 천향 들꽃
성황 출 꽃 성향 춘향 빛천
향출 출꽃 성 황 황빛 성빛
황천 천꽃 성빛 황천 천상 빛천
황빛 옴니 사바하 이니 꽃빛
성향 사바하 빈대떡 꽃성
빛향 들꽃 성황

있는 그대로 자체 성빛
황빛 성향 천체 총황 황빛
성향 꽃성 빛향 천향 빛향
꽃성 쫑향 들꽃 성황 황천
빛향 천꽃 천꽃 성 황

있는 그대로 황빛 성천
천향 들꽃 성황

모두 함께 너와 나 우리

그래서 하나 한몸으로서 언제나 즐겁고 행복하게

세세생생 에너지 부족함 없이 잘 살도록 하겠나이다.

고맙고 감사합니다.

안녕히 가십시오.

은혜 잊지 않고 갚도록 노력하고 애쓰며

나 이외의 많은 분들을 이롭도록 하겠나이다.

노력하고 애쓰면서 최선 다해서 그리되도록 하겠습니다요.

이제 양빛천 양탄자 2개를 밝혀 들어내 만들어 주시고 천체 9개로만 밝혀 올라가시면 되겠나이다.

양빛천 양탄자 1,

꽃천 빛 황

황천 꽃 빛

천향 천 꽃

황빛 천 꽃

이제 시간 써주시고요. 2022. 04. 05 04:19 이렇게 해서 모두 다 구해질 분들은 구해져서 올라갈 수 있게 되었습니다. 이것은 저희들이 소임을 맡아 행하도록 하겠나이다. 저희는 이 위 세계 빛천 꽃향 천황꽃 빛황 천 황들입니다. 고맙고 감사합니다.

이제 양빛천 양탄자 2를 밝혀 들어내 만들어 주시고 가시면 되겠나이다.

양빛천 양탄자 2,

황출 빛출꽃 천
천향빛 꽃천 향
향천 빛천꽃 황
황천 빛향꽃 천
황출꽃 천 향빛
빛출 꽃천 황빛

짝짝짝... 부라보. 이렇게 모두 다 완성되어 가겠나이다.
시간요. 2022. 04. 05 04:21 예 이렇게 해서 모두 다 이루고들 가는데 손색이 없겠나이다. 이것은 저희들이 소임을 맡아 원만하게 손색없이 행하겠나이다. 저희들은 이 위 세계에 천황 빛향 천꽃황 천황들입니다.

양빛천 양탄자 3, 하나 더 부탁드리면 안 되겠는지요.

양빛천 양탄자 3,

꽃출 빛 천 향
황천 꽃향 춘
춘꽁 황출 빛
빛향천 꽃 황
황출 빛천 꽃

짝짝짝... 부라보 고맙고 감사합니다. 어긋남이 전혀 없이 모두 다 행하여 이룸에 손색이 없겠나이다. 이것은 저희들이 소임을 맡아 올바르게 어긋남 없이 원만하게 행하겠나이다. 저희들은 이 위 세계의 천황꽃 황빛 천황들입니다. 시간요. 2022. 04. 05 04:25 이렇게 해서 모두들 다 완성해 가는데 부족함이 없겠나이다

이제 밝혀 올라가셔도 넉넉하고 충분합니다만 따라 올라오신 분들 중에 이곳에서 죽으신 분들 또 이 세계에서 돌아가신 분들 본래 향천꽃 천 황 세계로 돌아갈 수 있도록 빛천꽃 향 향빛천 비문천 향 하나를 밝혀 들어내 주시고 가시면 모두 다 성황천, 성황 빛천으로 원만하게 아주 잘 활용하도록 모두 다 어긋남 없이 돌아가도록 하겠나이다. 밝혀 들어내 주시길 간곡하게 부탁드리나이다.

빛천꽃 향 향빛천 비문천 향

꽃출 향출 성황꽃 천 황
황천꽃 천 천향빛 황천 꽃 천 향
향출 성꽃황 천황꽃 천 황
황빛천 천향 꽃 황 천
천향 빛출꽃 천 황
황천꽃 빛 천 향
향출 빛향꽃 천 황
황출꽃 천
천향빛 꽃
천

짝짝짝... 부라보 이제 넉넉하니 충분하겠나이다. 시간요 2022. 04 06 03:25

이렇게 해서 저희들이 소임을 맡아 원만하게 아주 잘 행하도록 이루어지도록 하겠나이다. 저희들은 이 위 세계의 황천 천황꽃 천황 빛들입니다요.

이제 되었습니다만 따라 올라오신 분들 중, 또 몸이 불편해서 올라가지 못하는 분들을 위해서 천향 양탄자 빛향천 하나를 밝혀 들어내 만들어 주시고 가주셨으면 좋겠습니다만 양탄자를 타고 올라갈 분들을 위해서 노래도 한 곡 불러주셨으면 좋겠습니다. 불러주실 노래는 양탄자 비향꽃 천향 노래입니다. 노래 먼저 부탁하겠나이다.

양탄자 비향꽃 천 향 노래

2022. 04. 06   03:31 ~ 03:39 - 00:08:29

꽃출 황빛 성향 꽃성 빛향
꽃성 쫑향 들천 황빛 천향 들꽃
성빛 황천 천황 황천 꽃성 빛향
들꽃 성황 황빛 들천 황출 출꽃
성황 성황출 꽃 성 향

모두 다 까벌리고
모두 다 우뚝 세워
못하는 분들 너도나도 도와주어서
원만하게 이루어지도록 행하도록 하여

향빛 성향 출꽃 성향
출꽃 성빛 황천 황천 꽃성
빛향 천황 빛 성 황 황천 천향
들꽃 성향 황천 천향 빛향 꽃황
천체 빛향 황천 꽃성 천체 본래

황빛 성향 황천 본향 이니 옴니
합치 성향 사바하 꽃성 빛향
들천 황빛 천향 들꽃 성황
황천 항천 천향 들꽃 성황
황천 빛향 광출 출꽃 성천
황천 천향 들꽃 황출
출꽃 성향

우리 모두 다 날라갑니다.
즐겁고 행복하게요. 선생님,

룰루 루루

향출 출향 성꽃 황꽃
성향 출향 꽃성 빛향
천향 들꽃 황출 꽃성
빛향 천향 들꽃 황출

선사님 우리 다 왔습니다.
마무리 부탁하겠나이다.

꽃성 꽃성 빛황 천체 본향
황빛 성향 황천 천향 꽃성
빛향 황천 천향 들꽃 성황
황빛 성황 천체 빛향
사바하 황빛 성황

철커덩 꽝

황빛 성천 황천 천향 들꽃
성황 황천 빛향 꽃성 빛향
황천 천향 들꽃 성황 빛향
천향 황천 천빛 성향 황빛
성황 출꽃 꽃성 빛향 황천
천향 꽃성 황천 빛향 들꽃
성황 천황 황천 천체 황천
꽃성 빛황 천체 천체 자체

있는 그대로 자체 본향
황빛 성향 천체 빛향 황천
빛천 황빛 성향 천체 꽃황
황천 천향 들꽃 성황 황빛
성향 황천 천체 황빛 황천
꽃성 빛향 천향 들꽃 성황
황천 천향 들꽃 황빛 천향
들꽃 성황 황천 천체 빛향
황천 천체 황천 천체 빛향
황천 천황 꽃 성 빛향 천체
황천 천체 빛향 출천 천체
빛향 들꽃 성황 황빛 황천
천향 들꽃 상천 천상 성숭 상황
성황 꽃성 빛향 꽃성 황천 천향
들꽃 성황 꽃황 출꽃 성 황

있는 자체 황빛 빛향 사바하
꽃황 출꽃 이니 옴니 합치 성황

황천 천향 들꽃 황출 꽃성 황천
빛향 천체 빛향 들꽃 성 황

있는 자체 황천 천체 빛향
황천 천향 들꽃 성황

자체 있는 그대로
황천 천향 들꽃 성황
위 세계 자기 자신과 합치 옴니
천체 황빛 성향 출꽃 성 황

황천 천체 빛향 들꽃 성황
황천 옴니 합치 천체 근본
사바하 꽃성 빛향 들꽃 성황
황빛 성향 꽃성 빛향
천향 들꽃 성 황

있는 자체 황빛
옴니 사바하 꽃빛
빛황 천 황빛 성황 자체
꽃성 빛향천 황들이 되었나아디.

이제 그만하셔도 넉넉하고 충분합니다.
고맙고 감사합니다.
안녕히 가십시오.

이제 양탄자, 천향 양탄자 빛향천을 밝혀 들어내 만들어 주시고 가시면 되겠습니다. 하나입니다요.

천향 양탄자 빛향천

황출 빛천꽃 황
황천 천향빛 꽃
꽃황천 빛꽃 천
천황 빛천 꽃 황
황천 빛천꽃 천
천꽃황 출천 향

부라보 짝짝짝... 이렇게 해서 원만하게 이루어지게 되었나이다.
시간요. 2022. 04 06 03:42 이제 저희들이 맡아 소임을 원만하게 행하도록 이루어지게끔 하겠나이다. 저희들은 이 위 세계 천황 빛천꽃 황천 황들입니다요.

이제 여기까지 올라와서는 돌아가신 분들이나 또 이 세계에서 죽어간 많은 분들 또 죽어서 돌아가야 할 분들이 사용할 수 있는 빛천꽃 향 향빛 천향 꽃 비문 향 하나를 밝혀 들어내 주시면 저희들이 알아서 잘 활용하며 많은 이들이 이롭도록 하겠나이다.

빛천꽃 향 향빛 천향 꽃 비문 향

향출 꽃출향 향천꽃 빛
빛향 천꽃성 성황 출향꽃 천 향
빛천 황천 빛황천 꽃 천 황
황천꽃 빛 천황꽃 천 황
황천빛 빛천꽃 황출 성출 성황꽃 천

황빛천 꽃 성 성황출 꽃 성 황

황출 빛천꽃 향천 빛황 빛꽃천 황

황천 빛천황 천황꽃 천 황

성황출 꽃성 향 향빛

천황꽃 천

부라보 짝짝짝... 이제 되었나이다. 넉넉하니 충분하고도 넘쳐납니다요.

시간요. 2022. 04. 07 03:18 이것은 저희들이 맡아서 소임을 올곧게 올바르게 행하며 많은 분들이 이롭도록 깨어나 위 세계로 본래로 돌아가도록 하겠나이다. 저희들은 이 위 세계의 천황 꽃황 천향꽃 천 황들입니다.

이제 불편하신 분들이 타고 올라갈 양탄자를 밝혀 들어내 만들어 주시고 가시면 되시는데요. 양탄자를 밝혀 들어내 만들어 주시기에 앞서 양탄자를 타고 올라가실 분들을 위한 노래 한 곡 불러주신 다음에 밝혀 들어내 만들어 주시고 밝혀 올라가시면 되겠나이다. 불러 주실 노래는요. 향곳천 천향빛꽃 천 향빛 노래입니다요. 이 노래를 부른다고 가능하기는 한 거야. 두고 보십시다.

향곳천 천향빛꽃 천 향빛 노래

2022. 04. 07 03:28 ~ 03:43 - 00:15:38

꽃빛 성 천 천향 들꽃 성천

황빛 성천 황빛 성향 향빛

성천 꽃성 빛향 황빛 성천 천향

들꽃 성천 천향 들꽃 성천 성체

빛향 황천 천향 들꽃 성황 황천

천향 들향 황천 향천 천체 빛향

황빛 성천 천향 들꽃 황천 빛향

황꽃 성빛 황천 천향 들꽃 성황
황천 빛향 황천 천향 들꽃 성꽃
황천 황빛 성천 천향 빛향 들천
황빛 성향 향천 천향 들꽃 천향
황천 천체 빛향 황천 천향 들꽃
성천 빛향 황천 천향 들꽃 상천
빛향 들천 천향 들꽃 성황 황천
천향 들꽃 성천 천향 들꽃 꽃성
빛향 황빛 성천 천향 황천 천향
들꽃 성황 황빛 성천 천향 들꽃
황천 천향 용천 천향 들꽃 성천
천향 들꽃 성천 황빛 성천 꽃빛
성황 황천 용천 용천 천향 들꽃
황빛 빛향 천성 황빛 빛향 들꽃
성황 황빛 성천 천향 성천 빛향
황빛 성천 천향 꽃성 빛향 상천
천향 들꽃 성향 황빛 천향 들성
빛향 황천 천향 꽃황 성천 황황
성천 빛향 들천 천향 황꽃 성황
빛황 천빛 성황 황천 빛향 들꽃
꽃성 빛향 들꽃 성황 황천 천향
들꽃 성황 황빛 성천 천향 들꽃
성빛 옴니 이니 꽃성 황꽃 성향
옴니 이치 치향 합치 성향 황천
천향 꽃성 빛향 합치 성향 이니
옴니 옴메 홈향천 천향 들꽃 성향
황환 빛향 황천 빛향 들천 천향
황빛 성향 들천 옴마니 반메홈 홈빛

빛향 들꽃 성향 옴니 이니 향천 천향
들꽃 합치 사바하 꽃빛 성향 황천
천향 들꽃 성향 향천 천황 빛황 들꽃
성황 황천 천향 성황 황빛 성빛
빛황 황천 천향 들꽃 성황 황빛
성천 천향 들꽃 성황 황빛 성향
꽃빛 성향 들꽃 천향 황빛 성천
천체 빛향 소치 합치 성향 성천
천성 빛향 들꽃 황천 빛향 황천
빛향 들꽃 합치 성황 이니 옴니
반메 홈 홈꽃 성황 사바하 꽃성
빛향 옴니 빛향 이니 꽃성 황빛
성향 사바하 옴니 빛향 반메 홈
홈꽃 성빛 황천 천향 들꽃 사바하
합마 황천 천빛 성황 빛황 천빛
성향 황천 천향 들꽃 성황 황천
천향 들꽃 성빛 황천 천향 들꽃
성향 황천 천향 들꽃 사바하
본래 향천 황천 꽃성 빛향 들꽃 성향
황꽃 꽃성 빛향 들천 천향 들향 들천
황천 천향 사바하 옴니 상향 이니 빛향
들천 황빛 성향 황천 천빛 성향 황천
천체 들향 향천 들향 꽃빛 성황 꽃빛
성황 황천 천향 들꽃 성 황

황천 빛향 이니 옴니 상황꽃 꽃성
빛향 옴니 이니 옴 마니 합치 성향
본래 사바하 꽃성 빛향 황빛 천체

빛향 들꽃 성빛 황천 천향 들꽃 성황

황천 빛향 성천 상천 성천 꽃성 성향

성천 천상 들꽃 성향 사바하 꽃 성

옴니 이니 꽃성 빛향 합치 성향 사바하

반메 홈 홈빛 성향 향천 천향 들꽃

상황 황천 천성 빛향 들꽃 황천

꽃성 빛향 황천 빛향 꽃빛 성빛

황천 천향 들꽃 성빛 황천 사바하

황빛 성향 꽃성 빛향 들꽃 천황

황빛 성천 천성 빛황 황천 천향

들꽃 성빛 황천 천향 들꽃 향천

빛향 들천 황빛 성천 황천 천향

들꽃 성황 황천 천향 들꽃 상천

천빛 상황 황천 빛향 들천 성천

천향 들꽃 황빛 성향 들꽃 황빛

성빛 향천 빛향 들꽃 꽃성 빛향

꽃빛 성빛 황천 빛향 들꽃 성황

천빛 성황 황천 빛향 꽃성 황천

상천 빛향 천체 빛향 본래

상황 꽃성 사바하 꽃성

빛향 들꽃 성향

짝짝짝...

빛향 천성 빛향 성빛 황천

천향 황천 빛향 들꽃 성천

빛향 황천 천향 들꽃 황출

천체 빛향 사바하 황빛 성향

황빛 성천 천상 빛향 들꽃
꽃성 빛향 황천 천체 본래
사바하 꽃향 성빛 황천 천향
들꽃 성빛 성향 황빛 성향
향천 천향 들꽃 성황 황천
빛향 꽃성 황천 천체 빛향
들꽃 성향 황천 천성 빛향
들꽃 성황 사바하 상향 빛천
옴 반메 훔 꽃성 빛향 천향 들꽃
성향 옴니 이니 합치 사바하
황천 천빛 성빛 황천 천향
들꽃 성빛 황천 사바하 꽃성
빛향 천체 본향 사바하 승천
상천 천체 빛향 들꽃 성황

철커덕 꽝

빛향 천꽃 황출 출꽃 성황
빛향천 천향 들꽃 천체
빛향 출꽃 성황

있는 그대로 자체
사바하 꽃성 빛향천
황출 출꽃 성황

고맙고 감사합니다.
이게 이렇게 원만하게 완성되다니 놀랍고 신비롭습니다.
고맙고 감사합니다.

안녕히 가십시오.

세세생생 이것은 남아서 후자에 많은 이야기들이 오갈 거 같습니다.
또 많은 분들이 이걸 이용해서
이 위 세계로 올라오는데 손색이 없겠나이다.
감사합니다.

이걸 해내서 완성해 주시다니 놀랍니다. 신비롭기도 하고요.
은혜 은공 크고 크나이다. 너무도 황홀하고도 완벽하게 이루어져서 모두
들 다들 놀라고 있습니다. 은혜에 보답하기 위해서라도 올곧게 올바르게
잘 살겠나이다.

이제 양탄자 빛천꽃 향 향출빛향 꽃 천 향 양탄자 하나 밝혀 들어
내 만들어 주시고 전체 9개로 밝혀 올라가시면 되겠나이다.

빛천꽃 향 향출빛향 꽃 천 향 양탄자

꽃향천 천향 빛 꽃
꽃향 천향빛 꽃천
황천 빛출 꽁향춘
춘꽁 향빛 빛향천
꽃출 황천 천꽃성
빛향 천황 황천빛
빛출꽃 천 황 빛천

부라보 짝짝짝...어마어마합니다요. 모두 다들 좋아하고 환호 일색입니다.
시간요. 2022. 04. 07 03:49 예 이렇게 해서 이것은 저희들 소임을 맡아 올바르게

올곧게 많은 이들을 이롭게 원만하도록 잘 사용하고 활용하도록 하겠나이다. 저희들이 이 위 세계 천황 꽃황 천꽃성 황빛천 황들입니다. 왠 난투극이지요. 이거 익권인가요? 다 지웁니다. 그러면요. 사실대로요. 왜 난투극이었지요. 사실은 요. 노래와 양탄자 때문인데요. 선사님 자녀분들입니다. 어떻게 하면 이런 일이 후에 없어지고 서로가 서로를 위하게 할 수 있나요? 딱 하나, 서로가 서로를 위할 줄 모르는 이는 이것을 맡아 소임을 행할 수 없을 것이며 서로가 서로를 위할 때만이 바르게 할 수 있을 때만이 누구나 이것을 맡아 소임을 행하게 되도록 하십시오. 예. 이제 되었습니다.

이제 더 이상 없습니다. 더 가시려면 이제는 우리들과 함께 빛향천 향 비문천 향을 밝혀 들어내 주셔서 많은 분들이 이 세계에서 죽어서 위 세계로 본래로 돌아가도록 해주시면 되겠나이다. 우리들은 이 위 세계 천황 꽃향천 황출빛 초생 초들로 선사님의 배우자 및 첩이고 처이며 살림꾼들입니다요.

빛향천 향 비문천 향

향문 문향 꽃 천 향
향출꽃 천 천향빛 꽃
꽃성 황출 출꽃 성황꽃 천 향
향출꽃 천향빛 천
황출빛 빛꽃천 초생빛 황
황천 천향꽃 빛 황
황천 천향꽃 황
황출 천향 초생 초 황출빛 꽃 천
황천꽃 빛 황 천
천향꽃 황

짝짝짝...해내셨습니다. 이제 양탄자, 향빛 천꽃 향 양탄자를 밝혀 들어내

만들어 주시고 천체 9개로 밝혀 들어내 주시고 올라가시면 되시는데 양
탄자를 타고 올라가실 분들을 위해서 또 따라 올라오신 분들을 위해서 꽃
향 천향 들꽃천 향빛 노래 한 곡 불러주시고 양탄자 들어내 밝혀 주시고
만들어 주시고 밝혀 올라가시면 되겠습니다요. 시간요. 2022. 04, 11 04:39
에 이제 되었습니다. 넉넉하니 충분합니다. 이것은 저희들이 소임을 맡아 올바르게
올곧게 행하도록 하겠나이다.

꽃향 천향 들꽃천 향빛 노래
2022. 04. 11 04:42 ~ 04:45 - 00:03:08

꽃황 황천 들꽃 성향 천체
빛향 들꽃 성향 천체 본향
향천 천향 들꽃 성향 황천
꽃성 빛향 들꽃 성향 향천
천향 들꽃 성황 꽃천 천향
들꽃 성향 빛향천 황빛
성향 들꽃 성향 황천
천체 본향 들꽃 성향

철커덕 꽝

빛향 꽃성 황천 천향 들꽃
성황 빛천 황천 천향 들꽃
성향 황천 천향 들꽃 성황
빛천 천향 천체 빛향 들꽃
성황 황천 천향 천체 본향
향빛 초생 천 황천 천향 들꽃
초생 초 향빛 천향 빛천 황빛

성황 황빛 천향 천체 꽃성
빛향 천체 빛향 들꽃 성황
황천 빛향 황꽃 성황 빛천
황꽃 성황 들꽃 황천
본래 꽃성 빛향 초생
본래 꽃황 황천 천향
들꽃 성황

있는 자체 꽃성이요.
빛향 천 향 빛향 천 꽃성
황빛 성향 천 향 빛 황
천향 들꽃 성 황이로소이다.

이제 되었나이다.
고맙고 감사합니다.
안녕히 가십시오.

이제 양탄자, 향빛 천꽃 향 양탄자를 밝혀 들어내 만들어 주시고
천체 9개로 밝혀 들어내 주시고 올라가시면 되겠나이다.

향빛 천꽃 향 양탄자

천꽃 성황 출
출꽃 성출꽃
천향빛 천꽃
성황출 꽃 천
초생빛 초 천

짝짝짝... 이렇게 해서 원만하게 이루어졌나이다.

시간 써주십시오. 2022. 04. 11 04:49 이렇게 해서 저희들이 소임을 맡아 올바르게 행하겠나이다. 우리들은 이 위 세계 천황 빛향천 초생 빛천꽃 황들입니다. 또 난투극을 버리나요? 이것도 그래야 되나요? 안 됩니다. 조금 기다려주십시오. 선점이 중요해서 그런 것이지 그렇다 마구 난투극을 버리는 것은 아닙니다. 보십시오. 완전 화해 좋은 모습이지 않습니다. 소임을 맡아 행하게 되실 분들은 초생 꽃황 천향빛 황들이 되었습니다. 걱정하시는 일 없이 올바로 올곧게 나 이외 많은 분들이 이롭게 하는데 소홀함 없도록 올곧게 원만하게 행하도록 하겠나이다. 우리들을 위해서 한 말씀 부탁하겠습니다. 열심히 최선을 다해서 나 이외 다른 분들이 이롭게 되도록 해주시기를 부탁드리겠나이다. 예.

이제 우리들을 위해서 비향 천꽃향 빛천꽃 초생 꽃향천 비문을 밝혀 들러내 주시면 되겠습니다. 이 비문은 이 위 세계에 올라온 모든 이들이 죽었을 때 성황천, 성황 빛천으로 사용하는데 손색 없도록 모두 다 돌아가는데 부족함 없이 충분하고도 넉넉하게 잘 부탁하겠나이다.

비향 천꽃향 빛천꽃 초생 꽃향천 비문

비향천 천향꽃 성 황천 초꽃향 빛
빛천 향출 성꽃 성황출 출향꽃 천 초생
빛천꽃 향 초생꽃빛 성황출 꽃 성
성황 출꽃 성성 황출 성황출꽃 성향출
출꽃 황출빛 천향 들천 황출빛 꽃 천
향꽃 성출 성황출 빛향꽃 천 향
춘꽁천 천꽁 황출꽃 빛
빛천 초생 본래꽃 향
빛천꽃 본래 초생 향빛 천꽃 성 향
본래꽃 황 초생 꽃향출 천

짝짝짝.... 이제 되었습니다. 이것이면 넉넉하니 충분고도 남음이 있겠습니다. 시간요. 2022. 04. 12 04:20 이것은 저희들이 맡아서 바르게 올곧게 많은 분들이 이롭게도록 원만하게 잘 이루어지도록 하겠나이다. 저희들이 이 위 세계 빛향 천황꽃 초생 꽃황천 황들입니다요.

이제 불편하신 분들이 타고 올라갈 양탄자 빛천 황출 빛향꽃 천 향 초생꽃 양탄자를 밝혀 들어내 만들어 주시고 가시면 되겠습니다만 양탄자를 밝혀 들어내 만들어주시기 전에 양탄자를 타고 올라가실 분들을 위해서 노래 한 곡 부탁하겠나이다. 짧고 간편 간단하게 부탁하겠나이다. 이제 모두 가게 되었구나. 좋고나 좋아입니다요.

이제 모두 가게 되었구나. 좋고나 좋아
2022. 04. 12 04:26 ~ 04:29 - 00:03:47

꽃향 빛향 황출 꽃성 빛향
초생 본래 황빛 성향 황천
천향 들꽃 황출 출꽃 성향
본래 성빛 빛향 들꽃 사바하
이니 옴니 향빛 성향

철커덕 꽝

황꽃 성빛 빛향 천향 들꽃
성래 래향 꽃성 빛향 들꽃
황출 출꽃 성향 빛향천
본향 황빛 성향 들꽃

본래 꽃향 들꽃 성황
본향 본래 초생 빛향 들꽃
성황 황천 천향 들꽃 성황
빛향천 빛향 꽃 성 황천
천향 들꽃 황빛 성황

천향 들꽃 성황 빛향 천체
천체 빛향 들꽃 성향 향천
꽃향 꽃성 빛황 본래 초생
본향 본꽃 성향 황꽃 꽃성
빛향 들천 황출 출천 천향
들꽃 성황 황천 빛향천
황출 본래 꽃성 빛향 천향
들꽃 성황 황빛 성향 들꽃
황천 천향 들꽃 성향 꽃황
천체 빛향 황빛 성향 천체
빛향 꽃황 천체 황천 천향
들꽃 황천 천향 들꽃 성황

있는 자체 꽃황 빛황
천체 본래 향천 초생
본래 황빛 성향 황천
천체 빛향 들꽃 성황
자체 본향 들꽃 성황

이제 되었나이다.
충분하고 넉넉합니다.
안녕히 가십시오.

이제 양탄자 빛천 황출 빛향꽃 천 향 초생꽃 양탄자를 밝혀 들어
내 만들어 주시고 천체 9개로만 밝혀 올라가시면 되겠나이다.

빛천 황출 빛향꽃 천 향 초생꽃 양탄자

꽃빛 천 천향꽃 황

황빛천 천향 꽃 천

천향 들천 본래꽃

황출 천꽃성 황빛

빛천 꽃향출 초생

황출빛 천 천향꽃

황천빛 초생꽃 황

짝짝짝... 부라보 넉넉하니 충분하고 너무도 좋습니다요.
시간요. 2022. 04. 12 04:35 이렇게 해서 이것은 저희들이 맡아서 소임을 올바르
게 어긋남 없이 많은 이들이 이롭도록 하겠나이다. 저희들이 이 위 세계 초생꽃
황천 빛천황 꽃황들입니다요.

이제 여기까지 올라오셨는데 죽으신 분들과 또 이 세계에서 죽어
서 돌아가시는 분들을 위해서 빛천꽃 황천 빛향출 출향 빛천문 비
향 비문 하나 밝혀 들어내 주셔서 다 이들이 이롭게 해주셨으면
고맙고 감사하겠습니다. 또 하나 있는 모두를 뛰어넘는 향빛천 천
향 비문도 하나 부탁하겠습니다. 이 2개가 완성되면 저희들이 알
어서 올곧게 올바르게 모든 이들이 형평성이 준해서 이루어지도록
하겠나이다. 우리들은 이 위 세계의 자식들입니다요. 선사님의 처
도 있습니다요. 2개 다 부탁하겠나이다.

빛천꽃 황천 빛향출 출향 빛천문 비향 비문

향출 꽃빛천 천향빛 꽃
꽃성향 출향 성꽁 향출꽃 천
천향 빛천꽃 황 황출 빛향천 황
황꽃천 천향 들천 빛향 꽃성
쫑킹 황출 황황 들천 꽃성쫑 향 들꽃성 향
황천 천향빛 꽃 천
사바하 이니 옴니 꽃 향
향출꽃 천 향
황빛천
꽃

짝짝짝... 부라보 이제 되었나이다. 이것은 이 위 세계 자식들이 관리하며 많은 이들을 이롭게 할 것입니다요. 시간요. 2022. 04. 13 05:01 예 되었습니다. 넉넉하니 너무도 잘 되었나이다.

이제 우리 처들을 위해서 향빛천 천향 비문을 하나 밝혀 들어내 주시면 되겠습니다. 이것은 특수 계급 이상만 사용하게 될 것입니다. 그러면서 일반적이면서 특수하신 분들도 사용하게 해서 모두를 이롭도록 하겠나이니. 잘 부탁하겠습니다요.

향빛천 천향 비문

꽃천향 들천꽃 황
황천 빛천 꽃향출 천
천향 빛출꽃 천 향빛천 꽃

꽃천 천빛 향출꽃 천 향빛

빛천 꽃향 출향천 천향빛 꽃 천 향

향천 출향 빛꽃천 향 향출

출꽃 성빛 빛천 꽃향출 천

황빛 빛천꽃

황

짝짝짝... 쨩황킹 쫑킹 황출꽃 천이로소이다. 이러면 넉넉하도 충분하겠나이다. 시간요. 2022. 04. 13 05:05 너무도 완벽하게 이루어졌습니다요.

이제 많은 분들이 타고 올라갈 수 있는 양탄자 빛천 꽃향출 천향빛 천 양탄자 하나를 밝혀 들어내 만들어 주시면 되겠나이다. 밝혀 들어내기에 앞서 양탄자를 타고 올라갈 분들을 위해서 꽃천 빛천꽃 황 황천빛 천향 꽃 노래를 한 곡 불러주시고 밝혀 들어내 만들어 주시면 되겠나이다.

꽃천 빛천꽃 황 황천빛 천향 꽃 노래

2022. 04. 13 05:11 ~ 05:18 - 00:07:47

향출 꽃성 빛향 꽃빛 성향

들꽃 성향 황빛 성향 들꽃

성향 황빛 성황 황천 들꽃

성황 황빛 성향 들천 황천

천황 들꽃 성황 황빛 성향

천향 들꽃 성황 빛향 꽃성

쫑향 황빛 성향 황천 천향

들꽃 성황 황천 천향 황천

빛황 빛향 황천 빛향 들꽃 성황
황천 천향 들꽃 꽃성 황천 천향
들꽃 성출 출향 빛향 황빛 성향
천체 빛향 들꽃 성황 황빛 성향
들꽃 황천 천체 빛향 황천

천체 빛향 들꽃 성황 황천 향천
천체 빛향 꽃성 빛향 황천 천향
들꽃 성향 황천 천향 들꽃 황천
천향 들꽃 황천 천향 들꽃 성황
천향 꽃성 빛향 황천 천향 들꽃
성황 황천 빛황 천향 꽃성 빛향
황천 꽃성 빛향 황천 천향 꽃성
황빛 성향 빛향 들꽃 황천 천향
꽃성 빛향 황천 천향 빛향 천체
본향 본래 꽃향 꽃성 빛향 꽃황
황천 천향 들꽃 황천 천향 황천
빛향 성빛 성향 꽃빛 성황 황천
빛향 꽃성 빛향 들꽃 성향 황천
천체 꽃성 빛향 황천 천체 황천
천황 들꽃 성황 황천 상천 천상
빛향 들꽃 성황 황천 빛향 들꽃
성황 황천 빛향 들꽃 성황
빛향 천 황 빛 성황
자체 본체 빛향 천 황
황천 빛향 출꽃 성 황

철커덩 꽝

황빛 성향 꽃성 빛향 들꽃
황천 빛향 꽃성 황천 천향
들꽃 성황 황천 천향 들꽃
황천 천체 빛향 황천 빛향
들꽃 성황 황천 천체 빛향
들꽃 상천 천상 승천 성승
상승 꽃성 빛향 들꽃 황천

꽃 한송이 활짝 꽃성
빛향 들꽃 성황
황빛 성향

꽃 한 송이 활짝
번쩍 손 높이 올려서
꽃 한송이 하늘 높이
번쩍 들어 올리면서

모두 다 우리를 따라 올라오소서.
이제 우리는 모두 다 이 위 세계에 올라왔으니
이 꽃을 보고서

빛향 출꽃 성 향
빛천 향천 꽃성 빛향천
황빛 성향 출꽃 성 향하며
모두 다 올라오도록 하십시오.

고맙고 감사합니다.
안녕히 가십시오.

꽃천 황천 빛향 천향 들꽃 성 황이시여!
이제 모두 다 완성 이루어지었나이다.

꽃성 황출 출꽃 성 황이로소이다.
자체 빛향 천 황빛 성향 들꽃 성황
출향 꽃빛 성황출 출천 성향
들꽃 성황 황빛 성향 들천
황출 빛향천 황이로소이다.

이제 되었나이다.
세세생생 에너지 부족한 더더구나 없겠나이다.

무서움 없이 두려움 없이
구할 수 있는 모든 이들을 구함에
서슴없이 구함 두려움 없이 행하겠나이다.
소홀함 없이 구하여 올라오도록 하겠나이다.

이제 되었나이다.
이제 양탄자 빛천 꽃향출 천향빛 천 양탄자 하나를 밝혀 들어내 만들어 주시고 전체 9개로만 밝혀 올라가시면 되겠나이다.

빛천 꽃향출 천향빛 천 양탄자

빛출꽃 천 향
황빛 천 천꽃
빛천 꽃향출
천향꽃 빛 천
천향 출꽃 천

짝짝짝... 이렇게 해서 완벽하게 이루어졌나이다. 시간요. 2022. 04. 13 05:20 예 이렇게 해서 이것은 저희들이 소임을 맡아 원만하게 이루어지도록 또 많은 분들이 이롭게도록 구함에 어긋남 없도록 하겠나이다.

이제 하나씩 밝혀 올라가시면 되시는데요. 여기까지 올라오신 분들을 위해서 향빛천과 빛향 천꽃 향으로 사용할 수 있도록, 또 이 세계에서 죽어서 돌아가야 할 분들을 위해서 빛천꽃 향 향천 빛향 출 천 비문을 하나 밝혀 들어내 주시고 또 불편하신 분들이 타고 올라갈 양탄자도 하나 만들어 주시고 가셔야 한다 하십니다요. 우선 먼저 이 세계에 올라와서 또 이 세계에서 죽어 돌아가실 분들을 위해서 빛천꽃 향향천 빛향출 천 비문을 성황천 성황 빛천으로 사용할 수 있도록 밝혀 들어내 주시면 되겠나이다.

빛천꽃 향 향천 빛향출 천 비문

꽃천 향 비천꽃 향빛천 꽃 향
빛향 빛출꽃 천 천향꽃 성 향꽃
빛천 천향 들천꽃 황빛 천꽃 성 향출
출황 꽃성빛 꽃천 향빛천 꽃 성출꽃 빛
빛천 황출 빛천꽃 성향출 꽃 성 향빛천 꽃
성성 꽃성 빛향천 천향 들꽃천 향빛 꽃 향천
천향 들꽃 불사신 불사조 천향꽃 천 향
빛향천 향춘꽃 꽁향춘 천 향 빛 천향
들꽃 성빛천 꽃성 빛천 꽃향
천향 들꽃천 향 빛
천향꽃 출 출향 빛천 꽃 향
향빛 천꽃 성 빛향출 천

천향빛 꽃

부라보 짝짝짝... 시간요. 2022. 04 25 05:10 에 이제 되었습니다.

이제 양탄자를 타고 올라가실 분들을 위해서 빛향 천향 꽃출향 빛
천꽃 성향 노래를 한 곡 불러주시고 양탄자 비향 천향꽃 불사조
불사신 천향꽃 천향 빛 양탄자를 밝혀 들어내 만들어 주시고 가시
면 되겠나이다.

빛향 천향 꽃출향 빛천꽃 성향 노래
2022. 04. 25 05:15 ~ 05:23 - 00:08:35

황천 천향 들꽃 성향
황빛 성천 천향 들꽃
불사조 불사신 초향 빛향
들꽃 성향 황천 천체 빛향
들꽃 성향 황천 천향 들꽃
성황꽃 성빛 성향 들꽃 황천
천체 빛향 황천 꽃성 쫑향
들꽃 성빛 성향 꽃성 쫑향
들꽃 성향 황빛 성천 천향
불사조 불사신 성천 빛향 황꽃
성황 빛향천 황성 빛천 천향
들꽃 성황출 출황 빛향 들꽃
성향 황천 꽃성 빛향 들천
천향 꽃성 황천 천향 들꽃
성황 황천 빛향 황천 꽃성
빛향천 천향 황천 천체 빛향

꽃성 쫑향 황빛 성천 천향
꽃성 빛향 천향 빛천
황빛 성천 천향 들꽃
불사조 불사신 초향 최초
천향 들꽃 성향 황천 천체
빛향 들꽃 성향 황천 빛향
성천 천체 빛향 들꽃 성황

천체 꽃성 쫑향 스타게이트 워즈
향출 황천 꽃성 쫑향 스타워즈 게이트
향출 출꽃 성향 빛향천 황천
스타게이트 스타워즈 황출 출꽃 성황
빛향천 천향 들꽃 성향
꽃성 쫑향 들천 천향 꽃성
황천 천향 황천 꽃성
쫑향 들꽃 성향 황천

스타게이트 스타워즈
황출 출꽃 성향 불사신 불사조
꽃성 빛향 황천 빛천 황천
빛향 들꽃 성황

출황천 출향 빛천 황빛 성천
천향 들꽃 성향 황천 천향
빛천 황천 빛향 들꽃 성향
최초 빛향 천향 들꽃 성향
본향 황빛 성천 본향 향천
 천체 빛향 자체

스타게이트 스타워즈
향천 천체 빛향

있는 그대로 자체 본향
불사신 불사조 꽃성 쫑향
꽃빛 성빛 황천 천향 황빛
성천 천향 들꽃 성천 천향
들꽃 성황 황천 빛향 천체
천체 빛향 황천 천향 황꽃
성황 황천 꽃성 빛향 황천
천체 빛향 황천 천황 빛천
황빛 성천 황빛 성향 빛향천
황천 천향 들꽃 황빛
성천 천향 꽃성 빛향

스타워즈 스타게이트
향천 황천 천향 들꽃
황천 꽃성 빛향천
황출 출꽃 성 향

덜커덩 꽝

꽃성 빛향천
황출 출꽃 성 향

드디어 저희들 다 올라왔나이다.
이제 그만하셔도 넉넉하고 충분합니다.

스타게이트 스타워즈나
스타게이트 워즈나 스타워즈 게이트는
이 지구에서만 있는게 아니라
이 위 세계에 불사조 불사신들이 환현하는 이 세계에
이미 오래 전에 선사님께서
스타게이트 워즈, 스타워즈 게이트를 만들어 놓으셨습니다.

이제 지구에서의 스타게이트와 스타워즈와
이 위 세계의 스타워즈 게이트와 스타게이트 워즈가
서로 연결하도록 해주시면 되겠나이다.

꽃출 향출
출향빛 불사신 불사조
꽃황 천 황들이었습니다.

이제 되었나이다.
고맙고 감사합니다.

황출 출꽃 성황
빛향천 향 출꽃 성 향
스타게이트, 스타워즈
이 위 세계에 스타게이트 워즈와 스타워즈 게이트가
서로 연결하도록 연결시키도록 하시기를 부탁드리겠나이다.

향출 출황 빛천황
성천 출황 빛천 황빛천 향
빛천 황출 출황 빛천 꽃
황천 꽃 성황들이시여!

이제 큰일 났습니다. 선사님,

명조자가 너무 터무니없어요. 지금,

그러니까 지금 연결하시면 안 되고요.

또 위 세계에서 명조자를 일단 이야기를 하셨으니

조금은 갔다가 기초만 하겠습니다.

하도록 하겠나이다.

이제 양탄자 비향 천향꽃 불사조 불사신 천향꽃 천향 빛 양탄자를
밝혀 들어내 만들어 주시고 가시면 되겠나이다.

비향 천향꽃 불사조 불사신 천향꽃 천향 빛 양탄자

비천꽃 향 빛

빛향꽃 천 향

향출 꽃 천향

빛향 빛출 꽃

천향빛 향 천

부라보 짝짝짝... 시간요. 2022. 04. 25 05:30 이렇게 해서 원만하게 이루어졌
나이다. 이것과 비문은 저희들이 소임을 맡아 올바르게 올곧게 행하여 많은 분들
이 이롭도록 하겠나이다. 우리는 불사조 불사신 성황꽃 천 황들입니다.

또다시 밝혀 올라가기 위해서 어떻게 해야 하나요? 그것은 스타게
이트로 영적존재들이 갈 수 없게 이제는 존재 존재자들 그리고 성
향빛 향천빛들이 갑니다. 전에는 영적존재들이 하나같이 모두 다
갈 수 있는데요. 어제부터는 영적존재들이 스타게이트 갈 수 있는

분들이 한정되어 있습니다. 선사님이 밝혀 놓은 것들을 공부하신 분들은 가시는데 그 외에 영적존재 분들은 예전에 영혼의 세계 자비반야밀길로 해서 자등명인간계로 올라가게 되어 있고 자등명인 간계로 이 세계로 올라가야 하는데요. 그것이 준비가 되어 있지 않습니다, 그래서 그 조치를 해주시고 밝혀 올라가셔야 하겠습니다. 이렇게 됨으로 해서 성향빛 향천빛- 존재 존재자들- 선사님 이 밝혀 놓은 것들을 공부하신 분들은 명조자 없이 그냥 모든 교통수단을 공부됨에 따라 또는 영적존재 - 신, 신황천들 그리고 성천향빛들 그리고 태아령 신령들 그리고 신신 성황들 그리고 존재 존재자 - 성향빛 향천빛들은 갑니다. 공부하여 깨어 있거나 영적 존재가 아니 깨어 있는 존재 존재자 분들은 스타게이트를 통해서 모두 다 명조자 없이도 교통수단을 저마다 각기 맞는 것을 타고 갈 수 있는데요. 깨어 있지 못한 영적인 존재는 앞으로 갈 수 없게 되었으니 새로운 방법을 찾아주셔야 하겠나이다.

어떤 방법을 찾아주어야 하나요? 영적존재들도 공부하면 누구나 스타게이트를 통해 향천빛 위 세계로 올라갈 수 있도록 해주시면 안 되겠는지요. 그러기 위해서는 반드시 물향천을 걸쳐서 물향천에 빠져서 올라와야 하는데요. 그러려면 물향천을 스타게이트에 설치해야 하는가요? 그것은 절대로 안 됩니다. 비좁아서도 절대로 안 됩니다. 방법은 하나 있습니다. 간단합니다. 선사님께서 죽으시면 모든 일들이 해결됩니다. 인간의 몸을 가지고 있는 이상은 방법을 모색해 주셔야 합니다. 그렇다면 지금으로써는 스타게이트에 있는 비문이 해답이겠네요. 왜 대답이 없지요. 우리는 대답을 할 수가 없습니다. 고귀한 성지이기 때문에 감히 저희가 어떻게 이야기드릴 수가 없습니다. 지금 나와 있는 비문으로는 해 놓아도 영적존재들 이 공부가 되고 아니 되고를 떠나서 갈 수 없다는 이야기지요. 갈 수 없는 게 아니라 안 갑니다. 그러니 갈 수 있게 해야 한다는 것 입니다. 비문을 통해서 영적존재들 하나같이 갈 수 있게 하시면 됩니다. 방법은 의외로 간단합니다. 비문이여 영적존재들이 하나같이 통하여 갈 수 있도록 하여주시오소서. 안 됩니다. 그러면 어찌하면 되겠나이까. 비문의 구조를 바꾸시면 됩니다. 영적존재들이 각기 저마다에 맞게 모든 세계를 모두 다 갈 수 있도록 바꾸시면 됩니다. 지금은 스타게이트 아래쪽 하단에 조금 그리고는 자비바라밀길을 통해서 갈 수밖에 없는 상황이 되었습니다. 그러니 비문의 구조를 바꿔주셔서 모든 인간의 영적존재들도 스타게이트를 통하여 처음 했을 때와 똑같이 갈 수 있도록 해주시면 좋겠나이다. 그러기 위해서는 비문에 천부경 2(숫자놀이판)가 들어가야 하고요. 또 천부경 10도 들어가야 하고요 또 있습니다. 선사님의 존필도 들어가야 합니다. 뿐만 아니라 성황천 길도 열어주셔야 합니다요.

자, 한 번 해보십시오. 우선 먼저 성황천 길을 열어주셔야 합니다. 성황천 길을 열기 위해서는 비석의 비신 윗부분에 성황천 길을 넣으셔야 합니다. 성황천 길을 어떻게 넣으면 되는가요? 천부경 2를 전면에 천부경 10을 뒷면에 넣으면 됩니다.

그리고 성황천 길 아래에 글귀를 선사님께서 직접 써주셔야 합니다. 전에 했던 비문의 글귀인가요? 예 또 다른 것인가요? 아닙니다. 이외에 또 있는가요? 아닙니다. 천부경 2와 10도 내가 직접 써야 하나요? 당연하지요. 지금 써서 놓아주시면 좋겠나이다. 천부경 2와 10 먼저 써 주십시오.

1	0	1	0	0
21	12	11	3	2
54	54	34	23	22
92	81	63	62	62
068	105	104	103	93

천부경이 10이 있는가요? 예. 왜 그 당시는 안 밝혀 드러내게 되었나요? 밝혔지만 10-1, 10-2를 밝혔지 천부경 10라고는 밝히지 않았습니다. 단독 **천부경 10**은 간단합니다. 이와 같습니다요.

성 꽃 향 출 황
황 철 빛 출 꽃
꽃 황 빛 성 황
출 빛 꽃 황 천
천 황 빛 꽃 천

되었습니다. 반드시 네모 칸도 만들어서 글자가 네모 칸 안에 넣으시게 하셔야 합니다. 글씨는 굳이 선사님이 자필이 아니어도 된다고 합니다. 비신 상단에 이것을 앞뒤에 새겨서 놓으면 되겠나이다. 시간요. 2022. 11. 08 06:23 이제 모두 다 원만해졌나이다.

또 하나 있습니다.
성황천 길 비신 상단 좌우에 들어갈 글이 있습니다요.
아래서 위를 보았을 때
좌측 측면
앞에서 뒤로 성철빛향천
우측
앞에서 뒤로 성꽃성황출

세로도 있습니다.
좌측 위에서 아래로
성출빛향꽃

우측 위에서 아래로
성꽃성철황

또 있습니다 하단에
좌측 성빛
우측 향출꽃

또 있습니다. 상단에
좌측 성꽃빛
우측 향출빛천꽃

싸인요. 칠통 조규일 시간요 2022. 11. 08 06:38 예 이제 되었습니다요. 이제 또다시 모든 영적 존재들이 하나같이 스타게이트를 통해서 갈 수 있게 되었습니다요.

비문 비석에 바닥 대석에 앞뒤로 새겨달랍니다.

앞쪽에 성황 빛철꽃 향황천 빛
뒤쪽에 향출빛출 성황꽃 빛천향

이제 되었습니다. 시간요. 2022. 11. 08 06:53 에 딱 되었습니다.
옮겨 주십시오. 준비하는 곳으로요.

스타게이트 비문
앞쪽 좌에서 우로 위에서 아래로

성꽃 향출 성황꽃빛천 향황출빛천 황
황꽃천 천향빛 향출천 향황꽃 빛
빛천 향출천 빛향출천 향빛

뒤쪽 좌에서 우로
위에서 아래로

향출빛 빛향천꽃성 향천빛
빛향천꽃 향향 출향빛꽃천 향황출
출향빛 빛향천꽃성 황출빛

漆桶 조규일 향빛 천황꽃빛

양면에는 없습니다. 아니 되옵니다.
양면에도 짤막하게 넣어주셔야 합니다.
만천하를 위해서요.

전면 좌측면에
위에서 아래로 앞에서 뒤로

향출 빛천꽃 꽃향출 빛
빛천꽃 황 황출빛 천향꽃빛
향천빛 빛향출천향 꽃빛천 황

전면 우측면에
위에서 아래로 앞에서 뒤로

출향 빛천꽃 꽃향출 빛
빛천향출 출빛천 천향꽃빛 성천향 출빛꽃
꽃향천빛 성천향출 성황꽃황 빛천꽃 황

비석은 45에 개석이 있는 것으로 하시면 됩니다요. 이제 되었습니다만 예지종미에 대해서 말씀들이 많습니다만 모두를 위하는 측면에서는 어떠한가요? 들어가는 것이 탁월하게 좋다고 합니다. 그러면 넣도록 하지요. 예.
시간요. 2022. 11. 08 07:59 에 이렇게 해서 모두 다 원만하게 이루어지겠습니다요.

태아령 완벽한 천도와 잉태의 선택적 향방에 대해서

000몸에 태아령이 있습니다. 스타게이트로 해서 태아령 향천 세계로 보내면 몸에 달라붙지 않고 떨어집니다. 그래서 누구 몸에 태아령 붙어있어요. 그럴 때마다 말하는 이분의 몸을 태아령 향천 세계에 잠시 두면 떨어졌습니다. 그러면 또 누구 몸에 태아령 몇요. 그러면 또 태아령을 보내는 태아령 향천 세계로 이끌어 두면 떨어졌다고 했다.

태아령 향천 세계 위로요 태아령 향천 황 세계가 있습니다. 이곳에 붙어 있는 태아령을 보내면요. 태아령이 새로운 몸 받아 태어나 위 세계로 올라옵니다요. 또 있습니다. 그것은 요. 태아령이 있는 분을요. 스타게이트로 해서 태아령 향천 세계, 태아령 향천 세계에서 태아령 향천 황 세계, 태아령 향천 황 세계에서 빛꽃천 황 세계까지 인도를 해주네요. 모두 다 하나같이 빛황천이 되어 이 위 세계로 태어납니다. 달리면서 태아령 향천 세계에 떨어지게 했던 모든 태아령들을 오라고 해서 태아령 향천 황 세계로 와! 빛꽃천 황 세계로 와 드디어 우리들 드디어 빛황천이 되는 거야. 안 된분 있나요? 동생분요. 해주면 좋은가요?

스타게이트 → 태아령 향천 세계 → 태아령 향천 황 세계 → 빛꽃천 황 세계 그러면 빛황천이 되어 이 위 세계로 태어난다. 난 그렇게 하지 않아도 됩니다. 그래도 그렇게 해서 오면 더 좋지 않을까. 한 번 해보자. 예.

지구의 스타게이트 → **태아령 향천 세계** 와! 어마어마합니다. 간택입니다. 이곳에서 간택해서 태아들이 태어나게 합니다요. → **태아령 향천 황 세계** 와! 이 세계에서는 뛰어난 태아령들이 새로운 몸 받아 저마다의 위 세계로 본래 고향산천으로 갑니다요. → **빛꽃천 황 세계** 뭐야 여기는 그냥 빛천황이 됩니다. 빛황천이고요. 그래서 법과 진리에 따라 흄행과 흄동의 실천적 행동 거지에 따라 더 위로 마음대로 생각대로 의식대로 올라옵니다. 저는 그냥 다 올라왔습니다요. 어마어마합니다. 아이를 못 갖는 이들을 위해서 태아령 향천 세계에 의뢰해서 간택 여부를 물어보면 가장 빠르겠습니다. 또 있습니다. 간택지 태아령 향천 세계에서 선사님 말씀이면 거절하기가 어렵다. 합니다. 특별한 경우를 제외하고요.
2022. 11. 05 오후 1:45 드디어 해결되었습니다.

동물 우리들에게도 비문을 세워주셔야 합니다.

향빛천 꽃향출 빛천꽃 이라고요.
어디다 세워줄까요?
저희들이 알아서 하겠습니다.
써주십시오,
쓴 거 가져가겠습니다.
동물 향천 세계 - 향천꽃 세계입니다.
이제 되었습니다요.

이와 같이 동물을 하고 나니
식물들이 와서 이야기를 한다.

저희 식물들이 갈 수 있도록도 비문해 주십시오.

향출 빛향꽃천향 출빛천 향
향황 출빛천 향 향황꽃빛천 향빛
천꽃빛이요.

써주십시오. 동물들과 같이 싸인도 해주시고요.
식물 향천 세계 - 식물 향천빛천꽃 황 세계입니다.
이제 되었습니다.

또 있습니다. 식물 천황들이 있습니다.
그분들도 하나같이 갈 수 있도록요.
식물 천황들을 위한 비문요.

향천빛 빛향천꽃빛 향천꽃빛천 황
황천 출빛 천꽃빛 향천꽃 빛향출천향 꽃
꽃황빛 빛천꽃 황이로소이다.

향천 꽃향출빛
빛꽃천 황입니다.
시간요. 2022. 11. 09 오후 3:41

태아령들을 위한 비문

선꽃향 천향빛 천꽃성 향빛천 꽃
꽃황출 빛
시간요. 2022. 11. 10 04:49 이제 되었습니다. 종이에 써주시면 되겠나이다.

동물, 짐승, 식물, 태아령 비문들은 절대로 스타게이트에 비치하면 안 된단다. 단 스타게이트 밖 주변에 두는 것은 상관 없으나 이도 10m이상은 떨어져 있어야 한다.

또 있습니다. **용, 이무기 뱀들이 가게 하는 비문**도 써주시면 좋습니다요.

이들의 비문은

석향출 출빛천꽃 꽃빛향 천
천꽃 향출 성황 성킹향출빛 꽃이로다
(짝짝짝... 부라보.)

또 있습니다.

거북이 바다 어류들이 쉽고 빠르게 가도록 하는 비문

성출향빛 빛출향꽃천 천향빛 꽃 꽃향출빛
빛천꽃 향출 빛향 천꽃성 황이로소이다.
(예. 이제 다들 갑니다요.)

또 있습니다. 그것은 다름이 아니라 생물천들입니다.

생물천 지구 온갖 생물들을 말하는 것으로 이 생물천이면 거의 다 간다고 보셔도 될 것입니다. 적어도 이들 간의 간격은 10m 이상이 되어야 합니다요.

생물천들이 쉽게 가도록 하는 비문

성성빛 빛출향꽃천 천향빛 향황출 출향빛천꽃천 황
황출 빛향 출향성꽃 성황출 빛
빛향 천꽃성 빛출향 꽃이로다.

향출 천꽃 성황출빛 성꽃황 천꽃성
황출 빛출 천향꽃빛 천향출 빛이로다.

다들 쉽게들 가겠습니다만 **생물천 향천**으로 이어 놓으셔야 합니다요.

또 있습니다. 다름이 아니라 **온갖 새들을 위한 비문**입니다.

성성 꽃향출 출꽃천 천향 빛꽃 성출향꽃 성황꽃빛천 향
향출 성꽃 성황출빛 성꽃향 출향 성꽃성 빛향 출향꽃빛 천 향
향출 빛출꽃 천향빛 꽃향출 천이로다

천꽃 빛출 향황꽃 빛이로이다.

예 이렇게 해서들 모두 다들 가는데 부족함이 없겠습니다.

독수리 호랑이들은 또 다르답니다.
이들을 가게 하기 위해서는 비문보다는 **성출향꽃**이 더 급하다 하
겠나이다, 성출향꽃은 마음의 꽃으로 선사님께서는 직접 그려주셔
야 하십니다요. 천천히 그려주시면 되겠나이다.
성출향꽃을 그리려고 하니 새중의 황 독수리, 짐승 중의 황 호랑
이를 위하 **성출향꽃**, 뱀의 황 소유리입니다. 다 이것으로 갑니다
요. 했다.

또 있습니다. **산신령들이 쉽게 오가도록 하는 비문도 있으면 좋겠** 나이다.

성성 빛향출빛천 향
향황꽃빛 천꽃성 빛향출 향
향황 천꽃성 쫑향빛 향천꽃
꽃향출빛 성천 향출 성황 꽃황 천꽃성 빛
빛황 천꽃 향출 성황 꽃황 천이로소이다.

예. 스타게이트 주변 5m ~10m 사이에 두면 됩니다요.

또 있습니다요. 그것은 **석황철 빛들**입니다.
이들을 위해서는 향천이 필요합니다. 향천을 어디에 두면 되겠나 이다. 비문 맨 위 개석 위에 두시면 됩니다.
향천이라고 써 놓으면 됩니다. 선사님 자필로요. 되었는가요? 그럼 요. 의식으로 해야 한다. 직접 쓰면 절대로 안 된다.

또 있습니다. 그것은 살아있는 선사님 자신입니다.
스타게이트 두루 해 놓으셔야 합니다. 우리들이 해 놓겠습니다.
스타게이트 전체에 두루 주변으로 말뚝을 박듯이 박아 놓으며
스타게이트 전체에 포진해 있도록 한다.
시간요. 2022. 11. 10 05:19 예 이제 되었습니다요.

또 있습니다. 선사님 자필로 성꽃향 출이라고 써서
스타게이트 밖에서 볼 수 있도록 플랭카드처럼
스타게이트 주변으로 빙 둘러 쳐주십시오.
되었는가요? 되고도 남았습니다.
시간요. 2022. 11. 10 05:29 이제 되었습니다.

이제 **천향빛 양탄자**를 밝혀 드러내시면 되겠나이다.

천향빛 양탄자를 어찌하면 밝혀 드러내겠습니까.
천향빛 양탄자에게 물으시면 되십시오.
천향빛 양탄자를 밝혀 드러내주시옵소서.
진작이 그랬으면 밝혀 드러냈지. 받아 쓰거라

향출 성황꽃빛천
천향빛 황출꽃빛
천천 천향빛꽃천
천황 황출빛 천꽃
황황 출향빛천꽃
황출빛 천 천향꽃
꽃향출 빛이로다.

왜 천향빛 양탄자를 드러내겠했는가요? 우리들이 타고 올라가게요.
우리들이란 누구신가요? 천황빛 황들입니다요.

시간요. 2022. 11. 12 07:09 이제 우리는 타고 올라갈테니

천꽃빛 향천출향빛황 양탄자여! 밝혀 드러내 주시옵소서.
안 됩니다.
어떻게 하면 밝혀 드러내 주시겠습니까.
천향빛 황이라 하십시오.
이것은 안 된다.
안 될게 있나요.
아니다.

천향빛 황 천꽃빛 향천출향빛황 양탄자여! 밝혀 드러내 주시옵소서.
그럼 밝혀 드러내 줘야지

천꽃빛 향
향황천 꽃
꽃황천 빛
황황 천꽃

되었느니라.
2022. 11. 12 오후 5:15

서황천빛 양탄자여!
서황천빛 양탄자를 밝혀 드러내 주시면 안 되겠는지요?
누구신데 이렇게 말씀하시는가요?
오호 이제 오시는 군요. 알았습니다요.

천꽃빛 황천꽃
꽃황출빛천 황
황천꽃출 빛천
황황 출황빛천
꽃천빛 황 황천
꽃성빛 출천황

역시 아시는군요. 그리함에도 단박에 해내시다니요.
2022. 11.. 12 오후 6:05

모든 양탄자를 쉽고 빠르게 모두 다 탈 수 있는 방법

모든 양탄자를 쉽고 빠르게 모두 다 탈 수 있는 방법을 찾아 내놓으라? 예

딱 하나의 방법이 있습니다.

흉행과 흉동하는 모든 이들은 쉽게 빠르게 모두 다 탈 수 있지 않습니까. 예

그러면 흉행과 흉동을 하면 되지 않습니까.

개중에는 흉행과 흉동을 잘 하시는 분들도 있고

개중에는 흉행과 흉동을 잘 못하는 분들도 있지 않겠나이까.

이들이 모두 다 하나같이 쉽고 빠르게 모두 다 탈 수 있는 방법을 찾아주시면 되겠나이다.

있는가요? 예.

향출!

출향 빛천꽃황

양탄자 꽃황천빛이여!

이제 제가 양탄자를 타겠으니

허락하여주시옵소서.

이렇게 하고 타면 되나이까.

되기는 합니다만 또 하나가 있사옵니다.

조건을 갖춘 분들은 그냥 타도되지만

조건을 갖추지 못한 분들 명조자를 양탄자가 원하는 만큼 지불하고 타시면 되겠나이다.

또 있나요? 이것이면 충분하나이다.

또 하나 있답니다.

그것은 선사님 명호를 데고 선사님 공부를 하시는 분이란 사실을 증명해 보이면 명조자 없이도 타는데 무리가 없다고 합니다.

선사님 공부의 핵심이 무엇입니까.

나 이외 다른 분들을 이롭게 하는 것이다. 하겠습니다.

또 하나 있습니다.

그것은 구할 수 있는 한 서슴없이 두려움 없이 모두 다 구하여 위 세계로 올라가도록 하는 것이다. 하겠나이다.

또 있습니다.

그것은 누구도 아닌 자기 자신 스스로를 구하는 것입니다요.

또 있는가요? 이제 더 이상 없습니다요.

이와 같이 하면 넉넉하니 어느 양탄자를 타던 무방하다 하십니다요.

시간요. 2022. 11. 13 오후 1:29 에 되었습니다. 모두 다 원만하게 이루어졌나이다.

이제 양탄자 하나를 밝혀 드러내 주셔야 합니다.

마지막 양탄자입니다.

양탄자 마지막 천빛 향

천꽃 성황출 빛

빛향 천꽃성 빛

빛황 천꽃 성황

빛천 향출빛 천

천향꽃 빛 향천

꽃황천 천빛황

이거면 뭐 다 되지 않나 생각합니다만 모르겠습니다.

넉넉하다 못해 충분하다 하십니다요.

시간요. 2022. 11. 13 오후 2:29 에 이제 모두 다 원만하게 이루어졌나이다.

저승사자 분들이 송년모임에서 부탁할 게 있다고 하며 나에게 천
황빛 황이 되어야 주어야 한다고 말했다. 천황빛 황이 되어 줄 수
없는 상황이라고 했다. 그러니 그럼 대용으로 노래를 2곡 불러주
셔야 한다고 말했다. 그 이유는 저승사자 분들이 망자와 사자를
회귀하도록 해주기 위해서는 꼭 노래 2곡이 필요하다고 말했다.
첫 번째는 천황빛 황들이 되도록 하는 노래이고 또 하나는 천황빛
천황 꽃빛천 향 노래입니다. 이 노래 2곡이면 모든 저승사자 분들
는 누가 되었던 어느 분이 되었던 망자든 사자든 모두 다 하나같
이 회귀하도록 하는데 어려움 없이 모두 다 회귀하도록 할 수 있
다고 말했다. 그래서 노래를 부른다. 이 노래를 부르고 나시면 망
자와 사자의 회귀서는 완성된다고 보시면 되겠나이다.

천황빛 황들이 되도록 하는 노래
2022. 12. 05 05:49 ~ 05:57 - 00:08:14

이 노래는 저승사자 분들이
망자나 사자들을 모두 다 회귀하도록 하는데 부족함 없도록
또 망자나 사자 분들이 회귀해 올라가는데
돌아가는데 부족함 없도록 하는 노래이니
노래 잘 불러주셔서
사자 분들이나 망자나 사자 분들이 모두 다 하나같이
모두 다 본래 고향산천으로 회귀할 수 있도록
또 이분들을 이끄는 저승사자 분들이
모두 다 각기 저마다 본래, 본래 고향산천으로 돌아갈 수 있도록
회귀하도록 해 주는데 어려움 없도록 노래 잘 불러주시기를
간절히 부탁드리고 청하는 바입니다.

출천빛향천 천향빛꽃성 빛천꽃
황천꽃 성빛천 천향 들꽃 성향
황빛향 향천출천 황천출황꽃황

빛천향빛 출천 빛천 꽃황 출황빛
황천꽃 꽃성빛황천 출황꽃황 출빛
성천 천향빛황천 출황꽃황 출천황빛
빛천꽃 꽃황빛출천황 두루빛 향천
천향빛 황천꽃 꽃황천 천향빛천 출빛
성향천 천체 꽃황 꽃빛 향천 천향
들꽃 꽃황 출천황빛 천천 천체
빛출 출천황빛 천천 빛향천
출황 빛천꽃황 출천 황빛이
모두 다 하나같이 되시옵소서.

그리고 모두 다 하나같이 본래, 본래 고향산천으로
돌아가는데 어려움 없도록 하소서.

출천빛 향천꽃 성향천 출황빛천 황빛
천향출천 천빛황천 꽃황출빛 성향하면서
모두 다 저마다 본래, 본래 고향산천으로 회귀하도록 하소서.

출출 빛천 출빛 성황 황천 천체꽃
꽃황 들천 황빛 성천 천향빛천
출천 황꽃 꽃황 들꽃 성황
빛천 황천 출빛 성향빛
황천꽃 꽃황 천빛 향천
출빛 성황들이 모두 다 되시어
언제나 어느 세계 세상에 가던지
늘 천체로써 빛향천 출향 빛천꽃으로써
향황빛 천체 출빛 성향하면서
자유 자재롭게 오가면서 본래
본래 고향산천 또 스스로 가고 싶어 하는
모든 세계 어느 세계 세상이 되었던

왔다 갔다 자유롭게 되기를 바라겠나이다.

꽃천빛이요. 출빛천이요.
황빛 천천 꽃황 출천 황빛이로소이다.

선사님 그럼에도 약간 부족함이 있으니
그 부족함 마무리 부탁드리겠나이다.

출빛 천빛 향빛 천천 꽃황천 천황빛
황천 출빛 천황빛 황천 출빛 성향
빛향천 출황빛꽃황 빛천 출빛
천천 천체 꽃황출빛 성황출
출천빛 황천꽃황 출빛 성향하며
온 세상 천지 자유롭게 오가면서
언제나 살고 있는 세상에 살다가
죽어서는 모두 다 하나같이 본래
본래 고향산천으로 회귀할 수 있도록 하소서.
출천빛 황천꽃 꽃성 빛향출천황이로소이다.

고맙고 감사합니다.
저승사자 분들은 어느 세계 세상의 망자든 사자든
모두 다 본래로 본래 고향산천으로 돌아가도록
안내 잘해주시기를 부탁드리겠나이다.

저희들을 위해서도 조금 더 부탁드리겠나이다.

출천빛이요.
황천빛 향황천 빛향 출빛 성황들이 되어
출천 빛향 출천향하면서
자유롭게 꽃황빛 빛향천 출빛성향하며

온 세상 천지 두루 오가며
모든 이들이 본래, 본래 고향산천으로
회귀하도록 하여 주시기를 부탁드리겠나이다.

고맙고 감사합니다.

저승사자 분들이 망자 사자 분들을 본래, 본래 고향산천으로 회귀
하도록 안내하는데 걸림과 장애가 없도록 하는
천황빛천황 꽃빛천 향 노래
2022. 12. 05 06:01 ~ 06:04 - 00:03:23

이 노래는 저승사자 분들이 망자와 사자 분들을 모두 다
본래로 회귀하는데 걸림과 장애가 없도록 하는 노래입니다.
그러니 노래 잘 불러주셔서 모든 망자 사자분들이
회귀하는데 걸림과 장애없이 저승사자 분들이
모두 다 본래 고향산천으로 회귀하도록 안내하는데
부족함 없도록 노래 불러주시면 되겠나이다.
출빛성향천 천빛 성향천
출황빛천 꽃황 출빛 성향빛
향천꽃 꽃천빛 향천 출빛
성향천 천체 꽃황 들천 황빛
빛천 출천 황꽃 성빛 향천
출황 꽃황 빛천 향빛
꽃천 빛향출 출천빛 향천꽃
꽃성 빛향출 빛향출천 황빛 빛천
꽃황 출천 빛향 출천 황빛 천향하면서

모든 망자 사자 분들을 본래 본래 고향산천으로
회귀하는데 걸림과 장애가 없도록 하소서.

출천빛이요 빛향천이요.
출향빛천꽃 꽃황 성향천
출황빛 천천 꽃황 천체 꽃황
출천황 빛향천 천체빛이로소이다.

예. 이제 모든 것들이 걸림과 장애 없이
모두 다 본래 ,본래 고향산천으로 돌아가도록 하는데
안내하는데 어려움 없겠나이다.
고맙고 감사합니다.

모든 망자와 사자 분들을 대신해
고맙다 감사하다 하겠나이다.

우리들을 위해서 서황천 향 하나만 해주십시오. 우리들은 서황천
빛천향출 황들입니다. 서황천(지옥 세계)을 지키며 서황천에 계신
분들을 훈육하고 교육하여 갱생하도록 하는 이들입니다요. 그래서
이 책 맨 뒤쪽에 넣어주십시오. 그래서 노래를 불렀다.

서황천 향 노래
2022. 12. 17 10:30 ~ 10:36 - 06:26

이 노래는 서황천(지옥 세계)을 지키며 서황천에 계신 모든 분들을
훈육하고 교육하여 갱생하도록 하는 서황천 빛천향출 황들을 위한
노래입니다. 이분들이 이 노래를 통하여 에너지 받고 또 본래 본
래고향산천 위 세계를 자유 자재롭게 오가면서 서황천에 계신 모
든 분을 올바르게 올곧게 휼행 휼동할 수 있도록 교육이 원만하게
잘 이루어지도록 해주시면 고맙고 감사하겠나이다.

꽃천 황천 천향빛 황천꽃
성빛천 황천꽃황 들천황빛
천천 천향빛 황꽃천 천황빛천
천황빛 황천꽃 꽃성빛향 출천황꽃
꽃황들천황빛 빛황천 천향빛황천
출빛성향 황천 천향빛 출황빛황천꽃
꽃황출천 황빛천향 출빛향천 황꽃성빛
빛천황 출꽃성향황출 출황빛천황빛
꽃황빛 천천빛향꽃빛 황천 천빛성향빛
출황꽃황 황꽃성빛향천 출황빛천꽃황
출빛성향 승향빛황천꽃 성빛천출황 황천
천향빛황출 출황빛천꽃황 천빛성황들이
모두 다 되시옵소서.

그리고 언제든지 위 세계 자유 자재롭게 오가며
또 본래 본래고향산천으로 자유 자재롭게 오가면서
서황천에 계신 모든 분들이
올곧게 올바르게 휼행 휼동할 수 있도록
많은 가르침 주시어 모두 다 바뀌고
모두 다 올곧게 올바르게 휼행 휼동하여
온 세상 천지 두루 본래 본향산천으로 돌아가
많은 분들을 이롭게 해주시고 해주시면
고맙고 감사하겠나이다.

또 있습니다. 선사님,
저희들을 위해서 **향천 출빛 성황꽃향 출천향** 노래도
이어서 불러주시면 고맙겠습니다.

황천꽃빛향천빛향천 천향출황 꽃황빛천 황출
출꽃성황 빛천꽃 꽃황천 천향빛천 출황꽃황

황천빛향출천 황빛 빛천황출 출꽃성황들이
모두 다 되시옵소서.

그리고 온 세상 천지 두루
모든 이들을 이롭게 하며
즐겁고 행복하게 잘 살 수 있도록
모든 분들을 올바르게 올곧게 교육하여
흉행 흉동에 어긋남 없도록 해주시면
고맙고 감사하겠나이다.

선사님, 그러기에는 저희들이 너무 벅찹니다.
그럼에도 할 수 있는 데까지 해보겠으니
조금 더 노래 마무리 부탁드리겠나이다.

천빛성향천 출향빛천 황천꽃황들천
황꽃빛 꽃황빛천 향꽃빛천 출황
빛황천빛 황천꽃황 들천황빛
꽃천빛 황천꽃황 빛천출황
황천 천향들꽃성향

온 세상 천지 시방 두루 비추며
온 세상을 올곧게 올바르게
흉행 흉동이 이어지도록 해주시면
더욱 더 고맙고 감사하겠나이다.

노력하고 애쓰겠나이다.
안녕히 가시옵소서.

<<맺은말>>

 크게 할 말이 없습니다만 이 책이 돌아가신 모든 분들에게 있어서 부족함이 없었으면 좋겠습니다. 그리고 지구에 존재하는 모든 존재 존재자 분들이 본래로 돌아가는데 부족함이 없었으면 좋겠습니다. 스타게이트를 통하여 어느 세계 세상이든 이 책을 통하여 모두 다 하나같이 돌아갈 수 있기를 바랍니다. 이 책이 있기까지 도와주신 모든 분들께 감사를 드립니다. 고맙습니다. 감사합니다.
 누구나 각기 저마다의 자기 자신 스스로의 나를 위해서도 이 책이 필요하다고 합니다. 나뿐만 아니라 나를 이루고 있는 모든 일 합상의 존재 존재자들을 위해서도 필요하다고 합니다. 이 지구란 세계를 등지고 갈 때는 이 책과 스타게이트가 탁월한 역할을 할 거라고 합니다. 또 있습니다. 선사님, 지구의 모든 생물 역시도 이 책을 통해서 스타게이트 워즈를 통해서들 다 갈 수 있는데 부족함이 없게 되었다고 합니다. 공교롭게도 선사님께서는 이것을 다 보시지 못하고 가게 되어서 안타깝다고 합니다만 그럼에도 이와 같이 지구의 모든 존재 존재자들을 위해서 책을 엮어 만들어주심에 감사하다 고맙다. 하겠나이다. 뿐만 아니라 누구든 이 책을 통하여 가지 못하는 존재 존재자 분들은 없을 것으로 사료되는 바입니다. 깨달음과는 아무 상관이 없습니다. 이 책이 나오도록 애써주신 선사님께 저희들이 먼저 감사드리겠습니다. 누구신가요? 저희들은 성황철 황들입니다. 지구의 표석입니다. 이 책이 있으므로 지구는 맑고 깨끗해지리라 생각합니다. 또 있습니다. 선사님, 보이지 않는 쪽은 이 책이 나옴으로 원만하게 스타게이트와 함께 이루어질 것입니다. 경배를 드리는 바입니다.

성황철 빛천황
성황철 빛들과 성출향 빛들이 선사님과 더불어
저승사자 분들도 한몫했습니다요.
선사님 주변에 모든 분들입니다.
漆桶 조규일

칠통(漆桶) 조규일(曺圭一) 출간서적

시집 내 가슴에 피는 꽃
1993년(도서출판 영하 刊)

슬픔과 허무로 허우적거리는 영혼의 가슴에 파문을 일으키는 생채기 주워들고 현실 앞에 쪼그려 앉아 보이는 것에서부터 보이지 않는 것에 이르기까지 체험 속에서 벗어낼 수 있는 한 벗어버리며 사상과 이념, 사회적 인식을 토해 형상화하고, 사랑을 통하여 현실을 극복해 가면서 우주적이고 종교적인 차원으로 의식을 확장해 가는 모습을 보여주는 시집

명상시집 나찾아 진리찾아
빛으로 가는 길
-생의 의문에서 해탈까지-
2000년도(도서출판 오감도刊)

가슴에 꽃 한 송이 품고 수행을 시작하여 깨달음을 증득할 때까지, 인간의 근본문제와 생에 대한 의문으로 오랫동안 육체 속에서 찾아 헤매었고 찾아 헤매는 동안 명상과 좌선, 행선 속 한 생각을 쫓아 생활하고, 생활하는 중에 뇌리를 스쳐 정리된 생각들을 글로 옮기고, 또한 의문이 생기는 연쇄적 의문들을 수행을 통해 밝혀 놓은 깨달음의 글 모음집.

우리 모두는 깨달아 있다
다만 그 사실을
　　　　　모르고 있을 뿐
　　　2001년(책만드는 공장刊)

깨달음을 증득하고 나서 수행하는 사람들 사이에서 다니는 이야기에 대한 글, 깨달음을 증득하고도 수행정진하며 일어난 생각들을 쓴 글들, 그리고 인터넷을 통하여 질문에 대답한 많은 글 중에서 일반인이나 수행자들이 이해하거나 받아들이기 쉽고 편한 글 엮음집

참선수행자라면 꼭 알아야 할
영(靈)적 구조와 선(禪)수
행의 원리
　　　　　2008년(좋은도반刊)

최초의 본성에서부터 지금에 이르기까지를 밝혀 놓았고, 인체에 해부도가 있듯이 육체 속에 있는 영혼의 구조를 밝혀 놓았다. 깨달음의 길 없는 길을 바르게 갈 수 있도록 수행자의 마음자세, 기초적 수행, 진정한 수행에서 진정한 깨달음과 본성에 대한 글 모음집

수행으로 해석한
반야심경에서 깨달음까지
　　　　　2010년(좋은도반刊)

반야심경을 통한 깨달음과 깨달음을 증득하기 위하여 넘어야 할 피안의 언덕, 아뇩다라삼먁삼보리인 공의 성품, 공상(空相) 속 자등명이란 본성으로 생겨난 자성과 자성불, 자성경계 일원상의 생김과 그 이후부터 업으로 윤회하게 되기까지의 과정을 밝혀 놓았다. 어떻게 하면 무아가 되고 공의 성품이 되어 깨달음을 증득하고 자등명에 이르도록 길을 밝혀 빛으로 오도록 여러 글들을 묶어 놓았고, 깨달음을 증득

하기 위해서 오는 길에 있어서 최
고의 스승은 누구이며, 최고의 스승
을 찾아가는 방법은 무엇이며, 수행
자가 갖추어야 할 마음자세와 영혼
의 각성과 행의 실천이 갖는 중요
성에 대해서 여러 글들을 묶어 놓
은 책이다.

기(氣)회로도(回路圖) 도감
2011년(좋은도반刊)

높은 법(성)력의 심법으로 기(氣)운용
하고 활용하여 부적(符籍)과 같고 만
다라(曼陀羅)와 같으며 밀교(密敎)와
도 같고 진언이나 다라니 염불과도
같도록 그린 그림을 500여점 묶어서
만든 책이다. 이   도감에 있는 기회
로도를 보는 것만으로 가피를 받거
나   가피력을 입어서 액난, 장애, 고
통과 괴로움을 막아주고 벗어나게
해주며 치료 효과를 좋게 해준다. 수
행자가 밟고 올라와야 할 수행 경
지의 단계와 수행에 도움이 되도록
하는 기회로도도 많아서   수행자가
보고 수행하면 몸과 마음, 정신을 맑
고 건강하게 수행이 일취월장 이루어
지도록 하는 도감이다.

나의 참 자아는 빛
자등명(自燈明)이다
2012년(좋은도반 刊)

이 책은 수행하는 분들을 위하여 확철대오의 깨달음에 대하여 소상히 밝히며 깨달음의 환상, 깨달음이란 도깨비 방망이의 환상으로 부터 벗어나 자등명의 세계로 올라올 수 있도록 밝힘과 양신(養神), 출신(出神)에 대한 체험과 경험을 소상하게 밝혀 드러내 놓았다. 이 책은 수행자가 아니더라도 한 번쯤 "나는 누구인가?" "나의 참 자아는 무엇인가?"에 대해 스스로 질문한 경험이 있는 사람이라면, 의식 있는 사람이라면 누구나 읽어서 쉽게 생명의 근원은 자등명이란 사실을 확연히 알 수 있도록 수행의 성과를 밝혀 놓은 책이다.

수행과 건강을 위한
수인법(手印法)과
공법(功法)1권/2권
2014년(좋은도반 刊)

이 책에 상재되어 있는 수인(手印)과 공법(功法)으로 천도(薦度)도 하고 탁기 제거도 하며 건강도 회복하거나 챙기고, 수행할 때 수행이 잘되도록 하기도 하고, 부족한 기운과 에너지를 쌓거나 회복하며 수행 정진하여 올라와야 하는 세계를 수인이란 열쇠로 열고 위 세계로 올라오고 공법(功法)으로 위 세계를 시공간 없이 비행접시나 타이머신을 타고 올라오듯 날아올라 올 수 있도록 1권과 2권에 많은 위 세계

가 올라오는 순서대로 수인과 공법
이 연결되어 차례대로 수록되어 있
는 책이다.

**깨닫고 싶으냐
그러면 읽어라.**
2016년(좋은도반 刊)

이 책에서는 깨달음을 확실하게 보
여주고 있으며 우리들이 어디서 왔
고 어디로 가는지? 수행하여 밝힌
자등명인간계에 대해 이야기한 책
이다. 뿐만 아니라 반야바라다행
길의 끝이 막혔다는 사실을 밝히고
자등명인간계로 올라가고 위 세계
로 계속해 올라가는 자비바라밀행
대광(大光)의 길에 에 대해서 소상
히 밝혀 놓은 책이다.

**영청(靈聽)영안(靈眼)심안
(心眼) 이와 같이 열린다.**
1권/ 2권
2019년(좋은도반 刊)

이 책에서는 영청 영안 심안이 열
리는 각 세계에서의 방법과 영청
영안 테스트하는 세계들과 더 위
세계에서 영청 영안 심안이 열리는
세계들과 신천지인간계, 수철황인간
계, 인연의 끈과 줄을 오가며 실어
나르는 존재 존재자들의 세계 및
신비의 정원에서 본성의 끌어당기
는 힘, 여여, 완전 여여, 초여여,
초끝 여여의 존재 존재자들의 관련
된 세계, 성황 꽃황 출 전등, 꽃황
철 향 전등, 꽃황철 황 전등 등에
관하여 알려주는 책이다.

몸(肉體)이란 일합상(一合相)의
존재, 존재자들의 세계
2019년(좋은도반 刊)

이 책에서는 2018년 4월17일에서부터 ~~2018년 6월 15일까지 수행 정리하여 밝혀 올라오면서 밝혀 드러내며 썼던 글들이 모두 다 포함되어 있다. 몸이란 육체를 이루고 있는 일합상의 존재 존재자들의 세계, 본래 고향, 존재 존재자들 이상급 세계들이 상재되어 있다. 돌아가신 분들의 시신과 함께 매장하거나 화장하면 본래로 돌아가도록 하는데 너무도 좋은 책이다.

망자(亡者), 사자(死者)의
회귀서(回歸書)

초판 인쇄 2023년 01월 05일

지은이 칠통 조규일
펴낸곳 좋은도반
편낸이 자등명 선원

주소 (150-859) 서울시 관악구 조원중앙로 1길 15 (신림동, 성호빌딩 401호)
전화 02- 835-4210

출판등록 2008년 6월 10일
등록번호 113-90-73251

ⓒ 조규일, 2023, printed in korea.
ISBN 979-11-966636-3-6